臺灣歷史與文化 研究輯刊

十一編

第 5 冊

台灣戰後屏東現代詩研究（上）

鍾宇翡 著

花木蘭文化出版社

國家圖書館出版品預行編目資料

台灣戰後屏東現代詩研究（上）／鍾宇翡 著 ― 初版 ― 新北市：
花木蘭文化出版社，2017〔民 106〕
目 4+258 面；19×26 公分
（臺灣歷史與文化研究輯刊十一編；第 5 冊）
ISBN 978-986-404-938-7（精裝）
1. 臺灣詩 2. 詩評
733.08   106001102

ISBN-978-986-404-938-7

9 789864 049387

臺灣歷史與文化研究輯刊
十一編　第五冊　　　　　　ISBN：978-986-404-938-7

台灣戰後屏東現代詩研究（上）

作　　者　鍾宇翡
總 編 輯　杜潔祥
副總編輯　楊嘉樂
編　　輯　許郁翎、王筑　美術編輯　陳逸婷
出　　版　花木蘭文化出版社
社　　長　高小娟
聯絡地址　235 新北市中和區中安街七二號十三樓
　　　　　電話：02-2923-1455／傳真：02-2923-1452
網　　址　http://www.huamulan.tw 信箱 hml810518@gmail.com
印　　刷　普羅文化出版廣告事業
初　　版　2017 年 3 月
全書字數　443430 字
定　　價　十一編 6 冊（精裝）台幣 12,000 元　　　版權所有・請勿翻印

台灣戰後屏東現代詩研究（上）

鍾宇翡 著

作者簡介

鍾宇翡，台灣屏東人，1962 年生。國立高雄師範大學國文學系博士。屏東科技大學華語文中心教師。專長客家文學、屏東文學、現代詩、華語教學。執行過屏東研究計畫十餘件，發表相關論著有：《茂林國家風景區：排灣人文采風調查計畫》（合著）、《茂林鄉誌・萬山人物誌》，及〈客家傳統聚落居住空間之分析——以佳多庄爲例〉、〈書寫島嶼——詠小琉球詩初探〉、〈從神話與傳說看排灣拉瓦爾亞族（ravar）的部落起源〉、〈楊華傳統漢詩主題思想探析〉、〈吳川鈴客語劇本語言風格之探析〉、〈從《周易・咸卦》角度解讀黃火廷客語小說〈秋菊〉〉、〈六堆客語小說語言風格探析——以黃火廷、李得福作品爲例〉等屏東文學論文十餘篇。

提　　要

　　屏東地區現代詩創作，雖奠基於日治時期楊華、黃石輝與劉捷等作家，並在台灣詩壇留下舉足輕重的影響力，但質與量的匯聚則在台灣戰後。由於特殊的地域視角、不同的世代觀點與多元的族群視野的陸續加入，台灣戰後屏東作家群站在島嶼邊陲位置書寫，自成台灣文化地理的中心主體之一。本論文採用「在地性」的認定，以三十餘位具實際的屏東生活經驗，以及屏東文學活動經驗的台灣戰後屏東作家群逾百本現代詩集爲主要研究文本。經歸納統整，以「家鄉」、「自然」、「族群」，以及「政治社會關懷」這四大書寫主題作爲探討切入點，輔以人文地理學空間理論，以及文本細讀方法，觀察台灣戰後屏東現代詩的核心內涵與詩藝技巧，並凸顯台灣戰後屏東現代詩在國際化、全球同質化氛圍下，建構地方認同、形塑地景美學符號、凝聚族群意識、彰顯島嶼之愛的地方文學特色、意義與價值。

謝　誌

　　漫長的博士論文撰寫過程終於畫下句點，感謝生命中許多貴人的提攜相助。

　　首先要感謝的是指導教授林文欽博士。老師指導宇翡論文，從研究方向的指引、研究範疇的擇選、研究架構的擬訂，乃至注意撰文細節，時時關懷、耳提面命，讓學生的撰寫過程得以漸入佳境；林老師也是宇翡博士班導師，老師傳道、授業、解惑，從老師身上，宇翡除了學習課程專業知識之外，更學習人情練達的學問，回顧整個博士班求學過程，這個部分彌足珍貴。

　　這本論文得以順利完成，更要感謝李進益教授、林登順教授、龔顯宗教授，以及林秀蓉教授如沐春風的傾囊相授。四位口考教授治學嚴謹，不但從大方向指引宇翡釐清並正視問題意識、補強研究方法、補足研究文本、調整論文架構，更從細部指正盲點、錯誤與不足之處，讓整本論文得以去蕪存菁、增進內涵。

　　也感謝國文學系系辦彥希小姐的細心提供協助，讓口考得以順利進行。感謝高師大博士班一群有緣的學伴們：玉珍、靖芬與靖婷在兩次口考的大力幫忙，宇翡銘記在心；雅雯、志明、利彰與政雄的不時加油打氣、交換讀書心得，讓撰寫過程不覺孤單。

　　此外，感謝屏東科技大學通識教育中心主任杜奉賢教授，以及客家文化產業研究所所長李梁淑教授，多年來提攜照顧，帶領進行各項屏東研究計畫，為本論文的撰寫，奠下重要基礎。感謝高中時期國文老師張高評教授的文學啟蒙與樹立榜樣，讓宇翡在這文學領域漫漫的求學歷程中，一直有盞明亮的燈指引著方向。

　　最後，僅以這本論文，獻給敬愛的父親鍾金永、母親薛素雲，因為他們無私、無保留的付出，讓宇翡能夠勇敢逐夢。

鍾宇翡致敬

2015.7.15

目次

第一章　緒　論

　　屏東地區現代詩創作，雖奠基於日治時期楊華、黃石輝與劉捷等作家的筆路草創，並在台灣詩壇留下舉足輕重的影響力，但屏東現代詩創作在質與量的能量匯聚則在戰後。由於特殊地域視角、不同世代觀點與多元族群視野的陸續加入，這些台灣戰後屏東作家群站在島嶼邊緣位置，書寫家鄉、自然、族群、政治社會，自成台灣文化地理的中心主體之一，彰顯出地方文學在國際化、全球同質化氛圍下的特色、意義與價值。本章將從問題意識與研究目的、研究範疇與研究方法、文獻回顧與論文架構，勾勒出本論文的問題意識與研究核心如下。

第一節　研究動機與研究目的

　　本節研究動機與研究目的的提出，將從「深化經營區域文學」，以及「整理戰後屏東現代詩的特色」、「思考戰後屏東現代詩在地書寫的意義」、「評估戰後屏東現代詩在台灣文學史的價值」這四個面向切入說明。首先，在「深化經營區域文學」部分，主要是從「區域文學漸受關注」、「近年屏東文學活動活絡進行」，以及「增補現有屏東文學研究之缺漏」這三個面向，勾勒出本論文研究動機之一，受整個大環境的日趨蓬勃關注區域文學、地方文學，啟迪筆者深入研究。其次，屏東文學與地方的結合日趨活絡，例如「屏東縣作家作品集」、「大武山文學獎」、「大武山文學營」、「青少年大武山文學獎」與「阿緱文學會」等開辦，是近年屏東文學相關研究與活動活絡進行的例證，

但也說明屏東文學及相關研究,還有很大的發揮空間。此外,這是一個地球村的時代,地方區域的特色日漸面目模糊的今日,越是全球化、國際化的同質環境氛圍下,越是應該保有地方獨特性,地方性區域文學也益顯重要。再者,詩是切入地方文學特色觀察的重要途徑之一,作為一個文類,詩是「意義之旅」〔註1〕,不是異國之花、他鄉之草,而是「從我們土地,我們時代,萌生的詩。」〔註2〕所以本論文的研究動機與研究目的是:台灣戰後屏東現代詩具「地方書寫」的研究價值、台灣戰後屏東現代詩作品本身具研究價值,增補現有台灣戰後屏東現代詩研究之缺漏,以及探討台灣戰後屏東現代詩的特色、意義與價值。茲條列論述如下:

一、研究動機

屏東地處國境之南,向被視為文化的邊陲地帶,雖然回溯台灣現代詩發展脈絡,屏東地區日治時期黃石輝、楊華、劉捷等作家,都扮演著開路先鋒的奠基者腳色。然則,台灣戰後幾十年來的重北輕南政策,形成城鄉文化明顯差距,再加上大中國情懷使然,不但地方特性的區域書寫相對薄弱欠缺,相關研究更是不足。這情形正如屏東畫家莊世和所言:「屏東有很多人才,只是很多人不敢寫,不敢發表,或是寫了也沒有園地發表。此外,經費不夠,使活動的成效很難表現。」〔註3〕雖然《文訊》1991 年 12 月 8 日在屏東舉辦第一場「屏東藝文環境的發展」座談會,顯示出地方文化的漸受重視:「最近幾年,政府在文化建設上有意往地方發展,可是仍然不足。加上台灣近年來政治結構有很大的轉變,地方文化備受重視。」〔註4〕除此,2000 年 10 月,屏東縣政府文化局更主導進行工程浩大的「屏東縣藝文資源調查研究」,針對屏東縣藝文資源進行蒐集、研究與建檔,成果斐然。然則,即便如此,2005年開辦「大武山文學營」一場專題演講中,葉石濤仍深為屏東文學的沉寂抱憾,他說:「高屏地區地方這麼大,優秀的人口這麼多,但卻沒有優秀的作家

〔註1〕 李敏勇:〈沒有地圖的旅行〉(代序),《青春腐蝕畫——李敏勇詩集(1968～1989)》,台北:玉山社,2004 年,頁 11。

〔註2〕 李敏勇:〈請給出一些真正的詩〉,《做為一個台灣作家》,台北:自立晚報出版部,1989 年,頁 10。

〔註3〕 封德屏:〈尋找區域文化的特色——「屏東藝文環境的發展」座談〉,《文訊》,1991 年 1 月,頁 40。

〔註4〕 封德屏:〈尋找區域文化的特色——「屏東藝文環境的發展」座談〉,頁 40。

及作品問世，讓人氣憤。」〔註5〕凡此均顯示出屏東文學發展及相關研究的進行，仍有很大的拓展空間。

　　台灣的文學環境隨著 1987 年解嚴的到來，八〇年代以後文學發展更趨多元開放，在鄉土文學中萌發的本土意識，在九〇年代帶動起一股強調在地文化的書寫風潮，區域文學日益受到學術界的重視與研究。〔註6〕綜觀九〇年代以來各縣市區域文學的整理研究，由施懿琳、鍾美芳、許俊雅、楊翠合撰《台中縣文學發展史田野調查報告書》（1993）並發表成書的《台中縣文學發展史》（1995）作爲解嚴後台灣區域文學史開路先鋒之後，施懿琳、楊翠《彰化縣文學發展史》（1997）、江寶釵《嘉義地區古典文學發展史》（1998）、《花蓮文學研討會論文集》（1998）、陳明台《台中市文學史初編》（1999）、黃美娥《清代竹塹地區傳統文學研究》（1999）、莫渝、王幼華合編《苗栗縣文學史》（2000）、葉連鵬《澎湖文學發展之研究》（2001）、龔顯宗《台南縣文學史》上編（2006）、彭瑞金〈鳳山文學發展簡史〉（2000）、彭瑞金《高雄市文學史——古典篇》（2007）、彭瑞金《高雄市文學史——現代篇》（2008）、陳青松《基隆古典文學史》（2010）、李瑞騰等撰《南投縣文學發展史》（2009～2011）。此外，學位論文如：劉文放《高雄市旗鼓地區之文學地景書寫研究》（2010）、徐震宇《屏東地區現代文學之研究》（2013）、王玉輝《清領時期的屏東文學研究》（2014）〔註7〕等陸續出現，除了展現出各縣市政府與學界的日益重視

〔註5〕 葉石濤：〈台灣史學導論〉，《文化生活》第 8 卷第 3 期，2005 年 9 月，頁 16～18。

〔註6〕 葉連鵬：《澎湖文學發展之研究》，澎湖：澎湖縣文化局，2001 年，頁 1。

〔註7〕 江寶釵：《嘉義地區古典文學發展史》，嘉義：嘉義市立文化中心，1998 年；蘆葦地帶文化工作室：《第一屆花蓮文學研討會論文集》，花蓮：花蓮縣立文化中心，1998 年；陳明台：《台中市文學史初編》，台中：台中市立文化中心，1999 年。黃美娥：《清代竹塹地區傳統文學研究》，輔仁大學中文研究所博士論文，1999 年；莫渝、王幼華合編：《苗栗縣文學史》，苗栗縣：苗栗縣立文化中心，2000 年；葉連鵬：《澎湖文學發展之研究》，澎湖：澎湖縣立文化局，2001 年；龔顯宗：《台南縣文學史》上編，台南縣政府，2006 年；彭瑞金：〈鳳山文學發展簡史〉，《淡水牛津台灣文學研究集刊》，2000 年；彭瑞金：《高雄市文學史——古典篇》，高雄市：高雄市文獻委員會，2007 年；彭瑞金：《高雄市文學史——現代篇》，高雄市：高雄市立圖書館，2008 年；陳青松：《基隆古典文學史》，基隆市：基隆市文化局，2010 年；李瑞騰等撰：《南投縣文學發展史》，南投市：南投縣文化局，2009 年～2011 年；劉文放：《高雄市旗鼓地區之文學地景書寫研究》，國立中正大學台灣文學研究所碩士論文，2010 年；徐震宇：《屏東地區現代文學之研究》，國立高雄師範大學國文系博士論

當地文學的發展與研究，然屏東縣相對至今仍無文學史專書出版，卻也凸顯出全面性屏東文學研究仍待開展。

自九〇年代開始，沉寂多時的屏東地區文學，在屏東縣政府、學界，以及文化團體各方的努力之下，屏東文學發展日趨活絡。在文化刊物上，屏東縣政府文化局及其前身文化中心，於 1993 年開始定期審定編印「屏東縣作家作品集」，全面整理保存並挖掘當代文學作家作品；1997 年發刊《文化生活》雙月刊，2001 年發行《屏東文獻》，一定程度發揮了保存鄉土資料、帶動研究屏東風氣、提供發表園地的成效。在文學推廣活動方面，則有屏東縣政府自 1993 年陸續出刊「屏東作家作品集」（見附錄一、「屏東縣作家作品集目錄」）；屏東縣政府文化局 1998 年 12 月正式開辦「大武山文學獎」，鼓勵屏東縣文學創作，發掘縣籍文壇新秀；2005 年開辦「大武山文學營」，結合「大武山文學獎」（見附錄二、「歷屆大武山文學獎新詩類得獎者名單」；附錄三、「大武山文學獎相關出版作品」），將理論與實務創作結合；2006 年開辦「青少年大武山文學獎」，讓文學往下紮根。在文化團體方面，有 2002 年成立的「大武山文學會」與 2008 年成立「阿緱文學會」，結合大專院校、社區大學及文化單位力量，帶動屏東文學風氣，使屏東文學日趨活絡。

目前屏東文學研究雖活絡進行，全面性探討屏東現代詩者除林秀蓉，傅怡禎等學者耕耘多年之外，已見屏東文學研究學位論文多屬碩士論文，且聚焦個別作家研究，博士學位論文則僅見王玉輝《清領時期的屏東文學研究》（2013）聚焦清領時期屏東文學發展面貌，以及徐震宇《屏東地區現代文學之研究》（2013）〔註 8〕，其中徐震宇博士論文分日治、光復至戒嚴、解嚴後三個時期，從時代背景、文學發展、現代文學作家這三個面向探討屏東現代文學，文中有關現代詩共羅列 25 位屏東籍詩人，擇要整理詩人作品特色與成就。然因範圍涵蓋各文類，所以現代詩的部分稍嫌簡略，探析仍有補強之處，此為本論文可發揮空間。

再者，筆者是土生土長的屏東客家人，過去十餘年所進行研究計畫均聚焦屏東。研究主題包括：屏東縣排灣族神話傳說、小琉球古典詩、楊華

文，2013 年；王玉輝：《清領時期的屏東文學研究》，國立高雄師範大學國文系博士論文，2013 年。

〔註 8〕 徐震宇：《屏東地區現代文學之研究》，國立高雄師範大學國文系博士論文，2013 年。

漢詩研究、高雄茂林魯凱人物誌、六堆吳川玲客語劇本語言風格、林邊枋
寮佳冬老厝研究、內埔聚落變遷研究等，研究族群範圍包括排灣族、魯凱
族與客家族群，研究區域則幾乎涵括全屏東。筆者自 2004 年起，所從事屏
東研究計畫，從早期進行林邊、枋寮、佳冬等三鄉的客家夥房普查，以及
內埔鄉客家聚落的變遷研究，走在曾貴海筆下的原鄉佳冬，蕭家古厝雖挺
立成目光焦點，在一旁由九十歲老婦住守的空盪林家松菊居夥房，以及不
遠處傾圮失修的張阿丁街屋，卻更反差地凸顯了傳統客庄的凋零，於是更
能理解《原鄉・夜合》裡的緬懷；而後，爲進行排灣神話傳說口傳採集，
以及茂林魯凱人物誌撰寫，筆者持續兩、三年密集在三地門鄉、瑪家鄉與
茂林鄉進行田調，採集口述歷史，從神話傳說與人物訪談裡，對排灣與魯
凱的歷史、文化、生活與族群精神，從陌生→接觸→知道→理解→認同。
這幫助筆者更容易進入奧威尼、讓阿淥、達卡鬧、撒伐楚古筆下的山林部
落世界，以及理解促使他們回歸的大武山召喚力，認同他們所欲闡釋的價
值觀。在全球化同質性文明鋪天蓋地的滲入生活、生命，而人與自然關係
斷裂的今日，大武山上還是有排灣、魯凱原住民選擇原始傳統遺世獨立的
生活；2008 年筆者到小琉球駐島採集詩詞歌謠，有了較貼近小琉球歷史人
文與在地文學的觀察，小琉球有全台最宜人的 28 度年均溫，島嶼四周的珊
瑚礁群帶清澈且蘊藏豐富，曾是個專業團隊觀察海岸生態的最佳駐點，曾
幾何時已被過度的觀光開發淹沒成垃圾島，黃慶祥詩中的控訴顯然都噩夢
成眞；近三、四年筆者因「客語文教學暨教材編纂計畫」與「當代客語文
學修辭現象研究計畫」而研究客語詩、客語小說與客語劇本，對曾貴海、
利玉芳、陳寧貴客語詩多所接觸，感受到戰後屏東客籍作家透過客語書寫
的強烈族群使命感，他們的客語短詩精緻可喜，歷史敘事長詩則展現客語
書寫的文學藝術成熟度，以及凝聚族群意識的社會文化價值。

　　此外，筆者碩士論文研究文類爲詩，所以選擇以台灣戰後屏東地區現代
詩作爲博士論文研究主題，是水到渠成的選擇。並且，基於相同的家鄉成長
經驗、共同的地方記憶使然，讓筆者在閱讀台灣戰後屏東現代詩時，往往有
身歷其境的同感共鳴，這也幫助筆者更容易進入作者詩的思想核心，掌握其
特色與意義。

二、研究目的

（一）整理台灣戰後屏東現代詩的特色

2011 年第一屆「屏東文學學術研討會暨作家座談」中，傅怡禎〈屏東地區新詩發展初探〉指出屏東作家現代詩具「田園風格」、「懷鄉情節」、「社會批判」、「海洋意象」與「族群書寫」等五大特色；學位論文徐震宇《屏東地區現代文學之研究》則認爲屏東現代詩的書寫主題聚焦在海洋文學、鄉土書寫、自然人文環保書寫、族群文學與女性文學等五大類。〔註9〕筆者經耙梳屏東縣籍作家現代詩，整理出以下四個書寫重點：家鄉書寫、自然書寫（含括田園、海洋、自然人文環保）、族群書寫（包含客家女性書寫），以及政治社會關懷書寫。

屏東縣占地約 2700 多平方公里面積，土地面積雖僅排名台灣第五，但作爲台灣西部南北最狹長的縣份，長達 136 公里的海岸線雖稍遜於花蓮縣的 175 公里，然則屏東縣特有三面環海（東有太平洋、西鄰台灣海峽、南接巴士海峽），則海洋與海岸風貌與僅臨太平洋的花蓮大異其趣。屏東境內有面積僅次嘉南平原的屏東平原，是台灣重要農業產區，田園風格濃厚。境內的墾丁是台灣第一座國家公園，是觀察自然生態最好的沃地。境內高逾 3000 公尺的北大武山，是排灣族、魯凱原住民的母土祖靈地。屏東縣籍作家，一方面書寫屏東母土特有人、地、物、事，一方面從屏東出發，帶著被家鄉孕育的詩心，從邊緣出發，放眼去看台灣、看世界（如：利玉芳的「大陸紀行詩」、「歐遊詩」），最後又將目光移回屏東母土，建構自我中心主體（如：曾貴海《原鄉·夜合》）。如同利玉芳〈詩的觀察〉所言：「詩人因爲對出生地的懷念而獲得了天生的詩心嗎？我出生在南台灣的大武山下，那椰影風情的六堆故土而培育了我心繫家園的寫詩環境吧！」〔註10〕，屏東作爲這些戰後縣籍作家的根源、出生，深刻影響並形塑出這些作家共同的屏東特質，而這也正是本論文將著力探索重點之一，透過台灣戰後屏東作家現代詩文本的耙梳，整理出台灣戰後屏東現代詩中共同的屏東特質。

屏東地區是各個族群混居很明顯的一個縣市。南部客家六堆中，除了美濃隸屬高雄，其餘均在屏東縣內。此外，屏東轄內另有排灣族、魯凱族原住民居住，所以屏東地區各種族群的作家都有。屏東作家群中，客家族群徐和

〔註9〕徐震宇：《屏東地區現代文學之研究》，頁 429～432。
〔註10〕利玉芳：〈詩的觀察〉，《向日葵》，台南縣，南縣文化局，1996 年，頁 6。

隣（內埔鄉美和村）、林清泉（萬巒鄉泗溝村）、許其正（潮州鎮）、沙白（竹田鄉）、曾貴海（佳冬鄉六根村）、利玉芳（內埔鄉和興村）、陳寧貴（內埔鄉富田村）、陳瑞山（屏東縣竹田鄉）、張月環（長治鄉）、蔡森泰（萬巒鄉）、涂耀昌（竹田鄉）、曾肅良（屏東市）；閩南族群有沙卡布拉揚（潮州鎮）、李敏勇（屏東縣車城鄉）、連水淼（屏東市）、林文彥（東港鎮）、白葦（崁頂鄉）、張志雄（九如鄉）、黃慶祥（琉球鄉上福村）、洪柴（萬丹鄉）、西沙（屏東市）、郭漢辰（屏東市）、傅怡禎（屏東市）、黃明峯（屏東恆春）；外省族群有李春生（山西垣曲）、路衛（山東郯城）、沙穗（廣東東莞）、紫楓（屏東市）；排灣族群讓阿淥・達入拉雅之（瑪家鄉排灣村）、撒伐楚古（獅子鄉丹路村）、伊誕・巴瓦瓦隆（三地門鄉達瓦蘭部落）；魯凱族群奧威尼・卡露斯盎（霧台鄉好茶村），以及半魯凱半排灣血統的達卡鬧・魯魯安（瑪家鄉）。族群多元的作家群，來自田園、山地、離島，各自從他們特有的族群視角書寫屏東這塊土地，如同一首混聲合唱之優美曲子，合奏出屏東現代詩的面貌特色。傅怡禎指出「田園風格」、「懷鄉情懷」、「社會批判」、「海洋想像」與「族群書寫」為屏東作家現代詩的五大特色，〔註11〕筆者則認為多元的族群結構，正是台灣戰後屏東現代詩特色呈現的重要背景之一。

（二）思考台灣戰後屏東現代詩在地書寫的意義

　　台灣戰後屏東作家受成長經驗記憶與家鄉地景召喚並書寫屏東鄉土，這些詩作與他們書寫別的地方有何差異？本論文嘗試從土地／空間與記憶的關係，思考台灣戰後屏東現代詩在地書寫的意義。

　　從人文主義理論角度來看研究戰後屏東現代詩的價值，首先，透過戰後屏東作家的現代詩，我們可以看見屏東作家們筆下意義與經驗的世界，更可以看到屏東作家與屏東這塊土地的情感依附和關聯。Tim Cresswell 說：「地方不僅是世間事物，還是認識世界的一種方式。……是一種觀看、認識和理解世界的方式。我們把世界視為包括各種地方的世界時，就會看見不同的事物。我們看見人與地方之間的情感依附和關連。我們看見意義和經驗的世界。」〔註12〕戰後屏東作家透過現代詩所呈現的意義和經驗的世界，讓我們能更深入的

〔註11〕傅怡禎：〈屏東地區新詩發展初探〉，《2011 屏東文學學術研討會論文集》，高雄：春暉出版社，2012 年，頁 144～161。

〔註12〕Tim Cresswell 著，王志弘、徐苔玲譯：《地方：記憶、想像與認同》，台北：群學，2006 年，頁 21。

觀看、認識和理解屏東這個空間場域，並透過他們的視角進而認識世界，所以 Tim Cresswell 又說：「地方」不單是指世間事物的特性，還是我們選擇思考地方的方式的面向——我們決定強調什麼，決意貶抑什麼。〔註 13〕

從文學與土地關係來看，文學離不開土地，家鄉是文學的出發點。前屏東縣長蘇嘉全說：「屏東縣因著中央山脈縱走，域內多山，且山勢挺拔；多水，河川密佈，陽光朗麗，人文豐美，三百多年來孕育了無數文學的精靈，代代皆有文學的根芽，自這塊土地上汲取創作的靈動！文學創作固然是累積經驗與知識的過程，但也離不開與土地的親密關係，在體用法則上或許有風雅頌賦比興的體現，但在文學的靈動中，必須將根脈深深紮入作家所愛的這塊土地上，才能抓緊母土，傾聽大地的胎動，也唯有與土地緊密契合的文學作品，才能帶給讀者淨化心靈、啟發共鳴，並進一步達到潛移默化的功能。」〔註 14〕文中再三強調土地與文學的緊密關係；而甫於 2014 年底卸任的前屏東縣長曹啟鴻則直指屏東文學給屏東人勇氣與力量：「屏東縣南北狹長，傍山面海，是每個屏東人生命起始的源頭。以往無數優秀的文學人才，成長在這塊土地上，屏東成為他們生命裡最豐沛的血脈。……屏東縣目前正朝向打造幸福屏東的使命前進，此時以文學的角度重新詮釋摯愛故鄉，將讓我們更有勇氣及力量，往前方的遠景，邁向更穩健的步伐。」〔註 15〕兩位卸任屏東縣父母官都從土地經驗的體會，強調書寫家鄉土地的文學的重要性。

屏東地區位於國境之南，是一個邊界縣市、邊緣地方，雖長久以來創作環境不佳，但孤立沉寂而不缺席，屏東詩人林清泉認為：「屏東作家像是比較孤立的一群，但孤立並不表示孤寂，幾個作家也時常『以文會友』，只是屏東作家創作的環境比較不好。」〔註 16〕而傅怡禎〈屏東地區新詩發展初探〉則認為屏東文學雖創作環境不佳，但日治時期屏東詩壇沉寂而不缺席，至七、八〇年代文學園地向下紮根、九〇年代作家作品集、文學獎、文學營的陸續舉辦，持續發展之下成效漸顯，新詩尤有可觀之處。〔註 17〕兩位作家的論點，

〔註 13〕 Tim Cresswell 著，王志弘、徐苔玲譯：《地方：記憶、想像與認同》，頁 22。

〔註 14〕 蘇嘉全：《小琉球手記一九七〇》縣長序，屏東：屏東縣立文化中心，2001 年，頁 3。

〔註 15〕 曹啟鴻：《請和我一起閱讀土地的詩行：屏東詩旅手札》序，屏東：屏東縣政府文化處，2011 年，頁 8。

〔註 16〕 封德屏：〈尋找區域文化的特色——「屏東藝文環境的發展」座談〉，頁 44～45。

〔註 17〕 傅怡禎：〈屏東地區新詩發展初探〉，頁 116～117。

都點出屏東文學的發展受阻礙於孤立與窮困，然則創作環境雖是不佳，但若從文學長河角度近觀，則屏東作家現代詩自日治以來，所分別展現的在地書寫思想內涵與詩藝技巧，則仍有可觀之處，值得深掘。

（三）評估台灣戰後屏東現代詩在台灣文學史的價值

台灣戰後屏東現代詩提供了一個具地方性特質看屏東、看台灣，以及看世界的文學視角。屏東雖向被視爲南國文化沙漠，創作環境不佳，然則屏東作家中，卻有不少詩人的作品成就價值是屬於全國性，甚至全球性。例如許其正、林清泉、沙白等。許其正在國內詩壇詩名不彰，也曾以〈白目佛〉「反正詩人和神都要走寂寞的路的」﹝註18﹞看待自己的詩作長期不被重視，然則其詩作被翻譯成多國語言，在國際間屢獲獎項，包括列名《中華民國現代名人錄》、英國康橋世界名人傳記中心出版《世界名人錄》及《21世紀世界2000名傑出智慧人物名錄》，獲國際詩歌翻譯研究中心頒發榮譽文學博士學位、2004年最佳國際詩人、美國世界藝術文化學院頒發榮譽文學博士、希臘札斯特朗文學會頒發紀念獎、黎巴嫩耐吉・阿曼文學獎頒發詩歌榮譽獎，以及國際作家藝術家協會頒發榮譽人文博士，在國際間甚得推崇。

林清泉兩行詩《心帆集》，體裁另創一格，「要言不煩，雋永耐讀」﹝註19﹞，1982年入選英國劍橋國際傳記中心「國際詩人名人錄」、「國際名人剪影」，以及「國際詩人學院院士」；牙醫詩人沙白作品被翻譯成英、日、韓文等，曾應邀參加1986年漢城亞洲詩人大會，以及1988年台中亞洲詩人大會，和1988年第十屆曼谷世界詩人大會，其發表論文〈詩是現代社會最重要的空氣〉獲大會極高評價，曼谷英文大報，甚至以首頁引介此文。﹝註20﹞卓越詩藝讓他1991年被選入英國劍橋「世界名人錄」，1991年更獲世界詩人大會頒發榮譽文學博士﹝註21﹞，卓然成就有目共睹。

其他如李春生《睡醒的雨》第五輯「流行穿黑襪的時代」十四首，是研究五、六〇年代台灣現代詩歐化晦澀風貌的重要資料﹝註22﹞；路衛《履韻》輯一「問澗讀嵐」十首屏東山地風光、山胞民間故事題材詩作，對發掘原住

﹝註18﹞　許其正：〈白目佛〉，《重現》，2008年，頁120～122。
﹝註19﹞　林清泉：〈蘇雪林教授序〉，《心帆集》，台北：笠詩社，1974年，頁1。
﹝註20﹞　沙白：《空洞的貝殼》，高雄：台一社，1990年，頁117～118。
﹝註21﹞　鄭慧玟：〈牙醫詩人沙白〉，《六堆風雲》37期，1992年7月，頁7。
﹝註22﹞　文曉村：〈走過歲月走進詩！──評「海鷗詩叢」四書〉，《文藝月刊》232期，1988年10月，頁48。

民山地文化，有積極性的意義〔註 23〕；連水淼榮膺美國世界藝術文化學院榮譽文學博士；曾貴海被李喬譽為台灣社會「龐大的存在：全方位的詩人」〔註 24〕；李敏勇被譽為詩壇華麗的旗手〔註 25〕，將台灣鄉土詩提升到成熟之境的青年詩人雙璧之一〔註 26〕；沙穗被譽為台灣詩壇「最為迷人的聲音之一」〔註 27〕；連水淼、沙穗與張堃是創世紀小鐵三角〔註 28〕；利玉芳詩則是台灣詩壇女性身體意識表現最濃烈的女詩人〔註 29〕，深獲學院派女性主義者肯定〔註 30〕，是詩質最細緻的客家女詩人；郭漢辰被譽為現階段南台灣文壇創作最富、成果最豐的實力派作家之一。〔註 31〕這些屏東作家在台灣詩壇都是擲地有聲，備受肯定，具一定地位與影響力。

　　此外，戰後屏東作家的現代詩作，有不少包含「土地」、「自然」、「族群」這些主題，如果將他們的詩作放在整個台灣現代詩壇的體系上觀照，或許並不能看出他們詩作中這些土地族群部分的特質，但這些詩作如果集中在戰後屏東作家群中統整歸納檢視，則這個特質就凸顯了出來，而這也正是本論文嘗試去統整理析的部分。

第二節　研究範疇與研究方法

一、研究範疇

　　本論文的研究範疇，鎖定在屏東縣籍作家於 1949 年以後出版的現代詩詩集。研究範圍內縣籍作家群包括：徐和隣（1922）、李春生（1931）、路衛（1932）、

〔註 23〕 文曉村：〈走過歲月走進詩！——評「海鷗詩叢」四書〉，頁 45。
〔註 24〕 李喬：〈序「曾貴海研究」論文集〉，《2013 屏東文學學術研討會曾貴海研究論文集》，2014 年，頁 3。
〔註 25〕 陳千武：〈李敏勇——發言〉，《詩的啟示——文學評論集》，南投：南投縣立文化中心，1997 年，頁 86。
〔註 26〕 古繼堂：《台灣新詩發展史》，台北：文史哲出版社，1989 年，頁 460～461。
〔註 27〕 沙穗：《來生》作者簡介。高雄：高雄縣立文化中心，1997 年。
〔註 28〕 古繼堂：〈向民族探源、向鄉土繫根的連水淼〉，連水淼：《在否定之後》，屏東：屏東縣立文化中心，1995 年，頁 18～19。
〔註 29〕 鍾玲：《現代中國謬司》，台北：聯經，1989 年，頁 324。
〔註 30〕 利玉芳：〈解說〉，《利玉芳集》，台南：台南文學館，2010 年，頁 114。
〔註 31〕 李友煌：〈愛與希望的地誌書寫〉，郭漢辰：《請和我一起閱讀土地的詩行：屏東詩旅手札》，屏東：屏東縣政府，2011 年，頁 118。

林清泉（1939）、許其正（1939）、沙卡布拉揚（1942）、曾士魁（1943）、沙白（1944）、曾貴海（1946）、李敏勇（1947）、沙穗（1948）、連水淼（1949）、李男（1952）、林文彥（1952）、劉廣華（1953）、張志雄（1953）、陳寧貴（1954）、陳瑞山（1955）、涂耀昌（1959）、曾肅良（1961）、洪柴（1961）、黃慶祥（1961）、西沙（1964）、郭漢辰（1965）、張太士（1969）、黃明峯（1975）、陳雋弘（1979），女作家紫楓（1950）、利玉芳（1952）、白葦（1953）、張月環（1955），原住民作家奧威尼・卡露斯盎（1945）、撒伐楚古・斯羔烙（1961）、達卡鬧・魯魯安（1961）、伊誕・巴瓦瓦隆（1962）、讓阿淥・達入拉雅之（1976）等 30餘位台灣戰後屏東作家現代詩詩集（見附錄四、「台灣戰後屏東作家現代詩詩集總目」），單篇詩作及童詩均不納入本論文研究討論範圍。本論文研究文本包括：徐和隣《淡水河》；李春生《睡醒的雨》、《季節之歌》、《無月的望》、《唐突集》；路衛《履韻》、《訴說的雲山》、《璀璨的光譜》；林清泉《殘月》、《寂寞的邂逅》、《心帆集》、《林清泉詩選集》；許其正《半天鳥》、《菩提心》、《南方的一顆星》、《海峽兩岸遊蹤》、《胎記》、《心的翅膀》、《山不講話》、《盛開的詩花》；沙卡布拉揚《沙卡布拉揚台語文學選》；曾士魁《歲月拾掇》；沙白《河品》、《太陽的流聲》、《靈海》、《空洞的貝殼》；曾貴海《鯨魚的祭典》、《高雄詩抄》、《台灣男人的心事》、《原鄉・夜合》、《南方山水的頌歌》、《孤鳥的旅程》、《祖神與土地的頌歌》、《曾貴海詩選》、《浪濤上的島國》、《湖濱沉思》、《曾貴海集》、《畫面》、《色變》；李敏勇《雲的語言》、《暗房》、《鎮魂歌》、《野生思考》、《戒嚴風景》、《傾斜的島》、《傷口上的花：二二八詩集》、《心的奏鳴曲》、《如果你問起》、《思慕與哀愁》、《青春腐蝕畫》、《島嶼奏鳴曲》、《自由星火——鄭南榕殉道 20 週年紀念詩集》、《自白書》、《美麗島詩歌——通行台語詩集》；沙穗《風砂》、《燕姬》、《護城河》、《來生》、《沙穗短詩選》、《畫眉》；連水淼《異樣的眼睛》、《生命的樹》、《台北・台北》、《陽明花開》、《春風拂百花》、《連水淼自選集》、《在否定之後》、《首日封》；李男《劍的握手》、《紀念母親》；林文彥《煙起林際》；劉廣華《十年潮》、《晚晴小集》、《光華的典型》、《梅花戀》、《生命的長廊》；張志雄《張志雄詩文集》；陳寧貴《劍客》、《商怨》；陳瑞山《上帝是隻大蜘蛛》、《地球是艘大太空梭》、《重新出花》；涂耀昌《清明》；曾肅良《冥想手札》、《花雨曼陀羅》；洪柴《馬纓丹》；黃慶祥《小琉球手記一九七〇》、《琉球行吟》；西沙《沙鷗的天空》；郭漢辰《地

球每天帶著一點遺憾在轉動》、《請和我一起閱讀土地的詩行——屏東詩旅手
札》；張太士《夢被反鎖》；黃明峯《自我介紹》、《色水‧形影‧落山風的聲
——黃明峯台語詩集》；陳篤弘《面對》、《等待沒收》；紫楓《片片楓葉情》、
《楓韻》、《古月今照戀楓情》；利玉芳《活的滋味》、《貓》、《向日葵》、《淡飲
洛神花茶的早晨》、《夢會轉彎》；白葦《白衣手記》、《海岸書房》、《歲痕新集》、
《邊陲耕地》；張月環《風鈴季歌》；奧威尼《雲豹的傳人》、《神秘的消失：
詩與散文的魯凱》；伊誕‧巴瓦瓦隆《靈鳥又風吹——伊誕的畫與詩》、讓阿
淶《北大武山之嶺——排灣族新詩》等。

　　上列三十餘位台灣戰後屏東作家共逾百本的現代詩作品，數量龐大，書
寫題材與主題的多元寬廣，除了本論文將聚焦的「家鄉書寫」、「自然書寫」、
「族群書寫」與「政治社會關懷書寫」範圍，其他如，「海洋書寫」、「女性書
寫」、「都市書寫」、「生命哲思」、「詩觀」等，也都質量可觀。然則上述諸主
題詩作篇幅份量，尚不足以獨立成章，但爲避免遺漏，所以本論文的解決方
法是依詩作內涵將之安置入本論文四大主題中，例如將「都市書寫」分別安
置在第三章「家鄉書寫」與第六章「政治社會關懷書寫」；將「海洋書寫」納
入第四章「自然書寫」；曾貴海與利玉芳卓然出色的女性書寫，則因兩人的客
家族群身分，而將之納入第五章「族群書寫」中，至於「生命哲思」、「詩觀」
則打散安置入各章節中，作爲理解作家現代詩作精神內涵的輔助資料。上述
這幾個未獨立成章的書寫主題，都有進一步探索的一定質量，可做爲未來繼
續深掘研究的題材。

　　此外，本論文雖將研究範疇縮限在「家鄉書寫」、「自然書寫」、「族群書
寫」與「政治社會關懷書寫」這四大主題，但爲數可觀的詩作仍有汰選必要，
於是不免因筆者個人選判能力的侷限，而將傑出詩作遺漏。再者本論文的研
究範疇雖鎖定三十餘位作家，但引用大多集中在創作力較豐沛的沙白、沙穗、
李春生、李敏勇、曾貴海、利玉芳、路衛、林清泉、連水淼、許其正、郭漢
辰、陳篤弘、黃慶祥、白葦等人詩作，而西沙、李男、林文彥、徐和隣、陳
瑞山、張月環、張太士、曾肅良、曾士魁、曾辛得、劉廣華、鍾明德等詩作
則相對較少，這雖讓整本論文在取樣的比重上未能達致均衡，但卻一定的程
度反映了戰後屏東現代詩作家群，在創作成果上集中在少數在詩壇活躍的作
家群，顯示屏東現代詩的發展，仍有更拓展的空間。

二、論題義界

（一）「屏東作家」義界

黃得時〈台灣文學史序說〉曾對「台灣文學作家」作廣義的義界：

　　一、作者出生台灣並文學活動於台灣。

　　二、非出生台灣，但久居屏東並文學活動於台灣。

　　三、非出生台灣，但一定時間居台灣並文學活動於台灣。

　　四、出生台灣，但文學活動不在台灣。

　　五、未曾居留台灣，但書寫有關台灣作品。〔註32〕

徐震宇《屏東地區現代文學之研究》採黃得時前四點論點，並從「地域性」和「人物性」特質，將其「屏東地區現代文學」的範圍鎖定在：

　　一、只要就「屏東地區」進行書寫，作家不限屏東籍貫。

　　二、生長或工作於屏東，但書寫內容不限屏東。〔註33〕

王玉輝《清領時期的屏東文學研究》則從「屬地性」特質定義「屏東文人」：

　　舉凡出生於屏東、成長於屏東和落籍於屏東的文人，皆可視為「本地」。〔註34〕

傅怡禎〈屏東地區新詩發展初探〉所網羅屏東詩人大致三類：屏東土生土長者、屏東出生離鄉背井打天下者、到屏東落腳定居者。〔註35〕余昭玟〈記憶與地景——論屏東小說家的在地書寫〉〔註36〕則以是否「籍貫」屏東，作為界定屏東作家的依據，該文所網羅屏東小說家有祖居屏東幾世代者（如：郭漢辰）、有生長屏東外省第二代（如：林翦雲）、有出生他地但父母屏東人者（如：李敏勇）。上述論文對「屏東作家」的界定，均側重實際的屏東生活經驗（生長居留屏東）與屏東文學活動經驗（書寫屏東），亦即以「在地性」作為界定的範圍。

　　本論文《台灣戰後屏東現代詩研究》對「屏東作家」的定義採側重「在地性」的認定，亦即：凡土生土長屏東、出生屏東久住他鄉，或落腳定居屏東的作家，均可視為「屏東作家」。

〔註32〕黃得時作，葉石濤譯：〈台灣文學史序說〉，葉石濤：《台灣文學集1》，高雄：春暉出版社，1996年，頁4。

〔註33〕徐震宇：《屏東地區現代文學之研究》，頁8～9。

〔註34〕王玉輝：《清領時期的屏東文學研究》，頁3。

〔註35〕傅怡禎：〈屏東地區新詩發展初探〉，頁119。

〔註36〕余昭玟：〈記憶與地景——論屏東小說家的在地書寫〉，《屏東教育大學學報——人文社會類》第38期，2012年3月，頁324。

（二）「戰後屏東作家」義界

「戰後作家」的界定標準何在？羅青〈專精與秩序──草根宣言第二號〉依詩人出生年代與成長背景特性，將出生於民國 30～45 年間詩人視爲「戰後的一代」〔註37〕。翌年，羅青將戰爭的影響、社會的變遷納入考量，重新界定「戰後的一代」爲民國 40～60 年以前出生，成長於民國 40～70 年代的詩人。〔註 38〕林燿德《一九四九以後》則採「出生」認定，亦即以國民政府播遷台灣作爲劃分點，將 1949 年後出生作家爲「戰後世代」，林燿德認爲 1949 年以後出生的詩人，完全與戰爭隔絕，是徹底的「戰後世代」〔註 39〕。

本論文《台灣戰後屏東現代詩研究》採廣義的「戰後作家」認定，並不限定「出生 1949 以後」作爲定義戰後作家，而是以「作家作品」爲界定依據，換言之，本論文所指稱「戰後屏東作家」其範圍涵蓋：

一、出生於 1949 年以後的屏東作家。

二、出生於 1949 年以前，但其詩作卻創作於 1949 年以後。

因爲如果採狹義的台灣戰後作家界定，則創作期始於五、六〇年代以後，卻出生於 1949 年以前的徐和隣（1922）、李春生（1931）、路衛（1932）、林清泉（1939）、許其正（1939）、沙卡布拉揚（1942）、沙白（1944）、曾貴海（1946）、李敏勇（1948）、沙穗（1948）等這些屏東重要作家將被排除在外，則這對研究台灣戰後屏東現代詩，無疑缺了一大張拼圖，將無以窺見全豹，因此本論文「戰後屏東作家」不以出生論，而以作品創作年代爲範疇。

本論文之所以將研究時間點設定在「戰後」，有其深意考量。蓋屏東現代詩的發展，雖始於日治時期屏東三位作家黃石輝、楊華、劉捷的奠下基礎。楊華的詩作甚至被視爲「是台灣新詩的奠基者之一，也是屏東地區新詩創作的最高峰」〔註40〕然則在楊華個人 300 多首燦爛如煙火的詩作之後，屏東詩壇卻足足沉寂遲滯了許久，直至六〇、七〇年代以後，屏東詩壇在全台詩社、

〔註37〕 羅青：〈專精與秩序──草根宣言第二號〉，《草根》復刊第 1 期，1985 年 2 月，頁 1。

〔註38〕 羅青：〈總序·後現代狀況出現了〉，《金色日出──四度空間五人集》，台北：文鏡，1986 年，頁 9～10。

〔註39〕 林燿德：〈導言〉，《一九四九以後》，台北：爾雅出版社，1986 年，頁 5。

〔註40〕 傅怡禎：〈屏東地區新詩發展初探〉，頁 123。

詩刊進入空前盛況的感染之下，屏東作家群人才陸續輩出，並進入「充滿生命力的發展期」，以及九〇年代以後的「深化期」〔註41〕。再者，張漢良《現代詩導讀‧序》說：「中國現代詩的歷史，大致可以民國 38 年政府遷台為分水嶺。」〔註42〕誠如林燿德所言：

> 這些詩人的生命實際經歷了 1949 以後台灣地區政治、經濟、文化、社會種種的發展，目擊了農業、工業、乃至後期工業文明的各種現象。〔註43〕

因此本論文選擇以「戰後作家」的現代詩作為切入點，更能探知當代屏東現代詩的內容、特色、意義與價值。

（三）「現代詩」義界

五四以後由白話文書寫的詩，又稱現代詩、新詩、白話詩或自由詩，學者論見不一。羅青〈論白話詩──代序〉綜合考量時間、歷史性、藝術等因素，主張以「白話詩」為「學名」，以「新詩」為「俗稱」，不贊成使用「現代詩」作代稱。〔註44〕他的論點是：「現代詩」只是「自由詩」所發展出來的一支，無法代表所有「新詩」。而新詩的語言變化雖多，但「用白話文寫作，是新詩最大的特色，正好與用文言文寫作的古典詩相對」〔註45〕

周鳳五《現代文學欣賞與創作》則認為用「新詩」、「白話詩」指稱四十年代以後新體詩並不如「現代詩」來得恰當，因為四十年代無論政治或社會的背景都與以往顯然不同，另外重要的是，這個時期的「新詩」已經不新，而且不再標榜「白話」，不再以白話為創作的唯一語言。〔註46〕

蕭蕭《現代詩入門》則認為「現代詩」是新體詩流傳最廣的代稱。他的論點是：「新詩階段是一種形式的革命，消極地破除舊詩的格律束縛，現代詩則積極尋求詩的內容之充實，最基本的，現代人寫現代人的生活感受，在詩的內涵與視境上，擴大了古典詩人所未曾有的積極的參與精神，各種詩的表

〔註41〕傅怡禎：〈屏東地區新詩發展初探〉，頁 136～140。
〔註42〕張漢良、蕭蕭編著：《現代詩導讀》序文，台北：故鄉出版社，1979 年，頁 1。
〔註43〕林燿德：〈導言〉，《一九四九以後》，頁 5。
〔註44〕羅青：〈論白話詩──代序〉，《從徐志摩到余光中》，台北：爾雅出版社，1985 年，頁 10。
〔註45〕羅青：〈論白話詩──代序〉，《從徐志摩到余光中》，頁 9～10。
〔註46〕周鳳五、簡宗梧：〈現代詩概論〉，《現代文學欣賞與創作》中冊，台北：空中大學，1988 年，頁 5～7。

現技巧與語言魅力,都在這三十年內不斷地加以實驗,詩人的觀念和努力方向,漸趨一致。」〔註47〕。

　　林文欽《現代詩鑑賞教學研究》則以時間為分期,認為民國四十年代以前稱「新詩」或「白話詩」,民國四十年代以後稱「現代詩」。他的論點具統整性:

> 「新」詩是相對於文學史上傳統古典詩歌之「舊」而言。舊詩講格律,限字句、平仄、用韻等,新詩則無設限;「白話」詩是相對於語言表達採「文言」的古典詩而言;「自由」詩則指全無格律束縛的詩歌創作。「現代」詩則是相對於「傳統」詩歌而言。〔註48〕

綜上,本論文探以時間為段落的分期方式。稱「戰前」黃石輝、楊華、劉捷新體詩為「新詩」;「戰後」則以「現代詩」名之。因本論文時間設定在戰後,所以論文題目訂為《台灣戰後屏東現代詩研究》。

三、研究方法

　　本論文的進行,將先探討屏東地區的歷史地理背景,以及日治以降的文學概況,繼而耙梳探析台灣戰後屏東現代詩作內容,最後歸納出台灣戰後屏東現代詩的特色、意義與價值。所採用研究方法如下:

(一)外緣研究法

　　本論文第二章將採用外緣研究法,藉由客觀的文獻整理與屏東史地環境的沿革分析,初步建構戰後屏東作家創作的生存背景。外緣研究主要是透過文學發展脈絡與屏東作家所處的創作環境,以及屏東作家個人文學經歷與詩社活動,作為研究台灣戰後屏東現代詩的基礎。

(二)內在研究法

　　本論文從第四章到第七章,將透過文本細讀,從詞意了解、語境理解與修辭把握,進行作品細緻的分析闡釋,本論文蒐集共30餘位屏東作家逾百本現代詩集,歸納作品書寫主題分為「家鄉書寫」、「自然書寫」、「族群書寫」與「政治社會關懷書寫」四大主題,輔以人文地理學空間理論的概念、對作

〔註47〕蕭蕭:〈方法篇:現代詩的的特質與寫作總論〉,《現代詩入門》,台北:故鄉出版社,1982年,頁137。

〔註48〕林文欽:《現代詩鑑賞教學研究》,高雄:春暉出版社,2008年,頁1~3。

家作品進行解讀，除整理台灣戰後屏東現代詩的風格特色，更嘗試凸顯其在地書寫的意義與文學史上價值。

（三）空間理論運用

本論文在探討台灣戰後屏東現代詩此一「區域文學」、「地方文學」時，將借助人文地理學（Humanistic geography）領域理論，例如段義孚（Yi-Fu Tuan）《經驗透視中的空間和地方》〔註49〕、Tim Cresswell《地方：記憶、想像與認同》（Place：a short introduction）〔註50〕、Mike Crang《文化地理學》〔註51〕，以及加斯東・巴舍拉（Gaston Bachelard）《空間詩學》〔註52〕等有關空間、地景、地方、地方感、地誌、文學地景、地誌文學、地方的意象等理解的「空間理論」，以作爲切入觀察台灣戰後屏東現代詩地方性特質的視角。

就空間理論而言，「理解地方」是人文地理學一項核心任務〔註53〕，Tim Cresswell 認爲「地方」是「有意義的區位」（a meaningful location）」〔註54〕，並且「地方是我們使世界變得有意義，以及我們經驗世界的方式。」〔註55〕這種人與地方的主觀情感聯繫，Tim Cresswell 稱之「地方感」，指出地方對人的「意義」與「經驗」，而段義孚（Yi-Fu Tuan）則以「地方之愛」〔註56〕名之，指涉的是「價值」（value）與「歸屬」（belonging）〔註57〕。對屏東作家而言，屏東作爲一個成長生活的空間，裡面盛載著屏東作家群對它意義、經驗、價值與歸屬等主觀情感的依附，而這也正是本論文第三章嘗試透過台灣戰後屏東現代詩「家鄉書寫」主題，所欲釐析探討的重點。

有意義的空間中，隱藏著無數的「角落」。屏東的田園、山水與海洋，都是屏東作家成長經驗的角落，巴舍拉《空間詩學》認爲：「角落是這樣的藏身

〔註49〕 段義孚（Yi-Fu Tuan）著，潘桂成譯：《經驗透視中的空間和地方》，台北：國立編譯館，1998 年。
〔註50〕 Tim Cresswell 著：《地方：記憶、想像與認同》，2006 年。
〔註51〕 Mike Crang 著，王志弘、余佳玲、方淑惠譯：《文化地理學》，台北：巨流，2003 年。
〔註52〕 加斯東・巴舍拉（Gaston Bachelard）著，龔卓軍、王靜慧譯：《空間詩學》，台北：張老師，2003 年。
〔註53〕 Tim Cresswell 著：《地方：記憶、想像與認同》，頁 22～23。
〔註54〕 Tim Cresswell 著：《地方：記憶、想像與認同》，頁 14～15。
〔註55〕 Tim Cresswell 著：《地方：記憶、想像與認同》，頁 22～23。
〔註56〕 Tim Cresswell 著：《地方：記憶、想像與認同》，頁 35。
〔註57〕 Tim Cresswell 著：《地方：記憶、想像與認同》，頁 35。

處，它讓我們確認一種存有的初始特質：靜定感（immobilite'）。這是一處讓我的靜定感確切無虞、臨近顯現的地方。」〔註58〕透過空間理論的審視，本論文嘗試在第四章檢視台灣戰後屏東作家「自然書寫」主題裡的田園、山水、海洋的審美形塑、汙染批判與生態維護。

當有意義的空間成了地方，這意義空間將同時含有時間性意義。段義孚（Yi-Fu Tuan）指出：「空間之含有時間性意義，可以由詩、神祕探險、和移民史方面反映出來，這種意義也可從日常的個人經驗方面體會得來。語言本身顯示了人、空間、時間的親切連繫。」〔註59〕所以本論文藉由空間理論的視角，嘗試對第五章台灣戰後屏東現代詩中的「族群書寫」進行探討。

Tim Cresswell 認為：「地方也是一種觀看、認識和理解世界的方式……『地方』不單是指世間事物的特性，還是我們選擇思考地方的方式的面向——我們決定強調什麼，決意貶抑什麼。」〔註60〕並且當「『我們的地方』遭受威脅，就有必要將其他人排除在外。」〔註61〕台灣戰後屏東作家從屏東出發，放眼台灣甚至世界，他們的屏東背景影響了他們觀看、認識與理解世界的角度，強調或貶抑的價值呈顯，並形成台灣戰後屏東作家現代詩中共同特質，例如第六章「政治社會關懷書寫」，可從空間理論得到理解的依據。

第三節　文獻回顧與論文架構

一、文獻回顧

（一）統整性屏東現代詩研究現況

台灣本土意識的萌發，與在地書寫風氣的形成，引領八、九〇年代以降學術研究對區域文學的重視。除了各縣市政府日益重視當地文學與研究，積極投入區域文學與文學史之整理研究之外，2000 年教育部行文 19 所國立大學

〔註58〕加斯東・巴舍拉（Gaston Bachelard）著，龔卓軍、王靜慧譯：《空間詩學》，頁 224。
〔註59〕段義孚（Yi-Fu Tuan）著，潘桂成譯：〈經驗空間中的時間〉，《經驗透視中的空間和地方》，頁 119。
〔註60〕Tim Cresswell 著：《地方：記憶、想像與認同》，頁 22～23。
〔註61〕Tim Cresswell 著：《地方：記憶、想像與認同》，頁 22。

鼓勵籌設「台灣文學系」，更是直接影響台灣區域文學研究的質量俱揚，各地方區域文學博碩士論文與單篇論文均呈現空前活絡狀態。

　　相較於 1993 年以後紛紛出籠的各縣市地方文學史，全面性屏東文學研究相對較晚，屏東文學研究起步於 2000 年《屏東縣藝文資源調查報告書：文學類》〔註 62〕，這項由屏東縣政府委託屏東師範學院教授黃壬來主持的調查報告，雖相對晚了七、八年，卻建立了屏東文學研究重要基礎。爾後 2001 年曾彩金總編纂《六堆客家社會文化發展與變遷之研究：藝文篇》〔註 63〕由六堆文教基金會出版，則是另一重要基礎的建立。這兩本專書的出現，為全面性的屏東文學研究奠下重要基礎。

　　屏東教育大學〔註64〕中國語文學系自 2011 年起與屏東縣阿緱文學會合辦「屏東文學學術研討會暨作家座談」，是屏東縣首次結合學術研討和在地作家座談，會中針對屏東文學六項主題（古典文學、民間文學、現代文學、族群文學、文學思潮、鄉土語言研究）進行深度探討，藉以挖掘屏東在地文學旺盛的生命力。2012 年第二屆「陳冠學研究」、2013 第三屆「曾貴海主題」、2014 第四屆「文學地景與地方書寫」催生了屏東文學相關論著近四十篇，以及多場作家群座談，啟動屏東文學研究及書寫風氣。（見附錄五、「歷屆『屏東文學學術研討會暨作家座談』論文發表篇」；附錄六、「歷屆『屏東文學學術研討會暨作家座談』作家群座談主題」）

　　此外，國立屏東大學中國語文學系林秀蓉〔註 65〕、黃文車〔註 66〕、余昭

〔註 62〕黃壬來主持：《屏東縣藝文資源調查報告書：文學類》，屏東：屏東縣政府文化局，2000 年。

〔註 63〕曾彩金總編纂：《六堆客家社會文化發展與變遷之研究：藝文篇》，屏東：六堆文教基金會，2001 年。

〔註 64〕2014 年 8 月，國立屏東教育大學與國立屏東商業技術學院合併，改名國立屏東大學。

〔註 65〕林秀蓉屏東文學研究：（一）研究計畫：〈屏東地區新詩之文學地景書寫研究（1927～2000）〉，國科會，2012～2013；〈從飲食故事論屏東地區越南新移民女性之身分認同〉，國立屏東教育大學，2013 年～2014 年。（二）研討會論文：〈以監獄為廚煎煮小詩──楊華《黑潮集》的精神內涵與藝術特色探析〉，社團法人屏東縣社區大學文教發展協會、屏東縣屏北區社區大學主辦：「2008 年第四屆屏東研究研討會──尋找屏東流域」，2008 年 7 月 11～12 日；〈從長江水到落山風──論余光中詩的屏東書寫〉，國立屏東教育大學中國語文學系主辦：「2011 第一屆屏東文學學術研討會暨作家座談」，2011 年 11 月 25～26 日；〈從六堆到大武山──試論曾貴海屏東詩寫〉，國立台灣文學館、屏東縣政府、國立屏東教育大學合辦：「2013 第三屆屏東文學學術研討會：曾貴海研

玟〔註67〕三位教授組成屏東文學研究團隊，橫跨古典與現代，兼顧詩、文與民間歌謠，三位教授除相關屏東文學研究不輟，陸續發表短篇論文，並指導多篇屏東文學研究碩士論文產出，對屏東文學研究有一定的推動之功。

目前綜論性屏東文學研究之博士論文，以徐震宇《屏東地區現代文學之研究》與王玉輝《清領時期的屏東文學研究》這兩本論文最為完整、系統的將清領時期迄當代的屏東古典與現代文學發展脈絡，做出文學史的深入探析，並也啓發本論文的論述脈絡構思。徐震宇《屏東地區現代文學之研究》〔註

究」，2013 年 10 月 20 日；〈利玉芳、蔡秀菊詩中的女體發聲與自然書寫〉，國立屏東教育大學中國語文學系主辦「2013 年第五屆近現代中國語文國際學術研討會」，2013 年 12 月 6～7 日。（三）指導學位論文：黃麗娟：《排灣族作家作品之族群文化研究》，國立屏東教育大學中國語文學系碩士論文，2010 年。

〔註66〕余昭玟屏東文學研究：（一）研究計畫：〈飲食、地景與市井性——屏東散文家的在地書寫研究〉，國科會，2013～2014。（二）期刊論文：〈記憶與地景——論屏東小說家的在地書寫〉，《屏東教育大學學報——人文社會類》，第 38 期，2012 年 3 月，頁 321～346；〈邊緣女性的幻影人生——談周芬伶的小說《影子情人》〉，《屏東文獻》，第 16 期，2012 年 12 月，頁 89～108；〈食事、記憶與屏東在地性建構——談周芬伶散文的飲食書寫〉，《東華人文學報》，第 23 期，2013 年 7 月，頁 121～146。（三）研討會論文：余昭玟研討會論文：〈陳冠學《田園之秋》的空間意涵〉屏東社區大學主辦「第四屆屏東研究研討會」，2008 年 7 月 11～12 日；〈異質空間的顯影與再造——論李敏勇新詩的海洋書寫〉屏東教育大學中文系主辦「第三屆近現代中國語文國際學術研討會」，2011 年 10 月 14～15 日；〈邊緣女性的幻影人生——談周芬伶的小說《影子情人》〉屏東教育大學中文系主辦「2011 第一屆屏東文學學術研討會」，2011 年 11 月 25～26 日。（四）指導學位論文：曾怡蓁：《屏東地景書寫研究——以在地作家散文作品爲對象》，國立屏東教育大學中國語文學系碩士論文，2011 年；吳雅婷：《林剪雲小說性別書寫之研究》，國立屏東教育大學中國語文學系碩士論文，2012 年。

〔註67〕黃文車屏東文學研究：（一）研究計畫：黃文車：〈屏東縣閩南語歌謠與故事之調查研究〉，國科會，2008 年；〈屏東縣閩南語民間文學之調查研究〉，國科會，2010 年；〈文學與創作——屏東鐵道記行與書寫〉，國立屏東教育大學，2013～2014。（二）期刊論文：黃文車，〈尋找地方感的書寫：清代屏東地區古典文學發展概述〉，屏東：屏東縣政府文化處：《屏東文獻》第 16 期，頁 3～42，2012 年 12 月。（三）指導學位論文：王思明：《屏東市慈鳳宮、歸來慈天宮元宵燈謎研究》，國立屏東教育大學中國語文學系碩士論文，2008 年；陳鈺淑：《屏東縣琉球鄉碧雲寺的籤詩信仰文化研究》，國立屏東教育大學中國語文學系碩士論文，2011 年；陳怡如：《屏東縣閩南語歌謠研究》，國立屏東教育大學中國語文學系碩士論文，2012 年；陳凱琳：《日治時期屏東古典詩研究》，國立屏東教育大學中國語文學系碩士論文，2014 年。

〔註68〕徐震宇：《屏東地區現代文學之研究》，2013 年。

68〕採文學史書寫角度，結合整體的時間性傳承與區域的獨特文學性，依時代的演變而論述文學，章節架構從時代背景、台灣現代文學潮流、屏東現代文學發展、屏東現代文學作家這四個面向，整理日治時期、光復至戒嚴時期、解嚴後這三個時期的屏東現代文學發展，既有台灣整體大環境的現代文學發展脈絡觀照，也有屏東作家作品論。其中有關現代詩部分，共納入 25 位屏東詩人，針對個別詩人的生平、著作、文學特色作簡要介紹。該文的優點是蒐羅屏東現代文學相關資料，頗能提供筆者論文資料參考，未盡善處則是對於屏東現代詩之介紹，僅限於個別詩人各自獨立之作品風格介紹，未能將屏東作家現代詩的主題內涵與詩藝技巧做歸納統整併分析，未能有效凸顯整體屏東作家現代詩的面貌特色。此為筆者在撰寫本文時可以深加拓展發揮之處。

王玉輝《清領時期的屏東文學研究》採文學史書寫角度，探討面向包括清領時期屏東地區的口傳文學、宦遊文人詩歌、在地文人詩歌、賦作、散文與碑記。屏東「口傳文學」探討排灣族、魯凱族的神話傳說和平埔族鳳山八社的敘事歌謠；「詩詞歌謠」探討中國宦遊人士和台灣本土文人的八景詩、巡社詩、竹枝詞和記遊詩；屏東「賦」的探討，以「恆春三賦」為主軸；屏東「散文」則從官方志書，包括朝廷奏章、諭令告示、陳情議論和列女紀事等應用性質文章進行耙梳；清代屏東碑記則從沿革、紀事、頌德、捐題和示禁等內容考究。其論文結論是清領時期的主流文類與作者是宦遊文人詩歌，在地文人的創作明顯偏少，但透過宦遊文人詩歌，「卻是最能凸顯屏東『在地』感受的作品，使本地族群文化和庶民生活的文學記憶得到保存。」〔註 69〕整本論文雖未觸及台灣戰後屏東現代詩，但其論文中對清領時期的屏東文學發展面貌的呈現，卻提供筆者對屏東文學發展脈絡更清晰輪廓。

碩士論文則有曾怡蓁《屏東地景書寫研究——以在地作家散文作品為對象》〔註 70〕採人文地理學空間理論，透過觀察陳冠學、曾寬、周芬伶、李敏勇、郭漢辰與杜虹等六位屏東作家散文作品中，對於屏東地景的凝視、再現、意象、象徵，以及庶民生活的記憶空間，凸顯作家群的原鄉情懷、自然觀察與人文社會關懷，論文中對於屏東地景頗能完整呈現。

〔註 69〕 王玉輝：《清領時期的屏東文學研究》，頁 373。
〔註 70〕 曾怡蓁：《屏東地景書寫研究——以在地作家散文作品為對象》，國立屏東教育大學中國語文學系碩士論文，2011 年。

如前所述，自 2011 年迄 2014 年已舉辦了四屆的「屏東文學學術研討會暨作家座談」產出了 39 篇屏東文學研究短篇論文。這些論文中，大部分都是針對個別作家作品進行探討，少數若干篇針對屏東現代詩發展狀況做綜論性質探索，其中尤以傅怡禎〈屏東地區新詩發展初探〉與林秀蓉〈屏東現代詩人的地景書寫初探〉最直接啓發本論文。

傅怡禎〈屏東地區新詩發展初探〉〔註 71〕立足於《屏東縣藝文資源調查報告書》、《六堆客家社會文化發展與變遷之研究：藝文篇》，以及在「屏東作家文庫」的基礎上，採用文學發展分期的觀點，將屏東作家現代詩的發展脈絡分成「具備戰鬥力的奠基期（1924～1949）」、「充滿生命力的發展期（1950～1992）」、「充滿想像力的深化期（1993～）」三期，耙梳屏東地區新詩發展的歷程，並歸納屏東地區新詩有如下五點特色：田園風格、懷鄉情節、社會批判、海洋意象與族群書寫。這篇會議論文對於屏東地區新詩發展的分期與特色歸納，直接啓發筆者論文的研究架構。唯該論文屬「初探」性質單篇論文，礙於篇幅，對於戰後屏東地區詩人群詩作之探析，僅作擇要簡述，不免有漏網遺珠，有更一步更擴大深入的研究空間，此爲本論文嘗試俾補之處。

林秀蓉〈屏東現代詩人的地景書寫初探〉〔註 72〕緊扣屏東作家族群多元特質，從「原住民族的神聖地母」、「客家族群的墾拓歷史」、「地方風物的撫今追昔」、「墾丁山水的入理生情」等四大主題切入，採用人文地理學空間觀點，析論原住民作家奧威尼、讓阿淥；客家曾貴海、陳寧貴、林清泉；閩南郭漢辰、傅怡禎、黃慶祥、陳雋弘、黃明峯，以及外省作家沙穗等詩作，勾勒這些作家如何以屏東地景爲媒介，凝聚族群意識、見證家鄉變遷、形塑美學符號，以及建構地方認同。文末並附有「屏東現代詩人的地景書寫舉隅」，啓迪筆者論文中家鄉書寫、自然書寫與族群書寫之脈絡架構。

（二）台灣戰後屏東個別作家現代詩研究現況

台灣戰後屏東現代詩作家個別研究明顯集中於曾貴海、利玉芳、李敏勇這三位詩人。曾貴海研究，專書有鍾榮富《不斷超越的詩章——曾貴海作品研究》〔註 73〕集結八篇曾貴海詩作評論，採西方品詩析詩的方法與論點，探

〔註71〕傅怡禎：〈屏東地區新詩發展初探〉，頁 116～163。
〔註72〕林秀蓉：〈屏東現代詩人的地景書寫初探〉，第四屆「屏東文學學術研討會暨作家座談會」，國立屏東教育大學，2014 年 12 月 12 日，頁 77～114。
〔註73〕鍾榮富：《不斷超越的詩章——曾貴海作品研究》，高雄：春暉出版社，2011年。

討曾貴海詩作的敘述觀點、意象建構、語言的精準、語氣的類別，提供新的品詩析詩方法。學位論文有簡俊安《台灣醫師詩人的文化抵抗：試論曾貴海、江自得、鄭烱明的現實詩》〔註 74〕對三位詩人進行時代背景、創作心路歷程之探索、比較與分論；王麗雯《笠詩社戰後世代八家研究》〔註 75〕針對包括曾貴海、李敏勇等八位戰後世代笠社詩人，討論文學歷程與詩作風格特色析論；邱信忠《曾貴海現代詩之研究〔註 76〕》研究曾貴海及其作品，對其文學歷程及研究進行分析，並探究其作品的主題內涵、多變多樣的表現技巧與書寫形製與藝術特色、後殖民詩評及詩觀；劉佳欣《曾貴海詩作中的族群與土地》〔註 77〕從曾貴海《原鄉・夜合》、《神祖與土地的頌歌》、《浪濤上的島國》這三本詩集切入，探討詩人的土地、族群與國家關懷；洪雅娟《從文學書寫到綠運實踐──笠社醫生詩人曾貴海與南方土地的對話》〔註 78〕探討曾貴海從事環境保護的生命經驗與高雄書寫的創作歷程的關聯性；許育菁《曾貴海現代詩作中「鄉土情懷」研究》〔註 79〕探討曾貴海文學歷程、創作理念，以及鄉土情懷的表現內涵及手法；洪翌庭《從詩情話藝看曾貴海短詩》〔註 80〕探討曾貴海短詩的詩情、創作語言及藝術性；潘明珠《曾貴海客語詩研究》〔註 81〕針對曾貴海客語詩集《原鄉・夜合》，進行詩作主題內容、藝術手法與特色的探討；林櫻蕙《現代客語詩之表現形式研究》〔註 82〕與徐碧霞《台灣戰後

〔註 74〕 簡俊安：《台灣醫師詩人的文化抵抗：試論曾貴海、江自得、鄭烱明的現實詩》，國立台北教育大學台灣文學研究所碩士論文，2006 年。

〔註 75〕 王麗雯：《笠詩社戰後世代八家研究》，國立中山大學中國文學研究所碩士論文，2006 年。

〔註 76〕 邱信忠：《曾貴海現代詩之研究》，國立高雄師範大學國文系回流中文碩士論文，2008 年。

〔註 77〕 劉佳欣：《曾貴海詩作中的族群與土地》，國立中正大學台灣文學研究所碩士論文，2009 年。

〔註 78〕 洪雅娟：《從文學書寫到綠運實踐──笠社醫生詩人曾貴海與南方土地的對話》，國立高雄師範大學台灣文化及語言研究所碩士論文，2009 年。

〔註 79〕 許育菁：《曾貴海現代詩作中「鄉土情懷」研究》，國立高雄師範大學回流中文碩士班碩士論文，2009 年。

〔註 80〕 洪翌庭：《從詩情話藝看曾貴海短詩》，國立高雄師範大學台灣歷史文化及語言研究所碩士論文，2012 年。

〔註 81〕 潘明珠：《曾貴海客語詩研究》，國立屏東教育大學文化創意產業學系碩士論文，2012 年。

〔註 82〕 林櫻蕙：《現代客語詩之表現形式研究》，國立台北師範學院台灣文學所碩士論文，2001 年。

客語詩研究》〔註 83〕則從客語詩在文學史的源流、語言的書寫實踐以及詩作文本研究等三個層面研究台灣戰後客語詩，屏東客籍詩人曾貴海、陳寧貴、利玉芳、鍾達明客語詩均在探討之列。除了上列相關研究，曾貴海所撰〈南方大地的鏡像與心靈對話〉〔註 84〕這篇論文從「出土與土生」、「書寫的年輪」、「書寫的社會實踐與政治實踐」與「樹人之歌」這四個面向，條理系統的介紹了自己各階段作品的創作緣由，並從「創傷與批判」、「凝視與對話」、「土地的頌歌」與「地球命運的憂傷」這四個主題，談論了自己各階段作品特質，是研究曾貴海詩作重要參考文獻，為本論文提供第一手寶貴資訊。

利玉芳研究，專書有鍾玲《現代中國謬司──台灣女詩人作品析論》〔註 85〕探討五十至八十年代不同世代台灣女詩人之詩作風格，書中第二章「傳統婉約風格的影響」、第七章「七十、八十年代女詩人的感性世界」對利玉芳詩作風格深入探討，鍾玲直指利玉芳是少數敢直接處理情慾題材的女詩人，是台灣所有女詩人中，表現最濃烈的身體意識；李元貞《女性詩學──台灣現代女詩人集體研究 1951～2000》〔註 86〕從「女性身體的想像」、「國家論述」理論角度，探析利玉芳的女性詩的書寫策略與風格特色，將利玉芳定位為本土派女詩人，並直指利玉芳的書寫策略是善於運用「女性」作為「位置」與「經驗」的視野，藉此書寫其政治批判與社會關懷，風格清新獨特，流露出對台灣本土的認同；陳義芝《從半裸到全開──戰後女詩人的性別意識》〔註 87〕對於利玉芳能在旅行書寫中，將政治意識揉合寫入詩中，認為是極為罕見的佳作；陳玉玲《台灣文學的國度──女性·本土·反殖民論述》〔註 88〕文中觸及利玉芳的二二八詩。學位論文有曾意晶《族裔女作家文本中的空間經

〔註 83〕徐碧霞：《台灣戰後客語詩研究》，國立成功大學台灣文學所碩士論文，2005年。

〔註 84〕曾貴海：〈南方大地的鏡像與心靈對話〉，陳明柔主編：《台灣的自然書寫》，2005年「自然書寫學術研討會」文集，台中：晨星出版社，2006年，頁272～273。

〔註 85〕鍾玲：《現代中國謬司──台灣女詩人作品析論》，台北：聯經，1989年，頁35～38，324～326。

〔註 86〕李元貞：《女性詩學──台灣現代女詩人集體研究 1951－2000》，台北：聯經，2000年，頁35，129。

〔註 87〕陳義芝：《從半裸到全開──戰後女詩人的性別意識》，台北：學生，1999年，頁97，119～120。

〔註 88〕陳玉玲：《台灣文學的國度──女性·本土·反殖民論述》，台北：博揚文化，2000年，頁132，152，206，212。

驗——以李昂、朱天心、利格拉樂·阿女烏、利玉芳爲例》〔註89〕文中從環
境、身體、童年和子宮等四個空間向度，檢視利玉芳詩作中原鄉的失落，並
從農耕生活、土地關懷、環保態度，看到利玉芳原鄉經驗的傳承；張馨尹《蓉
子與利玉芳女性主義詩作研究》〔註90〕從女性主義文學角度切入，探討女詩
人蓉子與利玉芳這兩代女詩人詩作中女性意識之差異，與女性主義詩意涵。
並歸納出利玉芳的書寫策略是以眞誠的聲音，在台灣當代政治、社會脈絡下，
將女性主義強調的抵抗父權心理運用在政治詩作上，爲弱勢族群發聲，其女
體書寫與本土意識的呈現，大膽強烈卻不過於激烈；張竹玫《吐芳的向日葵
——利玉芳詩作研究》〔註91〕探究利玉芳詩中的情慾書寫、政治書寫及土地
書寫；葉斐娜《追尋、認同與關懷——利玉芳詩中的鄉土書寫》〔註92〕探討
利玉芳有關生態、環境關懷、社會政治的批判詩篇；陳麗珠《河壩个歌——
利玉芳詩作之客家書寫研究》〔註93〕探討利玉芳創作歷程中的客家意識脈
絡，並探討利玉芳在當代政治社會環境、女性主義思潮、國家語言政策經驗
中，所呈顯的隱微、激昂、清明三個階段風格的流動。

　　李敏勇研究，專書有蔡佩君《詩的信使——李敏勇》〔註94〕作爲李敏勇
傳記，是紀錄李敏勇詩作歷程，回視自己，邁向未來的備忘錄、啓示書。學
位論文有陳鴻逸《記憶與詩語：歷史敘事與文化實踐的探索——以李敏勇、
陳鴻森的詩作爲例》〔註95〕，文中探討了李敏勇詩語言的抒情性，詩思維中
的愛、戰爭與哲學，詩中的威權批判與歷史關懷；何元亨《李敏勇現代詩研
究》〔註96〕析論李敏勇的詩作及相關著作、評論，並定位其文學成就；鄭靜

〔註89〕 曾意晶：《族裔女作家文本中的空間經驗——以李昂、朱天心、利格拉樂·阿
　　　　 女烏、利玉芳爲例》，國立台灣師範大學國文研究所碩士論文，1999年。
〔註90〕 張馨尹：《蓉子與利玉芳女性主義詩作研究》，國立屏東教育大學中國語文學
　　　　 系碩士論文，2007年，頁1。
〔註91〕 張竹玫：《吐芳的向日葵——利玉芳詩作研究》，國立台南大學國語文學系碩
　　　　 士論文，2010年。
〔註92〕 葉斐娜：《追尋、認同與關懷——利玉芳詩中的鄉土書寫》，國立中興大學中
　　　　 國文學系所碩士論文，2010年。
〔註93〕 陳麗珠：《河壩个歌——利玉芳詩作之客家書寫研究》，國立交通大學客家社
　　　　 會與文化學程碩士論文，2011年。
〔註94〕 蔡佩君：《詩的信使——李敏勇》，台北：典藏藝術家庭股份有限公司，2010
　　　　 年。
〔註95〕 陳鴻逸：《記憶與詩語：歷史敘事與文化實踐的探索——以李敏勇、陳鴻森的
　　　　 詩作爲例》，國立中興大學台灣文學研究所碩士論文，2007年。
〔註96〕 何元亨：《李敏勇現代詩研究》，國立台灣師範大學國文學系在職進修碩士班，
　　　　 2007年。

穗《李敏勇的文學創作與文化活動之研究》〔註97〕藉由李敏勇的「文學創作」和「文化活動」與台灣歷史、現實變遷的對應，凸顯詩人個人意志和良心見證在大時代中的特殊價值；謝三進《台灣生態詩之初期作品研究——以《自立晚報》副刊一九八四年「生態詩・攝影展」為例》〔註98〕以參與展覽的 22 位詩人共 24 首詩作為研究文本，予以作品分類，並探討這些生態詩作中的文化批判、自然思索與美學經營內涵，其中屏東作家李敏勇、陳雋弘、曾貴海與讓阿淦・達入拉雅之作品也在討論之列。

其他如：紀雅容《現代詩中的情人、妻子與母親》〔註99〕探討現代詩中女性在兩性中的形象，論文中所援引的諸多詩例中，包括了四位屏東作家現代詩，其中在第二章「女聲覺醒的時代意義」，舉利玉芳〈孕〉談母親的誕生，舉〈貓〉談情詩中的兩性關係，舉〈水稻不稔症〉談女聲題材的呈現與語言策略。第四章「妻子」舉曾貴海〈夜合〉、利玉芳〈古蹟修復〉談妻子的形象，舉林清泉〈薪水袋——記一位小公務的心聲〉、沙穗〈那年秋天〉談生活紀實，對了解這四位屏東作家現代詩的部分特點有參考價值；蔡欣倫《1970 年代前期台灣新世代詩人群研究》〔註100〕該文旨在研究 1970 年代前期的台灣新世代詩人群，取樣「龍族」、「主流」、「大地」、「後浪」以及「暴風雨」五個詩社，採用「歷史研究法」與「深度訪談」，觀察詩人群的「世代性」與「社群性格」。論文的第六章第四、五節探討七〇年代「暴風雨」於屏東的成立，以及核心成員（沙穗、連水淼、張堃）共具的「文化中國的想像書寫」與「城市生活書寫」的書寫題材與特色，對沙穗與連水淼詩多所著墨，文中所點出暴風雨詩社核心成員的書寫題材與書寫特色，具有提供本論文參考價值；黎俊成《詩的朦朧美學研究——以台灣新生代詩人為例》〔註101〕文中援用「阻隔」（朦朧的生成）→「可能性」（美的生成）→「朦朧美」（朦朧美的類型）作為研究

〔註97〕鄭靜穗：《李敏勇的文學創作與文化活動之研究》，國立中正大學台灣文學所碩士論文，2009 年。

〔註98〕謝三進：《台灣生態詩之初期作品研究——以《自立晚報》副刊一九八四年「生態詩・攝影展」為例》，國立台灣師範大學台灣語文學系碩士論文，2012 年。

〔註99〕紀雅容：《現代詩中的情人、妻子與母親》，國立中興大學中國文學研究所碩士論文，2013 年。

〔註100〕蔡欣倫：《1970 年代前期台灣新世代詩人群研究》，國立中央大學中國文學研究所碩士論文，2006 年，頁 173～181。

〔註101〕黎俊成：《詩的朦朧美學研究——以台灣新生代詩人為例》，國立高雄師範大學回流中文碩士班碩士論文，2009 年，頁 70～85。

理論，依據 1970 年後出生的台灣新生代詩人個人得獎經歷、詩集出版、風格特色，挑選九位具代表性詩人，做其朦朧美的探析，該論文的第三章第二節集中探討屏東詩人陳雋弘富於情緒與想像的朦朧美詩風；謝惠君《魯凱族作家奧威尼.卡露斯盎之研究》〔註102〕主要針對奧威尼長達 11 萬字的長篇小說《野百合之歌》進行文化情境與文本主題內容、藝術技巧探析，雖只有極小篇幅直接觸及奧威尼詩作，但文中所探討奧威尼生命歷程、人生觀與文學觀，能提供深度了解詩人文學歷程與內涵。

　　有鑑於台灣戰後屏東現代詩作家群多逾三十餘位，無法一一詳列相關研究單篇期刊論文於此，故另行製作表格（附錄七、「台灣戰後現代詩屏東作家相關研究期刊論文」）於論文後頁。

二、論文架構

　　第一章「緒論」：本章分三節。第一節從「深化關注區域文學」、「整理台灣戰後屏東現代詩的特色」、「思考台灣戰後屏東現代詩在地書寫的意義」以及「評估台灣戰後屏東現代詩在台灣文學史的價值」這四個面向釐清研究動機與研究目的，並指出詩是切入地方文學特色觀察的重要途徑，透過台灣戰後屏東現代詩研究，可以凸顯屏東文學此一地方文學的獨特相貌，建構以地方為基礎的文學視野，作為認識世界的一種方式與策略；第二節說明研究範圍與研究方法，鎖定 30 餘位屏東縣籍作家於 1949 年以後出版的現代詩詩集逾百本，並界定土生土長屏東、出生屏東久住他鄉、落腳定居屏東的作家，均可視為「屏東作家」，並且「台灣戰後屏東作家」不限出生於 1949 之前，而著重在作品創作年代於戰後為範疇。文類名稱則採時間為段落的分期方式，故稱戰前維新詩，戰後則稱現代詩。研究方法採外緣研究法、內在研究法與空間理論運用。第三節為文獻回顧與論文架構，針對統整性屏東地區現代詩研究現況、台灣戰後屏東詩人個別研究現況做概說。

　　第二章「屏東史地沿革與現代詩發展」：本章分四節，嘗試從屏東歷史沿革、地理環境、文學環境與作家背景的提供，構築出台灣戰後屏東現代詩圖像的基本輪廓。第一節概述屏東縣的歷史沿革與地理環境，從「先民歷史」與「行政沿革」談屏東縣歷史沿革，從「地形與地理位置」、「主要河川流域」、

〔註102〕謝惠君：《魯凱族作家奧威尼·卡露斯盎之研究》，國立屏東師範學院教育行政研究所碩士論文，2005 年。

「氣候條件與物產」談屏東縣的地理環境。第二節進行台灣戰前屏東新詩發展狀況與作家介紹，為台灣戰後屏東現代詩研究，提供一先行的文學發展脈絡的釐清。第三節從台灣戰後屏東作家詩社活動與藝文環境切入，把梳「戰後屏東作家詩社活動」，以及「戰後屏東藝文環境」，概述台灣戰後屏東地區現代詩發展概況，凸顯經由詩社活動，以及屏東縣政府文化局、學術界與文化團體的共同努力之下，提供了多元的發表園地，一定成效的提振了屏東地區現代詩創作風氣。第四節介紹台灣戰後屏東現代詩作家群，採族群屬性分類方式，將屏東作家群分為原住民族群、閩南族群、客家族群、外省族群等四類，各族群作家再依出生年代臚列，兼顧縱向不同世代現代詩面貌，並橫向凸顯屏東縣作家群族群多元作家的地方文學特色。

第三章「台灣戰後屏東現代詩中的家鄉書寫」：本章嘗試將屏東作家現代詩的家鄉書寫作品，歸納出「家鄉母土情懷」、「家鄉生活素描」、「家鄉童年記憶」與「家鄉變貌凝視」這四大主題，並透過相關主題內涵作品析論，構築出台灣戰後屏東現代詩的家鄉面貌。全文分四節進行，第一節透過「家園頌」、「思鄉吟」與「返鄉情」相關主題詩作，探析屏東作家的家鄉母土情懷內涵；第二節嘗試從農家田庄生活、部落山林生活、漁家泛海生活，勾勒出屏東作家詩中「家鄉生活軌跡」的面貌；第三節則捕捉屏東作家家鄉往日記憶裡的童年記憶與青春記憶；第四節透過田園消失、古跡變貌、部落殘破與小琉球毀壞這四個主題，探討屏東作家現代詩中對家鄉今昔變貌的書寫。

第四章「台灣戰後屏東現代詩中的自然書寫」：本章將台灣戰後屏東現代詩中的自然書寫，歸納出「美學形塑」、「汙染批判」與「生態維護」這三大主題，並透過相關主題內涵詩作析論，勾勒出台灣戰後屏東現代詩中的自然書寫面貌。全文分四節進行，第一節透過「田園山水圖像」、「墾丁公園光影」、「動植物寫真畫」與「詩意熱帶海洋」相關主題，探析台灣戰後屏東現代詩透過田園主題、山水主題、墾丁主題、植物聯想與動物聯想之書寫，以及海洋書寫，形塑屏東地區的田園、山水與海洋審美意象；第二節則透過「工業與自然生態的矛盾」、「公害污染」這兩個議題，探析台灣戰後屏東作家對工業污染所造成的河川生態破壞、土地生態破壞、空氣汙染、農村變異，以及都市污染、核能危機等議題的關注書寫；第三節從自然生態觀察、生物生存權的思索議題，探析台灣戰後屏東現代詩中對生物棲地破壞、濫捕野生動物的關注與思索。

　　第五章「台灣戰後屏東現代詩中的族群書寫」：本章將台灣戰後屏東現代詩中的族群書寫，歸納出「客家族群」、「原住民族群」、「閩南族群」與「外省族群」四個主題。第一節透過「客家族群歷史」、「客家婦女圖像」與「客家生活場域」這三個面向，耙梳客家族群書寫中，對於六堆移墾歷史、殖民記憶、原鄉反思，以及客家婦女的勞動、家庭與傳統，和生活場域衣物、食物、住屋的眷戀；第二節透過「歌頌原民文化傳統」與「省思強勢文明衝擊」捕捉原住民族群書寫精神；第三節從「歷史回顧」與「鄉土關懷」探討閩南族群書寫的內涵；第四節從「時代離散」、「故園鄉愁」與「情感認同」探討台灣戰後屏東現代詩中的外省族群書寫。藉由這些族群書寫詩作，凸顯台灣戰後屏東現代詩中的多元族群特色。

　　第六章「台灣戰後屏東現代詩中的政治社會關懷書寫」：本章從「政治議題」、「社會觀察」與「戰爭書寫」這三個面向探析台灣戰後屏東現代詩中的政治社會關懷書寫。第一節探討台灣戰後屏東作家政治書寫中的「歷史傷痕記憶」、「殖民威權抵抗」與「兩岸關係與國族認同」；第二節探討屏東作家詩作中的「社會現象批判」與「社會底層關懷」；第三節透過戰爭書寫，從「戰時」與「戰後」異樣風景的摹繪，凸顯戰後屏東作家詩作中兼具政治批判與社會關懷的反戰思想。

　　第七章「結論」：本章從整理台灣戰後屏東現代詩的特色、台灣戰後屏東現代詩在地書寫的意義、台灣戰後屏東現代詩在台灣文學史的價值這三個面向，整理總結論文。

第二章　屏東史地沿革與現代詩發展

　　屏東，位處國境之最南端。相對於北部而言，是一個地理區域明顯的縣份，也是典型的台灣文化地理中心之一。〔註1〕屏東有高山、平原、海洋、離島，地理環境多樣，腹地總面積 2700 多平方公里，約占台灣本島的 1／12 大，海岸線長度僅次花蓮縣，是全國唯一三面環海的本島縣市，海岸線海洋風貌多變化；屏東平原面積僅次嘉南平原，是全台重要糧倉；北大武山高逾 3000 公尺，是養育排灣、魯凱、六堆客家的神聖地母；墾丁國家公園是台灣戰後最早成立的國家公園，有豐富多元自然生態。屏東歷經多次行政沿革，戰後 1956 年行政區劃底定迄今，計有一個縣轄市、三個鎮，及二十九個鄉。本章將先概述屏東歷史沿革與地理環境，為本論文提供屏東史地時空背景輪廓；再以文學的觀點，素描台灣戰前、戰後屏東現代詩發展狀況，藉以勾勒出屏東文學環境面貌；最後進行台灣戰後屏東現代作家群介紹，為本論文屏東現代詩研究，提供作家基本背景資料。藉由屏東歷史沿革、地理環境、詩社活動文學環境與作家背景的提供，嘗試構築出台灣戰後屏東現代詩發展之圖像。

第一節　歷史沿革與地理環境

一、屏東縣歷史沿革

　　「屏東」做為本論文的論題空間，所指涉範圍是指行政區域的屏東縣。屏東地區的開發可上溯到十七世紀上半葉的荷蘭時期，但「屏東」縣名的真

〔註1〕余昭玟：〈記憶與地景——論屏東小說家的在地書寫〉，頁326。

正確立，卻遲至民國三十九年（1950），縣內行政區劃的全部底定，則在民國四十五年（1956）。從荷蘭時期、明鄭時期、清領時期、日治時期，乃至戰後迄今。從鳳山八社，小淡水、下淡水、南淡水、阿猴、瑯嶠，屏東地區歷經多次地名更迭與行政沿革。

回溯屏東縣民歷史，屏東平原，原為平埔族馬卡道族群鳳山八社聚落所在地。〔註2〕鳳山八社的規模，遠在1641至1646年間即已確立。〔註3〕鳳山八社平埔族原本聚落在今之高雄縣仁武鄉、大社鄉一帶，明末鄭成功軍隊數十萬人渡台，入墾仁武、大社一帶，被漢人驅逐的平埔熟番遂往屏東平原遷移。屏東平原屬溫濕熱帶雨林地區，早期「土多瘴氣，來往之人恆以疾病為憂」〔註4〕，瘧疾、霍亂、赤痢、鼠疫、河豚毒等流行病肆虐，除了平埔族群外，幾乎不見漢人蹤跡。屏東平原這種瘴癘肆虐的惡劣生存環境，不但使荷蘭人經略台灣時期（1624～1662），致力推動屏東平原傳教與教育的計畫，因牧師卻步而屢屢受挫，更也一度在1653年瘧疾、痲瘋病疫中，使鳳山八社人口總數由11451人減至9014人。〔註5〕這種惡劣的自然環境，在明鄭時期，甚至成為流放犯人之所，《重修鳳山縣志》記：「舊鄭氏時，自港東至瑯嶠皆安置犯人所，陰風悲號，白骨枕野，居民觸之輒病疫。」〔註6〕全然是一幅人間煉獄景象。康熙三十六（1697）郁永河《裨海記遊》記：「尚在洪荒，草木晦蔽，人跡無幾，瘴癘所積，入人肺腸，故人至即病。」〔註7〕更可見瘴癘情況延續到康熙中葉以後，均無甚改變。

明朝萬曆年間（1573～1619），已有中土漢人陸續來台。歸納原因有三，一是明萬曆以後中土人口壓力日增，相對的，台灣則因甘藷普及而土地人口扶養力大增，吸引了中土漢人來台。再者，在荷蘭人技術指導下，台灣稻米與甘蔗大量栽植，需要大批細耕勞工。根據黃叔璥《台海使槎錄》記載，鳳

〔註2〕 「諸羅、鳳山無民，所隸皆土著番人。番有土番、野番之分。」參郁永河：《裨海記遊》，南投：台灣省文獻委員會，1996年，頁32～33。

〔註3〕 李國銘：〈十七世紀屏東平原的村落與記事〉，《台灣史研究》第1卷第2期，台北：中央研究院台灣史研究所籌備處，1994年，頁117。

〔註4〕 黃叔璥：〈風土志〉，《台海使槎錄》卷七，南投：台灣省文獻委員會，1996年，頁85。

〔註5〕 翁淑芬：《東港街市的形成與發展》，國立台灣師範大學地理學系碩士論文，1997年，頁16～17。

〔註6〕 王瑛曾：〈典禮志〉，《重修鳳山縣志》卷五，南投：台灣省文獻委員會，1996年，頁145。

〔註7〕 郁永河：《裨海記遊》，南投，台灣省文獻委員會，1996年，頁17。

山八社所在的港東、港西二里，可收雙冬早稻。其中，放索社有 17 間社倉，茄藤社有 24 間社倉，不僅本部足食，同時可接濟內地。﹝註 8﹞此外，東港附近海域因漁業資源豐富，也吸引中土漢人前來捕魚，至鄭成功時期甚且在海岸地帶設立港口，作爲漢人移墾的進出門戶。其中，據傳茄藤港（今之高雄茄定）即爲當時移民登陸口岸以及船舶寄碇之處。﹝註 9﹞然則明鄭時期漢人的拓墾範圍，只限於嘉義以南到下淡水溪以西的高雄濱海沖積平原，下淡水以南的屏東平原仍爲下淡水社、力力社、放索社等鳳山八社平埔番活動領域。

到了大約康熙三十年（1691），嘉義到高雄之間舊墾地人口不斷增加，新的移民又不斷湧入，因此原在下淡水溪下游西岸的閩南人，因地緣關係就直接越渡下淡水溪，入墾下淡水溪下游到東港溪下游西岸的沖積平原，即現今的新園、萬丹、崁頂一帶，相繼建立了幾個閩南人的聚落。因此，康熙五十九年刊行的《鳳山縣志》，就已經記載「新園街」、「萬丹街」聚落名稱。﹝註 10﹞是屏東平原上最早出現的古街市。約莫同一時期，遠道從廣東省嘉應州鎮平、平遠、興寧、長樂等縣來台的客家人，因閩南人已先一步拓墾佔有台灣府治附近，才往台南府東門外闢墾。其後，也移往下淡水溪東岸流域擴展，溯東港溪而上，落腳在萬丹鄉四維村附近的濫濫庄成爲六堆客家發祥之地。﹝註 11﹞，其後田園日增，人口日繁，逐漸開發出現今的潮州、竹田、內埔、萬巒地區等客家聚落。

屏東在歷史的軌跡裡，歷經多次行政變革。荷蘭時期，屏東平原是平埔族鳳山八社的活動區域，而鳳山八社之名字，在明鄭時期即已確立。李國銘〈鳳山八社舊址初探〉舉康熙二十三年（1684）《康熙福建通志》出現「鳳山八社」名稱，以及文中指出鳳山八社社名「皆僞鄭時所遺」而認爲明鄭時期八社之名已存在。﹝註 12﹞鳳山八社包括：上淡水社（以今萬丹鄉上社皮爲據點）、下淡水社（以今萬丹鄉番社村爲據點）、阿猴社（以今屏東市爲據點）、搭樓社（以今里港鄉搭樓村爲據點）、茄藤社（以今林邊鄉車路墘爲據點，範圍擴及林邊、南州、東港、佳冬一帶）、放索社（今林邊鄉田厝村、水利村一

﹝註 8﹞ 黃叔璥：《台海使槎錄》卷一，頁 23。
﹝註 9﹞ 簡炯仁：《屏東平原的開發與族群關係》，屏東：屏東縣政府，2001 年，頁 9。
﹝註 10﹞ 簡炯仁：《屏東平原的開發與族群關係》，頁 8～9。
﹝註 11﹞ 鍾壬壽：《六堆客家鄉土誌》，屏東：長青出版社，1973 年，頁 700。
﹝註 12﹞ 李國銘：〈鳳山八社舊址初探〉，《台灣史田野研究初探》26 期，台北：中央研究院台灣史研究所籌備處，1993 年，頁 79。

帶）、武落社（以里港鄉武落爲據點）、力力社（以今崁頂鄉力社爲據點）。〔註13〕由上述可知，荷蘭時期的屏東地區，尚無較大範圍的地名。

明鄭時期，屏東縣先後屬萬年縣、萬年州。明永曆十五年（1661），鄭成功驅逐荷蘭人後，將台灣改稱東都，並置設一府（承天府）、二縣（天興縣、萬年縣）。天興、萬年二縣以新港溪（今之鹽水溪）爲界，天興縣管轄北路（今之台南市以北），萬年縣管轄南路（今之台南市以南）。萬年縣以淡水溪爲分界，淡水溪以北居住漢人，淡水溪以南則仍是土番棲息地。明永曆十六年（1662），鄭成功薨逝，鄭經嗣位，永曆十八年（1664）調整行政區域爲一府（承天府）、二州（天興州、萬年州），屏東縣改屬萬年州，所居皆土番。

清領時期，嘉慶以前的屏東縣均屬鳳山縣，光緒年間則分屬鳳山縣、恆春縣。清康熙二十三年，清廷領台，改一府、二州爲一府（台灣府）、三縣（諸羅縣、台灣縣、鳳山縣），歸福建省台廈道管轄。原萬年州分關爲台灣縣和鳳山縣，其中鳳山縣屬地包括台南市以南到沙馬磯頭（今貓鼻頭），縣治設於興隆莊（今高雄市左營區），管轄坊里包括七里、二莊、十二社、一鎮。〔註14〕屏東縣屬鳳山縣所管轄。康熙二十三年在東港設置下淡水巡檢司署，職司掌稽查地方，兼查東港船隻〔註15〕，是清廷在屏東地區設置的第一個正式行政機構。康熙五十八年（1719），鳳山縣東港溪東、西兩岸因「兆民日眾、人居日廣」〔註16〕，於是以東港溪爲界，設港東、港西二里，以管轄新開關之地，屏東縣隸屬鳳山縣。雍正十二年（1734），鳳山縣重訂疆域，屏東地區所轄里、街、社有淡水港東里、淡水港西里、阿猴街、新園街、萬丹街、嵌頂街、阿里港街、枋寮口街，以及平埔熟番八社、山豬毛、傀儡山、瑯嶠等歸化生番五十社。光緒元年，清廷以率芒溪（今春日鄉士文溪）爲界，將原鳳山縣分爲鳳山縣、恆春縣兩個縣。至此屏東地區分成鳳山縣、恆春縣兩個行政區塊，鳳山縣轄有屏東平原，恆春縣轄有恆春半島。

〔註13〕 黃叔璥：〈番俗六考〉，《台海使槎錄》卷七，頁143。
〔註14〕 七里：依仁里、永寧里、新昌里、長治里、嘉祥里、維新里、仁壽里。二莊：觀音莊、鳳山莊。十二社：下淡水社、力力社、茄藤社、放索社、上淡水社、阿猴社、搭樓社、大澤機社、郎嬌社、琉球社、南覓社、加六堂社。一鎮：安平鎮。參蔣毓英：《台灣府志》，南投：台灣省文獻委員會，1993年，頁10。
〔註15〕 王瑛曾：〈職官志〉，《重修鳳山縣志》卷八，頁229。
〔註16〕 陳文達：〈規矩制〉，《鳳山縣志》卷之二，南投：台灣省文獻委員會，1996年，頁25。

日治時期，屏東縣歷經置縣（1898～1901）、置廳（1901～1920）與置州（1920～1945）三個時期。曾先後隸屬台南縣、鳳山縣、高雄州。地名也由阿猴、阿緱，確立為「屏東」。置縣時期始於清光緒二十一年（明治28年，1895），清、日馬關條約締成，台灣、澎湖割讓日本，日本旋即設置台灣總督府，頒發臨時地方機關組織規程，設三縣一廳，改台北、台灣、台南府為縣，另設澎湖島廳，縣下設支廳，其中，台南縣轄有安平支廳、鳳山支廳、恆春支廳、台東支廳。此時屏東縣為台南縣所轄，範圍包括部分鳳山支廳和恆春支廳。明治二十八年（1895）八月改台南縣為台南民政支部，支廳改為出張所，轄區範圍則不變。次年恢復原三縣一廳制。明治三十年（1897）全台行政區域調整為六縣（台北、新竹、台中、嘉義、台南、鳳山）、三廳（宜蘭、台東、澎湖），縣、廳下設辦務署，鳳山縣內共轄有十一個辦務署，屏東境內有七個辦務署（內埔、林邊、阿猴、萬丹、阿里港、楓港、恆春）。明治三十一年（1898）改六縣三廳為三縣（台北、台中、台南）、三廳（宜蘭、台東、澎湖），屏東隸台南縣，境內有四個辦務署（阿猴、潮州、東港、恆春）。

　　明治三十四年（1901）開始置廳時期，兒玉總督再度變革地方行政區域，廢地方三級制度，將縣及辦務署廢除，重新劃分全台為二十個廳，受總督府直轄，廳下再設支廳。原台南縣被劃分為七個廳（嘉義、鹽水港、台南、鳳山、蕃薯寮、阿猴、恆春），屏東境內有阿猴廳和恆春廳。阿猴廳轄下設阿里港、內埔、萬丹、東港、潮州、枋寮等六支廳〔註17〕（後併成阿里港、東港、潮州、枋寮四支廳），廳治設在港西中里阿猴街。明治三十六年（1903），阿猴廳告示第86號規定，將阿猴街（今屏東市）的「猴」字改為「緱」字。〔註18〕明治三十八年（1905），阿猴廳改名阿緱廳。〔註19〕

　　大正九年（1920），台灣首任文官總督田健治郎，上任後重新調整地方行政區域，廢廳為州，併全島西部十廳為五州（台北、新竹、台中、台南、高雄）及二廳（台東、花蓮），州下原支廳改設郡與市，郡下設街庄。〔註20〕高

〔註17〕　國立中央圖書館台灣分館典藏：〈阿猴廳報〉，明治34年11月11日。
〔註18〕　〈阿猴廳報〉第102號，《台南新報》第1309號附錄，明治36年12月17日。
〔註19〕　台灣總督府警務局：《台灣總督府警察沿革志》，台北：台灣總督府警務局，1933年，頁539。
〔註20〕　〈台灣總督府報〉第2177號，《台灣日日新報》第7247號附錄，大正9年8月12日。

雄州下設置高雄、岡山、鳳山、旗山、屏東、潮州、東港、恆春等郡。屏東
境內有屏東、潮州、東港、恆春郡,「屏東」地名自此確立。屏東郡管轄屏東
街、長興庄、鹽埔庄、高樹庄、六龜庄、里港庄、九塊庄和蕃地;潮州郡管
轄潮州庄、萬巒庄、內埔庄、竹田庄、新埤庄、枋寮庄、枋山庄和蕃地;東
港郡管轄東港街、新園庄、萬丹庄、林邊庄、佳冬庄、琉球庄;恆春郡管轄
恆春庄、車城庄、滿州庄和蕃地。這四個郡管轄範圍除了六龜庄之外,其餘
均在今日屏東縣境內。昭和八年(1933),屏東街升格為屏東市,「屏東市」
名稱於此時確立。

　　戰後初期,行政區域大致沿襲日治規模,僅小幅度調整。民國三十五年
(1946),廢州、廳,全台分為八縣九省轄市,屏東郡改名屏東區,屏東市升
格為縣轄市,隸屬高雄縣。民國三十九年(1950)10 月 1 日行政區域調整,
將高雄縣以高屏溪為界,分為高雄、屏東兩縣。〔註 21〕「屏東縣」名稱自此
確立。民國四十五年(1956)屏東縣行政區劃全部底定,共轄有一個縣轄市
(屏東市)、三個鎮(潮州、東港、恆春)與二十九個鄉(萬丹、長治、麟洛、
九如、里港、鹽埔、高樹、內埔、三地〔註 22〕、萬巒、竹田、新埤、新園、
崁頂、佳冬、林邊、溪州、琉球、枋寮、枋山、車城、瑪家、泰武、來義、
霧台、春日、獅子、牡丹、滿州),本文所界定「屏東」,即為 1956 年行政區
劃全部底定後的屏東縣。

二、屏東縣地理環境

　　屏東縣位於國境之南,東以中央山脈與台東縣為界,西有台灣海峽,南
臨巴士海峽,北有高屏溪分界大高雄,四周天然屏障界線明顯,是一個有很
明顯的地理區域的縣市。

　　在地形與地理位置上,屏東縣總面積大約 2700 多平方公里,佔台灣本島總
面積的 1／12。地形呈狹長型,南北長約 50 公里,東西寬約 25 公里。極東為
霧台鄉雄峰山頂,極西為琉球嶼西端,極南是恆春鎮七星岩南端,極北到高樹
鄉舊寮北端。屏東縣四面被天然屏障區隔而成一個明顯的地理區域,東邊以中
央山脈與台東縣為界,東臨太平洋(菲律賓海),西臨台灣海峽(南海),兩者

〔註 21〕 高雄縣文獻委員會:《高雄縣志稿・政事志民政篇》,高雄縣:高雄縣文獻委
　　　　員會,1962 年,頁 79～81。
〔註 22〕 民國九十九年(2010),三地鄉更名為三地門鄉。

以鵝鑾鼻南端為界，南臨巴士海峽（呂宋海峽），北接高屏溪上游和高雄為界。

屏東境內呈現東高往西往南低降地勢，屏東平原東部是層巒起伏的大武山山脈及中央山脈南段天然屏障，縣內有三地門、霧台、瑪家、泰武、來義、春日等山地鄉，座落在平均海拔均超過 1000 公尺的山區。東部山區地勢往南陡降到 600 公尺以下的枋寮以南，並延伸到恆春半島。發源於東部山區的高屏溪、東港溪、林邊溪，往西與荖濃溪、隘寮溪形成網狀溪流，沖積出沃野平疇的屏東平原，接連縣界下淡水溪之流域，形成西南傾斜地盤。屏東平原，以屏東市為中心，向四周輻射延展，面積約 160 平方公里，水源豐沛、農漁業發達，是屏東縣的精華區，容納了本縣 80 餘萬總人口數的 80% 以上人口。

在主要河川流域的部分，高屏溪（舊名下淡水溪），全長 171 公里，是全台第二長河，流域面積廣達 3200 多平方公里，全台第一。高屏溪流經屏東縣境內新園、萬丹、九如、里港、鹽埔、高樹、三地、瑪家、霧台、屏東市等 10 個鄉鎮市；東港溪，發源於南大武山前麓，全長約有 44 公里，流經屏東縣內埔、萬巒、竹田、潮州、崁頂、東港等六個鄉鎮，流域面積約有 472 平方公里，是沖積成屏東平原的主要河流之一。東港溪名源自東港鎮名，「東港」意指「位於高屏溪的東邊」。清領時期東港溪河口已是繁華的貿易據地，沿岸已有萬丹街，新園街和崁頂街三個街市形成。除了高屏溪、東港溪，屏東境內另有荖濃溪、隘寮溪、林邊溪、率芒溪、枋山溪、楓港溪、四重溪等流經。高屏溪、東港溪在清領時期與日治時期，不但是屏東平原灌溉的重要河流，其溪流的自然景觀，也是文人書寫區域之一，例如蘇德興〈溪聲〉〔註23〕寫夜深人靜溪聲伴讀、張亨嘉〈溪上即景〉〔註24〕寫漫步於落日餘暉下的下淡水溪、王炳南〈晚過下淡水溪〉〔註25〕寫傍晚雨後彩虹下搭火車過鐵橋；蕭永東〈題寓〉〔註26〕以東港溪邊港灣景象，營造思鄉淒清之感；劉炳坤〈東

〔註23〕 蘇德興〈溪聲〉：「水繞茅齋一曲清，三更忽聽似鳴鉦。也如逸韻侵虛枕，激發書聲伴此聲。」《詩報》第 23 期，1931 年 11 月 1 日，頁 8。

〔註24〕 張亨嘉〈溪上即景〉：「綠水長流日暮時，小溪泛盡步遲遲。眼看繞岸千條柳，惹得行人不忍離。」《詩報》第 25 期，1931 年 12 月 1 日，頁 9。

〔註25〕 王炳南〈晚過下淡水溪〉：「雨後急流聲勢雄，金波滾滾夕陽中。鐵橋輾轆輾輪過，恍駕長虹度太空。」《詩報》第 299 期，1943 年 7 月 12 日，頁 6。

〔註26〕 蕭永東〈題寓〉：「東港溪邊一小樓，海風不斷四時秋。波聲緩急晴陰兆，水勢瀰漫遠近憂。」《台南新報》第 8453 期，1925 年 8 月 26 日，頁 5。

港晚眺〉〔註 27〕書寫晚秋從東港溪畔遠眺落日裡的琉球嶼，凡此均可窺知高屏溪、東港溪地景在屏東文學中被關注。

在氣候條件與物產上，屏東縣全境位於北回歸線以南，除了東部高山地區以外，皆屬於熱帶季風氣候。屏東平原年均溫約 25 度，因為東有大武山與中央山脈阻隔東北季風，所以冬季乾爽宜人，均溫約 21.5 度。夏季長達九個月，日照充足，雨水豐沛，均溫約 28.5 度，適合農業發展，耕地面積七萬六千多公頃，主要農產品有米、香蕉、檳榔、原料甘蔗、蓮霧、芒果、椰子、芒果、鳳梨，使得屏東縣境充滿田園景觀之美。

第二節　台灣戰前屏東新詩發展狀況與作家

屏東地區現代詩的創作，奠基於日治時期楊華、黃石輝與劉捷。這三位作家被視為是「屏東地區新詩第一波創作潮」〔註 28〕詩人，扮演著奠定基礎的重要角色。大環境影響著小環境，自成台灣文化地理區域中心之一的屏東地區，感染到自 1924 年追風發表〈詩的模仿〉所展開的台灣新詩創作風潮影響，楊華、黃石輝參加徵詩活動脫穎而出，他們為什麼寫新詩？寫些什麼？寫得如何？對屏東現代詩壇的影響何在？都值得探索。本節將就上述問題意識，釐清戰前屏東新詩發展狀況與作家群。

一、戰前屏東新詩發展概況

日治時期的台灣，傳統詩文仍是文學主流，在日本政府政策拉攏之下，傳統漢詩官紳聯吟蔚為風潮。為有效推行政令，日本政府對台灣基礎用心經營，在輸入日本文化、推動現代化的同時，也間接移植了西方文藝思潮。民國初年中國由胡適等人發動的五四新文學運動，掀起了白話詩寫作風潮，不但影響了台灣詩壇的創作方向，一連串的新詩革命就此拉開精彩序幕，更也影響了沉寂的屏東詩壇。

在文學論述方面、首先是 1920 年開始，由陳炘、甘文芳、陳端明、黃呈聰、黃朝琴等人陸續在《台灣青年》、《台灣》撰文，以正面肯定態度思考新

〔註 27〕 劉炳坤〈東港晚眺〉:「落日江邊望，漁歌唱晚秋。波光翻碧浪，蟾影浴清流。鳳嶺窗前翠，球山水面浮。茫茫湖海闊，何處訂盟鷗」,《詩報》第 44 期，1932 年 10 月 1 日，頁 12。

〔註 28〕 傅怡禎:〈屏東地區新詩發展初探〉，頁 121～126。

文學的走向之後〔註29〕，張我軍於 1924 年 4 月 21 日在《台灣民報》2 卷 7 期
所發表之〈致台灣青年的一封信〉，文中說：

> 諸君怎的不讀些有用的書，來實際應用社會，而每日只知道做些似
> 是而非詩，來作《詩韻諧合解》的奴隸，或講什麼八股文章，替先
> 人保存臭味。（台灣的詩文等，從不見過真正有文學價值的，且又不
> 思改革，只在糞堆裡滾來滾去，滾到百年千年，也只是滾得一身臭
> 糞。）想出出風頭，竟然自稱詩翁、詩伯，鬧個不休。〔註30〕

張我軍對於台灣舊文壇之嚴厲抨擊，引發了台灣傳統詩領頭人連雅堂於 1924
年在為林少眉《台灣詠史》詩集序文中強烈反擊，文中說：

> 今之學子，口未讀六藝之書，目未接百家之論，耳未聆離騷樂府之
> 音，而囂囂然曰：漢文可廢！漢文可廢！甚而提倡新文學，鼓吹新
> 體詩，粃糠故籍，自命時髦，吾不知其新何在？其所謂新者，特西
> 人小說戲劇之餘，丐其一滴沾沾自喜，誠埳井之蛙，不足以語汪洋
> 之海也噫。〔註31〕

而張我軍也旋即以〈為台灣文學界一哭〉、〈請合力拆下這座敗草欉中的破舊
殿堂〉〔註32〕正面迎戰，從 1924 年底到 1925 年初，正是雙方煙硝味最重的
時刻。身處在這麼一個關鍵時刻，面對在日本政府同化政策下，書房義塾廢
除，傳統文化搖搖欲墜，而新知識份子在吸取五四經驗之同時，也積極提出
新的文學策略〔註33〕，嘗試與新時代接軌。

〔註29〕 這些討論包括有陳炘：〈文學與職務〉，《台灣青年》創刊號，1920 年 7 月 16
　　　　日，頁 41～43；甘文芳：〈實社會と文學〉，《台灣青年》3 卷 3 期，1921 年 9
　　　　月 16，頁 33～35；陳端明：〈日用文鼓吹論〉，重刊於《台灣青年》4 卷 1 期，
　　　　1922 年 1 月 20 日，頁 25～27；黃呈聰：〈論普及白話文的新使命〉，原刊於
　　　　《台灣》4 年 1 號，1923 年 1 月 1 日，後收錄於李南衡主編：《日據下台灣新
　　　　文學文獻資料選集》，台北：明潭，1979 年，頁 7；黃朝琴：〈漢文改革論〉，
　　　　《台灣》4 年 1 號、4 年 2 號，1923 年 1 月 1 日、2 月 1 日，後收錄於李南衡
　　　　主編：《日據下台灣新文學文獻資料選集》，台北：明潭，1979 年，頁 32。
〔註30〕 張我軍：〈致台灣青年的一封信〉，原載於《台灣民報》2 卷 7 號，1924 年 4
　　　　月 21 日，後收錄於《張我軍全集》，台北：純文學，1975 年，頁 4。
〔註31〕 連雅堂：《台灣詩薈》卷 10，台北：成文，1977 年，頁 627。
〔註32〕 張我軍：〈為台灣文學界一哭〉，《台灣民報》2 卷 26 號，1924 年 12 月 11 日，
　　　　後收入於《張我軍全集》，台北：純文學，1975 年，頁 4；〈請合力拆下這座
　　　　草欉中的破舊殿堂〉，則是刊載於《台灣民報》3 卷 1 號，1925 年 1 月 1 日。
〔註33〕 張我軍在〈請合力拆下這座草欉中的破舊殿堂〉中延續抨擊舊文學戰火，更
　　　　也介紹胡適〈文學改良芻議〉的「八不主義」與陳獨秀〈文學革命論〉的「三

　　台灣詩壇在面對這波文潮湧動的創作回應，首先是追風發表〈詩的模仿〉，緊接著有《文藝》、《人人》等文學雜誌引入譯介海內外新詩，未久，張我軍出版第一本新詩集，「新竹青年會」徵詩活動更是掀起創作熱潮。

　　1923 年 5 月 23 日，追風以日文創作四首短詩〈詩的模仿〉，作品刊登於1924 年 4 月 10 日出版《台灣》雜誌第 5 年第 1 號，不但是台灣作家日文新詩的濫觴〔註34〕，更被視為是台灣新詩創作的正式展開。〔註35〕1923 年 3 月，楊雲萍與江夢筆創辦《人人》雜誌並發表詩作，新詩創作開始蔚為風潮。1925年 12 月，《人人》第二期刊登張我軍《亂都之戀》前半段，同年 12 月底，張我軍第一本詩集《亂都之戀》出版。1926 年 11 月，「新竹青年會」透過《台灣民報》向島內徵求白話詩，共得五十餘首，經評審後，屏東作家器人（楊華）與黃石輝的詩作都獲得入選，成為屏東地區最早獲得新詩獎項殊榮的兩位詩人，也許是礙於版面不足，僅刊出崇五與楊華二人共三首得獎詩，楊華〈燈光〉與黃石輝詩則成了遺珠。

　　傅怡禎〈屏東地區新詩發展初探〉將屏東地區 1924～1949 的新詩發展稱之為「具備戰鬥力的奠基期」〔註 36〕，認為這是屏東地區新詩第一波創作潮。而孕育這一波創作潮的文學搖籃，卻是日治時期屏東地區的傳統詩社「礪社」。黃石輝、楊華的傳統漢詩創作，與他們參與屏東礪社的詩社活動息息相關，這個傳統詩社卻也意外孕育黃石輝、楊華這兩位台灣新文學的新星。礪社究竟創立於何時？大抵有以下三種時間說法：一是認為礪社的創立是在 1919 年 9 月之前〔註37〕；另一說法則認為屏東礪社應創立於1921 年以後〔註38〕；第三種則是施懿琳〈日治時期台灣古典文學的發展與

不主義」，以作為文學改革策略。見《台灣民報》3 卷 1 號，1925 年 1 月 1 日。相關探討亦可參考林瑞明：〈張我軍的文學理念與小說創作〉，《台灣文學的歷史考察》，台北：允晨，1996 年，頁 224～252。

〔註34〕楊順明：《黑潮輓歌——楊華及其作品研究》，高雄：春暉出版社，2007 年，頁 39。

〔註35〕傅怡禎：〈屏東地區新詩發展初探〉，頁 121。

〔註36〕傅怡禎：〈屏東地區新詩發展初探〉，頁 121～126。

〔註37〕持此一說法的有楊順明，他在《黑潮輓歌——楊華及其作品研究》中以黃文車《黃石輝研究》頁 245 中記有黃石輝 1919 年 9 月有〈白蓮花〉一詩，而「大膽認為屏東礪社應成立於 1919 年 9 月之前」，王玉輝〈屏東礪社的發展始末〉則引《台灣日日新報》認為應創立於大正六年（1917）8 月。

〔註38〕持此說之黃美娥在其〈日治時代台灣詩社林立的社會考察〉中，依據許雅俊《台灣寫實詩作之抗日精神研究》文中所附之「日治時期台灣詩社統計表」、

特色〉的 1924 年說法〔註 39〕。對於上述三個礪社創立時間點,筆者支持 1919 年以前之說,因爲《台南新報》1922 年 7 月 28 日第五版有一則關於「礪社近況」的報導,內文中說明了「屏東礪社自創社以來,星霜已越五週」〔註 40〕,依據《台南新報》之日期回溯五年,則屏東礪社的創立時間應該是在 1917 年左右。

日治時期的屏東新文學環境,在黃石輝、楊華、蘇德興等礪社詩友的努力下,並不眞如印象中之沙漠化。日治時期文藝評論家劉捷〈我的懺悔錄〉提到當時屏東新文學書籍容易購得:

> 當時的屏東街有文化協會解散後的餘留,這些人有的像蘇德興教白話文,楊顯達(楊華)教漢文私塾,以白話寫作,又有莊龍溪、謝賴登等人即在屏東火車站前開設一家書店,所售的是當時流行的左派書報,記得我也在該書店買到北京、香港、上海出版的新文學書籍,例如丁玲、老舍、巴金、朱自清、沈從文等的著作。〔註 41〕

黃石輝、楊華等礪社詩人,在傳統漢詩的帶領下走入台灣詩壇,卻從中汲取新詩創作精神上與語言錘鍊上的養分,他們在日治時期的新文學運動裡默默耕耘,讓沉寂多時的屏東詩壇,奠下第一波充滿戰鬥力的新詩創作潮。

二、戰前屏東新詩作家及其詩

不論是對屏東詩壇或是整個台灣文壇而言,日治時期屏東作家黃石輝、楊華與劉捷,皆具有一定的影響力。這三位屏東作家所表現出的詩作特色是:

「日據時期台灣詩社增加數量圖」,而認爲 1921 年至 1937 年是台灣詩社林立的高峰期,尤其是大正十年(1921),「日本田建治郎總督曾於官邸招待全台詩人,對於詩人的高度禮遇,無疑是各地詩人漸增、詩社分起的重要契機,因此大正十年也成了全台詩社激增的一年。甚至有些地區是在本年以後才開始成立詩社,如基隆市、屏東縣、台東縣」。見黃美娥:〈日本時代台灣詩社林立的社會考察〉,《古典台灣——文學史・詩社・作家論》,台北:國立編譯館,2007 年 7 月,頁 191。

〔註 39〕 施懿琳文中提到 1924 年「治警事件」之後,日本政府採取打壓與懷柔兩面手法,當時詩社已蓬勃多達 66 社,「礪社」乃其中較具批判意識與反抗色彩者,施文在「礪社」之註腳曰:「屏東礪社成立於 1924 年。」施懿琳:〈日治時期台灣古典文學的發展與特色〉,《從沈光文到賴和——台灣古典文學的發展與特色》,高雄:春暉,2000 年 6 月,頁 235。

〔註 40〕 《台南新報》,大正十一年(1922)年 7 月 28 日,第五版。

〔註 41〕 劉捷:《我的懺悔錄》,台北:農牧旬刊社,1994 年,頁 18。

充滿戰鬥力，不斷對殖民者提出控訴。〔註42〕展現出從邊緣位置向中心抵抗的戰鬥精神。

（一）黃石輝

黃石輝（1900～1945），本名黃知母，筆名瘦童、瘦儂、心影，高雄縣鳥松鄉人。1914年至1935年，遷居屏東市，日後遷隱旗山，並病死於旗山。卜居屏東22年期間，正值黃石輝創作生命黃金時期，所以文學研究者多半將黃石輝歸類為屏東作家。黃石輝14歲遷居屏東，公學校畢業後以刻印為職，十七、八歲時開始參與屏東礪社、高雄旗峰吟社，創辦旗美吟社等傳統詩社文學活動，陸續在《台南新報》發表上百首傳統漢詩。與楊華結識後開始創作新詩，兩人曾參加1926年11月「新竹青年會」白話詩徵詩活動並雙雙得獎，為沉寂的屏東新詩壇增添光彩。黃石輝對於社會運動積極投入，先後擔任「新文協」幹部，參與「台灣勞動運動統一聯盟籌備委員會」，擔任《伍人報》地方委員等，1930年前後更是積極投入鄉土文學和台灣話文運動。發表文章包括：〈婦女解放與社會前途〉、〈中國革命的前途〉、〈歡迎我們的勞動節〉、〈「改造」之改造（一）〉、〈「改造」之改造（二）〉、〈怎樣不提倡鄉土文學〉、〈再談鄉土文學〉、〈我的幾句答辯〉、〈鄉土文學的檢討——再答毓文先生〉、〈和點人先生談枝葉〉、〈給點人先生——為鄉土文學問題〉、〈對「台灣話改造論」的一商榷〉、〈鄉土文學的再檢討給克夫先生的商量〉、〈替台灣文學說好話：祝《南音》發刊〉、〈新字問題——給郭秋生的信〉、〈文言一致的零星問題〉、〈答負人〉、〈所謂「運動狂」的喊聲——給春榮克夫二先生〉、〈解剖明弘君的愚論〉、〈沒有批評的必要，先給大眾識字〉、〈話匣子〉。其針對社會、政治運動、鄉土文學論戰的文章，鏗鏘有力，論見卓深，充滿旺盛的戰鬥力。其中1930年8月發表於《伍人報》的〈怎樣不提倡鄉土文學〉提倡「用台灣話做文、用台灣話做詩、用台灣話做小說、用台灣話做歌曲、描寫台灣的事物」〔註43〕更是掀起台灣鄉土文學論戰和台灣話文論爭。

黃石輝流傳下來文學作品不多，除了上述二十多篇文學評論與多首古典

〔註42〕 傅怡禎：〈屏東地區新詩發展初探〉，頁121～126。
〔註43〕 發表於1930年8月16日～9月1日的《伍人報》第9～11號，收入中島利郎編：《1930年代台灣鄉土文學論戰資料彙編》，高雄：春暉出版社，2003年，頁1。

詩之外，多半散佚無蹤，目前僅剩台灣話文小說〈以其自殺，不如殺敵〉〔註
44〕、〈林大乾兄妹〉〔註45〕與台灣話新詩〈呈台灣文藝大會〉等少數作品流
傳下來，另〈寄生草〉、〈早晨之日〉則只知其名。

黃石輝現存新詩，僅〈呈台灣文藝大會〉一首如下：

雞啼了／天光了／大家好起來了！／水螺鳴了／時間到了／大家好
出發了！／／團結起來呀！文藝朋友！／團結起來呀！文藝同志！／
吹動前隊的喇叭／豎起鮮明的旗幟／整頓咱的隊伍——／到群眾裡
去！／／鼓動咱的魄力／提足咱的精神／直向墾荒的途上猛進！／什
麼滿路的荊棘？／咱有如刀之筆可以砍完；／什麼遍野的菅蓁？／
咱有熱烈的心火可以燒盡！／犁！／撬！／雜草刪去！／石頭揀
掉！／捲起群眾的實力——／來開闢文藝的園地；／傾注群眾的熱
血——／來培養文藝的根苗！／不管伊／環境怎樣？／阻力如何？
／咱大家努力，向前去做！／且看這座孤懸海島的將來／開滿了燦
爛的文藝之花／成熟了豐美的文藝之果！〔註46〕

這首完成於 1934 年的台灣話新詩〈呈台灣文藝大會〉，純粹從文學美學角度
欣賞，或許不見突出之處；但若從黃石輝個人文學創作歷程檢視，這首詩代
表的是黃石輝提倡台灣話文寫作理念的具體實踐；從文學發展史的角度，則
其創作背後標誌的是台灣新文學史上的一大盛事。1934 年 5 月 6 日，為創立
以「聯絡台灣文藝同志互相圖謀親睦以振興台灣文藝」為宗旨的「台灣文藝
聯盟」，八十餘位包括黃石輝、楊華、劉捷等台灣作家齊集台中市，參加第一
回「台灣全島文藝大會」，當日設於台中市西湖咖啡館二樓的會場貼滿了標
語，包括「甯作潮流衝鋒隊，莫為時代落伍軍」、「擁護言論自由」、「擁護文
藝大會」、「推翻腐敗文學」、「實現文藝大眾化」等等，足以反映與會作家的
精神面貌。大會決定出版《台灣文藝》刊物，台灣文藝聯盟正式宣告成立，
1934 年 11 月，《台灣文藝》創刊號正式出版。〔註47〕黃石輝除了參與台中盛

〔註44〕黃石輝著，呂興昌校訂：〈以其自殺，不如殺敵〉，《文學台灣》第 18 期，1996
年 4 月。
〔註45〕黃石輝：〈林大乾兄妹〉，收入李獻璋編著：《台灣民間文學集》故事篇，台北：
龍文出版社，1989 年，頁 27～30。
〔註46〕黃石輝：〈呈台灣文藝大會〉，發表於 1934 年 5 月 8 日，資料取於林越峰剪報，
國立文化資產保存中心所藏。
〔註47〕陳芳明：〈一九三○年代的台灣文學社團與作家風格〉，《台灣新文學史》（上），
台北：聯經出版公司，2011 年，頁 120～124。

會，更以「心影」為筆名於報紙發表〈呈台灣文藝大會〉，俱見黃石輝對台灣
新文學運動的投注。

（二）楊華

楊華（1900～1936），本名楊顯達，另有筆名楊敬亭、敬亭、楊器人、器
人、楊花、楊也是，台北出生，17 歲定居屏東。其短暫 36 年生命，共創作傳
統漢詩 55 首、新詩 328 首（現存 320 首）〔註48〕與兩篇白話文小說，是台灣
新文學史上最早被肯定的詩人之一。〔註49〕有關於楊華之生平資料，現存最
早文獻資料是 1936 年 5 月《台灣新文學》第 1 卷 4 號由當時主編楊逵所刊登
的一則啓事，文中有楊華貧病交迫、期待各界文友奧援之訊息：

> 島上優秀的白話詩人楊華（楊顯達），因過度的詩作和爲生活苦鬥，
> 約於兩個月前病倒在床。曾依靠私塾教詩收入爲生，今已斷絕，陷
> 入苦境，企待諸位捐款救援，以助其元氣。病倒於屏東市 176 貧民
> 窟。〔註50〕

據前屏東代理市長王清溪老先生表示，日治時期屏東市「176 貧民窟」又稱爲
「阿猴寮」，位址約在今屏東市光復路以東、民族路以西、和平路兩側一帶。
〔註51〕除此，一般都根據呂興昌〈引黑潮之洪濤環流全球──楊華詩解讀〉
之述：

> 楊華本名楊顯達，由於腿長，綽號長腳顯仔；除楊華外，尚有楊花、
> 器人等筆名；發表古典詩時，則用敬亭。1900 年 8 月 9 日生，1936
> 年 5 月 30 日卒。原籍台北，十七歲移居屏東市，其後又曾搬回台北，
> 一度設籍抗日文化鬥士蔣渭水家中，不久再遷往屏東長住，直到逝
> 世，因此被視爲屏東人。他曾做過雜貨商，但主要的工作卻是在書
> 塾從事漢文教學，是屏東有名的漢學先生。〔註52〕

〔註48〕楊華新詩共創作 328 首，其中《黑潮集》原爲 53 首，現存 46 首，根據楊華
自敘，乃「在 1927 年 2 月爲治安維持法違犯被疑事件，被捕監禁在台南刑務
所裡時所作」，死後被發現而刊登在 1937 年的《台灣新文學》第二卷二及三
號，因其中 7 首過於尖銳而被抽掉。另外，〈燈光〉未發表，故現存 320 首。
〔註49〕陳芳明：〈台灣文學左傾與鄉土文學的確立〉，《台灣新文學史》（上），頁 96。
〔註50〕本則啓事原文爲日文，譯文引自葉笛：〈談貧志以終的詩人楊華〉，《創世紀詩
雜誌》第 126 期，2001 年 3 月，頁 62。
〔註51〕傅怡禎：〈屏東地區新詩發展初探〉，頁 122。
〔註52〕呂興昌：〈引黑潮之洪濤環流全球──楊華詩解讀〉，《台灣文藝》新生版第 3
期，1994 年 6 月，頁 115～116。

楊華搬到屏東以前，曾受業於鹿港傳統漢詩詩人施梅樵。施梅樵詩風著重自我情志抒發、少見社會寫實的風格，楊華傳統詩作風格受施梅樵影響，甚至在其形制短小的新詩中，亦可見其影響之跡，所以楊順明說：「楊華一生貧病交迫，但是在作品中，卻讀不到書寫個人貧病的作品。」並推測「或許他身染傳染病『肺結核』，不願示人。」〔註53〕筆者則認為，除了「因病不願示人」外，楊華從施梅樵處所承襲的詩作風格，讓他詩歌作品亦呈現「少有寫實，多為抒感」風格。

　　1925 年 9 月，楊華 17 歲南遷定居屏東並結識黃石輝、蘇德興等屏東礪社詩友〔註54〕。黃文車《黃石輝研究》指出：

> 楊華當可稱得上是黃石輝在左翼社會運動中的莫逆之交；而相同的是，他們同樣都有著漢詩的創作，同樣是橫跨新舊文學的二世詩人。
>
> 〔註55〕

楊華與黃石輝這兩位「礪社」詩友，「時常一起參加全台詩社的擊缽聯吟，而且對於台灣話文的認同一致，共同為無產階級抒發不平。」〔註 56〕彼此之間互相激盪影響之下，讓楊華展現更多元的作家面相，他除了更積極投入社會運動〔註57〕，在創作上，則是以〈一個勞動者的死〉〔註58〕、〈薄命〉〔註59〕這兩篇白話小說「站在弱小者的立場，對殖民體制進行強烈的批判。」〔註60〕。

〔註53〕 楊順明：《黑潮輓歌──楊華及其作品研究》，頁 29。

〔註54〕 黃石輝與楊華同年（1900），黃石輝生長於高雄縣鳥松鄉，1914 年至 1935 年，遷居屏東而與楊華結識，黃石輝不但參與屏東礪社、高雄旗峰吟社，創辦旗美吟社等傳統詩社文學活動，也積極投入社會運動，先後擔任「新文協」幹部，參與「台灣勞動運動統一聯盟籌備委員會」，擔任《伍人報》地方委員等，1930 年前後更是積極投入鄉土文學和台灣話文運動。黃文車：《黃石輝研究》，中正大學中文系碩士論文，2001 年，頁 17～30，113～124。

〔註55〕 黃文車：《黃石輝研究》，頁 38。

〔註56〕 黃文車：《黃石輝研究》，頁 38。

〔註57〕 楊華於 1927 年「台灣文化協會」分裂之後，仍繼續在新文協活動，甚至在 1928 年底被《警察沿革誌》列為「文化協會運動專業從事工作者」。見王詩琅：《台灣社會運動史──文化運動》，台北：稻鄉，1988 年，頁 408，423。

〔註58〕 本篇小說發表於 1935 年 2 月 5 日《台灣文藝》第 2 卷 2 號。

〔註59〕 本篇小說發表於 1935 年 3 月 5 日《台灣文藝》第 2 卷 3 號。

〔註60〕 陳芳明將楊華白話小說與楊逵、楊守愚、張慶堂、呂赫若等人小說並列，認為「最能反應台灣農民命運的實相，他們的意識型態基本上是左傾的，同時是站在弱小者的立場，對殖民體制進行強烈的批判。」見陳芳明：〈台灣寫實文學與批判精神的抬頭〉，《台灣新文學史》（上），頁 130。

此外，更以反映勞動階級心聲的台語詩〈女工悲曲〉之實際創作行動，呼應黃石輝所提倡之鄉土話文運動，所以呂興昌說他「並非只是從事靜態的書寫，也常參與動態的抗日文化運動」〔註61〕。

楊華被稱爲「薄命詩人」，除了標示出他曾創作白話小說〈薄命〉，更標示了其貧病短暫的一生。如同前述，楊逵曾刊登請託各界關懷奧援病倒楊華之啓事，可惜楊華未久即過世。楊逵於 1937 年 3 月刊登於《台灣新聞》的〈首陽園雜記〉追憶楊華之死說：

> 去年，楊華君過世後，他太太來我家住了幾天。這時聽她說，楊華君覺悟到他的病快要奪走他的生命，加上怕給孩子留下債務，便勉強從病床爬起來，想用一根細繩懸樑自盡，但因繩子斷掉，便懊惱地哭起來。〔註62〕

文中清楚可見楊華因貧病困境而尋死。「因身罹末期肺結核絕症，加上長期貧困，遂在不願拖垮妻女的矛盾掙扎中，投繯自盡，結束短暫的 37 年生命。」〔註63〕

楊華之文學活動，早期從事傳統漢詩創作，其後轉向白話新詩創作。如果說楊華傳統漢詩的創作，有其當時有利的時空背景爲後盾，則楊華的從傳統漢詩轉向新詩，同樣無法擺脫當時的時空影響。楊華之所以自 1925 年 10 月以後，從舊文學之傳統漢詩轉向新文學之新詩，這種轉變是可以理解的。楊華自 1925 年 9 月、10 月以「楊器人」爲筆名，發表了〈秋水〉、〈秋雲〉兩首七言絕句之後，於 1926 年 11 月以「器人」爲筆名創作〈小詩〉五首、〈燈光〉參加「新竹青年會」於《台灣民報》徵求白話詩比賽，分別獲得第二名、第七名殊榮，其中〈小詩〉獲刊登於 1927 年 1 月 23 日《台灣民報》141 號。楊華自 17 歲從台北搬到屏東之後，雖曾經營雜貨店生意，但主要工作是擔任書塾漢文老師，也因此有傳統漢詩創作，然而 1922 年 2 月 6 日日本頒布第二次《台灣教育令》，將書房與私立學校納入「私立學校規則」統籌管理，到了 1926 年，公學校已幾乎吸納了私塾的學生來源，原本賴私塾漢文教學維生的楊華，在出獄之後，遂成了文化協會運動者。

〔註61〕 呂興昌：〈引黑潮之洪濤環流全球──楊華詩解讀〉，頁116。
〔註62〕 楊逵：〈首陽園雜記〉，《楊逵全集》第 9 卷，台南：國立文化資產保存研究中心籌備處，2001 年，頁 488。
〔註63〕 呂興昌：〈引黑潮之洪濤環流全球──楊華詩解讀〉，頁116。

楊華新詩《黑潮集》〔註64〕，被視為日治時期監獄文學之典範。楊華參加礪社，也積極投入社會運動，不但曾於1925年短暫設籍於蔣渭水家中五個月，更於1927年因違反治安維持法被疑事件被捕，監禁於台南刑務所，並且在獄中完成富批判意識與社會關懷的新詩《黑潮集》五十三首（現存四十六首），這本詩集在其死後方被發現並整理出版，詩作以海洋潮流《黑潮集》命名，意味「親近台灣」、「環抱台灣」。詩作三大主題包括：禁錮鐵窗內的吶喊、生命的自我鼓舞與爆發力、抗議邪惡勢力的摧殘，與個體的無奈。〔註65〕被視為楊華最具戰鬥性的代表作。例如：第一首「黑潮！／掀起浪濤，顛簸氾濫，／搖撼著宇宙。」〔註66〕、第二首「洶湧的黑潮有時把長堤沖潰。／點滴的流泉有時把磐石滴穿。」〔註67〕透過「黑潮」、「流泉」與生命湧動意象的聯繫，點明詩輯的思想內涵；第二十四首「只要是新生的火，／她便能燃起已死的灰燼」〔註68〕、第三十二首「我們是燎原之火底絲絲，／祇要我們將這些絲絲的火線集攏起來，／就可燒斷束縛自由的繩索！」〔註69〕以「火」之意象，暗示熾烈的自由奮鬥之心；第十七首「和煦的春天，／花兒鮮豔地開著，／草兒蒼蘢地長著，／何方突飛來一陣風雹，／將她們新生的生命，／摧殘得披靡凌亂。」〔註70〕、第四十三首「可憐無告的小羊，／悲慘斷續的叫著，／無歸路般的站在歧路上，／小羊！那能徘徊。／眼前就是惡狼！」〔註71〕以被摧殘的花草、無告的小羊與殖民時代裡受壓抑摧殘的老百姓，作意象連結，刻畫出個人坎坷命運在大時代的壓力下的迷宕起伏。

1932年的〈女工悲曲〉是楊華詩藝內涵最完整成功的代表作〔註72〕，被譽為日治時期台語詩雙璧之一〔註73〕，更被視為台灣新詩史上的里程碑，為六〇、七〇年代台語詩的發展奠下基礎。〈女工悲曲〉：「星稀稀，風絲絲，／

〔註64〕刊載於《台灣新文學》2卷2號、3號，1938年1月31日、3月6日。
〔註65〕莫渝：〈鐵窗與秋愁──楊華作品研究〉，《黑潮集》，台北：桂冠圖書公司，2001年，頁8～11。
〔註66〕楊華著，莫渝編：《黑潮集》，頁24。
〔註67〕楊華著，莫渝編：《黑潮集》，頁25。
〔註68〕楊華著，莫渝編：《黑潮集》，頁30。
〔註69〕楊華著，莫渝編：《黑潮集》，頁31。
〔註70〕楊華著，莫渝編：《黑潮集》，頁29。
〔註71〕楊華著，莫渝編：《黑潮集》，頁32。
〔註72〕莫渝：〈鐵窗與秋愁──楊華作品研究〉，《黑潮集》，頁14。
〔註73〕雙璧指楊華〈女工悲曲〉與吳新榮〈故鄉的輓歌〉。楊順明：《黑潮輓歌──楊華及其作品研究》，頁69。

淒清的月光照著伊，／搔搔面，拭開目睭，／疑是天光時。／天光時，正是上工時／莫遲疑，趕緊穿寒衣。／走！走！走！／趕到紡織工場去，／鐵門鎖緊緊，不得入去，／纔知受了月光欺。／想返去，月又斜西又驚來遲；／不返去，早飯未食腹裡空虛；／這時候，靜悄悄路上無人來去，／冷清清荒草迷離，／風颺颺冷透四肢，／樹疏疏月影掛在樹枝。／等了等鐵門又不開，／陣陣霜風較冷冰水，／冷呀！冷呀！／凍得伊腳縮手縮，難得支持，／等得伊身倦力疲，／直等到月落，雞啼。」〔註74〕整首詩以全知全能的視角，書寫紡織廠女工因擔心早上睡過頭誤了工時，大清早匆匆趕到工廠，方知誤把月光當天光，在寒風冷霜中手腳凍顫等候上班的模樣。在語言上採疊字、押韻、對稱、對比等修辭，營造戲劇氛圍，表現出勞工階級進退失據的悲慟處境。

寫於 1933 年 6 月 24 日到 1934 年 11 月 7 日的《晨光集》五十九首小詩連作，是楊華詩作的尾聲，風格回歸清新哀愁。例如：第九首「偶過冷寂的禪關，／一片秋葉落在我的腳上，／唉！這是什麼表示？」〔註75〕、第十四首「窗外的落日，／是一幅圖畫，／唉！沒有人能鑑賞這畫意。」〔註76〕、第十五首「繁枝上的殘花，／鳥兒飛去了，／春也歸去了，／撒得落紅滿地。」〔註77〕、第五十二首「衰黃色的原野，／蕭條／沉默／像夢一般的／躺在無垠的失望的蒼穹下。／呵！淒涼的安息。」〔註78〕雖然黑夜、落紅、落葉、落日、殘花、空枝、黃野……等意象，讓《晨光集》詩境沉淨在悲觀失望的「銷亡」意念主題裡。對此，論者褒貶不一。貶者如，羊子喬批評「大多感情氾濫的情詩」〔註79〕；宋冬陽認為「陰沉而消極」，令人陷於極端無助的角落，很難看到希望，找不出他的時代的出口〔註80〕。褒者如，莫渝認為「從強有力的堅持，到對生命無奈的妥協，《晨光集》成了作者自編的淒涼葬曲」

〔註74〕 楊華著，莫渝編：《黑潮集》，頁 36～37。〈女工悲曲〉作於 1932 年 1 月 15 日屏東，刊載於《台灣文藝》2 卷 7 號，1935 年 7 月 1 日。

〔註75〕 楊華著，莫渝編：《黑潮集》，頁 68。

〔註76〕 楊華著，莫渝編：《黑潮集》，頁 69。

〔註77〕 楊華著，莫渝編：《黑潮集》，頁 69。

〔註78〕 楊華著，莫渝編：《黑潮集》，頁 79。

〔註79〕 羊子喬：〈光復前台灣新詩論〉，收入羊子喬、陳千武主編《光復前台灣文學全集 9.亂都之戀》，台北：遠景出版社，1982 年，頁 18～19。

〔註80〕 宋冬陽：〈日據時期台灣新詩遺產的重估〉，收入陳永興編：《台灣文學的過去與未來》，高雄：台灣文藝雜誌社，1985 年，頁 120。

〔註81〕；李魁賢讚其反映社會現實，「大多是悲悽的灰色調，這種社會現實的反映，在超越時空的條件下，仍然能強烈感受到那種心酸。」〔註82〕許俊雅則以「柔美淒絕的小夜曲」〔註83〕定位《晨光集》。由此可見《晨光集》所引起的關注與迴響。

楊華新詩風格特色，陳芳明認為「就詩的結構而言，楊華作品毋寧是極為鬆散的。不過，他並不是追求格局龐大的詩人，而是純粹依賴意象的構思與聯繫，使剎那的情感浮現。」〔註84〕指出楊華新詩結構鬆散，但極重視意象釀造的特點。呂興昌則認為楊華詩藝表現受日本俳句、中國詩人冰心、梁宗岱等人小詩啟迪，以及「印度泰戈爾與中國古典絕句在精神上與語言錘鍊上的攻錯之功。」，〔註85〕思想內涵則「展現了一種開闊的世界性視野」、「關注日本殖民統治下的台灣處境」、「用母語為廣大勞苦大眾發聲」〔註86〕為楊華新詩的詩藝特色與思想內涵做了清楚的定位。

（三）劉捷

劉捷（1911～2004），萬丹鄉廣安村人，筆名郭天留、張猛三。社皮公學校、屏東公學校高等科畢業，畢業後曾任《台灣新聞》高雄支局見習生。18歲起（1928）數度赴日求學，1932 年在東京曾參與《福爾摩沙》雜誌。短暫回台時擔任《台灣新民報》社會記者及「文藝欄」編輯，曾編輯過《台灣文藝》後兩期，並加入張深切等籌劃的「台灣文藝聯盟」。日本七七侵華戰爭爆發後，在台灣施行戰時體制，高壓箝制藝文發表，劉捷遂於〔註87〕1937 年舉家遷往北平定居六年，直至 1945 年戰爭結束回台，先後任職《台灣民報》與高雄《國聲報》。因二二八事件波及，戰後劉捷曾兩次冤獄入獄，被關五年之久。1953 年出獄後，由於時空因素的改變與文字語言的障礙，不再從事文學工作。先後擔任台灣區硫礦公會、台北市證券公會、台北市養雞協會、中華

〔註81〕 莫渝：〈鐵窗與秋愁——楊華作品研究〉，《黑潮集》，頁 14。

〔註82〕 李魁賢：〈楊華詩中的憂患意識〉，《詩的見證》，板橋：台北縣立文化中心，1994 年，頁 278。

〔註83〕 許俊雅：〈「薄命詩人」楊華及其作品〉，《台灣文學散論》，台北：文史哲出版社，1994 年，頁 175。

〔註84〕 陳芳明：《台灣新文學史》（上），頁 96。

〔註85〕 呂興昌：〈引黑潮之洪濤環流全球——楊華詩解讀〉，頁 116。

〔註86〕 呂興昌：〈引黑潮之洪濤環流全球——楊華詩解讀〉，頁 121。

〔註87〕 楊錦郁：〈將生命的坎坷藝術化——專訪劉捷先生〉，《文訊》第 53 期，1990年，頁 90。

民國養豬協會總幹事。出版有《台灣的文學展望》、《我的懺悔錄》、《光明禪》等作品。其一生文學生涯，以評論為主，有「台灣的藏原惟人」之稱，並以筆名郭天留、張猛三從事新詩創作。作品散見《台灣新民報》、《台灣新聞》、《台灣文藝》、《台灣新文學》等。

　　劉捷新詩風格明朗流暢，「類似郭水潭，呈現與楊華不同的創作美學。」〔註88〕例如，〈給亡友的獻詞〉：「朋友呵　你的日記留下了空白／到處寫著你我兩人的事／之外是你揶揄世俗的文字／反抗所有壓力的語言／寫滿在紙上／其中一節——／沒有比小布爾更懦弱的了／提亞細亞主義　取悅人家／敢做意識性的欺騙／真是卑鄙！／如此你的日記寫到七月廿五日／『本日記的主人死了』是我注釋的」〔註89〕詩末註記這首作於 1935 年 8 月 29 日，年輕時期的劉捷，以淺白如口語卻又充滿哲思的文字悼亡友人江賜金，緬懷之情真摯感人；〈秋天的嘆息〉：「被囚在城裡／虛弱的月宮鳥／今天又為無奈的工作／唱著單調一曲／春夏秋冬——／跟白色牆壁做／無聊對峙／哦　秋天的嘆息啊／在福爾摩沙源頭／逐鹿戰　方興未艾／看不到野景的悲哀／今天又在墨水瓶／泡著身軀／星期一　星期二　星期三　星期四——／折磨末梢神經／哦　秋天的嘆息啊」〔註90〕作者在詩中以囚鳥自喻，發抒自己在《福爾摩沙》雜誌工作，一年到頭被無奈、單調、無聊案頭工作羈絆的嘆息心情；〈鹽分地帶頌〉：「從寶島的一個角落／毅然脫穎而出／鹽分地帶的綽號／我們是年輕人／一夜的狂熱　城隍爺祭典／純鄉土文學／我們並非一羣小孩／鹽分地帶也要開花／在佳里誕生的／文化試辦性刊物／勿讓它凋零／欣欣向榮吧／勤於耕耘　灌溉吧／年輕人／謳歌啊／萌芽的鹽分地帶」〔註91〕與鹽分地帶作家較有互動的劉捷，以明快流暢之筆，從人（我們是年輕人）、時（城隍爺祭典）、地（在佳里誕生）、事（純鄉土文學／文化試辦性刊物），敘述一份鹽分地帶純鄉土文學刊物的萌芽與祈願。以上黃石輝、楊華、劉捷這三位作家的新詩創作，為沉寂的屏東新詩壇，注入戰鬥活力。

〔註88〕傅怡禎：〈屏東地區新詩發展初探〉，頁 119。

〔註89〕劉捷：〈給亡友的獻詞〉，羊子喬、陳千武主編：《光復前台灣文學全集 II——森林的彼方》，台北：遠景出版社，1982 年，頁 227～236。

〔註90〕劉捷：〈秋天的嘆息〉，羊子喬、陳千武主編：《光復前台灣文學全集 II——森林的彼方》，頁 233～234。

〔註91〕劉捷：〈鹽分地帶頌〉，羊子喬、陳千武主編：《光復前台灣文學全集 II——森林的彼方》，頁 235～236。

第三節　台灣戰後屏東作家詩社活動與屏東藝文環境

從時間的縱軸脈絡觀察戰後屏東現代詩作家的文學活動，則作家群在六〇年代至八〇年代末，多積極參與詩社活動，詩觀與創作活動深受詩社精神領導；九〇年代則是受地方藝文環境活絡影響，多積極活耀於各地方文學獎，詩作題材更趨向地方書寫。

一、戰後屏東作家詩社活動

日治時期的屏東新詩壇，雖僅見楊華、黃石輝與劉捷三位作家而稍顯沉寂，但共計三百餘首的詩作，卻扮演台灣新詩發展重要奠基腳色，而被視為屏東地區新詩創作的高峰。國民政府播遷來台之後，因重北輕南的政、經、文教政策使然，屏東各項現代化發展都相形停滯落後，但這並不意味著屏東現代詩作家的缺席，他們或在自己縣內成立詩社，嘗試帶動起屏東縣文風，例如七〇年代沙穗、連水淼、張堃的籌組「盤古詩社」與「暴風雨詩社」；或者是主編青年刊物，鼓勵屏東青年學子提筆創作，例如八〇年代同屬海鷗詩社的李春生與路衛主編《屏東青年》，並相繼發起中國青年寫作協會及青溪新文藝學會屏東縣分會，貢獻屏東文壇頗大；也有更多是因求學、工作而到城市異地求發展，同時也積極參與全國性詩社活動，帶著被屏東故鄉田園山水人情孕育的詩心，努力構築文學夢，在異鄉發光發熱，例如徐和隣、李男、李敏勇、沙白、林文彥、曾貴海、曾肅良、陳寧貴、劉廣華等。

（一）五〇、六〇年代

回溯九〇年代地方政府、學界積極帶動提振文風之前的屏東詩壇，五〇年代是反共文學的年代，在「台海兩岸的對峙與炮火中，甫受共產黨擊潰的國民黨政府因而強化它對台灣人民的宰制」〔註92〕，反共戰鬥文藝成為台灣文學的主要色調，例如李春生、路衛、許其正這三位出生二、三〇年代的屏東作家，都是當時「中國文藝協會」（1950 年成立）與「中國青年寫作協會」（1953 年成立）同仁，而李春生與路衛同時也是海鷗詩社（1955 年成立）同仁。李春生在五〇年代即積極於文學活動，包括 1947 年與丁承忠（洪力、魯丁）在澎湖主編《前哨月刊》；1953 年與丁承忠、史光沛、孔慶隸在澎湖主編

〔註92〕　向陽：〈五〇年代台灣現代詩風潮試論〉，收於《兩岸詩刊學術研討會論文集》，中國詩歌藝術學會主辦編印，1998 年 9 月，頁 26～27。

《力行月刊》；1954 年與郭光仁、馬忠良、單彝鎮、王金芳、曹繼曾共同創辦
《青蘋果》詩刊；1957 年與秦嶽在台東籌組「東海」詩社，出版《東海詩刊》；
1959 年李春生等借《台東新報》周日副刊版面，編行《詩播種》詩刊，凡此
均顯現李春生五〇年代文學活動的活躍。

　　路衛也是五〇年代開始積極於文學活動，包括 1953 年與舒蘭、巴楚、魯
松、高悟、姚爲民、胡嵐等好友在中壢創辦《路文藝》綜合性文藝雜誌；1960
年路衛加入「海鷗」詩社；路衛更於 1982、1983 年相繼發起中國青年寫作協
會及青溪新文藝學會屏東縣分會，李春生也曾任中國文藝協會南部分會理事
長、中國青年寫作協會屏東分會理事長、中華民國青溪新文藝學會屏東分會
常務理事，許其正則曾任青溪新文藝學會屏東分會理事、中國青年寫作協會
屏東分會理事兼總幹事。他們的參與也一定程度反映出五〇年代屏東詩壇的
面貌。

　　六〇年代有吳晟所主編《南方》與《屏東農專雙周刊》，提供屏東青年學
子文學創作園地，發表者包括當時《東大青年》主編沙穗、執行編輯連水淼
等。他們因詩結緣，一群人〔註93〕常在屏東「有樂町」冰店，「熱烈地縱論文
學，激昂地探討人生。」〔註 94〕這些青年作家們在自己家鄉聚會論詩，有意
識的現代詩創作風氣，隱隱然逐漸凝聚。台灣戰後屏東作家於六〇年代的詩
社、詩刊活動包括：1962 年「葡萄園」詩社成立，徐和隣是《葡萄園》詩刊
主編。同年，李春生、路衛、陳錦標、秦嶽、巴楚、王書等人，重組「海鷗」
詩社，出版《海鷗詩頁》。許其正於 1962 年加入「海鷗」詩社，同時也擔任
《大學詩刊》、《雙溪》、《達德學刊》、《中華學刊》編輯；1964 年笠詩社創立，
徐和隣是「笠」詩社創社同仁。同年，李春生與路衛、洪荒接編《台東青年》；
1965 年許其正擔任《台灣文藝》主編。同年，沙穗主編屏東私立東大高中校
刊《東大青年》；1966 年曾貴海與江自得、蔡豐吉、王永哲、涂秀田共同創辦
「阿米巴」詩社；1967 年沙穗任「東大青年社」總編輯，出版《畢加樹》詩
刊，連水淼則擔任執行編輯；1968 年沙穗、連水淼、傅敏（李敏勇）、陳鴻森、
張堃、周豪等人創辦「盤古」詩社，出版《盤古詩頁》，沙穗任社長。凡此均
顯示六〇年代屏東作家旺盛的文學活動力。

〔註93〕　包括：吳晟、沙穗、連水淼、郭仲邦、徐家駒、簡安良等人。
〔註94〕　吳晟：〈序〉，沙穗：《燕姬》，高雄：心影出版社，1979 年，頁 1。

（二）七〇、八〇年代

七〇年代全台青年詩人結社風潮興起，李豐楙〈民國六十年（1971）前後新詩社的興起及其意義〉說：「是在政治、經濟、社會等錯綜複雜的變因，與文學內在發展的不得不變的變局下，所激發而成的文學運動，具有深刻的文化振興的意義。」〔註95〕屏東現代詩作家的詩社活動也顯得異常活絡，並且幾乎都集中在1950年代前期以前出生之作家，例如，徐和隣（1922）葡萄園詩社、笠詩社；李春生（1931）海鷗詩社、山水詩社、大海洋詩社、布穀鳥詩社；路衛（1932）海鷗詩社、布穀鳥詩社；林清泉（1939）笠詩社；許其正（1939）葡萄園詩社、大海洋詩社；沙白（1944）阿米巴詩社、笠詩社、心臟詩社、布穀鳥詩社、大海洋詩社；曾貴海（1946）阿米巴詩社、笠詩社、台灣筆會；李敏勇（1948）笠詩社、台灣筆會；沙穗（1948）盤古詩社、暴風雨詩社、創世紀；連水淼（1949）盤古詩社、暴風雨詩社、創世紀詩社；杜紫楓（1950）大海洋詩社；李男（1952）主流詩社、草根詩社；利玉芳（1952）笠詩社、女鯨詩社、台灣筆會；林文彥（1952）現代詩社；白萩（1953）阿米巴詩社；劉廣華（1953）葡萄園詩社；張志雄（1953）掌門詩社；陳寧貴（1954）主流詩社、陽光小集詩社等。正如同向陽所言：「八〇年代之前用詩社詩刊就可以說明新詩的主要風潮。」〔註96〕以上羅列戰後屏東作家詩社資料，所透顯的正是七〇、八〇年代的屏東青年現代詩作家，對於全台青年詩人結社風潮的積極回應。

從歷時性與共時性的時間脈絡觀察戰後屏東現代詩作家的詩社活動，「暴風雨」詩社會是重要的切入點。1968年7月，沙穗、連水淼、傅敏（李敏勇）、陳鴻森、周豪、張堃等人，在高雄創辦「盤古詩社」，並出版《盤古詩頁》月刊，由沙穗擔任社長，陸續共出刊《盤古詩頁》10期，「中英文對照版」一期，並出版沙穗《風砂》與連水淼《異樣的眼睛》。盤古詩刊雖於次年（1969）6月停刊，但這次經驗鼓勵了沙穗、連水淼與張堃於1971年7月在屏東成立「暴風雨」詩社，並同時發行《暴風雨》詩刊，1973年7月停刊，共計出刊13期。在發刊期間，「暴風雨」除了詩作發表、詩人專訪以外，並沒有太多關於詩運

〔註95〕李豐楙：〈民國六十年（一九七一）前後新詩社的興起及其意義：兼論相關的一些現代詩評論〉，林燿德編：《當代台灣文學評論大系2：文學現象》，台北：正中書局，1993年，頁298。

〔註96〕向陽：〈喧譁與寂靜──台灣現代詩社詩刊起落小誌〉，《浮世星空新故鄉──台灣文學傳播議題析論》，台北：三民書局，2004年，頁146。

的活動,因此被認為「缺乏鮮明的自我特色」〔註97〕。「暴風雨」詩社三位核心成員,連水淼籍貫福建省永春縣、沙穗籍貫廣東省東莞縣、張堃是廣東省梅縣,這使得《暴風雨》詩社作家的書寫題材與特色有二,一是「文化中國」的想像書寫,例如沙穗《護城河》「獻給父親」系列詩作〈皺紋〉、〈地契〉、〈棉襖〉、〈瀋陽〉、〈祠堂〉等;連水淼〈默契——三·二九前夕〉、〈空心菜〉,充滿了對彼岸陸地的想像。第二個特色是城市生活書寫,例如沙穗《燕姬》的〈歸鄉〉、〈賣麵〉與〈失業〉;連水淼《台北·台北》「台北」主題系列〈百貨公司〉、〈淡水河〉、〈迪化街〉、〈圓山動物園〉等都市生活的體驗與觀察。

雖然「暴風雨」詩社不標榜任何流派,但沙穗、連水淼與張堃其實與「創世紀」淵源頗深。沙穗早在「盤古詩社」停刊、「暴風雨」創辦之間的空窗期,於 1970 年應洛夫之邀,短暫加入「創世紀」的分支「詩宗社」,沙穗、連水淼更在 1972 年加入「創世紀」詩社,而張堃則遲至 1980 年也加入「創世紀」,蕭蕭認為:「他們的成就要算到『創世紀』的章節裡」〔註98〕,而古繼堂則稱他們是「創世紀小鐵三角」〔註99〕,可見「暴風雨」與「創世紀」密切的關係。

戰後屏東現代詩作家群,除了沙穗、連水淼的在屏東籌組詩社,更多的屏東作家因求學、工作之故而打拼異鄉,他們積極地在詩理念相投的園地發光發熱,例如徐和隣、許其正、劉廣華加入詩觀強調詩應該走向明朗化、大眾化的「葡萄園」詩社〔註100〕。徐和隣詩風純真素樸、取材自我感情生活;許其正詩風平易近人、直抒胸臆;劉廣華風格真純渾然,都體現出「葡萄園」詩社避晦澀艱深、親近現實生活的明朗詩觀。

相較於外省族群作家的親近注重個人情意表達,講究超現實主義文字意象技巧的「創世紀」,本省籍戰後屏東作家的詩社活動,則親近本土色彩濃厚的笠詩社,例如徐和隣、林清泉、沙白、曾貴海、李敏勇、利玉芳,都是「笠」詩社同仁。1964 年,象徵本土聲音的《台灣文藝》與「笠」詩社相繼成立發

〔註97〕 蔡欣倫:《1970 年代前期台灣新世代詩人群研究》,國立中央大學中國文學研究所碩士論文,2006 年,頁 192。

〔註98〕 蕭蕭:〈詩社與詩刊〉,《現代詩縱橫觀》,台北:文史哲出版社,2000 年,頁 62。

〔註99〕 古繼堂:〈向民族探源、向鄉土紮根的連水淼〉,連水淼:《在否定之後》,屏東:屏東縣立文化中心,1995 年,頁 18～19。

〔註100〕「葡萄園」詩社 1962 年於台北成立。

刊之後，與創世紀分庭抗禮，象徵台灣現代詩本土意識萌生的詩社。陳鴻森認為其創刊意義有三：一是台灣文學工作者逐漸克服二二八的驚悸，重新聚合，再度發聲。二是意味戰後台灣文學「本土意識」的萌生，它是七○年代鄉土文學思潮的根源。三是戰前世代逐漸跨越了語言障礙的困境；而戰後成長的世代，此時亦能自如地運用中文寫作。他們開始有能力用新的表現工具建構屬於自己的文學。〔註 101〕值得一提的是，屏東笠社詩人群，也大多同是本土色彩強烈的「台灣文藝」（1964 年成立）與「台灣筆會」（1987 年成立）同仁，例如李敏勇（曾任會長）、曾貴海（曾任理事長）、利玉芳〔註 102〕等作家。

　　笠詩社的核心精神是以本土為主，具強烈現實關懷特質，對時代與社會富強烈的批判精神。「笠」詩社的創作觀，是「現實主義的藝術導向」、「新即物主義」、「外向觀點」、「意象勝於修辭」、「大量的譯詩」的總體呈現。換言之，擺脫超現實主義虛無、蒼白的弊病，呈現以台灣為主體的另一種「現實詩學」，透過「現實主義的藝術導向」，更加強調一種從「本土思維」與「外向觀點」出發，透過「新即物主義」的創作觀念，達到以精準的「意象」傳達情感的書寫方式。〔註 103〕這些都深深影響笠社屏東作家的詩觀與創作風格。例如，沙白早期作品受現代主義影響，著重探索內在心靈的焦慮，加入笠社後，逐漸轉趨現實；李敏勇早期詩風格婉約、唯美、感傷，1970 年加入笠詩社後，風格突變，無論就「物象的掌握，語言的純潔，詩想的收斂」〔註104〕，均頗為可觀；曾貴海就讀高雄醫學院時期，於 1966 年與江自得、蔡豐吉、王永哲、涂秀田創辦「阿米巴」詩社，次年以「林閃」為筆名，在《笠》詩刊發表〈詩的纖維〉系列詩作，而正式進入文學領域。其詩作之核心主題「台灣、土地、族群」，體現主體性、本土化的創作精神核心，牢牢扣緊土地人民、自然環境與歷史文化的思考主軸，認真凝視台灣土地的生活經驗，〔註

〔註 101〕陳鴻森：〈台灣精神的回歸──《笠》詩刊前一百二十期景印本後記〉，《書目季刊》34 卷 2 期，2000 年 9 月，頁 99～100。

〔註 102〕利玉芳也是標榜將詩的革命納入婦女運動的一環的「女鯨」詩社同仁。

〔註 103〕丁威仁：《戰後台灣現代詩的演變與特質──1949～2010》，台北：秀威資訊科技有限公司，2012 年，頁 120。

〔註 104〕李魁賢：〈論李敏勇的詩〉，《台灣詩人作品論》，台北：文建會，2002 年，頁209。

〔註 105〕林秀蓉：〈從六堆到大武山──試論曾貴海屏東詩寫〉，《2013 屏東文學學術研討會曾貴海論文集》，高雄：春暉出版社，2014 年，頁 71～99。

105〕正是笠下詩人濃厚本土精神、鄉土性格的體現；利玉芳 1978 年因參加「南鯤鯓鹽分地帶文藝營」而加入笠詩社，受到笠詩社團體意志的引導，「以融入本土意識來思考」〔註 106〕創作，「關心政治、社會、環境、文化，捕捉時代的記憶。」〔註 107〕，表現「愛和批判的敏銳」〔註 108〕，文學生命自此起重大轉機。笠詩社特質深刻影響並體現在戰後屏東笠社同仁作家詩風格，更也共同構築出台灣戰後屏東現代詩中，富含濃厚土地情感、族群關懷、政治批判與社會關懷的特色。

　　當 1971 年 7 月沙穗、連水淼等在屏東家鄉成立「暴風雨」詩社之時，屏東作家李男則早先一步於 6 月 15 日在台北成立「主流」詩社，並於同年 7 月發行《主流》詩刊〔註 109〕。李男為發起人之一〔註 110〕，陳寧貴則在第 5 期才加入。平均年齡在 30 歲以下的主流詩社成員，大多是來自南部縣市本省籍詩人，他們以年輕、叛逆之姿，批判詩壇前輩詩人，並自許能成為詩壇一股清流，「純粹在詩壇上播送出深藏於年輕一代的詩語言」〔註 111〕。「主流」詩社標榜開放多元，《主流詩刊》不僅是同仁詩刊，也刊登其他詩社青年詩人作品，例如「笠詩社」傅敏（李敏勇）、陳鴻森，「暴風雨」沙穗、張堃，都曾作品刊登於《主流》詩刊。主流詩社的南方草根特性與「笠」詩社則頗親近，多數成員也兼具笠詩社同仁身分；相對的，主流詩社對「創世紀」則批判不餘遺力，也曾和詩理念接近「創世紀」的「暴風雨」展開激烈筆戰。「主流」成員因大多來自南部，並且在年輕的時候北上求學或工作，因此詩作具「懷鄉意識」，題材則寫出「社會變遷下的現實書寫」〔註 112〕

　　1975 年 7 月 23 日，強調發展海洋文學的「大海洋」詩社於高雄成立〔註

〔註 106〕利玉芳口述，江文瑜整理：〈寫詩經驗〉，《中外文學》第 27 卷第 1 期，1998 年 6 月，頁 119。

〔註 107〕利玉芳：〈詩序〉，《淡飲洛神花茶的早晨》，台南縣，南縣文化局，2000 年，頁 11。

〔註 108〕李魁賢：〈詩人的愛和批判〉，《向日葵》，台南縣：南縣文化局，1996 年，頁 150。

〔註 109〕1978 年 6 月停刊，共計出版 13 期。

〔註 110〕發起人另包括：黃勁連、羊子喬（本名楊順明）、文采、林南（黃樹根）、凱若、德亮（吳德亮）、雲沙（王健壯）、龔顯宗、柳曉、杜皓暉（杜文靖）10 人。

〔註 111〕「編輯室的話」，《主流》第 2 期，1971 年 10 月，頁 40。

〔註 112〕蔡欣倫：《1970 年代前期台灣新世代詩人群研究》，頁 71。

〔註 113〕主要成員有朱學恕、白浪萍、李春生、汪啟疆、林仙龍、舒蘭等人。

113〕，李春生為主要成員之一，同年 10 月《大海洋詩刊》於高雄左營創刊，許其正曾兼任顧問，沙白曾任社長，杜紫楓《片片楓葉情》由大海洋詩刊雜誌社發行。這四位大海洋詩社同仁反應在詩作中的海洋書寫，在屏東作家群中頗為突出，例如，李春生《睡醒的雨》中融歷史反省、生命感悟於海洋詩中；沙白《太陽的流聲》、《靈海》和《空洞的貝殼》充滿浪漫想像的海洋詩；許其正《南方的一顆星》捕捉海洋自然景象的美好律動；杜紫楓《片片楓葉情》中，多首以海為書寫題材之詩，都是以海起興，藉海言志的海洋題材詩。他們的海洋書寫，頗能凸顯出屏東現代詩作家除了自然田園孕育詩心之外，三面環海的豐富地理環境，也讓他們擁有寬廣的海洋胸懷。

1975 年 12 月，《綠地詩刊》創刊於屏東，傅文正主編，其創刊徵求同仁啟事寫道：「使沙漠皆植草茵，使旅行者不再感覺乾涸與饑渴。我們不想標榜一些什麼，只需要多學習和努力。」〔註 114〕大有在屏東文化沙漠，遍植文學綠地的願景。1979 年 11 月，「綠地」部分同仁在高雄另組「陽光小集」〔註 115〕，網羅不少八〇年代青年作家，屏東作家沙穗、連水淼、陳寧貴為詩社同仁。《陽光小集》以「關懷現實」、「擁抱大眾」作為宗旨，一方面以文學衝撞霸權、挑戰禁忌，一方面又嘗試結合媒體，拉近現代詩與群眾距離的創作路線，被彭瑞金讚為「立在台灣的土地上，站到陽光中，和人群一起呼吸、種植花草、欣賞風景⋯⋯的大眾寫實傾向是言行一致的。」〔註 116〕《陽光小集》致力於現代詩的多元化與社會化的詩社精神備受肯定，可惜後來因寫作見解的分歧，而於 1984 年 6 月發行第 13 期「政治詩專輯」後，宣佈停刊解散，共出刊 13 期。

1978 年 10 月 24 日，「掌門」詩社於高雄成立，已故屏東作家張志雄位於五福路、大成路口的居所「菊花軒」，是當年「掌門」詩社活動大本營。

七〇年代活絡的詩社風潮，培養出可觀的閱讀與創作人口，台灣文學環境為之改變提升。屏東縣團委會創刊的《屏東青年》於 1979 年 9 月，李春生與路衛於 1981 年接收主編《屏東青年》；1980 年《屏東週刊》聘請林清泉主

〔註 114〕趙天儀著：《台灣文學的週邊》，台北：富春文化，2000 年，頁 110。
〔註 115〕成員有向陽、張雪映、苦苓、李昌憲、林文義、林野、陳煌、陳寧貴、陌上塵、劉克襄、張錯、履彊、陳克華、謝武彰、王浩威、游喚、簡上仁、蔡忠修、陳朝寶、連水淼等人。
〔註 116〕彭瑞金：《台灣新文學運動 40 年》，高雄市：春暉出版社，2004 年，頁 196。

編「椰林副刊」；1984 年，李春生與朱煥文等出版《屏東青溪通訊季刊》；1987
年李春生重整「海鷗詩社」，〔註 117〕並在屏東出版復刊，1988 年，推出《海
鷗詩叢》。這些都對屏東文學有提倡之功。（請參附錄八）

二、屏東藝文環境

（一）屏東縣藝文資源調查工作

2000 年 10 月起，國立屏東師範學院（國立屏東大學前身）受屏東縣政府
文化局委託，進行「屏東縣藝文資源調查」工作，從音樂、美術、文學三大
文藝範圍著手，並衍分成工藝、原住民藝術、戲劇、文史社團等類別，工程
艱鉅浩大具開創性。由劉明宗教授主筆近千頁篇幅的《屏東縣藝文資源調查
報告書（文學類）》，分成「文學資源調查分析」與「文學資源調查內容」兩
大部分，第二個部分依蒐得資料，歸納分析屏東地區「民間文學」、「傳統文
學」與「現代文學」發展現況，其中「現代文學」包括現代詩、散文、戲劇、
兒童文學、報導文學、文學評論、作家介紹、文學社團介紹與文學刊物介紹
等，報告書中共臚列現代文學作家 89 位，入列的現代詩作家包括屏東文學先
鋒楊華，年逾七旬的周廷奎（路衛）、李春生，中生代沙穗、沙白、林文彥、
李男、林清泉、蔡森泰、杜紫楓，新生代涂耀昌、郭漢辰、張月環、黃慶祥，
原住民林世治等，整理出屏東現代詩發展輪廓，為屏東現代詩研究與發展，
指出方向，注入活力。〔註 118〕

（二）文化團體

屏東縣藝文活動向來寂寞冷清，文化團體僅見八〇年代成立的「中華民
國清溪學會屏東縣分會」與「中國青年寫作協會屏東縣分會」。2002 年「大武
山文學會」與 2008 年「阿緱文學會」的成立，讓屏東縣有了自己發起的文學
團體，對屏東文壇發展，具一定推動貢獻。2002 年 2 月 8 日屏東縣「大武山
文學會」成立，除了設置「屏東文學獎特別貢獻獎」選拔辦法，藉此鼓勵不
同世代作家為屏東文學所做貢獻，也構築了創設「屏東文學村」願景，希望
提供文學愛好人士一個優質的寫作環境，「結合屏東縣有興趣文學創作的老中

〔註 117〕 海鷗詩社創社於 1962 年 10 月，由李春生、路衛、秦嶽、邱平等共同創辦，
並於花蓮出刊《海鷗》詩頁。

〔註 118〕 江海：〈屏東文學發展現況淺析──從屏東縣文學泰斗陳冠學說起〉，《文化生
活》第 6 卷第 3 期，2003 年 7 月，頁 40～42。

青三代，共同筆耕大武山下的屏東平原，紀錄這群默默生活的普羅大眾的點點滴滴。」〔註119〕，並將 2002 年 2 月 8 日訂爲「屏東文學日」。〔註120〕「大武山文學會」的成立，爲寂寞冷落的屏東文壇，注入了一股新的活力。「阿緱文學會」於 2008 年 3 月 9 日正式成立〔註121〕。阿緱文學會的成立，緣起於五位大武山文學獎得主郭漢辰、黃碧燕、傅怡禎、黃苓和黃明峯，於 2005 年底跨越高屏溪，成功征戰高雄市打狗文學獎拿下獎項，〔註122〕這鼓舞了五位作家以文學回饋家鄉的心願。於是 2006 年 1 月由郭漢辰、傅怡禎、楊政源、黃碧燕、涂耀昌、賀樹菜等人發起，以每個月讀書會、寫作活動的方式，開始運作。2008 年阿緱文學會正式成立後，與大專院校、社區大學及文化單位合作，推動高屏東作家系列講座、文學系列講座。並與屏東市政月刊合作，在市政月刊開創一個全新版面〈阿緱城藝文天地〉，藉此鼓勵寫作，書寫屏東縣市之美與想望願景。

（三）文學推廣活動與文學刊物

屏東縣政府在文學推廣活動方面，包括「大武山文學獎」與「少年大武山文學獎」的舉辦。「屏東縣大武山文學獎」於 1998 年 12 月初正式開辦，相較於其他地方縣市文學獎，「大武山文學獎」起步較晚，卻可視爲屏東文學的里程碑。本著「倡導本縣文學風氣，鼓勵文學創作，發掘文壇新秀，提昇本縣藝文創作水準。」〔註123〕宗旨，剔選「反映出屏東縣特色、人文、風土民情」〔註124〕作品，予以選入「屏東縣作家作品集」，開辦迄 2014 年已邁入第

〔註119〕 資料來源：屏東縣政府文化處「2014 屏東縣大武山文學營活動簡章」。檢索日期：2014 年 7 月 30 日。網址：http://www.cultural.pthg.gov.tw/home01_3.aspx?ID=\$6101&IDK=2&EXEC=D&DATA=11751&AP=\$6101_HISTORY-0

〔註120〕 江海：〈屏東文學、文學屏東——從屏東縣大武山文學會的成立省思屏東文學〉，《文化生活》第 5 卷第 3 期，2002 年 1 月，頁 94～95。

〔註121〕 資料來源：〈文學從阿緱城起跑，屏東縣阿緱文學會成立〉，《市政月刊》第 306 期，2008 年 4 月。檢索日期：2014 年 7 月 30 日。網址：http://163.29.244.3/magazine/306/306_4.htm

〔註122〕 翁禎霞：〈從大武山文學獎出發，文學創作的薪火相傳：一群文學愛好者成立阿緱文學會〉，《文化生活》第 44 期，2006 年 5 月，頁 36～37。

〔註123〕 資料來源：屏東縣政府文化處。檢索日期：2014 年 7 月 30 日。網址：http://www.cultural.pthg.gov.tw/home01_3.aspx?ID=\$4004&IDK=2&EXEC=D&DATA=4229&AP=\$4004_HISTORY-0

〔註124〕 資料來源：屏東縣政府文化處。檢索日期：2014 年 7 月 30 日。網址：http://www.cultural.pthg.gov.tw/home01_3.aspx?ID=\$6101&IDK=2&EXEC=D&DATA=11582&AP=\$6101_HISTORY-0

十三屆，不僅發掘與激勵了數以百計的文壇新秀，帶動起屏東地區地方文藝創作風氣，更也在質量上建立起全國性的認同。〔註125〕

「大武山文學營」開辦於 2005 年，迄 2014 年已邁入第十屆。以「大武山文學營」結合「大武山文學獎」，讓參與之文藝愛好者，透過文學營課程中大師的講座演講，以及縣籍作家實際寫作經驗傳授與寫作指導，鼓勵創作，將理論落實文章，以文學獎檢驗學習成果，發掘文壇新秀，讓文學人口往下紮根，提昇本縣藝文水準。〔註126〕有鑑於學校課程規劃缺乏作文課，屏東縣「青少年大武山文學獎」於 2006 年開辦，凡 20 歲以下縣籍青少年或於本縣就學學生均可參加。透過文學獎活動，提升青少年語文表達能力，所以郭漢辰肯定屏東縣「青少年大武山文學獎」在文學往下紮根的願景上，「扮演強勁的火車頭。」〔註127〕

文學刊物的出版，則包括《文化生活》、《屏東文獻》與「屏東縣作家作品集」。為活化屏東藝文活動，屏東縣政府文化局和之前的文化中心，對屏東縣的文學做了許多努力，像 1997 年發刊，曾獲金鼎獎的《文化生活》雙月刊，2001 年發行的《屏東文獻》，保存鄉土資料、帶動研究屏東風氣、提供發表園地，對屏東文學有一定的貢獻。「屏東縣作家作品集」則是屏東縣文化處自 1993 年起，定期審定編印。本著「為蒐集地方文學史料，全面整理保存並推薦當代文學作家之作品，提供文學研究者具體參考之資料，藉以改善藝文創作環境，間接鼓勵優秀藝文人士。」〔註128〕宗旨，讓設籍屏東縣者或目前在縣內任職、就學一年以上，並且近兩年內繼續有作品發表者均有參選資格。自 1993 年迄 2014 年，已陸續審定出版「作家作品集」近達 80 本，不但提供

〔註125〕2013 年第十二屆新詩類評審王國安：「本屆新詩類的投稿作品較之去年更增近兩成的稿件，且以作品質量而言可謂高手雲集，可見得大武山文學獎已建立其全國性的認同，甚為可喜。」見《第十二屆大武山文學獎得獎作品輯》，屏東：屏東縣政府，2013 年，頁 28。

〔註126〕資料來源：屏東縣政府文化處「2014 屏東縣大武山文學營活動簡章」。檢索日期：2014 年 7 月 30 日。網址：http://www.cultural.pthg.gov.tw/home01_3.aspx?ID=$6101&IDK=2&EXEC=D&DATA=11751&AP=$6101_HISTORY-0

〔註127〕郭漢辰訪談。張繼允等：〈十年薪傳——「大武山文學獎」之研究〉，「第八屆全國高中台灣人文獎」語言組佳作，財團法人賴和文教基金會，2008 年，頁 49。

〔註128〕資料來源：屏東縣政府文化處圖書館。檢索日期：2014 年 7 月 30 日。網址：http://www.cultural.pthg.gov.tw/pthglib/home02.aspx?ID=$6051&IDK=2&EXEC=D&DATA=64

了屏東縣作家出書管道，縣籍前輩作家們的作品也得以重新規整與建檔保存。

　　經由屏東縣政府文化局、學術界、文化團體的共同努力之下，提供了多元的發表園地，一定成效的提振了屏東地區現代詩創作風氣。從 1999 年之後陸續開辦的「大武山文學獎」、「青少年大武山文學獎」徵文、社區大學現代文學課程與擴大舉辦的「大武山文學營」等文學活動與文學刊物「屏東縣作家作品集」，提供了多元的場域，鼓勵愛好文學的屏東縣民投入創作行伍，讓屏東地區新詩創作風氣達到一定的成效，例如涂耀昌、洪柴、黃慶祥、張月環、黃明峯、郭漢辰、張太士、陳雋弘、傅怡禎都是透過文學獎而嶄露詩才。這些文學獎世代的屏東作家詩作，也普遍具反映屏東自然、人文、風土民情之在地書寫特色。

第四節　台灣戰後屏東現代詩作家群

　　近年屏東文學研究日趨蓬勃，相關文獻對於屏東現代詩發展的分期與作家群的分類，有結合文學發展脈絡與集體風格分類者，如：傅怡禎〈屏東地區新詩發展初探〉，將屏東現代詩發展（1927～2011）分奠基期、發展期、深化期共三期：第一波是具備戰鬥力的奠基期（1927～1949），作家群有黃石輝、楊華、劉捷，詩作注重寫實層面；第二波是充滿生命力的發展期（1950～1992），作家群包括到屏東落腳定居的李春生、路衛、沙穗，土生土長的林清泉、許其正，離鄉背井打天下的連水淼、陳寧貴、曾貴海、李敏勇、利玉芳。他們的共同特色是充滿生命力，創作意志旺盛，積極創作與編印詩刊雜誌，企圖以邊緣姿態，關懷土地，擴大文學影響力；第三波則是充滿想像力的深化期（1993～2011），以文學獎為主的屏東作家，如：涂耀昌、洪柴、陳雋弘、黃明峯、奧威尼‧卡露斯盎、讓阿淥‧達入拉雅之。〔註129〕筆者認為傅怡禎依現代詩發展歷程，歸納屏東現代詩發展為三波發展期，能很清晰地凸顯各期特色與作家群，然而依作家居住動向劃分組群，則無法依此判斷作家作品風格。此外，作家的居所隨時可能變動，土生土長者也可能離鄉背井，離鄉背景者也可能倦鳥還鄉，所以這種分類有其盲點。

　　依時代分類的則有徐震宇《屏東地區現代文學研究》，該文採文學發展史的分法將作家群分為日治時期、光復至戒嚴時期、解嚴後三個時期，每一時

―――――――――――――

〔註129〕傅怡禎：〈屏東地區新詩發展初探〉，頁 119～120。

期再依據作家生年長幼依序羅列。筆者認為這種斷代的分法,較無法從中識別作家的風格屬性。

　　林秀蓉〈屏東現代詩人的地景書寫初探〉則採作家族群屬性分類屏東詩人群,如,原住民族群:奧威尼·卡露斯盎、讓阿淥·達入拉雅之;客家族群:曾貴海、陳寧貴、林清泉;閩南族群:郭漢辰、傅怡禎、黃慶祥、陳雋弘、黃明峯;還有移居屏東的外省族群沙穗。〔註130〕筆者認為林秀蓉依族群分類作家,雖無法從中判別作家的世代屬性,但卻能凸顯屏東縣多元族群結構此一重要特色,並且透過耙梳不同族群作家詩作,其書寫題材、語言材料、詩作風格往往殊異,這種分類頗具鑑識度。因此,本論文將採族群屬性分類方式,將屏東現代詩作家群分為原住民族群、閩南族群、客家族群、外省族群等四類,各族群作家再依出生年代臚列,如此分法,能兼顧縱向不同世代現代詩面貌,亦能橫向凸顯屏東縣作家群族群多元的地方文學特色,茲介紹如下:

一、原住民族群作家

(一)魯凱族作家

　　奧威尼·卡露斯盎(1945~),漢名邱金士,屏東縣霧台鄉好茶村好茶部落人,魯凱族。舊好茶部落國民小學畢業,1961 年起離鄉就讀在外,畢業於台北新店三育基督書院初中部、高樹鄉大津三育中學高中部、南投魚池鄉三育基督學院教會事務科、三育基督學院企管系。多年服務於教會。有感於舊好茶部落文化的消失,以及對先父的追念,1984 年回家鄉從事協助九族文化村、屏東瑪家文化園區、順益博物館、科博館、以及史前館等機構,致力魯凱族石板屋文化保存工作。1991 年重回舊好茶重建家園並寫作迄今。曾獲 2013年台灣文學獎創作類原住民短篇小說金典獎。作品文類包括散文、小說、新詩、兒童文學等,出版有散文《雲豹的傳人》(1996)〔註131〕、《神秘的消失:詩與散文的魯凱》(2005)〔註132〕,小說《野百合之歌》(2001)〔註133〕、童

〔註130〕林秀蓉:〈屏東現代詩人的地景書寫初探〉,《2014 第四屆屏東文學學術研討會文學會議論文集》,國立屏東大學,2014 年 12 月 12 日,頁 77。

〔註131〕奧威尼·卡露斯盎:《雲豹的傳人》,台北:晨星出版社,1996 年。

〔註132〕奧威尼·卡露斯盎:《神秘的消失:詩與散文的魯凱》,台北:麥田出版社,2005 年。

話繪本《多情的巴嫩姑娘》（2002）〔註134〕，詩作收錄於《雲豹的傳人》、《神秘的消失：詩與散文的魯凱》。作品自傳色彩濃厚，蘊藉含蓄，文字典雅，筆意和情感頗能細膩反應魯凱族獨特民族文化風格。

（二）排灣族作家

1. 達卡鬧・魯魯安（1961～）

達卡鬧・魯魯安（1961～），漢名李國雄，屏東縣瑪家鄉人。擁有半魯凱半排灣族血統，其名「達卡鬧」取自排灣族名「大冠鷲」之意。台灣大學社會系及玉山神學院畢業，曾任國中教師、中央研究院助理，參與過反瑪家水庫、阿里山鄒族人推倒吳鳳肖像等原住民運動。被喻為「排灣族的吟唱詩人」，長年旅居於台灣各個角落，「吟遊」成為達卡鬧最主要的風格與特色，以土地為信仰，以詩歌為呼吸，其作品往往站在旅居的位置凝視關懷原鄉部落，透過詩與歌的音韻結合，形塑現代版原住民口傳文學。作品有 CD《Am 到天亮》（1999）、《好的》（2003）、《斜坡 The stories of the mountainside》（2012）〔註135〕、《飄流木——88 後的南迴詩篇》（2014）〔註136〕。

2. 撒伐楚古・斯羔烙（1961～2010）

撒伐楚古・斯羔烙（1961～2010），漢名戴國勇，屏東縣獅子鄉丹路村排灣族沙布力克部落人，國中畢業後 16 歲即離鄉，早期從事社運工作，26 歲返回沙布力克部落學習傳統木雕與陶作，35 歲於台北成立獵人工寮，嘗試鐵塑、石雕、繪畫，並開始創作詩與散文，是排灣族跨多項創作領域的原住民當代藝術家與作家，作品題材從自我真實記憶挖掘，風格富批判諷刺性，勇於挑戰社會價值，呈現社會真實面貌及自我族群風格。其複合媒

〔註133〕奧威尼・卡露斯盎：《野百合之歌》，台北：晨星出版社，2001 年。
〔註134〕奧威尼・卡露斯盎：《多情的巴嫩姑娘》，台北：新自然主義出版社，2002 年。
〔註135〕資料來源：達卡鬧臉書網誌。檢索日期：2014 年 9 月 26 日。網址：https://zh-hk.facebook.com/notes/%E9%81%94%E5%8D%A1%E9%AC%A7/%E8%A9%A9%E9%82%A3%E5%80%8B%E6%99%9A%E4%B8%8A/304969341338。
〔註136〕《飄流木——88 後的南迴詩篇》以八首詩、八首歌紀錄八八風災後的家鄉。錄有〈受傷的地方〉、〈嘉蘭新故鄉〉；〈回家的路上〉、〈遙遠的東海岸〉；〈颱風好〉、〈斜坡〉；〈漂流木那麼多〉、〈親愛的漂流木〉；〈東海岸有個夢〉、〈到底〉；〈我家的泥巴〉、〈沒有關係〉；〈祢的名字〉、〈那個晚上〉；〈圖騰在哭泣〉。檢索日期：2014 年 9 月 26 日。網址：http://www.indievox.com/dakanow

材藝術作品爲高雄市立美術館、中研院民族所收藏，2000 年獲第一屆中華汽車原住民文學獎散文類組第三名。〔註 137〕2000 年詩作有〈戲袍〉〔註 138〕、〈回應撒可努〉〔註 139〕、〈永遠的碼頭〉，是結合排灣族藝術與文學的詩作。

3. 伊誕・巴瓦瓦隆（1962～）

伊誕・巴瓦瓦隆（1962～），屏東縣三地門鄉大社村達瓦蘭部落人。「伊誕」是己名，繼承自母親的父親之名，有「勇者」之意；「巴瓦瓦隆」是家名，是伊誕父親所繼承的家屋之名。伊誕成長於舊大社部落藝術家族，兄長是著名雕刻藝術家撒古流。伊誕創作多元，舉凡詩、小品文、紀錄性文章、繪畫、版畫、雕刻、廣告設計、裝置藝術、攝影及影像紀錄等均有涉獵，作品風格細膩詩意、古樸神秘、富想像力。詩畫集《靈鳥又風吹——伊誕的畫與詩》，結合雕刻、繪畫與短詩，表達屬於自然大地、原始生態哲理與絕對單純的價值。出版作品包括：《土地和太陽的孩子——排灣族源起神話傳說》（2009）、詩畫集《靈鳥又風吹——伊誕的畫與詩》（2010）、《百合花的祝福》（2014）。

4. 讓阿淥・達入拉雅之（1976～）

讓阿淥・達入拉雅之（1976～），漢名李國光，屏東縣瑪家鄉排灣村射鹿部落人。現任職於屏東縣政府警察局內埔分局瑪家分駐所，曾獲原住民族族語文學創作第一、二屆文學獎，目前致力於排灣族巴達因（Padain）文史工作。著有《北大武山之巓——排灣族新詩》（2010）〔註 140〕共收錄 47 首現代詩，以精簡自然不造作文字，書寫部落鄉情、頌讚雄偉大自然與崇高祖靈、感念父母親人、述說山野打獵生活。

〔註137〕 高子衿：〈太陽落下的方向是家鄉——撒伐楚古・斯羔烙〉，高美館：《南島當代藝術》第 20 期，2008 年 6 月，頁 92～95。檢索日期：2013 年 8 月 5 日。網址：http://austronesian.kmfa.gov.tw/Ver_10/ContentFile/20091231 5176140.pdf

〔註138〕 「戲袍」描繪勇士穿著有日本旗、國民黨徽、十字架的外袍，象徵外來政權及文化對原住民的衝擊。

〔註139〕 孫大川主編：《山海文化雙月刊》第 21、22 期，2000 年 3 月。收錄〈戲袍〉、〈回應撒可努〉。

〔註140〕 讓阿淥・達入拉雅之：《北大武山之巓——排灣族新詩》，台北：晨星出版社，2010 年。

二、閩南族群作家

（一）四○年代生

1. 沙卡布拉揚（1942～）

沙卡布拉揚（A.D.Sakabulajo，1942～），本名鄭天送，華文筆名爲鄭穗影、半天仔、大母山人，屏東縣潮州鎮人，出生台中。「沙卡布拉揚」原本是他參加世界「地球日」（ESP）學會時，由排灣族語中挑選出來的會員名字，後做爲其台語文筆名。學歷淡江大學中文系、日本大學文學研究學科博士課程進修，曾任潮州中學、高雄中學教師、三信出版社編輯，自1988年起，任教日本專修大學、亞細亞大學，目前長期旅居日本。沙卡布拉揚高中時期即開始寫詩，並自作第一本詩集《烏色兮太陽》（1959），早期也曾以華語進行詩文創作，例如未發表的詩集《栖木格》，但自 1982 年離開高雄中學教職，舉家遷移日本進修博士課程後，透過台語詩寫，成了他表達屏東家鄉情懷的重要抒發管道。出版有台語詩集：四行譯詩集《露杯夜陶》（1966）、長篇台語敘事詩《孤鷹》（1997）、《台灣詩選／第一輯》（1998）、《沙卡布拉揚四行詩集》（1998）、《烏鴉仔》（1999）、《沙卡布拉揚台語文學選》（2001）、《佮魔神仔契約》（2003）、《2003 年序曲》（2004）、《鵝鑾鼻燈塔个憂悴》（2005）等。詩作「呈現溫柔與批判的兩種截然不同詩風」〔註 141〕，以溫柔筆觸形塑屏東家鄉的美好，用批判性詩句爭取台灣政治與土地的主體性。

2. 李敏勇（1947～）

李敏勇（1947～），曾以「傅敏」、「李溟」爲筆名。出生於高雄縣旗山鎮，童年成長於恆春車城，現居台北。就讀於公館國小、明正初中之後，負笈至高雄就讀高雄中學，後中興大學歷史系畢業。就讀高雄中學時，便開始在報刊發表新詩與散文，文風感性浪漫、綺麗婉約；1969 年加入《笠》詩刊後，文學風格、態度突變，戰爭詩與反戰思想成爲其詩作最大主題，揮別感傷濫情的練習曲，進入以文學爲志業的人生歷程，詩風轉向社會關懷、政治批判、國族認同，歷史辯證、環保反核等議題，並投入社會運動與公共事務。曾任教師、記者、廣告公司企劃撰文及業務經理、建設公司副總經理，歷任《笠》

〔註 141〕黃文車：〈大母山的孤鷹──沙卡布拉揚台語詩中的地方記憶〉，「2014 第四屆屏東文學學術研討會──文學地景與地方書寫」，國立屏東大學中國語文學系，2014 年 12 月 12 日，頁 173。

詩刊主編及社長、「台灣文藝」社長及「台灣筆會」會長、台權會執委、台美文化交流基金會董事四七社聯絡人、「鄭南榕基金會」及「台灣和平基金會」董事長、現代學術研究基金會董事長、圓神出版社社長。曾獲巫永福評論獎（1990）、吳濁流新詩獎（1992）、賴和文學獎（1998）、國家文藝獎（2007）等。擅長新詩，亦寫作散文、小說、文學評論、社會評論與翻譯。出版詩集《雲的語言》（新詩散文合集）（1969）、《暗房》（1986）、《鎮魂歌》（1990）、《野生思考》（1990）、《戒嚴風景》（1990）、《傾斜的島》（1993）、《心的奏鳴曲》（1999）、《如果你問起》（漢英對照詩選）（2001）、《思慕與哀愁》（漢日對照詩選）（2001）、《青春腐蝕畫》（1968～1989 詩合集）（2004）、《島嶼奏鳴曲》（1990～1997 詩合集）（2008），小說集《情事》（1987），散文集《人生風景》（1996）、《文化風景》（1996）、《彷彿看見藍色的海和帆》（2000）、《漫步油桐花開的山林間》（2000）、《詩人的憂鬱》（2005），文學評論集《做為一個台灣作家》（1986）、《戰後台灣文學反思》（1994）、《詩情與思想》（1993）、《綻放語言的玫瑰》（1997）、《亮在紙頁的光》（1997）、《台灣詩閱讀》（1999）約四十本作品。被譽為詩壇華麗的旗手〔註142〕，台灣青年詩人雙璧之一，將台灣鄉土詩提升到成熟之境。〔註143〕

3. 連水淼（1949～）

連水淼（1949～），祖籍福建，生於基隆，長於屏東，現居台北。屏東東大高中畢業後，入海軍陸戰隊服役，1966 年於「青年戰士報」發表第一首詩〈戰鬥者的頌歌〉。1971 年服役於陸戰隊時，與沙穗、張堃等人先後共同創辦「盤古詩社」與「暴風雨詩社」，並出刊屏東第一份專業詩刊《暴風雨》，與張默、管管、沈臨彬在左營創辦的「水星」詩刊，為南部詩運，展開嶄新的一頁。1972 年加入創世紀詩社，與沙穗張堃並稱「小鐵三角」。1974 年至 1979 年，曾因個人生活、工作關係，停筆六年之久。1979 年復出第一首詩〈空心菜〉，刊於聯合報副刊，引起廣大共鳴。〔註144〕作品曾入選《新銳的聲音》（當代廿五位詩人作品集）、《現代詩導讀》、《現代詩入門》、《中國當代新詩大展》、《聯副卅年文學大系詩之卷》、《現代百家詩選》、《葡萄園詩選》、《七十一年

〔註142〕陳千武：〈李敏勇——發言〉，《詩的啟示——文學評論集》，南投：南投縣立文化中心，1997 年，頁 86。
〔註143〕古繼堂：《台灣新詩發展史》，台北：文史哲出版社，1989 年，頁 460～461。
〔註144〕連水淼：〈明朗而不失情趣〉（代序），《連水淼自選集》，台北：黎明文化事業股份有限公司，1988 年，頁 2。

詩選》等多種。〔註 145〕曾獲海軍第一屆文藝金錨獎新詩獎、海軍文藝工作績優獎、全國優秀青年詩人獎。作品充滿了對彼岸陸地的文化中國想像，以及對台北都市生活的體驗與觀察。出版詩集《異樣的眼睛》（1970）、《生命的樹》（1980）、《台北‧台北》（1983）、《陽明花開》（1984）、《春風拂百花》（1984）、《連水淼自選集》（1988）、《在否定之後》（1995）、《首日封》（2010）。

（二）五〇年代生

1. 林文彥（1952～）

林文彥（1952～），筆名林煙，屏東縣東港鎮人。國立台灣藝專美術工藝科畢業（現國立台灣藝術大學），美國密蘇里州 Lindenwood 大學藝術研究所碩士，現任台南應用科技大學視覺傳達設計系副教授，兼擅文學創作與篆刻藝術。1970 年就讀潮州高中時與屏工李男、吳勝添等人於校刊籌辦「草田風詩畫展」多次，藝專求學期間與林興華、郭紹宗等創立「現代詩社」，多次與詩人瘂弦、羅門及《龍族》詩社施善繼、辛牧、林煥彰等人論詩，1974 年於霧社參加復興文藝營李白組（現代詩組），作品散見國內書報。〔註 146〕詩作風格意境空靈出新，著有詩、散文合集《煙起林際》（1999），及撰著、編纂篆刻專書數冊。

2. 白葦（1953～）

白葦（1953～），本名林鈴，屏東縣崁頂鄉力社村人。高雄醫學院護理學系、成功大學中文系、高雄醫學大學護研所在職專班畢業、國立陽明大學護理系博士班。曾任職紅十字會公衛小組村里衛生護士、高雄醫學大學附設中和紀念醫院護士。阿米巴詩社同仁。創作文類以現代詩為主，詩作曾獲鹽分地帶文學獎現代詩組第三名（1982）、鹽分地帶文學獎現代詩組佳作（1983），並入選爾雅版七十二年年度詩選、巡迴文藝營現代詩佳作獎（1987）與首獎（1988），報導文學曾獲巡迴文藝營佳作獎、大武山文學獎首獎。詩風追求自然含蓄、淡雅清麗與意真情切。〔註 147〕「主題性」的創作形態，以白描式賦

〔註 145〕向明：〈跌出一種絕美之姿——淺談連水淼的「落楓」〉，連水淼：《台北‧台北》，台北：創世紀詩社，1983 年，頁 210。

〔註 146〕林文彥：〈自序〉，《煙起林際》，屏東：屏東縣立文化中心，1999 年，摺頁作者簡介、頁 3～4。

〔註 147〕羅門：〈《白衣手記》詩集序〉，白葦：《白衣手記》，高雄：麗文文化事業，2006 年，頁 1～14。

體語言，敏銳凝視病房內外、愛與死之間的生命脈動〔註148〕，貫串著對存在底蘊的哲性思維與領悟。〔註149〕出版有詩集《白衣手記》（1989）〔註150〕、《海岸書房》（2006）〔註151〕、《歲痕新集》（2013）〔註152〕、《邊陲耕地》（2013）〔註153〕。

3. 張志雄（1953～2005）

張志雄（1953～2005），菊花軒主，屏東縣九如鄉人。小學畢業，曾任攝影師、街頭電影放映師、鋪柏油路工人，專精修片。曾任掌門詩社社長，住所「菊花軒」為掌門詩社據點。除作品散見各報刊、詩刊、雜誌外，尤擅插畫，為掌門、門神等留下不少佳作，著有詩畫集《殘缺的圓》（1981）、《小熊·1953——菊花軒主　張志雄詩文集》（2005）。其詩作語言流暢，情思充沛，詩風與題材歷經三個轉變，早期書寫童年至成長的遭遇，其後嘗試獨創一格的分段詩，第三時期則是愛情抒情詩〔註154〕。從初期詩作偏傷逝悲情，或探討戀愛的悲歡離合，或深刻挖掘人性，〔註155〕到自感性抒發的小我世界，邁入理性啓醒的大我宇宙，〔註156〕詩風益趨紮實溫婉。

（三）六〇年代生

1. 黃慶祥（1961～）

黃慶祥（1961～），琉球鄉相思埔（上福村）人，高三遷居東港。琉球鄉全德國小、琉球國中、台南二中，台灣師大國文系畢業，國中教師退休。早

〔註148〕白靈：〈白色的陷阱——序白萱詩集《白衣手記》〉，白萱：《白衣手記》，高雄：麗文文化事業，2006年，頁22。

〔註149〕白靈：〈存在與出口——序白萱詩集《海岸書房》〉，白萱：《海岸書房》，高雄：麗文文化事業，2006年，頁17。

〔註150〕《白衣手記》收錄詩作年代自1975～1988。2006年4月，詩集《白衣手記》再版，本論文使用版本為2006年再版。

〔註151〕《海岸書房》收錄詩作年代自1989～2005。

〔註152〕詩作年代自2006～2011。

〔註153〕詩作年代自2006～2013。

〔註154〕古能豪：〈一張淒迷的側影——張志雄《殘缺的圓》代序〉，張志雄：《小熊·1953——菊花軒主　張志雄詩文集》，台北：宏文館圖書公司，2005年，頁2～272。

〔註155〕羅青：〈撥霧的過程——張志雄《殘缺的圓》讀後〉，張志雄：《小熊·1953——菊花軒主　張志雄詩文集》，頁2～254。

〔註156〕簡簡：〈琴與快劍——淺談張志雄的《殘缺的圓》〉，張志雄：《小熊·1953——菊花軒主　張志雄詩文集》，頁2～269。

期創作文類以散文為主，受大武山文學獎鼓舞，2002 年正式創作現代詩，作品風格偏向故鄉情懷的現代詮釋，因受過國文系古典詩詞的訓練，在詩創作上講究意象鮮明、韻律有致，以「有詩意，有詩句」為創作準則，期望做到物各付物的古典優美情境。〔註 157〕曾獲第一屆大武山文學獎散文佳作、第二屆大武山文學獎新詩首獎。詩作主題環繞抒情鄉愁，詩旅行腳從故鄉小琉球，擴及東港、屏東、寶島，著有懷舊散文集《小琉球手記一九七〇》（2001）、詩集《琉球行吟》（2006）、《古典小琉球》、《鐘聲一響詩聲琅琅》。

2. 洪柴（1961～）

洪柴（1961～），本名洪國隆，屏東縣萬丹鄉人。東吳大學中文系畢業，現任教屏東縣力社國小。大學時代開始創作現代詩，並與詩友路寒袖、盧思岳、林沉默等人合辦《漢廣詩刊》。洪柴詩作多集中於八、九〇年代，近幾年創作轉向理性無約束的散文寫作，曾在《台灣日報》副刊開闢「非台北觀點」專欄。洪柴散文收放自如、溫柔內斂、淡中有味；詩作則早期細膩優雅、溫和含蓄，接受社會洗禮後，各形各式，如脫韁之馬，卻又別樹一格。〔註 158〕曾獲雙溪現代文學獎、大武山文學獎、「科技美麗台灣」徵文佳作等。出版現代詩散文合集《馬纓丹》（2000）。

3. 西沙（1964～）

西沙（1964～），本名洪達霖，另有筆名易小歡、舒小燦、黎小菜、唐小曼，屏東市人。屏東農專獸醫科畢業、美國康乃狄克州立大學環境教育碩士、太平洋海岸大學環境教育博士。曾任職國泰人壽保險公司台北總公司企劃部，現旅居澳洲，專事寫作。12 歲開始寫作，創作文類以小說、散文為主，早期在「林白出版社」、「島嶼文庫」出版多種通俗小說，創作量甚豐，小說風格傾向寫實主義，散文則多描寫生活與旅遊見聞，風格浪漫，詩集則僅《沙鷗的天空》（1982）。

4. 郭漢辰（1965～）

郭漢辰（1965～），屏東市人，世界新聞專科學校編輯採訪科畢業，成功大學台灣文學研究所碩士。曾任《台灣時報》記者、《民生報》特派記者、屏東《文化生活》編輯、縣級與校級文學獎評審、社區大學與大武山文學營講

〔註 157〕黃慶祥：〈自序〉，《琉球行吟》，屏東：屏東縣政府文化局，2006 年，頁 4～7。
〔註 158〕岑樓：〈想望與期待〉，洪柴：《馬纓丹》，屏東：屏東縣立文化中心，2000 年，頁 4。

師。現爲「屏東縣阿緱文學會」理事長、「台灣文學創作者協會」常任理事，對推動屏東文學著力甚深。創作文類含括現代詩、散文與小說。詩作傾向寫實主義；小說取材記者任內親歷聽聞，寫實性強；報導文學側重屏東縣歷史發展與城鄉面貌的在地采風。被稱爲「浪漫與寫實的拼圖者」，〔註159〕早期偏向小我感情抒發及自我剖析，具魔幻寫實風格，近期則擴爲大我社會、族群、政治與時代關懷。〔註160〕作品散見國內各報章副刊、詩刊，曾獲台北文學獎年金、高雄打狗文學獎小說首獎、寶島文學獎小說首獎、黑暗之光文學獎小說金獎、大武山文學獎卓越貢獻獎、宗教文學獎、鳳邑文學獎、鹽份地帶文學獎、台北旅行文學獎、文建會山海文化獎、玉山文學獎、夢花文學獎、大墩文學獎、全國學生文學獎等，所架設網站「南方文學不落城——郭漢辰文學創作館」〔註161〕，榮獲第一屆台灣文學部落格獎優選，以詩、散文、小說各種文類，書寫家鄉、土地以及周遭生活的故事，展現數位多媒體整合文學創作的即時與親切性。〔註162〕出版詩集《地球每天帶著一點遺憾在轉動》（1996）、《請和我一起閱讀土地的詩行：屏東詩旅手札》（2011），小說集《千鈞一髮》（2000）、《封城之日》（2006）、《天地》（2007）、《記憶之都》（2008）、《突圍》（2009）、《誰在綠洲唱歌》（2010）、《回家》（2010），散文集《尋找生命透光的出口》（2006）、《和大山大海說話》（2008）、《光之戀》（2011）、《幸福迎接死亡》（2011）、《揹山的人》（2015）等作品。

5. 傅怡禎（1967～）

傅怡禎（1967～），屏東市人。中國文化大學中文博士，任教於國立台東專科學校，並擔任阿緱文學會理事。曾獲打狗文學獎新詩首獎、大武山文學獎、台北文學獎、林榮三文學獎、宗教文學獎、吳濁流文藝獎、台灣省文學獎等。作品文類包括新詩、散文，著有詩文合集《大武山下的美麗韻腳：屏東小站巡禮》（2013），介紹二十四個屏東縣境的火車站與糖鐵中心站，以時空想像之延伸，在捕捉屏東鐵道人文之美的同時，也側寫鄉土景誌的歲月變

〔註159〕郭漢辰：《地球每天都帶著一點遺憾在轉動》，屏東：屏東縣立文化中心，1996年，頁1。

〔註160〕傅怡禎：〈以感情貫穿生死的魔幻敘述者　大武山文學獎卓越貢獻獎——郭漢辰〉，《文化生活》41期，2006年6月，頁15。

〔註161〕郭漢辰個人網站。檢索日期：2013年8月20日。網址：http://blog.udn.com/s1143；http://mypaper.pchome.com.tw/news/s1143/

〔註162〕國立台灣文學館〈2007台灣作家作品目錄〉。檢索日期：2013年8月20日。網址：http://www3.nmtl.gov.tw/writer2/writer_detail.php?id=1632

遷，以及懷鄉念舊的綿延牽繫。〔註163〕彰顯出兼具歷史性與情感性的地景內涵。

6. 張太士（1969～）

張太士（1969～），屏東縣人。台東師專、屏東師範學院畢業，任教國小。曾獲台東師專文學獎第三名、屏東師院兒童文學創作教師組第一名、新詩學會優秀青年詩人獎（1996）。作品常發表於《葡萄園》、《西子灣》副刊及《台灣時報》副刊。詩作題材多元，舉凡愛情、地誌、生態、社會、生命等議題均觸及，出版有詩集《夢被反鎖》（1998）。

（四）七〇年代生

1. 黃明峯（1975～）

黃明峯（1975～），屏東縣恆春鎮人。逢甲大學中文碩士，曾任研究助理、《台灣文學評論》特約撰稿人，現任林邊國中老師。2000 年因岩上推薦而加入笠詩社。詩作兼擅華語詩與台語詩，詩作風格具幽默趣味感特質，以「使物象不能桎梏於我性，文彩不能侷限於天眞」作爲創作目標。〔註164〕曾獲第二十一屆「鹽份地帶文學獎」新詩首獎、第三屆「大武山文學獎」新詩類首獎、第二屆「花蓮文學獎」佳作、打狗文學獎、乾坤詩社新詩獎、礦溪文學獎等獎項。出版詩集《自我介紹》（2003）、《色水‧形影‧落山風的聲——黃明峯台語詩集》（2014）。

2. 陳雋弘（1979～）

陳雋弘（1979～），屏東縣林邊鄉人，高雄師範大學國文系研究所碩士。曾任教屏東潮州高中，現爲高雄女中國文教師。創作文類以現代詩爲主，詩作散見國內各報章媒體，文字風格簡約〔註165〕，去消費時尙，去世俗化，去泛政治化，去戰爭與仇恨，詩境具遁逸感覺〔註166〕，擬童話傾向，本色天眞，大膽想像如孩童〔註167〕，善於以透明而準確的語調與意象，描繪生命美好的

〔註163〕林秀蓉：〈屏東現代詩人的地景書寫初探〉，「2014 第四屆屏東文學學術研討會——文學地景與地方書寫」，頁 90～91。

〔註164〕黃明峯獲第六屆大武山文學獎新詩類佳作得獎感言。見《第六屆大武山文學獎》，屏東：屏東縣政府文化局，2004 年，頁 331。

〔註165〕林婉瑜：〈輕之上的重〉，陳雋弘：《面對》，高雄：松濤文社，2004 年，頁 15。

〔註166〕鯨向海：〈居樂和雋〉，陳雋弘：《面對》，頁 8～9。

〔註167〕鯨向海：〈居樂和雋〉，陳雋弘：《面對》，頁 6。

時刻與質地。〔註168〕曾獲時報文學獎新詩首獎、教育部文藝創作獎新詩首獎、行政院文建會台灣文學獎新詩佳作、台灣文學獎、吳濁流文藝獎、大武山文學獎、打狗文學獎、花蓮文學獎、優秀青年詩人、詩路年度網路詩人獎等。出版詩集《面對》（1979）、《等待沒收》（2008），並架設網路個人新聞台「貧血的地中海」〔註169〕。

三、客家族群作家

（一）二、三〇年代生

1. 徐和隣（1925～2000）

徐和隣（1925～2000），屏東縣內埔鄉美和村人，日本東京都錦城中學畢業，戰後曾從事農耕十多年，後轉任台北徐外科醫院總務。徐和隣精通日文，曾參加中國文藝協會新詩研究班，為《葡萄園》詩刊主編、《笠》創社同仁。詩作與譯作多發表於《葡萄園》詩刊、《台灣文藝》或《秋水詩刊》上，曾被林煥彰譽為「隱藏的星子」的一群。出版詩集《淡水河》、翻譯《現代詩解說》等書。詩作取材自我生活感情，詩風素樸純真〔註170〕，尤其翻譯北川冬彥《現代詩解說》一書，譯介戰後（1948）日本現代詩二十多位詩風各異詩家作品，以及詩學內容與形式相關理論，很有功勞。

2. 林清泉（1939～）

林清泉（1939～），屏東縣萬巒鄉人，國立台灣藝專畢業，曾任教於大甲中學、屏東縣大同國中、屏東縣內埔國中，現已退休，專事寫作。擅長現代詩、極短篇、兒童文學與書法，主編過《屏東週刊》的「椰林副刊」。詩作曾被譯成英、日、韓等文，在國內外頗負盛名。曾獲得中國語文獎章、第一屆師鐸獎、教育部兒童劇本獎、教育部教師著作優良獎、洪建全童詩獎、中學教師人文著作獎，被列入中華民國現代名人錄、英國劍橋國際傳記中心國際詩人名人錄、國際名人剪影、國際詩人學院院士、世界兒童文學事典作家名

〔註168〕國立台灣文學館〈2007 台灣作家作品目錄〉。檢索日期：2013 年 8 月 20 日。網址：http://www3.nmtl.gov.tw/writer2/writer_detail.php?id=1632
〔註169〕陳雋弘網路個人新聞台「貧血的地中海」。檢索日期：2013 年 8 月 20 日。網址：http://mypaper.pchome.com.tw/skyflys
〔註170〕林鍾隆：〈「淡水河」讀後〉，《現代詩的解說與評論》，彰化：現代潮出版社，1972 年，頁 171～173。

錄。簡潔明朗詩風受潮州中學國文老師王岩啓蒙影響，兩行詩體裁另創一格，融自然描寫、哲學沉思、心理分析、人生經驗於短短兩行詩句，警闢生動，語言淺近有力，發人深省，要言不煩，雋永耐讀。出版新詩集《殘月》（1958）、《寂寞的邂逅》（1972）、《心帆集》（1974）、《林清泉詩選集》（1993），兒童劇本《孤兒努力記》（1978）、童詩評論集《遨遊童詩國度》（1987）。〔註171〕

3. 許其正（1939～）

許其正（1939～），屏東潮州人，東吳大學法律系法學士，高雄師範大學教研所結業。曾任《台灣文藝》編輯、《台灣時報》記者、軍法官與教師、青溪新文藝學會屏東分會理事、中國青年寫作協會屏東分會理事兼總幹事等職，現已退休，專事閱讀與寫作，並兼任「大海洋詩雜誌」顧問及《世界詩人》季刊特約主編。1960年開始發表作品，以現代詩與散文為主，散文多寫農村景色、原野風光、兒時回憶，情感眞摯、筆觸靈活；詩作平易近人、直抒胸臆，多歌頌鄉土田園自然、人生光明面，勉人奮發向上。出版詩集《半天鳥》（1964）、《菩提心》（1976）、《南方的一顆心》（1995）、《海峽兩岸遊蹤》（2003，中英對照、中希對照各一）、《胎記》（2006，中英對照、中希對照、中蒙對照各一）、《心的翅膀》（2007）、《重現》（2008，中英對照）、《山不講話》（2010，中英日對照），散文集《隧苗》（1976）、《綠園散記》（1977）、《綠蔭深處》（1978）、《夏蔭》（1979）、《珠串》（1991）、《走過牛車路》（2010）、《走過廊仔溝》（2012）等作品。作品被譯成英文、日文、希臘文、蒙古文、希伯來文、俄文、法文與葡萄牙文，被收入數十種選集，散文及劇本曾多次得獎，曾獲屏東縣大武山文學獎劇本第三名，國軍新文藝金像獎電視劇本獎，國際詩歌翻譯研究中心最佳詩人獎，希臘克萊諾詩刊社詩歌精神獎等獎項。獲國際詩歌翻譯研究中心頒發榮譽文學博士學位及2004年最佳國際詩人，美國世界藝術文化學院頒發榮譽文學博士，希臘札斯特朗文學會榮譽會員。

（二）四〇年代生

1. 曾士魁（1943～）

曾士魁（1943～），屏東縣萬巒人。台東師專、高雄師範學院夜間部英語

〔註171〕相關資料可參「2007台灣作家作品目錄」。檢索日期：2013年8月20日。網址：http://www3.nmtl.gov.tw/Writer2/writer_detail.php?id=811

系畢業。萬巒國中教職退休，現為自耕農。詩作筆觸樸質無華，體現族群歷史、政治社會現實關懷與生命哲思。出版有詩集《歲月拾掇》（1997）。

2. 沙白（1944～）

沙白（1944～），原名涂秀田。屏東縣竹田鄉人，現居高雄。高雄醫學院畢業，日本國立東京大學醫學系研究所、哈佛大學牙醫學院研究所肄業。曾任《現代詩頁》月刊主編、「阿米巴」詩社社長、「南杏」詩社社長、台一社發行人，「大海洋」詩社社長、《笠》詩社社務委員，「心臟」詩社、「布穀鳥」詩社同仁、高雄市文藝夏令營講師、亞洲詩人大會籌備委員。現任台一、台立牙科診所聯盟院長。擅長新詩、童詩與散文，亦從事翻譯、評論、畫評等工作。曾獲高雄市詩歌創作獎、朗誦詩獎、高雄市文藝獎、心臟詩獎、中華民國新詩學會詩運獎、國際詩人獎，1990 年擔任首屆「世界華文兒童文學筆會」代表。作品曾列入《亞洲詩人選集》（英、中、日、韓文）、《世界詩人選集》（英文）、《台灣兒童詩選集》（日文）、《中華民國當代兒童詩選集》（韓文）、《台灣詩選集》（湖南）、《台灣兒童詩選萃》（湖南）、《海內外詩選集》（天津）、《中國詩選集》（上海）。1991 年被選入英國劍橋「世界名人錄」、1991 年獲「世界詩人協會」頒發名譽文學博士。〔註172〕其詩語言純美，以童真想像取代情感堆砌，是一種省察和覺悟後所散射出的光芒，意境傾向超現實，卻不斷緊扣現實，產生個人獨特的風味。出版詩集《河品》（1966）、《太陽的流聲》（1986）、《靈海》（1990）、《空洞的貝殼》（1990），散文集《沙白散文集》（1988），傳記《不死鳥田中角榮》（1984），兒童文學《星星亮晶晶》（1986）、《星星愛童詩》（1987）、《唱歌的河流》（1990）、《快樂的牙齒》，其他《牙科知識》等。

3. 曾貴海（1946～）

曾貴海（1946～），屏東縣佳冬鄉六根庄人，擁有客家、河洛、平埔血統，自稱「平埔福佬客家台灣人」。高雄醫學院醫學系畢業，胸腔科專科醫師。曾任高雄市立民生醫院內科主任，高雄市信義基督教醫院副院長，現任該院顧問，並於高雄市自立診所開業。詩才早慧的他，就讀高雄中學高二時發表了第一首新詩創作，高雄醫學院大二時更與江自得、蔡豐吉等人創立「阿米巴詩社」，並以筆名「林閃」投稿《笠》詩刊，自此正式踏入詩壇。1982 年與葉石濤、鄭烱明、陳坤崙、許振江、彭瑞金等人，創辦《文學界》雜誌，1991年與文友創辦《文學台灣》季刊並擔任社長。

〔註172〕鄭慧玟：〈牙醫詩人沙白〉，《六堆風雲》37 期，1992 年 7 月，頁 7。

　　畢業行醫後，曾貴海創作更見豐沛，集醫師、詩人、環保鬥士與社會運動者多重角色於一身，近年積極投入環保、人權、文化及教改等社會運動，有南台灣綠色教父之稱，並兼任高雄市綠色協會理事長、保護高屏溪綠色聯盟會長、衛武營公園促進會會長、台灣人權會高雄分會會長、台灣環保聯盟高雄分會會長等。其詩作主題寬闊、觸角多元，創作技巧也豐富多樣，以經過推敲提煉的簡樸語言、多重多樣的敘述觀點，詩寫醫者與社會的觀察、山野風光的眷戀、族群和諧訴求與審美經驗的分享。曾獲笠詩獎、吳濁流文學獎、賴和醫療服務獎、高雄市文藝獎，作品與手稿已收入台灣客家文學數位資料庫。曾貴海詩創作，從八〇年代開始，凝視都市空間人物的污染、疏離、異化開始，藉以發抒其自然鄉土情懷的眷戀與愁思，因常住高雄這麼一個台灣民主運動中極為重要的地理空間，九〇年代曾貴海遂從對高雄外部現實的關注描繪表達鄉土自然的追尋與認同，轉而擴大為更寬廣的台灣立場的思考，而創作政治詩，嘗試透過政治詩省思台灣國族問題。在經歷一段透過政治詩創作追尋國族認同之後，曾貴海又回到自己根源的地方，透過客語詩、原住民詩進行族群尋根、族群歷史書寫，進行對原鄉／自然的回歸與深化。出版詩集《鯨魚的祭典》（1983）、《高雄詩抄》（1985）、《台灣男人的心事》（1999）、《原鄉・夜合》（2000）、《南方山水的頌歌》（2005）、《孤鳥的旅程》（2005）、《神祖與土地的頌歌》（2006）、《浪濤上的島國》（2007）、《曾貴海詩選》（2007）、《湖濱沉思》（2009）、《曾貴海集》（2009）、《畫面》（2011）、《色變》（2013）；散文集《留下一片森林》（2001）；評論集《戰後反殖民與後殖民詩學》（2006）、《憂國》（2006），以及高屏溪再生運動紀實《被喚醒的河流》（2000）等多種，是戰後屏東詩壇重量級寫手。

（三）五〇年代生

1. 利玉芳（1952～）

　　利玉芳（1952～），屏東縣內埔鄉和興村（牛埔下）人。內埔國小、內埔初中、高雄高商畢業、成大空中商專會統科肄業。歷任國小代課老師、電台童詩撰稿與配音、台灣筆會理事、台灣現代詩人協會理事。利玉芳創作之路萌發甚早，1969 年 17 歲以「綠莎」為筆名，在《中國婦女》發表第一篇散文〈村落已寂寥〉，開始踏入文壇。1978 年因參加「南鯤鯓鹽分地帶文藝營」而加入笠詩社，文學生命自此起重大轉機，除了文學創作活動趨於積極，並從散文轉入詩創作行列，開始於《笠詩刊》發表豐沛詩作，成為笠詩社「戰後

新生的一代」客籍女詩人。並陸續加入台灣筆會、女鯨詩社、台灣文學藝術
獨立聯盟，擔任台灣現代詩人協會理事、第 22 屆鹽分地帶文藝營駐營作家、
眞理大學台文系現代詩賞析講師、新化鵝媽媽教師文學營現代詩講座、廖末
喜舞蹈劇團文學指導。出版作品有散文合集《心香瓣瓣》（1978）；詩集《活
的滋味》（1989）、《貓》（1991）、《貓》（1993，華日英譯本）、《向日葵》（1996）、
《淡飲洛神花茶的早晨》（2000）、《夢會轉彎》（2010）。曾獲吳濁流新詩正獎、
第二屆陳秀喜詩獎，作品與手稿已收入台灣客家文學數位資料庫。

利玉芳的詩，受年幼即由純樸鄉下到複雜都會叢林獨立生活的成長經歷
影響，「一方面固然在生活的種種試驗和磨鍊中，激發她獨立而堅毅的性格，
另一方面也鍛鍊出豐富而深刻的人間閱歷，成爲她日後出發寫詩時，與眾不
同的特質——初出即少有青澀的人生觸探，多爲圓熟周到的人生智慧。」〔註
173〕，也因此，第一本詩集《活的滋味》甫出，即以「形象大膽、造句清新、
能打破一些古陋的格調。她不僅在修詞方面有凝鍊的成就，而且在意境的表
達也有跨步的進展。」〔註 174〕耀眼於詩壇。利玉芳詩作題材廣泛、詩風大膽、
勇於創新。舉凡生活瑣事、自然生態、文化資產、國家族群、鄉土農村，乃
至女性身體意識、生命哲思，均能透過其時而溫柔、時而豪氣的細膩筆端，
熔鑄傳統精神於宏觀的新視野意象之中，被譽爲詩質最細緻的客家女詩人。

2. 陳寧貴（1954～）

陳寧貴（1954～），本名陳映舟，另有筆名陳永軒、辛果、歐陽嘲，屏東
縣竹田鄉人。國防管理學院畢業，歷任國防醫學院人事官，德華、大漢、幼
福、傳燈、殿堂等文化出版公司總編輯、社長與《新聞透視》雜誌副總編輯
之職。現任彩神音樂製作中心企劃主任、香音企業公司經理、傳燈出版社主
編。陳寧貴文采早慧，美和中學高二於《水星》詩刊發表第一篇華語詩〈路
之形〉而踏入詩壇，先後加入「主流詩社」、「陽光小集詩社」、「詩象詩社」、
台灣文學藝術獨立聯盟、台灣客家筆會。出版作品有詩集《劍客》（1977）、《商
怨》（1980）；散文集《孤鴻踏雪泥》（1979）、《落葉樹》（1981）、《晚安小品》
（1987）、《菩提無樹》（1988）、《天涯與故鄉》（1989）、《人生品味》（1989）、

〔註 173〕利玉芳：〈解說〉，《利玉芳集》，台南：台南文學館，2010 年，頁 105。另，
其第一本散文集《心香瓣瓣》是利玉芳青春歲月記事，透漏不少成長故事。
〔註 174〕林芳年：〈林芳年序〉，利玉芳：《活的滋味》，台北：笠詩刊社，1986 年，頁
7。

《心地花糧》（1989）、《生活筆記》（1990）、《心靈之約》（1990）、《心中的亮光》（1995）、《讓生命微微笑》（1999）；小說《冷牆》（1985）、《魔石》（1989）；兒童文學《麵包山》（1987）；編著《中國當代新詩大展》等多種。曾獲教育部詩獎、中國新詩學會詩獎、全國優秀青年詩人獎及聯合報散文獎。

　　陳寧貴早期創作以華語書寫，早年第一本詩集《劍客》甫出，便贏得「詩思敏捷，意象相當明確，含意很深，而富於情趣。」〔註175〕讚譽。1994 年開始創作客語詩，尤著力於歷史詩創作與客語文學之推動，詩作散見於《客家台語詩選》、《台灣客家文學選集》、《文學客家》季刊、「陳寧貴詩人坊」等，是客語詩壇散發光彩的支撐角色。如：〈濫濫庄〉詩寫客家先民渡海來台灣拓墾的歷史；〈面對──碎裂之戰〉寫 1563 年平埔族反擊中國海賊林道乾的歷史；〈面對──天光日〉寫六堆子弟在 1721 年朱一貴事件、1732 年吳福生事件、1786 年林爽文事件、1895 年抗日事件中英勇出堆的故事；〈面對──臨暗〉則寫 1895 年六堆保衛戰。擅長運用小說情節、戲劇意象與戲劇動感入詩，去描寫常人所疏忽或未見的切入點，創作出具歷史視野、詩味醇厚的作品。

3. 張月環（1955～）

　　張月環（1955～），早期以「東行」為筆名，留日歸國後以「施予」為筆名。屏東縣潮州鎮人，父親張招祥，為屏東縣長治鄉六堆客家人，16 歲遷居潮州。東吳大學夜間部中國文學系畢業，1987 年及 1997 年留學日本，獲日本岡山大學碩士、日本安田女子大學文學博士。曾任職台北九五、智燕、欣大等出版社及屏東週刊編輯採訪、屏東私立民生家商國文老師，留日期間擔任日本岡山社會保險中心及中央公民館之中文客座講師，回國後任職私立大仁技術學院一年，現為屏東大學商學院應日系副教授兼系主任。文學創作包括詩、散文與小說。2000 年以〈二○○○年・夢〉獲第二屆大武山文學獎新詩類第二名、〈比賽〉獲散文類佳作，2005 年以〈大武山下的沉思〉獲第七屆大武山文學獎散文類佳作，2007 年擔任大武山文學營散文類總評人。詩創作以自我覺醒心靈，捕捉真實性詩主題，詩語言淺顯易懂富感情。唯一詩集《風鈴季歌》，原名《今夜希臘的星空很台灣》，收錄張月環自 1987 年至 2007 年詩作共 80 首，作品分五輯，輯一〈夢幻星球〉，描寫日常生活，從家鄉屏東出發，到赴日留學前之感懷；輯二〈冬物語〉，書寫留日生活、異國景色之感

〔註175〕涂靜怡：〈評陳寧貴的詩集「劍客」〉，陳寧貴：《商怨》，台北：德華出版社，1980 年，頁 167。

懷；輯三〈二○○○年‧夢〉紀錄為事業、為理想追求圓夢之心路旅程；輯
四〈風鈴季歌〉，敘回歸故鄉屏東之情；輯五〈今夜希臘的星空很台灣〉，從
國外重新回歸台灣塵土家園。〔註176〕著有詩集《風鈴季歌》（2007）〔註177〕、
散文集《家鄉的雨》（1994）、短篇小說集《我與巴爾克》（1997）、論文集《川
端康成之美的性格》，編著有《五用學生成語故事》、《名家名詞賞析》、《童詩
天地》、《童詩 B. B.CALL》、《童詩開步走》多部。〔註178〕

4. 陳瑞山（1955～）

陳瑞山（1955～），筆名山蒂，高雄市新興區出生成長，父母親皆竹田鄉
客家人。中國文化大學英文系畢業、美國愛荷華大學英文系「作家工作室」
藝術創作研究所碩士、德州大學奧斯汀校區比較文學博士。曾任教中國文化
大學英文系，並為「台北文藝實驗室」研究員，現任教國立高雄第一科技大
學應用英語系。創作文類以現代詩、散文為主，詩作風格「冷靜與思維」，〔註
179〕注重意象表現形式、存在主題探索、冥想馳騁、社會寫實與哲學性隨想，
曾獲中華民國優秀青年詩人獎（1986）。著有詩集《上帝是隻大蜘蛛》（1986）、
《地球是艘大太空船》（1998）、《重新出花》（2003）。

5. 涂耀昌（1959～）

涂耀昌（1959～），屏東縣竹田鄉人。屏東高中、世界新專編輯採訪科畢
業，後投身軍旅，官階中校，曾任屏東私立民生家商生活輔導組長，人稱「教
官詩人」，現已退休，居住潮州，從事指導青少年寫作工作及自由作家。為「中
國文藝協會」、「中華民國新詩協會」、「屏東縣阿緱文學會」會員，創作文類
以詩與散文為主，作品散見各報刊。詩風格清新自然，意象澄淨，多歌頌大
自然之美。散文風格平實敦厚，能切入事物心情隱微不明之處。〔註180〕曾獲
耕讀園「春天的顏色」徵文第一名、國軍文藝獎新詩金像獎、國軍文藝獎散
文優選、第一屆大武山文學獎新詩類首獎、台灣區文藝節全國徵文第二名、

〔註176〕東行（張月環）：〈自序〉，《風鈴季歌》，屏東：屏東縣政府文化局，2007 年，
　　　　頁 6～7。

〔註177〕《風鈴季歌》收錄詩作年代自 1984～2007。

〔註178〕張添雄：〈六堆女文豪〉，《台灣時報》副刊藝文版，第 24 版，2011 年 5 月 26
　　　　日。

〔註179〕閻振瀛：〈冷靜與思維——述論陳瑞山的詩〉，陳瑞山：《上帝是隻大蜘蛛》，
　　　　台北：星光出版社，1986 年，頁 3。

〔註180〕資料來源：國立台灣文學館「2007 台灣作家作品目錄」。檢索日期：2013 年
　　　　8 月 20 日。網址：http://www3.nmtl.gov.tw/writer2/writer_detail.php?id=1231#

聯合報副刊「詩迎千禧年」徵詩入選、中央日報文學獎新詩獎、高高屏海洋文學獎散文第二名與黑暗之光文學獎等殊榮，曾擔任 2010 年屏東旅遊文學館駐館文學家。出版詩集《清明》（2000）、散文集《與巴掌仙子的雨中約會》（2003）。

（四）六〇年代生

1. 曾肅良（1961～）

曾肅良（1961～），筆名法傑、紫鬱，別號法傑，屏東市出生與長大，父親是彰化人，母親是美濃龍肚的客家人。國立師範大學美術學系畢業、文化大學藝術研究所碩士、文化大學史學研究所博士、英國萊斯特大學博物教學研究所博士。雙子星人文詩刊創辦人，曾任淡江大學講師、台南女子技術學院講師、《漢家雜誌》總編輯、《藝術貴族》主編，現為國立台灣師範大學藝術史研究所教授、台灣藝術行政暨管理學會理事長。寫作文類包括詩、散文、藝術評論與藝術史論，詩風特重優美的音韻潤澤〔註 181〕，以非時序性的意象，堆積出具古典性、宗教性、音樂性的詩作。〔註 182〕曾獲雄中文學獎現代詩第一名、民眾日報文學現代詩組新人獎、台灣師範大學文學獎現代詩組第三名、中華民國青年詩人獎，以及多項美術創作獎，著有詩集《冥想手札》（1994）、《花雨蔓陀羅》（2007）及藝術類專書多冊。是傑出客籍美術家兼作家。

四、外省族群作家

（一）三〇年代生

1. 李春生（1931～1997）

李春生（1931～1997），筆名為李漩、李萌、李加、李莊、李焚、李菁、李庚、李郁、晉丁、諸葛也亮、艾旗。山西省垣曲縣出生，定居屏東市青島街。李春生 15 歲即成流亡學生，隨國軍轉戰南北，先後駐紮澎湖、馬祖、台東、花蓮，婚後落腳屏東市青島街，其夫人林玲（1941～1994）為屏東童詩作家。國立台灣師範大學國文研究所畢業，擔任過小學、國中、高中、大學教師。曾任中國文藝協會南部分會理事長、中國青年寫作協會屏東分會理事

〔註 181〕曾肅良：〈關於現代詩的一點淺見〉，《冥想手札》，台北：詩之華出版社，1994年，頁 27～32。
〔註 182〕劉釋眠：〈題〉，曾肅良：《冥想手札》，頁 16～26。

長、中華民國青溪新文藝學會屏東分會常務理事。「山水」詩社、「大海洋」詩社、「布穀鳥」兒童詩學社同仁，擅長新詩與評論。曾主編《前哨月刊》、《力行月刊》、《東海詩刊》、《詩播種》詩刊、《蘭農簡訊》、《海鷗詩頁》、《台東青年》、《屏東青年》、《屏東青溪通訊季刊》等刊物。曾獲中國文藝協會文藝獎章。出版詩集《睡醒的雨》（1988）、《季節之歌》（1993）、《無月的望》（1995），論述《現代詩九論》、《詩的傳統與現代》、《唐突集》，主編《太陽城的歌：屏東青年選集》、《青青的禾苗》、《春蕾：公館國小低年級童詩選集》等書。早年歷經抗戰文學洗禮〔註183〕，詩作多提煉自生活土壤〔註184〕，詩創作集中於1951～1988年，題材包括抒情小詩、思鄉之情、政治社會關懷詩、情詩、歐化現代詩，記錄了少年的痛苦經驗，中年的愛情與友情及老年的修禪領悟。一生為詩痴狂，夢想把兩岸的天空變成詩的天空。〔註185〕自謙「詩的遊民」的李春生，因詩風格遊走於「傳統與現代、明朗與晦澀的十字路口」〔註186〕，所以人稱「詩壇的獨行俠」〔註187〕，獨自點亮燈向新詩的未來探路。

2. 路衛（1932～）

路衛（1932～），本名周廷奎，另有筆名魯夫、蒲劍、向溪、陌客。生於山東郯城，1949年來台，於軍中服役11年退伍，屏東師專畢業，國小老師退休。1955年曾和友人舒蘭創辦《路文藝》月刊，1960年加入「海鷗詩社」，1964至1969年主編《台東青年》，1970年遷居屏東，1976年為屏東市鶴聲國小創辦《鶴聲兒童雙月刊》，1980年參與成立布穀鳥兒童詩學社並創刊《布穀鳥》兒童刊物，1981年起與李春生主編《屏東青年》，鼓勵屏東青年學子提筆創作，1982、1983年相繼發起中國青年寫作協會及青溪新文藝學會屏東縣分會，對屏東文壇貢獻頗大。為中國文藝寫作協會、中國新詩學會會員，喜歡提攜後進，擅長新詩與兒童詩，作品散見報章雜誌，詩題材包括屏東山地風

〔註183〕李春生：《睡醒的雨》，屏東：海鷗詩社，1988年，頁207～208。

〔註184〕馬驄：〈詩的天空 悼詩人李春生〉，《中央月刊文訊別冊》4＝144，1997年10月，頁71～72。

〔註185〕李瑞騰總編輯：《1997年台灣文學年鑑》，台北：行政院文化建設委員會，1998年，頁225～226。檢索日期：2013年8月20日。網址：http://almanac.nmtl.gov.tw/opencms/almanac_data/almanacXmls/Almanac0015.html?show=People&rdm=1418431421062

〔註186〕黃漢龍：〈游走邊陲一海鷗——試寫詩人李春生〉，《文訊》第129期，1996年7月，頁77。

〔註187〕沙穗：〈詩的遊民——和李春生談詩〉，《臍帶的兩端》，屏東：屏東縣政府文化局，2004年，頁103。

光、激勵進取精神、懷鄉思親、存在主義、友情酬應、抒情小品。路衛詩語平實，早期調性抒情，五〇年代以後轉爲人生批判與鄉愁吟詠，六〇年代後嘗試兒童詩的創作，1981 年將觸角伸到中國各邊疆民族的探討，近年來詩文以展現中國各族文化特性爲主軸。〔註188〕曾獲高雄市兒童文學創作獎。出版詩集《履韻》（1988）〔註189〕、《訴說的雲山》（1993）〔註190〕、《璀璨的光譜》（2003）〔註191〕，童詩集《春天來到萬年溪》（1994），教科書《美勞鄉土教材》（1982），主編《太陽城的歌：屏東青年選集》、《青青的禾苗》、《春蕾：公館國小低年級童詩選集》。

（二）四、五〇年代生

1. 沙穗（1948～）

沙穗（1948～），本名黃志廣，籍貫廣東東莞，生於上海，1949 年來台，定居屏東市，近年移居高雄。空軍通信電子學校畢業。曾任公路局第四運輸處課員、高雄女子監獄政風室主任，現已退休。13 歲開始寫作，初中一年級發表第一篇散文〈高屏溪晚眺〉，15 歲在校刊發表第一首詩〈夜燈〉。1968 年和張堃、連水淼、傅敏（李敏勇）、周豪、陳鴻森等創辦「盤古詩社」，並任社長。1971 年與連水淼、張堃等人在屏東創辦《暴風雨》詩刊，對屏東詩壇貢獻頗大，被譽爲創世紀「另一個鐵三角」。擅長新詩與散文，作品散見各報章、雜誌、詩刊、詩選集。詩作早期虛無超現實存在主義，後期詩風雋永，以平易的語言、眞執的感情，融愛情、親情、憂時、愛國入詩中。1984 年曾以〈失業〉、〈獻給父親的詩〉系列獲「創世紀創刊卅週年詩創作獎」。他爲人的「眞」和詩中的「痴」，使他被稱爲「專情詩人」，也是當今台灣詩壇「最爲迷人的聲音之一」。作品曾被選入「八十年代詩選」、「當代中國新文學大系」、「台灣現代詩選」、「中華現代文學大系」、「當代名詩人選」、「新詩三百首」等各大詩選集，並翻譯成多國文字。〔註192〕出版詩集《風砂》（1996）、《燕姬》（1979）、《護城河》（1993）、（來生》（1997）、《沙穗短詩選》（2002）、《畫

〔註188〕資料來源：「2007 台灣作家作品目錄」。檢索日期：2013 年 8 月 20 日。網址：http://www3.nmtl.gov.tw/Writer2/writer_detail.php?id=2085

〔註189〕路衛：《履韻》，台北：采風出版社，1998 年。

〔註190〕路衛：《訴説的雲山》，屏東：屏東縣立文化中心，1993 年。

〔註191〕路衛：《璀璨的光譜》，屏東：屏東文化局，2003 年。

〔註192〕沙穗：《來生》「作者簡介」，高雄：高雄縣立文化中心，1997 年，封面背頁。

眉》（2003），散文集《小蝶》（1982）、《歸宿》（1994），文學評論《臍帶的兩端》（2004），主編《二十世紀中國現代詩大展》等作品。

2. 紫楓（1950）

紫楓（1950），本名杜紫楓，祖籍河北省豐潤縣，12 歲定居屏東市迄今。國立屏東師範學院語教系畢業，國小老師退休。曾任台灣兒童文學會監事、國際單親兒童文教基金會董事。文學創作包括現代詩、小說、兒童文學，曾獲台北市教育局兒童劇本佳作、台灣省教育廳兒童劇本佳作、高雄市婦女會成人小說組首獎、台灣兒童文學會少年小說組佳作、國語日報牧笛獎童詩組佳作，《是誰偷了果子》被選入文建會「好書大家讀活動」推薦好書，新詩學會 84 年度優秀青年詩人獎等。其詩語彙具童話的潔美與散文式的節制，詩風格充滿現代感的舒張與母性的婉約，體現出「走入風景，走入詩情的生命奔流創作手法。」〔註193〕出版有現代詩與童詩合集《片片楓葉情》（1996）、《楓韻》（2003）、《古月今照戀楓情》（2012），散文集《散文創作選》（1994），及兒童文學《一百分的小孩》（1990）、《演的感覺真好》（1990）、《是誰偷了果子》（1991）、《一位母親的死》（1992）、《糊塗老爸》（1994）、《吹牛俠客》（1995）、《動物語言翻譯機》（1996）等。

3. 李男（1952～）

李男（1952～），本名李志剛，祖籍江蘇，出生屏東市，現居台北。空軍通訊專修班畢業。5 歲即對繪畫著迷，18 歲就讀屏東高工時期組成「草田風工作室」五人美術聚會，並開始嘗試寫詩，同年發表第一首詩〈二又二分之一的神話〉於《幼獅文藝》，其意象豐滿、鬆軟不緊繃的詩語言，予人極大的解放與清新感，引起詩壇極大的注目，並與〈歌手們〉、〈我看見李男了嗎？〉被選入 1970 年詩選。19 歲與吳德亮、黃進蓮等人編印《主流詩刊》，24 歲和羅青、詹澈創立「草根詩社」。曾任《主流詩刊》、《草根詩刊》、《新台灣週刊》主編，擅長新詩與散文。1987 年成立李男設計公司，曾數度獲得金鼎獎，在美術設計界擁有極高的讚譽。出版有散文集《旅人之歌》（1973）〔註194〕、小說集《三輪車繼續前進》（1976）、詩集《劍的握手》（與吳德亮合著）（1976）、《紀念母親》（1978）等。

〔註193〕 朱學恕：〈走入風景、走入詩情〉（代序），紫楓：《片片楓葉情》，高雄：大海洋詩刊雜誌社，1996 年。

〔註194〕 李男散文集《旅人之歌》曾被選入「2012 年台北文學季」台北文學主題書展「第二區：混聲合唱——鄉土與耕耘」（1970～1979）。

4. 劉廣華（1953～）

　　劉廣華（1953～），又名劉易齋，筆名皓浩、劉岳，號嚴聖居士、淨苑詩人，省籍廣東省，出生於屏東縣。政治作戰學校政治系畢業，軍職退役後進入國立台灣師範大學，取得教育學博士。創作文類以現代詩、散文爲主。詩的創作結合禪的修持，風格眞純渾然、飄縱而卓然不群，充滿對國家社會、芸芸眾生人性內層深切之愛。〔註 195〕有著對生命原相的熱切關懷與人生意義的透澈闡釋。〔註 196〕曾獲中國優秀青年詩人獎、「海軍第八屆文藝金錨獎」短詩類銅錨獎、「憲兵第五屆文藝金荷獎」詩歌組金荷獎、「青溪文藝金環獎」詩歌類金環獎、「國軍第十八屆文藝金像獎」短詩組銅像獎、全國「埔光文藝金像獎」長詩類銅像獎、「憲兵文藝金荷獎」詩歌類金荷獎、「國軍第廿屆文藝金像獎」短詩類金像獎、全國「先總統蔣公百年誕辰紀念徵文」詩歌獎等多項獎項。著有詩集《生命的長廊》（1991）。

本章小結

　　本章從屏東史地環境與文學環境這兩個層面切入，嘗試藉由歷史沿革、地理環境、文學環境、詩社活動與作家背景的整理，初步建立研究台灣戰後屏東現代詩的基本背景資料庫。從人文歷史層面看，屏東平原在十七世紀已是平埔族鳳山八社聚落所在地，閩、客漢人則在十七、十八世紀陸續移入，再加上戰後外省族群的遷台，使屏東縣呈現明顯族群混居現象，這除了反映在台灣戰後屏東作家群的族群多元之外，更也呈現在族群書寫的豐富多樣面貌，而成爲台灣戰後屏東現代詩重要特色之一。

　　做爲島嶼最南端縣份，屏東地理環境裡層巒起伏的大武山山脈，匯成網狀沖積成屏東平原的高屏溪、東港溪、林邊溪、荖濃溪與隘寮溪，以及沃壤平原上豐饒產出各項農產作物綠意田園。戰後屏東作家的土生土長經驗，不但反映在書寫題材與風格所呈現的田園自然意象，形塑出作家群們家鄉書寫的面貌，更也影響作家群對於我鄉／他鄉的思考，而呈現出對於與「自然」、「田園」相對位置的「汙染」、「都市」的反省批判，這也使得「政治社會關懷」成爲台灣戰後屏東現代詩重要內涵之一。

〔註 195〕邊裕淵：〈邊序〉，劉廣華：《生命的長廊》，台北：黎明文化有限公司，1991
　　　　年，頁 3～4。
〔註 196〕高崇雲：〈高序〉，劉廣華：《生命的長廊》，頁 7。

　　史地環境影響作品，文學環境更具推波助瀾力道，戰後屏東地區現代詩的發展，無論是六○到八○年代的詩社活動，屏東作家詩創作受詩社精神引領；或是九○年代以後，在屏東縣政府文化局、學術界與文化團體合力推動下，從「屏東縣藝文資源調查工作」，大武山文學會、阿緱文學會等「文化團體」，到大武山文學獎、大武山文學營、青少年大武山文學獎等「文學推廣活動」，以及《文化生活》、《屏東文獻》、「屏東縣作家作品集」等「文學刊物」的推動，許多傑出青年作家解此嶄露文采，屏東地區現代詩創作風氣有了一定成效的提振。

　　從西方新批評角度，詩作一旦完成，它們便都是獨立於作者之外的文學生命，所有的解詩密碼都含藏在語言的字、詞、句裡面，研究者只需聚焦了解詞義、理解語境與把握修辭。但從中國古典解詩角度，進行文學研究，其路徑至少有三，其一是「知人論世」〔註197〕，由作者人生歷程切入；其二是「以意逆志」〔註198〕，從作者人格特質切入，進而觀察作品；其三是直接從作品本身詩藝進行探索。本論文在解讀戰後屏東作家詩作時，嘗試同時把握詩作與作家，藉整理提供作家個人背景與文學活動，做為深入解讀詩作的依據之一。

〔註197〕　《孟子・萬章下》：「頌其詩，讀其書，不知其人可乎？是以論其世也。是尚友也。」見《四書讀本》，台南：大孚，1990年，頁597。

〔註198〕　《孟子・萬章上》：「故說詩者，不以文害辭，不以辭害志，以意逆志是為得之。」見《四書讀本》，頁570。

第三章 台灣戰後屏東現代詩中的家鄉書寫

何謂「家鄉」？其定義與面向何在？要理解「家鄉」內涵，必須先從「地方」切入，就人文地理學角度而言，「地方」代表「有意義的區位」（a meaningful location），具有「區位」、「場所」與「地方感」這三個基本面向。「區位」乃指位置；「場所」指涉社會關係的有形物質環境；「地方感」則是指稱人對於地方在主觀和情感上的依附。它們都是人類創造的有意義空間，並且都是人以某種方式依附其中的空間。

吾人若從人文地理學的空間理論角度審視屏東地區，則構成屏東這個「地方」的三個基本面向裡，「區位」標明出屏東地區的地理位置；「場所」指稱出聯繫著屏東人社會關係的所有有形物質環境，亦即「生活場域」；「地方感」指稱的是屏東人對屏東這個地方主觀感情上的依附。從「區位」看屏東，則能從中看見屏東縣地理位置的特性：島嶼南部、邊緣、三面環海、東有高山、區域特性明顯；從「場所」這個面向看屏東，則自然地景如大武山、高屏溪、東港溪、墾丁、農村、田園，人文地景如客家建築、排灣魯凱部落，均能反映出屏東人的生活場域與庶民生活面貌；從「地方感」看屏東，則從中窺見屏東人對這個地方的記憶、認同與想像等主觀情感依附。

家鄉是個人生命經驗、成長記憶並且情感依附的地方，我們的「地方感」（地方之愛）依附其上，例如，我們經常對我們的住處，或我們小時候住過的地方有種地方感。[註1] 在台灣戰後屏東現代詩中，我們可以看到兩

〔註 1〕 Tim Cresswell 著，王志弘、徐苔玲譯：《地方：記憶、想像與認同》，頁14～15。

種層次的「地方感」，其一是屏東作為一個「地方」，它的獨特自然特徵，它的歷史事件，它的通過想像力和神話傳說聯結，而被屏東作家觀察、感知、紀念的東西；其二是屏東作家們透過體驗、記憶、意願等方式，而對屏東這個地方產生依附感。本章將從「家鄉母土感懷」、「家鄉生活素描」、「家鄉童年記憶」、「家鄉變貌凝視」這四個面向，探討台灣戰後屏東現代詩中的家鄉書寫。

第一節　家鄉母土感懷

加斯東・巴舍拉（Gaston Bachelard）《空間詩學》說：

> 想像人們可能走進世界的一個地方，卻可能一開始對這地方無以名之，而且過去也從來不曾認識，就在這樣一個莫名而無所知的地方，他們可能漸漸長大，在其中遷移，直到他們知道這個地方的名字，並且懷抱著愛，來叫喚它，他們叫它「家」（foyer），而且他們把根繫在那兒，並且在那兒庇護他們的愛人；因此，每當他們談論這個地方的時候，他們就會唱起關於那個地方的思鄉曲，會寫下渴慕那個地方的詩句，就像一個戀愛中的人。〔註2〕

這種如戀人般的思鄉渴慕，筆者以為即為「家鄉情懷」。屏東作家郭漢辰說：「文學要從基本開始，從家鄉出發。」〔註3〕強調家鄉作為一個地方，往往是文學創作者的出發點。並且這家鄉情懷，也經常成為作家往後作品中的原型，日本作家田村隆一有言：「我認為一個詩人，應該在何時何地認出成為他自己的原型的詩，是一個很重要的問題。因為這種成為原型的詩是含納了他的『沒有地圖的旅行』的整體，時間與死和愛的諸種觀念，成為一整體而被包含在那兒。詩人充滿著危險的旅行是原型的發現和其再發現，同時又似採取了對他自己的原型的挑戰形式。」〔註4〕家鄉母土情懷往往是台灣戰後屏東作家現代詩中的原型。

〔註2〕　加斯東・巴舍拉（Gaston Bachelard）：〈家屋和天地〉，《空間詩學》，頁128。
〔註3〕　郭漢辰訪談。張繼允等：〈十年薪傳——「大武山文學獎」之研究〉，「第八屆全國高中台灣人文獎」語言組佳作，財團法人賴和文教基金會，2008年，頁49。
〔註4〕　田村隆一著，陳千武譯：《田村隆一詩文集》，台北：幼獅文藝社，1974年，頁19～20。

一、家園頌

（一）美好家園

　　家園是個被凝視的地景，更是個成長經驗的地方。如果一首詩是一幅畫，當屏東作家提起筆嘗試來描繪出心中的家鄉圖像時，首先勾勒打底的家鄉輪廓，必然是在主題背後那一片象徵美好的田園印象。許其正〈美好的屏東〉分別從自然景觀、民情風土，未來願景這三個面向，書寫詩人對美好屏東的記憶、認同與想像：

> 這是我的家鄉，／美好的屏東：／沃野千里，／綠蔭相連，／物產豐隆。∥這是我的家鄉，／美好的屏東：／民情純樸，／謹守本分，／勤勉奮發，／美滿快樂。∥我愛我的家鄉，／美好的屏東：／不容污染，／須更繁榮／集中智慧，／建設屏東！〔註5〕

整首詩分三節。首節寫屏東自然景觀上的沃野千里，綠蔭相連與物產豐隆；次節從風土人情著墨，點出屏東人純樸、安分、勤奮、快樂等人情特質；末節中詩人提出對於家鄉的未來願景，那是個繁榮、智慧、建設與無汙染的美好屏東。同樣收錄在《南方的一顆星》同名詩作〈南方的一顆星〉同樣是歌頌南台灣美好土地與人：「在南方，在南方的天上／有一顆星，懸掛著／獨自閃爍著悅目的光芒∥……／照耀在南方綠色的原野上／照耀在南方蔚藍的大海上／照耀在南方質樸的人們身上∥甚至照耀到世界的每一個角落／光芒柔和、溫婉、宜人／使各處，即使在暗夜裡也有光明∥……」〔註6〕南方的綠色原野、蔚藍大海與質樸人們等美好家鄉特質，在南方天上一顆星的照射下，同時閃爍出悅目光芒。許其正說：「絕大部分是我在南部故鄉寫的。各首寫法容有不同，其精神則一：除了是我日常生活的實錄和心路歷程以外，『多寫鄉土、大自然，歌頌人生的光明面，立足人道，勉人奮發向上向善』，而寫我故鄉屏東的鄉土、田園、大自然特別多，書名定為『南方的一顆星』，殆為此故。」〔註7〕當詩人在書寫美好南方屏東田園景象時，所折射出的光明意涵如蜜般敷在人情風土上，體現出詩人美好快樂的家園經驗。

〔註5〕　許其正：〈美好的屏東〉，《南方的一顆星》，屏東：屏東縣立文化中心，1995年，頁69～70。

〔註6〕　許其正：〈南方的一顆星〉，《南方的一顆星》，頁24～25。

〔註7〕　許其正：《南方的一顆星》，頁180～181。

　　沙白〈家鄉〉則將田園、溪流與農人疊合成一首節奏輕快，動靜皆美的家園樂歌：

　　望不盡千頃綠園／沾不盡千條田草露滴／一衣帶水，環竹蜒蜿／繞不盡萬千綠意／／一鋤一樂歌／一步一新望／代代灌溉吐嫩苞／如日中天，鮮美燦然〔註8〕

整首詩中以不同數字帶出家鄉自然與人文地景，「千頃綠園」、「千條田草露滴」、「萬千綠意」與「一衣帶水」有如遠距廣角鏡頭一般，涵攝入一望無際的田園寬闊綠意與溪流動態之美，而「一鋤一樂歌」與「一步一新望」則又近距特寫細膩捕捉田園農家勞動之美。沙白另一首詩，〈綠鄉湖畔〉之一則以複沓之筆，反覆堆疊頌歌美好的家園意象：

　　南國的，薔薇色的煦燦艷陽／南國的，香檳味的清風徐徐而來／南國的，如夢瀲瀲的清湖／南國的，維納斯婉姹柔腰的溪流／南國的，溶沒牛羊的鮮綠草原／南國的，小天使下凡的寧謐聖夜／南國的，西施嫡皎明月／南國的，摩娜麗沙迷神的明眸星星／南國的，嘗過蜜吻的美麗情人／南國的，大自然之智慧聖靈／啊！南國的南國／啊！芬芳的綠鄉湖畔／我要吻遍妳的皙嫩玉體〔註9〕

在沙白筆下，南國家園之美，無論是白晝的艷陽、清風、清湖、溪流、草原，或是靜夜裡的明月、星星，都一層一層的被堆疊上純美的薔薇色澤、香檳氣味、維納斯線條、西施皎顏與摩娜麗沙迷神明眸等藝術審美想像。〈綠鄉湖畔〉之二則進一步著力摹寫家鄉農村田園景象：

　　水門下的淙淙流水聲／私語著大自然的寧靜／碧空斜燕下的如海綠園／呼吸著清新泥土的氣息／小鳥飛舞於玉黍蜀與豆、禾間／甘蔗叢林的雉雞正宣揚五步一啄的哲學／如一面大翠玉的綠湖／默默地，容涵了從千里流浪而來的溪水／慇懃地，款待了一場圓舞曲／又靜祥地，鼓勵他們繼續流浪／溪流們，流浪啊！流浪／恰擁吻過沾滿露滴的綠草／你們又匆忙地，趕著茫茫的旅程／你們深知神祇不能在固定的地方尋得／於是，你不久駐於溫馨的花草／仍載著無盡的包袱，流浪啊！流浪／／農夫們的原始呼聲／／稀疏地，從遙遠的原野／穿過他們親撫過數十寒暑的綠田而來／是的，這是如此南國

〔註8〕　沙白：〈家鄉〉，《河品》，台北：現代詩社，1966年，頁5。
〔註9〕　沙白：〈綠鄉湖畔〉，《河品》，頁1～2。

　　而古典的農人 // 我愛這一片綠油油的喜意 / 我愛這只有潺潺悦心的

　　水流聲之靜謐 / 我愛賞玩一群小魚搶灘頭之生命遊戲 / 我愛聆聽田

　　間的吱吱蟲聲 // 我獨覺到這綠鄉湖畔，永遠有 / 褐黃色的靜謐呢喃

　　/ 鳴響於新鮮的綠草間 / 這是永恆的預言〔註10〕

詩分四節，首節動態視、聽覺摹寫，透過淙淙的流水聲，將畫面由仰而俯，帶進空間感高低層次分明的綠鄉田園景觀，碧空中有燕子斜飛，往下一層則是小鳥飛舞於玉黍蜀與豆、禾間，再往下可見甘蔗叢林中覓食的雉雞，最下層是清新的泥土，以及正趕著茫茫旅程的溪流，勾勒出寧靜氛圍中卻又生機盎然的田園自然意象；次節在田園自然景象中，加入人物元素，藉由遠處傳來稀疏的「農夫們的原始呼聲」，串聯起農夫與田園自然之間永恆的親密關係；末兩節詩人訴說心中的永恆之愛，那是由「綠油油的喜意」、「水流聲之靜謐」、「小魚搶灘頭之生命遊戲」與「田間的吱吱蟲聲」所交融成的「褐黃色的靜謐呢喃」，詩中一字一句所指涉，都是作者家園美好快樂的經驗，對戰後屏東作家而言，田園正意味著家鄉，是共同成長經驗、情感認同與集體記憶的地方，並且隨著時間的流逝而進入了深層的潛意識當中，積澱成價值情感取向的原型，並成為詩作中偏向田園風格的家鄉情懷原型，而這種土地之愛的詩作原型特質，也正是在欠缺田園自然成長經驗的都市作家作品中不易擁有的特質。

（二）守護之恩

　　「意義」和「經驗」是地方書寫的重點，Tim Cresswell 說：「大部分的地方書寫都把重點放在意義和經驗上。地方是我們使世界變得有意義，以及我們經驗世界的方式。」〔註11〕家園是美好的童年玩伴，標誌著美好成長泥土經驗記憶；家園也是哺育乳汁的生命母河，潺潺清唱搖籃眠歌；家園更是一座父親之山，挺立守護生命價值意義。利玉芳〈即興詩〉詩寫屏東平原的家鄉守護者大武山：

　　大武山守護著

　　陀螺旋轉的童年

　　急水溪聽見了

〔註10〕沙白：〈綠鄉湖畔〉，《河品》，頁 2～4。

〔註11〕Tim Cresswell 著，王志弘、徐苔玲譯：《地方：記憶、想像與認同》，頁 22～23。

瓦屋裡紅嬰的哭聲〔註12〕

這首副標題為「寫於日本群馬縣前橋詩人大會」的四行詩，簡短四行以空間的轉換，作為自己生命變化歷程的呈現。利玉芳說：

> 詩人因為對出生地的懷念而獲得了天生的詩心嗎？我出生在南台灣的大武山下，那椰影風情的六堆故土而培育了我心繫家園的寫詩環境吧！嫁過來的鹽分地帶，那座轉動著文學的風車又不時地引誘著我，我的詩心就像羅列的鹽田海岸，吹起了鹹濕的語言。〔註13〕

生長於大武山下屏東內埔客庄和興村（牛埔下）的利玉芳，大武山就像父親一樣，永遠挺立守護著童年的自己在嬉戲中平安成長；成年遠嫁台南後，急水溪則如母親一般，陪伴著利玉芳經歷生兒育女的人生成熟階段。利玉芳有一個故鄉（出生地），兩個家鄉（出生地與歸宿），「故鄉」與「家鄉」是利玉芳魂縈夢牽之所在，也是文學創作的源泉，不管她身在何處，故鄉家鄉的身影時時浮現。此詩簡短四行，勾畫出詩人生命中兩個家鄉（大武山下內埔客庄、急水溪旁下營）與代表的意義。由於相同的童年成長環境，筆者對此詩頗能同感共鳴，往昔成長記憶中，大武山永遠如父親一般，靜默地以巨大的身影守護在家屋後方，晨曦從東方大武山肩膀投射光芒喚醒每個童年早晨，玩樂的童年不管如何調皮打鬧，一抬頭大武山便在那兒，如父親一般守護著。稍長，大武山不再只能遠觀仰望，騎腳踏車從來義入山採野生芒果，大武山張開雙臂，擁我們入它寬闊山林胸膛，成了愛冒險大孩子們的共同記憶。更長，開車順者沿山公路緩緩驅馳，大武山還是在那兒，你們有默契地互相凝眸，感謝一路陪伴走過漫漫的成長之路。利玉芳這首簡短小詩的前半節，照寫了屏東六堆客庄人的集體記憶。

生長於屏東唯一離島鄉鎮小琉球的黃慶祥，其〈回憶是無垠的海洋〉：「回憶是無垠的海洋／淹沒人生一切的過往／小琉球孤懸於大海一端／任憑狂風巨浪／任憑潮來潮往／始終屹立在白雲的故鄉」〔註14〕寫出對家鄉小琉球在生命記憶中如同無垠海洋，而在黃慶祥的回憶中，花瓶石永遠是琉球人最親切的家鄉符號，如母親之守候般佇立家門，黃慶祥〈花瓶石〉寫道：

〔註12〕利玉芳：〈即興詩〉，《淡飲洛神花茶的早晨》，頁78。
〔註13〕利玉芳：〈詩的觀察〉，《向日葵》，台南縣：南縣文化局，1996年，頁6。
〔註14〕黃慶祥：〈回憶是無垠的海洋〉，《琉球行吟》，頁86。

> 花瓶石 ／屹立在琉球的門口 ／有如倚閭而望的母親 ／第一個向返鄉
> 的遊子招手 ／最後一個給離鄉的遊子相送 ／佇立於千萬年的風雨中
> ／昂然的身軀已然蝕骨消瘦 ／然而依然挺直腰桿 ／不畏海浪一波波
> 的侵襲淹沒 ／蓊鬱的滿頭秀髮 ／始終不改亙古的青蔥 ／思念並不會
> 蒼老呀 ／那是春暉永遠的顏色〔註15〕

此詩分三節，首節以擬人之筆，藉倚閭而望的母親形象，點出花瓶石所處小
琉球門戶地理位置。小琉球是屏東縣唯一的離島鄉，也是台灣附近 14 個屬島
中唯一的珊瑚礁島嶼，「花瓶石」因鄰近白沙港而成為小琉球門戶地標，作者
以「第一個向返鄉的遊子招手 ／最後一個給離鄉的遊子相送」深化這個小琉
球地標的慈母意象。詩之次節更進一步賦予這飽受自然風化與海浪侵蝕的花
瓶石以消瘦慈母形象。花瓶石的成因，有一說認為是海岸珊瑚礁受到地殼隆
起作用所抬升，頸部受到波浪長期拍打侵蝕而形成上粗下細的花瓶造型；另
一種說法則認為是石灰岩崩落到靈山寺下方的現生濱台上，石灰岩塊的下部
受侵蝕形成凹壁，而形成頭大頸細的花瓶石。〔註16〕詩之末節則以「蓊鬱的
滿頭秀髮」喻寫花瓶石頂部終年常綠花草，並歌頌為「那是春暉永遠的顏色」，
詩中流瀉出深濃的對這家鄉母親的孺慕之思。面對永遠的琉球母親，黃慶祥
自言：「我一直覺得我心靈上還是個小孩子──一個時時沉緬於童年夢境的小
孩子。是的，在琉球的母親之前，我一直是的，永遠是的。」〔註17〕花瓶石
那春暉永遠的母親顏色，遂蓊鬱成琉球嶼遊子心中永恆的家鄉意象。

　　大武山是六堆家園父親、花瓶石是琉球嶼母親，舊好茶則是魯凱作家的
生命搖籃。屏東魯凱舊好茶部落作家奧威尼‧卡露斯盎〈麗阿樂溫，我的故
鄉！〉歌頌故鄉「麗阿樂溫」是生命的搖籃：

> 麗阿樂溫，我的故鄉！ ／您以磐石為地基 ／以斷崖峭壁為屏障， ／
> 您以層層山嶺為擋箭牌， ／無人能跨越侵犯您， ／您何極悠久，大
> 洪水時早已存在。 ／／麗阿樂溫，我的故鄉！ ／您的泉源永流不竭，
> ／使心靈口渴的人得以安慰， ／使身心疲憊的人洗滌， ／也流去我
> 們的眼淚， ／濕潤我們的生命永遠 ／／麗阿樂溫，我的故鄉！ ／您是

〔註15〕　黃慶祥：〈花瓶石〉，《琉球行吟》，頁 74～75。

〔註16〕　杜奉賢、鍾宇翡、何立德、何政哲等撰：《琉球鄉文化資源調查研究》，屏東：
　　　　屏東縣琉球鄉公所，2008 年，頁 227。

〔註17〕　黃慶祥：〈自序〉，《小琉球手記一九七○》，屏東：屏東縣政府文化局，2001
　　　　年，頁 6。

屬永不缺糧的沃土，／您擁抱的子孫永不虞匱乏，／令人神往吸蜜
的地方，／溫飽與和諧的歌聲響亮永遠。／／麗阿樂溫，我的故鄉！
／您是我們被造化的地方，／您是我們生命的搖籃。／您以哩咕烙
〔註18〕為您的守望者，／您以「阿瑪呢」〔註19〕為您的長矛，／使
我們高枕無憂，永永遠遠。／／麗阿樂溫，我的故鄉！／您孕育出／
猶如晨輝之情操的人，／宛如是百合一塵不染地付予馨香，／也依
如是泉源無怨無悔地流出，／連在最邊際角落，仍然有愛的光輝。
〔註20〕

「麗阿樂溫」（Lhialevene），是奧威尼‧卡露斯盎出生地舊好茶「古茶布安，
Kochapongane」的藝名〔註21〕，魯凱語「古茶布安，Kochapongane」，意指「很
美很美的地方」。舊好茶古茶布安的地理位置面對北大武山，左側有霧頭山、
井步山環繞，從北大武山頂尖下到霧頭山，中間有道近乎水平的山脊稜線，
時常雲霧自山稜的背後湧過來，那是通往台東魯凱發源舊社的古道。從部落
下到紅櫸木祭台，順著交疊的山巒溪谷，便可眺見高屏平原。〔註22〕這個位
處海拔 975～1000 公尺，擁有豐沛水源與易守難攻傑出地勢的家園，曾經讓
魯凱舊好茶部落在此世居 700 年，發展出 300 多戶大部落的美好地方，卻終
究不敵山遙路難行所帶來的諸多不便，於是在國民政府主導下，部落於 1975
～1978 間往西遷村至新好茶，舊好茶遂成了消失的美好家園。

　　消失的美好家園，從遙遠的往昔時空，以美好的記憶召喚出奧威尼的強
烈寫作動機，奧威尼說：

我的家鄉悄悄地消失，使我對家鄉的意識，猶如是在渾沌睏睡中醒
來已不見蹤影的感覺。……一股強烈對故鄉的懷念湧上心頭，我便
拿起筆，以回憶和想像開始「畫我故鄉」來，然後以魯凱語「歌唱

〔註18〕 哩咕烙（Lhikulao），魯凱語，此處指雲豹。《神秘的消失：詩與散文的魯凱》，
頁 20。
〔註19〕 阿瑪呢（Amany），魯凱語，此處指暗中守望著所有魯凱民族的百步蛇。《神
秘的消失：詩與散文的魯凱》，頁 20。
〔註20〕 奧威尼‧卡露斯盎：〈麗阿樂溫，我的故鄉！〉，《神秘的消失：詩與散文的魯
凱》，台北：麥田文化公司，2006 年，頁 19～21。
〔註21〕 奧威尼‧卡露斯盎：〈「舊好茶」名稱的歷史沿革〉，《雲豹的傳人》，台中：晨
星出版社，2005 年，頁 186。
〔註22〕 舞鶴：〈魯凱詩人奧威尼‧卡露斯盎〉，奧威尼‧卡露斯盎：《雲豹的傳人》，
頁III。

我家園」表示我對故鄉的戀情。這本書《神祕的消失》首頁
「Lhialevene，chekele ly！」就是這樣來的。〔註23〕
〈麗阿樂溫，我的故鄉！〉整首詩的語言以魯凱族語和華語隔句呈現，奧威
尼運用魯凱人「詩奈」的概念，以他特有的「吟」唱語調，吟唱出最單純的
家鄉情懷。奧威尼說：「我們魯凱人沒有文字，只有『把插思』（Pachase，指
雕刻和刺繡所賦予的意象符號），因此沒有所謂『詩』的概念。魯凱人只有『哇
伐』（Vaga，即話）之意，以及『詩奈』（Snaye，即歌唱）之意的概念。所以
當我在畫和寫生我故鄉的時候，心裡只有一種單純的情懷，那就是寫生和歌
唱——把插思我故鄉的一種深層的懷念與惋惜。」〔註24〕〈麗阿樂溫，我的
故鄉！〉是首由十四節組成的長詩，此處節選前面五節內容探析。詩之首節
藉「以磐石爲地基／以斷崖峭壁爲屏障，／您以層層山嶺爲擋箭牌」，讚美「麗
阿樂溫」的天險地勢，以及「大洪水時早已存在」的悠久歷史溯源；次節則
透過「您的泉源永流不竭，／使心靈口渴的人得以安慰，／使身心疲憊的人
洗滌，／也流去我們的眼淚，／濕潤我們的生命永遠」讚頌「麗阿樂溫」水
源豐沛；第三節藉「您是屬永不缺糧的沃土」、「令人神往吸蜜的地方」讚美
「麗阿樂溫」土地提供豐富糧食資源，使子民不虞匱乏；第四節讚頌「麗阿
樂溫」以雲豹爲守望者、以百步蛇爲長矛，永遠守護魯凱子民，凸顯這兩者
在魯凱文化中的神聖意義；第五節讚頌「麗阿樂溫」如一朵馨香百合，孕育
出魯凱子民的情操，即便在最邊際角落，仍散發愛的光輝。詩中字裡行間，
盡是感恩頌美情感，奧威尼透過家鄉書寫，「希望我魯凱的族人能感知已在歷
史的黃昏裡，回頭一瞥這片美麗的山河，然後試著從百合般的文化精神資產，
緬懷祖先並疼惜自己。」〔註25〕1991年重回舊好茶重建家園迄今的奧威尼如
是說。

與奧威尼同樣來自舊好茶部落，卻擁有半魯凱半排灣血統的達卡鬧‧魯
魯安，則以〈親愛的大武山〉書寫精神上的母親大武山：

歐咿 I Lu Wan／親愛的大武山 是我心中最溫柔的 Ina／親愛的大武
山 是我心中最可愛的 Ina／／你說孩子呀 你不要怕／這裡永遠是你
的家／歐咿 I Lu Wan／／親愛的大武山是我心中最美麗的媽媽／親愛

〔註23〕奧威尼‧卡露斯盎：〈自序〉，《神祕的消失：詩與散文的魯凱》，頁5～6。
〔註24〕奧威尼‧卡露斯盎：〈自序〉，《神祕的消失：詩與散文的魯凱》，頁6～7。
〔註25〕奧威尼‧卡露斯盎：〈自序〉，《雲豹的傳人》，頁II。

的大武山是我心中最堅強的媽媽 // 你說孩子呀 你不要怕 / 這裡永
遠是你的家 / 歐咿 I Lu Wan // 親愛的大武山 Dagaraus / 親愛的大
武山 Dagaraus // 溪流就是你的眼淚 樹林就是你的秀髮 / 土地就是
你的身體 我們就是你兒女 // 哪魯娃嘟呢啞 哎呀恩〔註26〕

達卡鬧在詩末註明：「最接近天堂的聖山，是我精神上的媽媽——大武山。讓
我們為你戴上百合花髮簪，襯托出千古年來雍華顏容。讓我們為你盡情歡唱，
歌頌著無與倫比的孺慕至情。『大武山』，我們最愛的伊娜。」〔註27〕整首詩
採魯凱語和華語穿插使用的方式，以簡單文字如同孩子般吟唱出對大武山的
母土情感，散發出原住民特有原味書寫語言風格。詩末以「溪流就是你的眼
淚 樹林就是你的秀髮 / 土地就是你的身體 我們就是你兒女」更是體現出作
者對於大武山孕育滋養生命恩情的崇敬感恩。

魯凱奧威尼歌頌舊好茶古茶布安「麗阿樂溫」守護之恩，回眸失去的美
好家園；達卡鬧吟唱出是對最愛的母親伊娜大武山的孺慕至情；排灣作家讓
阿淥‧達入拉雅之的〈巴達因頌〉則歌頌排灣族古老的發源地北大武山的巴
達因（padain）：

你是天邊的淨土 / 開啟了我們的舞台 / 你是眼前的活水 / 滋潤了我
們的生命 / 上帝用創造的手將你拱起 / 用祂的嘴向你吹氣 / 神話就
從你開始 / 我們的名字就因你而生 // 美哉巴達因！ / 在湛藍的天空
底下 / 美哉巴達因！ / 在我們尊崇的歌聲當中 / 美哉巴達因！ / 在
青翠的大山中間 / 美哉巴達因！ / 我們舞步向你看齊 / 美哉巴達
因！ / 是口述北大武山的母親 / 烏哇啦依喲嘿……〔註28〕

〈巴達因頌〉收錄在讓阿淥《北大武山之巔一排灣族新詩》卷三「巴達因頌」，
卷中除同名詩作〈巴達因頌〉，另有多首頌美排灣家園，例如〈原來〉〔註29〕
歌頌巴達因族源神話中的 muakaikai、mautukujku、saljavan 這三位女神；〈布
拉冷安之路〉〔註30〕歌頌雷神之路；〈晨光〉〔註31〕寫 kazangiljanw 頭目家族

〔註26〕達卡鬧‧魯魯安：〈親愛的大武山〉，孫大川主編：《台灣原住民漢語文學選集
——詩歌卷》，台北：INK 印刻文學，2003 年，頁 172～173。
〔註27〕孫大川主編：《台灣原住民漢語文學選集——詩歌卷》，頁 174。
〔註28〕讓阿淥‧達入拉雅之：〈巴達因頌〉，《北大武山之巔——排灣族新詩》，台中：
晨星出版社，2010 年，頁 75。
〔註29〕讓阿淥‧達入拉雅之：〈原來〉，《北大武山之巔——排灣族新詩》，頁 76～79。
〔註30〕讓阿淥‧達入拉雅之：〈布拉冷安之路〉，《北大武山之巔——排灣族新詩》，
頁 80～83。

名字取自受景仰的晨光；〈霧頭山的故事〉〔註32〕歌頌巴達因是傳承火源的所在之處；〈北大武山之巔〉〔註33〕歌頌並祈願北大武山之巔的壯麗山河給予生命之光；〈原本 最初的吸吮〉〔註34〕歌頌巴達因的河神 tairuvalj；〈馬勒夫勒夫〉〔註35〕則書寫排灣族人取名 maljeveljev，是為紀念遠古洪水時代生命受到淨化的義涵。

對於《北大武山之巔——排灣族新詩》創作動機，讓阿淥自言「以精簡的詩句來描述作者自幼於山中的生活寫照，和在射鹿部落的成長經歷，以及下山前往都市就業工作之後對部落的感念所寫成的新詩。」〔註36〕顯示出透過詩寫部落家園以進行生命歷程紀錄的意義。

「巴達因」（padain），位於北大武山西北方旗鹽山，屏東縣瑪家鄉群峰峻嶺深山叢林間，是排灣文化的創始發源地——射鹿部落（caljisi）的所在地。〈巴達因頌〉詩分兩節，首節除讚頌巴達因是族人生命的淨土活水，更以「神話就從你開始／我們的名字就因你而生」帶出巴達因的古老創始神話，以及排灣族人以神話傳說命名，藉以口傳排灣族歷史文化的深遠意義。巴達因射鹿部落是排灣族布曹爾亞族（butsul）最古老的部落，許多排灣族神話與傳說源出於巴達因，因此巴達因被視為排灣族「口述北大武山的母親」。例如流傳自巴達因的創始神話：

> 相傳古代 salavan 與太陽一起下來，坐在古甕（malan）上開始創造宇宙天地及人類萬物。muakai 專門負責創造人體器官及靈魂的部份；kalarolaro 負責清洗嬰兒，使其生命更能堅強，mautjikutjiku 負責雷電風雨；因可呼風喚雨，所以他掌管五穀之收成，可稱為農神；

〔註31〕讓阿淥・達入拉雅之：〈晨光〉，《北大武山之巔——排灣族新詩》，頁84～85。

〔註32〕讓阿淥・達入拉雅之：〈霧頭山的故事〉，《北大武山之巔——排灣族新詩》，頁86～87。

〔註33〕讓阿淥・達入拉雅之：〈北大武山之巔〉，《北大武山之巔——排灣族新詩》，頁88～91。

〔註34〕讓阿淥・達入拉雅之：〈原本 最初的吸吮〉，《北大武山之巔——排灣族新詩》，頁92～93。

〔註35〕讓阿淥・達入拉雅之：〈馬勒夫勒夫〉，《北大武山之巔——排灣族新詩》，頁94～95。

〔註36〕讓阿淥・達入拉雅之：〈從山裡來的人〉，《北大武山之巔——排灣族新詩》，頁7。

> laromerkan 掌管地震、火山爆發的事務；sakenokeno 則管理本族村
> 莊前緣的河川水深變化。〔註37〕

這些神話傳說中女神，各司其職，共同守護育養巴達因。詩之次節以「美哉巴達因」迴環複沓的山歌海舞，向這「在湛藍的天空底下」、「在青翠的大山中間」、「是口述北大武山的母親」的巴達因，致上最尊崇的敬意。

透過上述十餘首台灣戰後屏東作家歌頌美好家園與家園守護之恩的詩作中，吾人可以窺知戰後屏東作家詩中的家園，空間場域跨度非常大，從縣境東邊大武山崇山峻嶺深入到舊好茶與北大武山之巔的巴達因，往西到屏東平原的沃野田疇，乃至極西的海中琉球嶼；在族群上融合客家、閩南、魯凱與排灣多元合唱。其中，大武山，不但是屏東平原生命地標，其蘊含的深厚原住民神話傳說文化內涵，更是魯凱、排灣的歷史文化源頭，可說是屏東縣各族群的共同家園父母，最親切的家鄉符號。

二、懷鄉吟

「懷鄉」是各個民族的文學中，一直不斷被運用的主題，由各民族對懷鄉相類似的心理反應來看，懷鄉其實是人類的集體潛意識之一。〔註 38〕家鄉，只有在離別之後，才會湧起對它的思念。凱西（Edward Casey）說：「地方乃經驗容器的不懈堅持，強力造就了地方令人難以忘懷的本性。機敏而鮮活的記憶會自動與地方發生聯繫，在地方裡頭找到有利記憶活動，並足以與記憶搭配的特質。我們甚至可以說，記憶自然而然是地方導向的，或者，至少是得到了地方的支撐。」〔註 39〕在台灣戰後屏東現代詩中的懷鄉書寫裡，鄉愁的抒發，往往也意味著故鄉家園圖像的記憶書寫，這個鄉愁圖像裡，有溫暖陽光的膚觸感，有耕過的泥土雜揉溪畔野薑花的氣息，有紅瓦屋旁勞動的親人與熟悉的母語，有盤踞心中的琉球嶼蓊鬱相思樹林，以及雲霧繚繞的高山故園與石板家屋。屏東作家們在書寫鄉愁的同時，也在形塑屏東地景印象。

〔註37〕 童春發：《台灣原住民——排灣族史篇》，南投：台灣省文獻委員會，2001 年，頁 24。

〔註38〕 傅怡禎：〈論一九五○年代台灣小說中的懷鄉意識〉，《理論、現象與批評論考》，台中：天空數位圖書公司，2009 年，頁 181。

〔註39〕 Tim Cresswell 著，王志弘、徐苔玲譯：《地方：記憶、想像與認同》，頁 139。

（一）陽光與田園

　　屏東全境位於北回歸線以南，屬熱帶季風氣候，長達九個月夏季，日照充足、雨水豐沛，造就屏東農業發展，是個充滿陽光、田園與泥土印象的地方。許其正〈燕子〉一詩中，南國的陽光和溫暖，是家鄉親切的符號：

　　　展開雙翅／前飛／／向南／向陽／／離去風雨／拋開寒冷／／我的故鄉在
　　　南方／我要的是陽光和溫暖⋯⋯〔註40〕

此詩藉燕子南飛的候鳥越冬遷移習性，寓寄作者心繫南方溫暖陽光故鄉的懷鄉意識。成長於國境之南的屏東人，北上求學謀發展，成為大多數屏東人的共同離鄉經驗。家鄉與他鄉的差異，不只表現在地理位置的南／北差異，還有氣候上的溫暖／寒冷差異，這種空間地候的差異，隨著季候物事的遞變而轉換為心理的差異時，懷鄉的情愁便悄然滋長，於是如同候鳥一般，往南往溫暖的方向飛去，變成了不經思索的本能召喚。

　　屏東縣萬巒鄉客籍作家林清泉藉七月陽光燃燒摹寫〈鄉愁〉：

　　　熱戀如七月的陽光
　　　燃燒起來便有可怕的夢魘〔註41〕

在林清泉筆下，鄉愁正如同「太陽之城」屏東的七月陽光，熱辣燃燒的高溫，讓睡眠變得不安穩並陷入可怕夢魘。詩人以簡潔明朗，淺近有力的詩語言，從屏東南國氣候裡熱辣夏日驕陽發想，寫出其鄉愁燃燒的經驗，形塑其深具屏東意象的懷鄉意識。

　　徐和隣的懷鄉意識，則是在淡水河所倒映的田園泥土印象，〈流浪〉寫道：

　　　要拋棄那些剩餘的情感／今天啊！我又佇立於淡水河畔／／無意中看
　　　見鴛鴦洞裡燃燒的情慾／啊！涼秋黃昏的鄉愁也被消滅了／／抓一把
　　　土或能回憶家鄉的味道／但！塗滿了都市塵埃的皮膚已無感覺／／把
　　　漂來的一顆椰子撈起捧在胸前自慰／啊！把它輕擲下，還是讓它流
　　　浪吧〔註42〕

〈流浪〉選錄自徐和隣詩集《淡水河》，淡水河是作者自我投射，他說：「我所用句子、技巧、詩思等都像淡水河那樣淺陋。淡水河，先是由於新店上流種茶，以致於泥鬆，後是由於大台北的人口膨脹到處倒垃圾，整理又不善而

〔註40〕　許其正：〈燕子〉，《南方的一顆星》，頁122。
〔註41〕　林清泉：〈鄉愁〉，《林清泉詩選集》，屏東：屏東縣立文化中心，頁142。
〔註42〕　徐和隣：〈流浪〉，《淡水河》，台北：葡萄園詩社，1970年，頁25。

淤塞。像我的語言生活，由於時代環境轉變而不善隨從學習以致淤塞。」〔註43〕對於生長屏東田園客庄，卻長期工作台北都市的徐和隣而言，「淡水河」除了是自我詩風格的投射，而那裡「有映在水中的星空，有泥土氣味的菜園」〔註44〕更是慰解鄉情的散步冥想之處，所以在〈流浪〉這首詩中，作者從日常生活中擷取材料，以其獨有的想像與感覺，捕捉異鄉人對故鄉的泥土情感，看似淡然，但透過撈起一顆漂流椰子殼放在胸前，而後又擲下這麼一個動作，卻是有深長意味。這種家鄉的召喚，正如同另一首〈新竹站前〉：「回去吧！故鄉的泥土很芬芳／雨在我的心上激起了淚的波紋」〔註45〕，都是源自於土地之愛。

從屏東佳冬客庄到都市高雄行醫的曾貴海，〈出鄉〉寫出遠離故鄉佳冬後，深層思念中的泥土味：

> 塗上褪色墨水／慢慢地隱了去∥必須用力才能辨認出／那耕過的痕跡∥那味道／那些血淚乾了的／好幾世代的愛〔註46〕

整首詩簡短七行分三節進行，首節寫出遠離後的故鄉印象，在時間、空間的隔絕下，遠離了的家鄉如同「塗上褪色墨水／慢慢地隱了去」，它潛入了思念的深層裡，安安靜靜；次節描述這慢慢地隱了去的深層故鄉思念，若隱若現，似有若無，「必須用力才能辨認出／那耕過的痕跡」，此處作者不寫「走過的痕跡」，而是「耕過的痕跡」，「耕」字在此凸顯了作者農村成長生命歷程中，與土地緊密相扣的關係，這影響了作者懷鄉意識的形塑；詩之末節以「那味道／那些血淚乾了的／好幾世代的愛」，讓懷鄉之情緒最終停駐在「好幾世代的愛」上，家鄉生活記憶如同那被翻動耕過的土地所散發出的泥土味道，以及那族群歷史記憶裡的早已乾了的先民拓墾血淚，刻印著好幾世代的愛，是作者出鄉後才得以辨識出來的，那是遠離故鄉的深層思念，是對「土地」的擁抱與眷戀。斯土斯民的歷史情感，成為曾貴海詩中極為重要的「母題」。〔註47〕

〔註43〕 徐和隣：〈後記〉，《淡水河》，頁 70。

〔註44〕 徐和隣：〈後記〉，《淡水河》，頁 70。

〔註45〕 徐和隣：〈新竹站前〉，《淡水河》，頁 43。

〔註46〕 曾貴海：〈出鄉〉，《鯨魚的祭典》，高雄：春暉出版社，2003 年，頁 29。

〔註47〕 阮美慧：〈從「現實」到「原鄉」——曾貴海詩中「鄉土情懷」的探索與追尋〉，陳明柔主編：《台灣的自然書寫》，2005 年「自然書寫學術研討會」文集，台中：晨星出版社，2006 年，頁 300。

「土地」是懷鄉意識的自然基礎。而「家」則是依附在故鄉的土地之上，思欲歸家之情，便自然延伸爲對故鄉的懷念，充滿了對過去的生活、久違的桑梓深深的思戀。〔註48〕林清泉的鄉愁裡有個南國驕陽，曾貴海的鄉愁裡聞得到耕過泥土的味道，而涂耀昌〈中秋，與二哥在他鄉工寮〉裡的鄉愁，則是一幅蘊藏深濃親情之思的田園秋景：

> 今年中秋／染有霉斑的月色像廉價的月餅／沒有節氣的香味／腐味與鼠味又在工寮內惡言相向……／／我吃起桌上剩下的半個柚子／酸甜中略帶苦味／像潭記憶的堰塞湖中／逐漸蒸散如輕煙的童年／黃昏的故鄉有叫過你嗎？／異鄉城都既然總是風雨迷迷／你水氣重的雙眼裡故鄉又何嘗鮮明！／／……若你再問起故里的爹娘／／我只想告訴你／阿爸依然替人犁田蒔禾／阿母依然在家養雞種菜／而村廓外處處可見的苦瓜田的黃花呀！／依然熾艷如不小心摔碎的秋陽……
> 〔註49〕

涂耀昌〈中秋，與二哥在他鄉工寮〉收錄於涂耀昌《清明》第一輯「翠谷初唱」，同輯另有鄉愁詩〈詩鼓〉與〈暮秋登高〉，以及相思詩〈七夕〉、〈離〉、〈暗戀〉，與離別詩〈賦別〉。鄉愁詩〈詩鼓〉：「歲末的北風／是被鄉愁削得尖尖的鼓槌／日暮後／薄薄的紙窗／就成了晚霞煨過的獅鼓」〔註50〕寫大年夜北風裡的遊子鄉愁；〈暮秋登高〉則以「山澗如泣／萬芒縞素和聲梵唱／不遠處有野菊清瘦如爪／被西風教唆抓破我奇癢無比的鄉愁」〔註51〕寫西風下的鄉愁。涂耀昌「後記」言：「是世新求學期間在學生實習報社當藝文版主編時的少作，量少且青澀，然內心情感豐沛。七首詩，像七層霧，我多少年輕愁、憧憬和夢想陷其中，而今回頭，驚覺那七層迷霧竟尚未完全逸散。」〔註52〕

涂耀昌詩擅長「用節氣的特性切入，以畫境拉長拉高悲傷的場景。」〔註53〕〈中秋，與二哥在他鄉工寮〉分四節進行，首節以「染有霉斑的月色」、「廉

〔註48〕 王立：《中國古代文學十大主題──原型與流變》，台北：文史哲出版社，1994年，頁89。

〔註49〕 涂耀昌：〈中秋，與二哥在他鄉工寮〉，《清明》，屏東：屏東縣立文化中心，2000年，頁6～7。

〔註50〕 涂耀昌：〈獅鼓〉，《清明》，頁2。

〔註51〕 涂耀昌：〈暮秋登高〉，《清明》，頁4～5。

〔註52〕 涂耀昌：〈後記〉，《清明》，頁144。

〔註53〕 周廷奎：〈序〉，涂耀昌：《清明》，頁7。

價的月餅」、「腐味與鼠味」、「工寮」，勾勒出作者在他鄉工寮的中秋夜景況；第三節「黃昏的故鄉有叫過你嗎？／異鄉城都既然總是風雨迷迷／你水氣重的雙眼裡故鄉又何嘗鮮明！」透顯出異鄉打拼的挫折感與黃昏故鄉的召喚，在此節氣催化下的淚眼中，如此鮮明。作者在詩中以「霉斑」、「腐味」與「風雨迷迷」所形塑的異鄉城都，不正是屏東家鄉溫暖陽光情境的強烈反差；末節，寫出異鄉遊子淚眼裡浮現的故鄉圖像：秋陽下，阿母在家養雞種菜，田裡阿爸正替人犁田蒔禾，村廓外處處可見的苦瓜田處處正開著熾艷黃花。陽光、田園與耕作的親人，正是此詩所透顯的地方之愛。

　　家鄉田園親情召喚出鄉愁，成長於內埔和興村客庄的利玉芳，其〈西部來的女人〉則疊加故鄉紅瓦屋、勞動婦女與客家母語等元素，形塑其懷鄉意識：

> 夕陽染著東飛的白鷺鷥群／暮色的翅膀／低低掠過故鄉的紅瓦屋／／入山　瞬間陷於無明的天崖／出洞　方知白浪衝擊的海角／我正在獨自旅行／／Masalu 男子的腰間佩帶彎刀／厚厚的唇間震動著 Malimali／歡迎西部來的女人／／百合不再哭泣／賣力地在舞台上演出他們的歷史／不知怎麼卻唱出我的鄉愁來了／／那塊長滿禾與稗的寂寞之地／陽光和月亮交工／水田依附著女人勞動的背脊／／蛇哥　高高捲曲旗桿／圖騰蟄伏部落已久／我的母語突然從牠的鱗光中甦醒／／……／／挲草躑田的背影投射都蘭山／斜陽興起探索婦女的跪姿／我正在回家的路上〔註54〕

這是一首具懷鄉意識的旅遊詩。出生屏東六堆客庄的利玉芳，20 歲遠嫁台南新營定居，故鄉人、地、物、事形影卻時時浮現記憶之中。在此詩中，作者獨自旅行東部，眼前夕陽下颱風肆虐後倒臥綠野的凌亂椰影、舞台上原住民賣力的演出，以及原住民蛇圖騰，召喚起詩人封存心中的家鄉影像：紅瓦屋、客家婦女與母語。心中的家鄉圖景穿越了時空長河，與眼前景物交疊為一。作者的歸心，幻化成暮色中飛向那夕陽下故鄉紅瓦屋的白鷺鷥，在日昇月落，長滿禾與稗的寂寞水田上，停駐在客家婦女挲草躑田的勞動身影旁。而對家鄉的記憶更召喚起沉睡已久的母親的語言，母語遂如眼前原住民蛇圖騰上的鱗片一般，甦醒蠕動於作者嘴邊。

〔註54〕利玉芳：〈西部來的女人〉，《夢會轉彎》，頁 43～45。

　　甦醒蠕動於作者的嘴邊的母語，訴說著懷鄉意識裡的家鄉思念，利玉芳〈憑弔〉寫著：

> 越來越少的人能準確地指出／我的出生地／只有我的耳朵／傾聽我
> 自言自語／證明我的語言還未消失／／在鷺鷥南飛的故鄉／人們仍認
> 真地發音／緊緊地抓住方言不放／唱山歌自衛／但沒有一個地區／
> 能持續他們的憤怒和同情／以致／被污染的溪河有了憂慮／被高壓
> 電線分塊的天空有了憎怨／被電視盤佔的學童的眼睛／漠視了自己
> 的語言／／我所憑弔的也許不值得保存／但我仍然惋惜她的損失
> 〔註55〕

此詩寫出作者離鄉多年，越來越少人能單憑口音猜出她來自南方屏東客庄，然則作家客家口音雖變，對家鄉的情感卻仍深濃。心繫被汙染的家鄉溪河、被高壓電線分割的南方天空，被電視盤據的家鄉學童雙眼，以及一度熾熱卻未持久的母語運動，作者不禁喟然。面對客語的日漸凋零、遠在異鄉的她只有自言自語說給自己耳朵聽，自證母親語言仍未消失。

　　加斯東・巴舍拉（Gaston Bachelard）《空間詩學》說：

> 家屋緊緊護持著我，就像一匹母狼，有時候我可以聞到她的體味如
> 慈母般滲入我的心房。在暴風雨之夜，家屋的確是我的母親。……
> 我說我的母親。然而我的思念卻屬於妳，噢，家屋！我童年黑暗而
> 美好的夏季家屋。〔註56〕

家鄉就是屏東作家的家屋，母親意象是與家屋意象結合為一的。利玉芳〈嬰兒與母親〉一詩中，故鄉是溫柔的母親，鄉音已改，鄉情不變：

> 偶然／螢光幕晃動你老家的搖籃／你伸出雙手邁著顛跌的腳步／要
> 讓美麗的山河抱抱／電視機開了你一個玩笑／問你睜著眼做夢的滋
> 味／／你的半邊耳朵長自你的故土／待你有空思索的時候／不完整的
> 鄉音可以重複溫習／／難道閉起眼睛／就可以不必想像三十年是一個
> 數字／就可以不必想像浪跡的腳印會串成／懷念／／……今夜／您溫
> 柔母親的影子／是一瓶年輕的紹興酒／在靜靜的長坡堤上／你像啼
> 哭過的嬰兒／醉在她的胸脯裏／吸吮快遺忘的自慰〔註57〕

〔註55〕利玉芳：〈憑弔〉，《活的滋味》，頁66～67。
〔註56〕加斯東・巴舍拉（Gaston Bachelard）：《空間詩學》，頁114～115。
〔註57〕利玉芳：〈嬰兒與母親〉，《活的滋味》，頁28～30。

此詩由眼前電視螢幕裡晃動的家鄉影像，勾起作家心中的家鄉情。浪跡他鄉30年，利玉芳的鄉音早已不完整，然則鄉音雖變，鄉情卻依舊濃。靜夜坡堤上，家鄉身影就像溫柔母親懷抱，攬住脆弱的作者，如嬰兒般醉在她溫柔的胸脯裡。

利玉芳的故鄉情懷裡，除了有紅瓦屋、勞動婦女與客語等客庄元素，以及母親意象，更有一條長長的東港溪，〈掌紋〉將掌紋與東港溪印象連結，書寫其懷鄉意識：

> 長輩說過／河壩手的女孩可以嫁人／／暗地裡歡喜／我是個河壩手紋的女孩／／自從嫁來下營這個小村／細看掌紋／像是庄北的急水溪／更像故鄉的東港溪／／這條河壩／晝夜汩汩地流／生命線彷彿連著母親的臍帶／事業線順著河川的彎道游去／愛情線的河床吹來蘭草的鹹味／／岸邊／飄送一束野薑花的相思／以及堤防上／還有／菅芒花 夕陽 椅子 的對話〔註58〕

〈掌紋〉全詩共三節，第一節從自己的掌紋實寫，傳統命理觀念認為，掌紋反映人的內在性格，擁有生命線、事業線與感情線分開的「川字掌紋」（河壩手）女性，個性剛毅獨立但欠缺溫柔，婚姻易辛勞曲折。詩之首句以「長輩說過／河壩手的女孩可以嫁人」與「暗地裡歡喜」相互對應，一方面除了暗喻女性的獨立自主，在現代雖已不再被排拒，但作者卻也用「可以」這兩字點出傳統觀念中河壩手女性仍不是理想婚姻對象；另一方面利玉芳卻又以「暗地裡歡喜」將女性內心深處面對情感婚姻時的傳統小女人心態表露無遺，只因為「我是個河壩手紋的女孩」，她就是一位擁有川字掌紋的女性。

第二節開始進入虛寫，由「我」與「掌紋」的關係，轉換為「我」與「河川」的關係，並將自己手上的「川」字掌紋與真實的「河川」做意象上的疊合，並循此展開作者對於自己生命成長河流的回溯，她說：「更像故鄉的東港溪……生命線彷彿連著母親的臍帶」，東港溪是屏東縣內主要河川，它孕育作者美好童年歲月，如同母親的臍帶一樣給予她生命的能量。利玉芳又說：「像是庄北的急水溪／……事業線順著河川的彎道游去」，急水溪是台南下營區內主要河流，作者結婚甚早，二十歲即遠嫁台南縣下營鄉顏壽何先生，婚後除夫妻合力創業，更也開展出自己在詩壇一片天空，這些都進行結婚之後，所以對利玉芳而言，急水溪就如同她事業線，彎彎曲曲的河道標誌著其創業之進路。

〔註58〕利玉芳：〈掌紋〉，《淡飲洛神花茶的早晨》，頁10～11。

　　第三節則是統合視覺、味覺與嗅覺等修辭技巧，總結故鄉東港溪與歸宿急水溪，這兩條河流在詩人內心深處所沉釀出的感情滋味，她說：「愛情線的河床吹來藺草的鹹味／／岸邊／飄送一束野薑花的相思」，不管是從急水溪畔吹來的藺草濃郁草味，還是恬靜的東港溪畔野薑花的淡淡飄香，都交揉成了作者內心深處的原鄉記憶。透過手上的川字掌紋，利玉芳將屏東家鄉東港溪意象，與自己的身體連結爲一。利玉芳從自己的女性經驗出發，將日常生活、女性身分、生態環境與客庄原鄉記憶等多重意象疊合爲一，構築出一幅意象豐盈的懷鄉書寫與自我書寫圖像。

（二）母親與親人

　　鄉愁是陽光、田園、耕過的泥土，以及雜揉著野薑花氣息的東港溪畔；鄉愁裡有母親慈愛的熱度。李男〈家書〉裡鄉愁是母親凝固的聲音：

> 郵差送來一張／媽媽凝固的聲音／擱下忠實的槍／油污的手／一枚一枚拾起／從雪白信子上／密密的字跡如星光／迷惑了辭鄉的淚眼／／小心折疊著家書／連同無數輕夢／收進胸前最貼身的口袋／久已無人聞問的／舊時衣衫猶在家中／想已小得不能穿了／一似小小的心難孕沈沈的鄉愁〔註59〕

〈家書〉收錄在《劍的握手》卷二「入伍生」，家書在此詩中輻射出多重意象，它是郵差送來的一封家書，也是媽媽凝固的聲音，是異鄉夜空星光下的淚眼，是無數輕夢的親切慰藉，是舊時童年記憶的召喚，更是胸前貼身口袋裡的沉沉鄉愁。

　　沙穗〈失業〉則從母親給的那枚烙餅得到懷鄉撫慰：

> 當太陽升起的時候／母親我便在您眼中／跟著升起　但我既非日月／也非星辰　我只是您眼中升起／的一顆淚／／在濕冷的車廂裡／只有母親塞在我夾克中的／一枚烙餅是熱的　也只有／這枚烙餅睡得著……／太陽由可口可樂的／瓶中爬出來／早安　陌生的太陽／陌生的車站陌生的噴水池／以及陌生的我……我把饑餓摟得很緊／在西門町總得有樣東西摟著／才不像南部來的／即使摟自己影子／／……入夜之後／台北沒有我　但我確實／是在台北　這很虛無／自從想起母親的那枚烙餅／我便發現我既非日月／也非星辰　我只

〔註59〕　李男：〈家書〉，《劍的握手》，高雄：德馨出版社，1977年，頁30～31。

是 ╱一顆淚 ╱╱華燈初上 ╱我必定會回到母親的眼裡〔註60〕

在沙穗的懷鄉意識裡，家鄉是一枚塞在懷中的烙餅，有著母親慈愛的熱度。〈失業〉寫自己懷裡揣著一枚母親給的烙餅，便搭上火車到台北找公司，工作無著的他，飢渴疲憊交迫，在西門町街頭如無頭蒼蠅找工作的困窘。「我把飢餓摟得很緊 ╱在西門町總得有樣東西摟著 ╱才不像南部來的 ╱即使摟自己影子」，異鄉都市裡唯一與自己相依偎的是飢餓；「台北沒有我 但我確實 ╱是在台北 這很虛無」，詩中盈滿了久別家園的孤獨感，與在台北異鄉遭受挫折後的人生空幻感。詩末「我只是 ╱一顆淚 ╱╱華燈初上 ╱我必定會回到母親的眼裡」則表達出離家遊子思念親人的惆悵失落情懷。沙穗〈另一個冬天〉（那年冬天續稿）則將遊子情懷寄託在屏東攜來的一個茶壺：

那年冬天 ╱除了冷 我什麼也沒有給妳 ╱而妳却說 ╱我至少還給了妳一個冬天 ╱╱我苦笑著 ╱除了寫詩 ╱我只會苦笑 要不就點一根煙 ╱把自己弄悲劇一點 ╱╱妳默默的在織著文化繡 ╱累了 就靠著我 ╱不然就開窗 ╱聽一點風聲 ╱╱在這裡 ╱風聲也是陌生的 ╱只有一個茶壺我們熟悉 ╱茶壺是屏東 ╱帶來的 ╱╱在一個落雨的夜晚 ╱妳受了委屈 ╱下了班 ╱一進門就哭 我倒了一杯茶給妳 ╱提起茶壺 我真希望 ╱是一壺酒 ╱但妳說妳不想喝什麼 ╱反正冬天快過去了 ╱我們要省一點 到了春天 ╱再把茶壺 ╱帶回屏東〔註61〕

這首詩寫兩夫妻離鄉背井到台北討生活，一切都顯得陌生，「在這裡 ╱風聲也是陌生的」，「只有一個茶壺我們熟悉 ╱茶壺是屏東 ╱帶來的」，唯一與家鄉屏東聯繫的是一個從屏東帶來的茶壺，如今唯一的心願也是冬去春來「再把茶壺 ╱帶回屏東」。沙穗散文〈陽光之城〉曾自剖屏東情，他說：「雖然我並非生於斯，但我長於斯，立於斯，這裏有我難忘的童年，有我純純的初戀，有我少年的夢想，有我成長的軌跡。二十五年在宇宙天地間，只是一剎那，但在我有限的生命裏却是一段漫長的歷程。這裏也孕育了我，鍛鍊了我，造就了我，所以我愛這裏——這個純樸而富有朝氣的『陽光之城』。」〔註62〕對落腳定居屏東的沙穗而言，廣東省東莞縣是出生之地，是襁褓之齡即遠離的精神上的故鄉，而屏東則是記錄成長軌跡的空間的家鄉，是有著母親慈愛熱度的溫暖家鄉。

〔註60〕 沙穗：〈失業〉，《燕姬》，高雄：心影出版社，1979年，頁7～11。
〔註61〕 沙穗：〈另一個冬天〉，《燕姬》，頁97～99。
〔註62〕 沙穗：〈陽光之城〉，《小蝶》，台北：采風出版社，1982年，頁75。

　　出生於山西垣曲，戰後隨國軍來台，最後長住南台灣屏東的李春生，其家鄉書寫中往往南台灣與大陸北方之景交融詩中，李春生〈無月的望〉：

> 夜夜 無月 ／夜夜 是望 ／夜夜一輪焦灼 ／曬在我小小臥室的 ／窗上
> 窗外啊 ／／窗外 耳語的 ／是告訴庭前那棵 ／孤單而又禿頂的老椰子
> ／鴻雁迷失不能南歸的秋風 ／／秋風裏 想起在妳底額上 ／奔成無盡
> 滄桑的黃河 ／想起妳深鎖的雙眉 ／左是中條 ／右是太行 ／／北方啊
> 鵝毛早已飄飄 ／那一片覆雪的森林 ／正如我之白髮垂垂 ／／夜夜一輪
> 焦灼 ／曬在亞熱帶 ／我底小小臥室的窗上 ／夜夜 是望 ／夜夜 無月
>
> 〔註63〕

李春生懷鄉詩中，既有眼前南台灣之景，也有心中北方之景，兩者交融。〈無月的望〉這首詩中，作者從現實生活中的亞熱帶秋夜寫起，樹立小小臥室窗外的是庭前秋風中孤單禿頂的老椰樹，李春生把自己白髮垂老的孤單與庭前孤單禿頂的老椰樹形象疊合為一。從眼前之景，詩人思緒迅即穿越時空回到故鄉，作者設問著：故鄉的「妳」現在的容顏想必也如「我」一般，橫亙著黃河、中條山、太行山，以及北方覆雪的森林。古繼堂以此詩「感情真摯，格調清雅，平中見奇」〔註64〕讚評詩中的故鄉之思，親人之思，讀之感人至深，催人淚下。文曉村則更讚譽李春生此類思鄉懷顧之作，非但語多感人，在詩藝的表現上，也是巔峰的佳構。〔註65〕日久故鄉成異鄉，出生北方，落腳定居屏東的李春生，用歲月把自己變形成一棵孤單又禿頂的老椰樹，將生命融進熱帶南國的屏東地景裡。

（三）落山風與思想起

　　恆春作家黃明峯〈落山風若到恆春城〉以落山風季節的恆春龍鑾潭自然景象形塑其懷鄉意識：

> 落山風若到恆春城 ／天公無話 ／土地恬恬 ／龍鑾潭水略略仔起水波
> ／／潭水親像一面鏡 ／照出倒頭栽分山嶺 ／白雲誠笨惰 ／睏佇山坪毋
> 愛行 ／白鴒鷥徛佇田園咧咄病 ／一隻斑鳩洶洶揣無巢 ／喨甲真孤單
> ／／天頂粉鳥玲瓏旋 ／蜘蛛伊亦誠無閒 ／厝前厝後補米篩 ／阿爸坐佇

〔註63〕 李春生：〈無月的望〉，《睡醒的雨》，屏東市：海鷗詩社，1988 年，頁 31～33。
〔註64〕 古繼堂：〈李春生與林玲——一對永不分手的詩人伉儷〉，《海鷗》副刊 9、10 號合刊，1996 年 8 月，頁 197。
〔註65〕 文曉村：〈走過歲月走進詩！——評「海鷗詩叢」四書〉，《文藝月刊》232 期，1988 年 10 月，頁 48。

戶墊咧食熏 /嗽出一牛車兮瘕痀聲 /害著樹葉著青驚 /摔落土跤哮誠痛 //落山風若到恆春城 /天公無話 /土地恬恬 /思念故鄉兮心晟漸漸咧發炎〔註66〕

這首懷鄉詩，不僅摹寫出恆春家鄉的自然地景，更書寫出詩人對土地的記憶與想像。屏東恆春每年十月到翌年三月，是落山風翻山越嶺吹襲恆春鎮的季節，離鄉打拼在外的遊子，每當東北季風颳起，家鄉影像便在隱隱然浮現，成爲作者魂縈懷鄉的記憶圖像。詩分三節，首節明寫落山風若到恆春，「龍鑾潭水略略仔起水波」，實則藉此暗喻作者思鄉之心情，也如同那龍鑾潭水略略起伏；次節藉「潭水親像一面鏡」，既反照出龍鑾潭之自然景象，也暗喻著詩人那因東北季風吹颳得略略起伏的內心底如龍鑾潭一般，照映出熟悉的恆春家鄉景象；末兩節「阿爸坐佇戶墊咧食熏 /嗽出一牛車兮瘕痀聲」、「思念故鄉兮心晟漸漸咧發炎」，寫出了作者懷鄉意識裡的親情牽掛與思念。作者的內心與龍鑾潭冥合爲一，家鄉自然地景座落成身體的重要區位。

鄉愁是對家鄉親切符號的眷戀。詩人們透過家鄉的記憶元素，追尋個人情感經驗的家鄉面貌。〔註 67〕黃明峯以落山風形塑懷鄉意識，思念家鄉，眷戀家鄉親切的身影，而陳達月琴歌聲則是郭漢辰懷鄉意識裡的鄉愁代碼，郭漢辰〈揹著月琴去旅行〉：

揹著月琴去旅行的那個夜晚 /我決定什麼都不帶走 /只帶走陳達沙啞的歌聲 /還有對家故鄉亙古的想念 /月琴則是擺放在心中 /命定的指南針 /永遠指向島嶼南方 /那個最溫暖的所在 /每到月夜它都自動撩撥我的 /心弦，在我到達的每個旅程 /輕輕哼唱早已被人遺忘的 /弦律〔註68〕

此詩收錄於《請和我一起閱讀土地的詩行：屏東詩旅手札》卷一「懷舊者路線」，卷首「懷舊者側寫」註記著：

四十七歲，熱愛文學及家鄉。家住萬年溪畔，習慣在阿猴城門周邊，來場歷史的迷藏。走訪王爺廟、佳冬古蹟、恆春等地，與古蹟閒聊

〔註66〕黃明峯：〈落山風若到恆春城〉，《自我介紹》，高雄：春暉出版社，2003 年，頁 84～85。

〔註67〕林秀蓉：〈屏東現代詩人的地景書寫初探〉，《2014 第四屆屏東文學學術研討會會議論文集》，頁 88～92。

〔註68〕郭漢辰：〈揹著月琴去旅行〉，《請和我一起閱讀土地的詩行：屏東詩旅手札》，頁 30～31。

> 海枯石爛的話題。喜愛在鍾理和的小說裡遊走，尋找心靈眞正的原
> 鄉……與陳冠學老師、原住民藝術大師撒古流結爲好友，在田園山
> 林裡，被大自然灌醉，罪個痛快……眼見歲月流逝，大師凋零，開
> 始以詩行築建通往昔日的路線，以文字打包家鄉最美好的一切。開
> 始背起愛和詩的行囊，走向永不停止戀眷的地方。〔註69〕

同卷所收錄包括〈深夜·和王爺 MSN〉、〈甦醒的阿猴城門〉、〈和五分車跳杜
步西舞曲〉、〈在記憶裡嘆息的菸樓〉、〈千里返鄉的影子〉、〈看你用雙手雕出
遠方大山〉、〈行過懸崖的祖靈〉、〈揹著月琴去旅行〉、〈老師，我相信你仍在
田園小屋〉、〈在時光長廊漫步的古厝〉、〈正在做夢的恆春城門〉與〈走在歷
史的餘影〉等 12 首詩，便是在這起心動念的催化下，構築起郭漢辰的「懷舊
者路線」。

　　〈揹著月琴去旅行〉詩分三節，本文選錄第三節，詩中以恆春冬天落山
風季節爲離別時空場景。在月夜下，迴旋於旅人心中的是陳達伴著月琴唱出
的沙啞歌聲裡，訴說著先民渡過黑水溝移墾南台灣的族群歷史，那被時間遺
忘的思想曲，時時撩撥詩人的心弦，在每一次的旅程裡，成爲鄉愁的召喚，
如同「命定的指南針／永遠指向島嶼南方／那個最溫暖的所在」，那對家故鄉
最亙古的想念。

（四）蓊鬱相思林與琉球身影

　　小琉球作家黃慶祥的懷鄉意識裡，則盤踞著蓊鬱的相思樹林，懷鄉遊子
在顏色與線條的變換中，捕捉家鄉身影。黃慶祥〈相思埔〉：

> 楊柳青青是淡淡的離愁／相思的樹葉卻加深了顏色／／長安的春郊煙
> 花迷濛／行人的腳步又見挽留／灞橋的垂柳已不堪折／千年而下
> 萬里而外／海中的琉球／不見楊柳的飄拂／卻有相思盤據整個山坡
> ／挺直腰桿／撐起墨綠的顏色／／自古無人攀折／於是恣意蔓衍成蓊
> 鬱的鄉愁／迷惑遊子回憶的行蹤／／多了一道大海的阻隔／鄉愁也已
> 加深了顏色〔註70〕

黃慶祥《小琉球手記一九七〇》曾說：

> 小琉球可說是一個「無花之島」，牽牛花是有的，除此之外，要算是

〔註69〕郭漢辰：〈懷舊者側記〉，《請和我一起閱讀土地的詩行：屏東詩旅手札》，頁
12。
〔註70〕黃慶祥：〈相思埔〉，《琉球行吟》，頁 56～57。

> 相思樹及銀合歡的花了──不算花的花。但此兩種琉球最大宗的樹
> 木雖無觀賞價值，但卻與島民的生活息息相關──那是島民最主要
> 的柴火來源。我家所在地「相思埔」，即是因相思樹特別茂密所取的
> 地名。〔註71〕

琉球鄉上福村，舊名相思埔，當地多生長原生植物相思樹，相傳先民到此開
墾時，發現這一大片相思樹林，故稱此地為「相思埔」。相思樹的葉子形狀和
柳葉相仿，顏色較深。整首詩巧用李白〈憶琴娥〉「秦樓月，年年柳色，灞
陵傷別」典故，從楊柳離別意象切入，藉青青柳色營造出淡淡離愁古典情境，
但旋即將離愁意象由楊柳連結至樹葉形狀相仿的相思樹，以「楊柳青青是淡
淡的離愁／相思的樹葉卻加深了顏色」與詩末之「多了一道大海的阻隔／鄉
愁也已加深了顏色」遙相呼應，嘗試為「鄉愁」這永恆的主題，做現代的詮
釋。古典情境中灞橋折柳贈別的淡淡離愁意象，在「千年而下　萬里而外」的
小琉球，以「加深了顏色」的相思樹葉，成為鄉愁新代碼，它「盤據整個山
坡／挺直腰桿／撐起墨綠的顏色」，因為「自古無人攀折／於是恣意蔓衍成蓊
鬱的鄉愁」，並且在多了一道大海的阻隔之後，墨綠色鄉愁因距離而顏色更深
了。

　　思鄉之愁是黃慶祥《琉球行吟》的唯一抒情主題。黃慶祥說：「如余秋雨
所言，只有離開故鄉的遊子才能真正了解故鄉的涵義，於是我從此就常騎著
腳踏車，藉著一次次的返鄉去呼吸故鄉的味道，撫平時起時伏的思鄉之愁。」
〔註72〕隔海眺望家鄉，也成為慰解鄉愁的另一種神聖儀式，黃慶祥〈屏鵝公
路的夕陽〉寫道：

> 夕陽點燃半天的火焰／燒煮一鍋海水／蒸發琉球成淡藍的玻片／／山
> 巒也不再整個青翠／只剩幾道凸出的稜線／蒙獲臨去秋波的顧眷／／
> 任我如何風馳電掣／激灩的地毯總是斜刺眼前／從海岸一直鋪設到
> 天邊／／雖是漸行漸遠／走到地毯盡頭的夕陽／猶頻頻回眸她的嬌豔
> 〔註73〕

家鄉琉球的身影，在海天夕陽裡，「蒸發琉球成淡藍的玻片」，「山巒也不再整
個青翠／只剩幾道凸出的稜線」，全詩不見思鄉字眼，但懷鄉意識已在追逐屏
鵝公路夕陽下琉球身影的變化裡，緩緩流瀉。

〔註71〕黃慶祥：〈舉柴　破柴　扠柴〉，《小琉球手記一九七○》，頁90。
〔註72〕黃慶祥：〈自序〉，《琉球行吟》，頁7。
〔註73〕黃慶祥：〈屏鵝公路的夕陽〉，《琉球行吟》，頁24～25。

（五）雲霧高山與石板屋

思鄉往往體現爲對家園舊邦的具體感情指向。〔註74〕原住民的在地流浪經驗裡，更多是舊園不再的悲吟，董恕明說：

> 在台灣這座島嶼上的各類族群，或都有遷徙的經驗，但與原住民有這種從平原而山林，再由山林轉進都市叢林這類「在地流浪」經驗者，未必是其他族群所擅勝場。〔註75〕

原住民作家的懷鄉意識裡，都有一座雲霧繚繞的高山故園。奧威尼・卡露斯盎〈麗阿樂溫，我的故鄉！〉唱著：「麗阿樂溫，我的故鄉！／當我們被隔離的時候，／當我們被厭煩的時候，／當我們被排斥的時候，／『哎──』是內心深層一聲聲哀慟和緬懷，／那是對故鄉往事之回憶而湧出的淚水。」〔註76〕吟唱出受挫時對於永恆離別的故鄉古茶布安「麗阿樂溫」的思念與淚水。達卡鬧・魯魯安〈好想回家〉則詩寫受傷時想回歸眞正故園舊邦，深刻地寫照了都會原住民徬徨、迷失都市的心境：

> 原住民在都市中流浪／本來就沒有太多的夢想／特殊的血液留在身上／不知明天是否依然／原住民生活非常茫然　受傷時／想要回到故鄉／一直在勉強地僞裝　不知道／明天是否依然／好想回家　好想回家／其實你和我都一樣／年輕人賺錢待在工廠／小女孩被迫壓在床上／瞭解到生存並不簡單／不知明天是否依然／原住民未來到底怎樣說起來／還是有心酸／答案是什麼我也心慌　不知道／明天是否依然／好想回家　好想回家／其實　你和我都一樣／都一樣〔註77〕

達卡鬧在此詩後面註記：「『都市』，幻覺一般挑逗原住民一幕幕掏金之夢旅。六○年代，台灣經濟起飛，一波波原住民移民像鮭魚般游奔到浩瀚的都市蜃海。『悲歡離合無盡期，移民血淚不言中』，身處際遇不同的都會冷暖、烙下都市原住民心靈深處的不同自知。」〔註78〕整首詩重複吟唱著「好想回家」

〔註74〕王立：《中國古代文學十大主題──原型與流變》，台北：文史哲出版社，1994年，頁230。

〔註75〕董恕明：〈深幽的百合，燦爛的琉璃──綜論屏東原住民作家的漢語書寫〉，《2011屏東文學學術研討會論文集》，高雄：春暉出版社，頁309。

〔註76〕奧威尼・卡露斯盎：〈麗阿樂溫，我的故鄉！〉，《神秘的消失：詩與散文的魯凱》，頁25。

〔註77〕達卡鬧・魯魯安：〈好想回家〉，孫大川主編：《台灣原住民漢語文學選集──詩歌卷》，頁169～170。

〔註78〕孫大川主編：《台灣原住民漢語文學選集──詩歌卷》，頁171。

的同時，更也照寫了原住民流浪於都市底層的處境，離開熟悉的原始山林，進入陌生的都市叢林，「本來就沒有太多的夢想」，「年輕人賺錢待在工廠／小女孩被迫壓在床上」，「一直在勉強地偽裝」，過著茫然的生活。這心境正如同讓阿淲〈再一次的翻閱過山脊就可以看見天堂〉所寫：

> 下山分離時的那段歲月是什麼樣的年代／當鎖上最後一間石板屋的門／鑰匙存放在誰的手裡／如今為何心裡的那扇門仍然上著鎖／／當山裡的最後一步踩盡／踏入平地的第一步時的山地人／在他木然的瞳孔裡／是否知道自己已經踏進了新的里程碑／／泛黃的照片裡都是睜著大眼的空靈　是誰照的／有誰親切的接待過他們／直到如今是否還有人記得／路的盡頭是不是已經到了／而往回家的路／有沒有預定是什麼時候〔註79〕

讓阿淲詰問：「直到如今或許我們都一樣仍舊還依戀著山中篳路藍縷的痕跡；或者寧願裝作已經忘記和感嘆著說這是我們的命啊！」〔註 80〕原住民在面對舊有傳統文化的日漸面目模糊，即便「特殊的血液留在身上」，對於未來，答案是什麼，「不知明天是否依然」連詩人自己也心慌。流浪的遊子思歸，但家園何在？讓阿淲‧達入拉雅之〈思鄉吟〉寫著：

> 秋天的夜／佇立的地方落葉滿地／且沒想到晨星已經被永恆俘虜／我在它底下只是一片枯乾的落葉／／北方的冬／破碎的石板散落一地／且沒想到祖靈早已經讓陌生棄置／而我在遠方只剩一縷消瘦的枯骨／／思鄉吟／吟唱祖靈／今日是何日／昨日被放在故鄉一隅的某日早晨／化作晶瑩剔透／隨露珠滑落在登山客王先生的鞋〔註81〕

〈思鄉吟〉收錄在《北大武山之巔──排灣族新詩》卷五「思鄉吟」，同卷另收錄〈秋愁〉：「我的心／宛如雲霧般／百轉千轉／翻山越嶺／在樹林裡／在河谷／與溪流間／來到故鄉的達那七高山谷」〔註 82〕由眼前拾起的一片深秋楓葉，被召喚起的鄉愁，百轉千轉，翻山越嶺，到達故園那七高山谷；〈野百

〔註79〕讓阿淲‧達入拉雅之：〈再一次的翻閱過山脊就可以看見天堂〉，《北大武山之巔──排灣族新詩》，台北：晨星出版有限公司，2010 年，頁 31。

〔註80〕讓阿淲‧達入拉雅之：〈從山裡來的人〉，《北大武山之巔──排灣族新詩》，頁 7。

〔註81〕讓阿淲‧達入拉雅之：〈思鄉吟〉，《北大武山之巔──排灣族新詩》，頁 130～131。

〔註82〕讓阿淲‧達入拉雅之：〈秋愁〉，《北大武山之巔──排灣族新詩》，頁 120～121。

合唱〉：「我的思念氾濫成災／在車水馬龍的台北城／……思念野百合 在射鹿部落的春天／思念旗鹽山 在射鹿部落的秋天／思念石板屋 在射鹿部落的夏天／思念射鹿溪 在射鹿部落的冬天」〔註83〕以野百合、旗鹽山、石板屋、射鹿溪疊映出詩人鄉愁裡射鹿部落的四季圖像；〈在我心裡抹上一抹大武山的淨土〉：「我仰望著／大武山脈／請在我心裡抹上一抹大武山的淨土」〔註84〕書寫祈求遙望中的故園大武山給予內心一抹淨土，收納原民遊子那被文明物慾浸染的空虛靈魂；〈心的天堂〉：「在心中的部落／濃霧瀰漫著……打獵的父親從森林的迷霧裡出現……母親從爐灶裡盛上生命糧食」〔註85〕則緬懷已失落的童年的部落原鄉。

　　〈思鄉吟〉分三節進行，首節敘離鄉之情，寫遊子在異鄉的季節轉換裡，蕭索的心境正如同秋葉裡地上一片枯乾的落葉，因離開母親樹而枯萎；次節寫家園殘破之慟，詩人想像著昔日家屋而今石板破碎散落一地，失去祖靈呵護的遊子，如同那破碎的石板，在北方異鄉的嚴冬裡，只剩一縷銷瘦的枯骨；末節敘寫嚮往歸回故園之情，遊子的心的天堂裡，永遠住著一間石板家屋，詩人吟唱著，「昨日被放在故鄉一隅的某日早晨」，心繫逝去的家園，寧願幻化成滴落在登山客鞋上的一枚晶瑩剔透的晨露，隨著鞋子的腳步，去拜訪昨日故鄉的家園。「作家因情感無法得到紓解，而選擇將知覺中的自己變形成『一片枯乾的落葉』、『一縷消瘦的枯骨』，反而更有利於將思鄉的情緒藏匿起來，而輕唱著思鄉吟，緩緩訴著無法返鄉的年輕原住民的思鄉情懷，而心目中的烏托邦，如今安在？何時，才可以尋到日漸模糊的祖先的腳印？回到祖靈和大自然對話的所在？或許，只能再一次變形，隨著登山客，去探訪曾經有過的部落風華，但——碎石板散落一地、沒有皎潔的月光，也沒有閃爍的晨星；而部落的精神，如同鞋上的露珠，太陽一出，就煙消雲散，再也尋不著了。」〔註86〕今日是何日？詩人望著滿地落葉，無言悲吟。

〔註83〕讓阿淥・達入拉雅之：〈野百合唱〉，《北大武山之巔——排灣族新詩》，頁122～123。

〔註84〕讓阿淥・達入拉雅之：〈在我心裡抹上一抹大武山的淨土〉，《北大武山之巔——排灣族新詩》，頁124～125。

〔註85〕讓阿淥・達入拉雅之：〈心的天堂〉，《北大武山之巔——排灣族新詩》，頁127～129。

〔註86〕陳雪惠：《台灣原住民族現代詩研究（1970～2013）》，國立高雄師範大學國文系博士論文，2014年，頁300。

上引諸懷鄉書寫中，鄉愁的消解，「變形」似乎成了突破時空阻隔、肉體侷限的唯一策略，於是許其正將自己變形成燕子，飛回溫暖南方；利玉芳將家鄉東港溪變形成掌紋，成為血肉軀體的一部分；李春生變形成老椰樹，落地生根南台灣；黃明峯將內心變形成恆春龍鑾潭，照顯家鄉地景；讓阿淥變形成一顆晶瑩露珠，隨著登山客的腳步探訪失落的部落，鄉愁被紓解在軀體的變形裡。

三、返鄉情

（一）倦飛與歸程

1. 翻越山脊看見天堂

家鄉是當初背離，卻在受傷時最想投靠的溫暖懷抱。山脈的稜線，在太陽升起的東方，遠遠的向流浪在城市裡的原住民遊子們召喚，返鄉遂成為一段天堂追尋的心的旅程。讓阿淥說：「每天旭日依舊從東邊升起，我們仍嚮往著山脈的稜線，但是我們不得不去面對在淺移默化之中，原住民的習慣一直在改變。我們應該要選擇最適當針對族人最貼切的屬性，去面對我們的未來，只因為我們原本就是從山裡來的人。」〔註 87〕原本從山裡來的人，終究想重回山林歸屬之地，讓阿淥·達入拉雅之〈再一次的翻越過山脊就可以看見天堂〉書寫埋藏心底的父親山谷之聲召喚返鄉：

> 從前 / 父親說 到了那個山邊的隘口再過去就可以看到部落了 / 聽到父親從山谷裡傳來的聲音 // 走吧 我們回家去 / 直到如今仍深埋藏在心底 / 現在 / 時間已是歷經多久 / 木樑風化蟲子蛀壞 / 鑰匙依然未曾尋獲 // 像風中的殘燭 / 祖父母的生命逐漸的在消逝 / 是否曾經有過清楚的交代 / 那一扇石板屋的門何時才會打開 // 那就讓我去山上吧 / 我去探望那一間房子 / 我去山邊通往部落的道路把已經長高的芒草砍除掉 // 路邊的溪水 / 在時光裡依舊清澈如昔 / 水源地的落葉 / 漂流在永恆的記憶中 / 不知道 是否還記得我 // 如今路途不再遙遠 / 然而從山裡帶來的歌聲正逐漸消失當中 / 後代的人們是否還會有人願意學習 / 還是他們也一樣困惑著 / 是否真的有那麼一把

〔註87〕 讓阿淥·達入拉雅之：〈從山裡來的人〉，《北大武山之巔——排灣族新詩》，頁 7。

　　鑰匙／可以打開已經蝕銹了的鎖／／那就去看看吧／現在已經到達了
橋上／再一次的翻越過山脊就可以看見天堂〔註88〕

這首詩非常深刻的呈現了離開部落浪跡都市多年的遊子，在深埋心底父親從
山谷傳來的聲音「到了那個山邊的隘口再過去就可以看到部落了／走吧／我
們回家去」的召喚之下，踏上回家之路。返鄉路上思潮起伏，有對過去時光
的記憶，有對家園現況的想像，更也對部落文化傳統的日漸消逝感到心憂，
當年輕人一個個揮別山地踏入平地那一刻起，象徵部落文化的石板屋大門便
已深鎖，如今詩人想像著那石板屋「木樑風化蟲子蛀壞／鑰匙依然未曾尋
獲」，山中歌聲日漸消逝，詩人不禁問：「後代的人們是否還會有人願意學習」，
是否能有一把打開已經鏽蝕了的鎖的鑰匙？整首詩體現了部落文化日漸消失
的憂思，詩末「那就去看看吧／現在已經到達了橋上／再一次的翻越過山脊
就可以看見天堂」，不管家園如何殘破，依舊是一座天堂，永遠佇立在山脊之
後等候著歸人。

2. 開往南方的平快車

　　雲無心而出岫，鳥倦飛而知返。一列平快火車，將失業的沙穗載回家鄉
溫暖的陽光懷抱，沙穗〈歸鄉〉寫出失業歸鄉，平快夜車旅次中的心情跌宕
起伏：

　　華燈初上／台北沒有一盞燈火是為我而點／我是九點半平快車上
熱著來／而冷著回去的　一杯茶／／當太陽升起的時候／我用什麼去
面對太陽？／／一付 AO 眼鏡／能把自己瞞過去嗎？／我嚼著茶葉
很苦　窗外／很黑　此刻我喜歡黑／／露水濺入我的／眼裡　我是我自
己眼中升起的／一顆淚　在濕冷的車廂裡／唯淚是熱的／／我是詩人
工人還是廣告人？／我不是人／我是一個標點一枚螺絲／一個 idea
如此而已　我是什麼／我都死了／／我摟著我的妻子燕姬／我們是在
逃難／逃現實的難／（燕姬摟著小廣／小廣摟著一個空的奶瓶）／／
不說話／說話就不莊嚴　我是悲劇的／悲劇都沒什麼好說／一切我
都體會了／燕姬望著我／／她把一個滷蛋塞在我的嘴裡／我想說什麼
吃了再說／其實吃了我就什麼／也不想說了／／她說雖然沒有一盞燈
是為我們而點／但至少火車卻是為我們而開／時尚是一種輪迴　風

〔註88〕讓阿淥・達入拉雅之：〈再一次的翻越過山脊就可以看見天堂〉，《北大武山之
　　　　巔——排灣族新詩》，頁 31。

和水 ／ 都是動的　所以我們 ／ 要信風水 ／ 我摟著燕姬 ／ 想說什麼 ／
但又是一個渾蛋 ／／ 天亮了〔註89〕

〈歸鄉〉收錄在《燕姬》第一輯「小樓」，是沙穗失業詩系列作品之一。整首
詩以「凝視現實的簡樸及誠摯的詩風」〔註90〕書寫身處現實惡劣環境的無力
感，以及在苦難歲月中支撐他前進的愛情、親情與家鄉情。詩分九節，首節
將詩之鏡頭探照在台北華燈初上的繁華夜景，而後鏡頭漸次縮小，納入九點
半的平快火車，最後聚焦特寫火車上的一杯茶，藉由繁華夜景與火車內一杯
冷茶的對比，凸顯出詩人在城市打拼一年後「台北沒有一盞燈火是為我而點」
的邊緣處境，以及「熱著來 ／ 而冷著回去」由熾熱理想轉為心灰意冷的異鄉
打拼心情，所以作者叩問自己：「我用什麼去面對太陽？」太陽不正意味著屏
東家鄉；次節以「我嚼著茶葉　很苦　窗外 ／ 很黑　此刻我喜歡黑」喻寫此刻心
境的苦澀與漆黑，對未來充滿不確定感；第三節呈顯出詩人在「冷」、「苦」
與「黑」心情交雜激盪下，熱淚成了這一切的總合註腳；第四節以「我是什
麼 ／ 我都死了」詩人寫出對自己定位的疑惑。從 1973 年 12 月北上，迄 1975
年 1 月歸鄉，沙穗說：「一月入『企業天地』雜誌任編輯。不久該刊停刊。至
樹林『國豐機械廠』做螺絲工人三個月。由連水森推介入『紀元傳播公司』
任『廣告企劃』，兩個月後該公司結束，遂失業。此期間曾蒙詩人瘂弦推介至
張自英先生主持的『世界畫刊』工作。雖僅工作一天，却蒙自英先生慨贈于
右任先生時價新台幣三仟多元的墨寶……一幅。此為我一日所得最高的『工
資』，也最難忘的一件事。六月在樹林鎮鐵道邊一間叫做『臥薪嘗胆』的小屋
寫下「失業」一詩。做過成衣廠、鍊條廠工人。也在台北火車站地下道和樹
林鎮大廟前擺攤賣過水晶手錶。年底考入『國藝傳播公司』任『企劃』。一個
月後應連石磊之邀入『連城傳播公司』任職。是二月寫『西貢基督』一詩。
一月返回屏東，在父母開設的『南北小吃店』賣麵。發表『歸鄉』、『賣麵』
等詩。」〔註91〕；第五節以「我摟着我的妻子燕姬 ／ 燕姬摟著小廣 ／ 小廣摟
著一個空的奶瓶」讓前四節黑暗濕冷苦澀心死意象，因這副天倫圖像而「死
而復生」，並且在燕姬「雖然沒有一盞燈是為我們而點 ／ 但至少火車却是為我

〔註89〕 沙穗：〈歸鄉──失業續稿〉，《燕姬》，頁 12～16。
〔註90〕 張墨：〈抒情世界的新領主──簡介沙穗的詩〉，沙穗：《護城河》，屏東：屏
　　　　東縣立文化中心，1993 年。
〔註91〕 沙穗：〈沙穗寫作年表〉，《小蝶》，頁 288～289。

們而開」的樂觀話語中，一列從台北開往南方的平快夜車，正緩緩駛進家鄉的陽光裡。

（二）返鄉的戳印

歷經浪跡異地的苦澀後，回歸卻是溫暖甜美的，許其正〈步入鄉道〉洋溢著歸鄉歡欣之情：

> 步入鄉道／一群熟悉的聲音便向我／迎面撲來，撲落我從異鄉攜回的塵埃／一群熟悉親切的形像便乘金車／歡呼而來，趕走我一夜旅途的疲怠／然後載我回去／回到閃光的童年牧場上／倒騎牛背，嘻笑田野／回去仰躺在柔絨的碧茵上／從屬於我所獨有的一角藍天／細數我踩在歲月的沙灘上的腳印／啊，我的故鄉／位在北回歸線附近的南方／我的故鄉四季如春，草木欣欣／我的故鄉風和日麗，鳥語花香／我的故鄉的臉上常帶笑容／啊，我又要與故鄉溶為一體／又要懷抱童年的活潑與快樂了／我的心中有許多無以言宣的喜悅
> 〔註92〕

〈步入鄉道〉收錄在《菩提心》第一輯「這朵蓮」，輯中另收錄 17 首田園鄉間風光詩寫，〈步入鄉道〉被置於輯一之首，書寫詩人從異鄉歸來家鄉的喜悅。整首詩以「步入鄉道」展開，遊子帶著「從異鄉攜回的塵埃」和「一夜旅途的疲怠」，僕僕風塵而回。一步入鄉道，經由熟悉聲音與親切形象的召喚，詩人思緒迅速穿越時空「回到閃光的童年牧場上」。熱愛光明的許其正，以「金車」、「閃光」等光明象徵，描繪家鄉在詩人心中之形象。位在北迴歸線附近的南方故鄉，那裏有田野、碧茵，有「從屬於我所獨有的一角藍天」，詩中充滿愛田野、愛鄉土的真摯情感。步入鄉道，重回田園懷抱，詩人不禁讚嘆「我的心中有許多無以言宣的喜悅」。

黃慶祥〈夏日琉球單車行〉寫出喜悅的返鄉的戳印：

> 夏日的蟬唱／架起了高音的柵欄／在道路兩旁／合歡不停地揮手／相思含笑地點頭／風吹起綠色的波浪／濤聲裡／盡是歡迎的樂章／／充耳不聞的兩輪／早被斜坡的曲線勾引／頭也不回／兀自馳騁／極速墜入艷遇的迷魂／只在爬坡道中／清醒回神／一步一步／重赴熱騰的宴請／／開懷的毛孔／一路暢飲艷陽的熱情／袒裸的手腳／其醉

〔註92〕許其正：〈步入鄉道〉，《菩提心》，頁3～4。

也釀釀 / 白的透紅 / 紅的發腫 / 腫的變痛 / 痛的是紫外線的烙痕 /

刻畫一身的黑白分明 // 這一身的黑白分明 / 就是返鄉的戳印〔註93〕

黃慶祥長年任教於本島，只能假日才能返鄉，這首詩寫的是詩人返鄉的雀躍
心情，夏日的琉球自然景象，蟬鳴、合歡木、相思樹，乃至無盡的波浪與濤
聲，在這返鄉遊子的感受裡，卻是最親切的迎歸歡迎樂章；第二節藉由單車
的極速馳騁，凸顯歸心似箭，也帶出小琉球自然地景中斜坡起伏的小路曲線
風貌，與首節之自然樂章交融相契成更跌宕起伏的歡迎樂章；第三節則透過
曬得一身黑白分明的印記，凸顯南台灣琉球嶼夏日陽光的粲然。

久別重返，家鄉熟悉的聲音與親切的形象裡，總也揉雜著隱約的陌生疏
離，令人近鄉情怯。利玉芳說：「每個人對『原鄉』的定義也許不同，如果你
問我的『原鄉』在哪裡？現在我個人是在台灣。因為我出生在台灣的屏東內
埔，這是我的家鄉，也是我的原鄉。」〔註94〕利玉芳〈回娘家〉藉娘家的狗
吠呈現久別返鄉的喜悅與情怯：

一路上 / 舊村落的記憶 / 不斷跟改變的風景 / 比美 // 陌生的小臉 /
印著他們父親的名字 / 告訴孩子 / 我是他們阿爸童年的新娘 // 那隻
/ 看守家的狗 / 不能在我的身上 / 聞出故鄉的氣味 / 齜牙咧嘴 / 撲
來〔註95〕

〈回娘家〉一如賀知章〈回鄉偶書〉「少小離家老大回，鄉音無改鬢毛摧。兒
童相見不相識，笑問客從何處來。」呈現的是人生中的變與不變。當家鄉遠
在天邊時，它是心中最深切親近的母土；但當再度親近投入家鄉懷抱時，卻
又是近鄉情怯一番疏離之情。為表現詩人遠嫁後返鄉的情感波動，利玉芳採
用時間的變率，讓詩中的時間性由冗長而漸行漸蹙，終至戛然而止。第一節
由一路上眼前景物變貌與心中舊村落不變記憶交疊展開；第二節摹寫與家鄉
孩童片刻問答，眼前陌生小臉上烙印著昔日童年玩伴熟悉的名字；第三節則
將時間壓縮迫促到彈指之間，全詩於看家狗齜牙咧嘴撲來的那一刹那，戛然
而止，以反襯出離鄉日久，身上早無家鄉氣味的我的千頭萬緒。變與不變的
交雜，在時間的漸蹙壓縮下，營造出無窮意蘊。古繼堂評此詩：「以樸實、清
新的筆觸，描寫一個嫁娘，回娘家探親，時過境遷，從童年玩伴們下一代的

〔註93〕黃慶祥：〈夏日琉球單車行〉，《琉球行吟》，頁 14～15。
〔註94〕徐碧霞：〈客語詩人訪談紀錄〉，《台灣戰後客語詩研究》，國立成功大學台灣
　　　　文學系碩士論文，2005 年，頁 308。
〔註95〕利玉芳：〈回娘家〉，《活的滋味》，頁 22～23。

臉上，……喚回了無窮的童年記憶。而熟悉的狗竟然將自己忘記，齜牙咧嘴向自己撲過來。詩中溢滿純樸的鄉情和溫馨的回憶。」〔註96〕整首詩盈溢著濃厚的生活氣息，以及濃烈的純樸農村風情。

返鄉是為了再次親炙家鄉親切熟悉的身影，涂耀昌〈故鄉的臉〉卻訴說著故鄉垂垂年老的變化：

> 兒時常在故鄉細嫩臉上／用山雲及串串笑語彩妝／離鄉多年後才驚
> 覺／那張深陷歲月皺紋的臉／窺視歸人時總那麼靦腆〔註97〕

故鄉有我，我有故鄉，故鄉與自我形象疊合為一。詩人不寫兒時「用山雲及串串笑語彩妝」的少小嫩臉，卻寫故鄉嫩臉；不寫自己離鄉多年老大回，卻寫驚覺故鄉「那張深陷歲月皺紋的臉」；不寫近鄉情怯，卻說故鄉「窺視歸人時總那麼靦腆」，傅怡禎說這首詩「將故鄉的變化投射成皺紋滿臉的靦腆老人」〔註98〕，筆者則認為詩人是藉物喻情，在時間的洪流之下，人與故鄉都成老人，除照寫自我形象，更有故鄉今昔變貌之慨，昔日農村時代的人丁旺盛與生機蓬勃，而今在青壯人口大量出走、人口嚴重老化的暮色裡，故鄉已成深陷歲月皺紋的臉，靦腆窺視歸人，因為家園已變。

家園已變，奧威尼·卡露斯盎〈故園情——古茶布安〉卻只能在夢中尋找故園身影，悲吟舊日熟悉的笑容不再：

> 月光依舊／溫柔的銀光灑遍石城／雲瀑依舊／激越的豪情宛如洩洪
> 澎湃／相思樹迎風婆娑／點點黃花／灑下漫天相思的情網／溪澗旁
> 百合淡淡的清香／宛如一只搖籃／輕輕搖盪我入夢鄉／仲夏之夜／
> 我的家鄉——古茶布安／／守護神——大瑪烏納勒依舊日夜守望著／
> 蒲葵樹風雨無阻／墊高了腳尖遙盼著／貓頭鷹「咕咕」的叫聲／滿
> 山尋找／不見舊日熟悉的笑容／日漸瘖啞的／荒城之夜／我的故鄉
> ——古茶布安〔註99〕

〈故園情——古茶布安〉，詩寫異鄉遊子思念家鄉，故園景象進入夢中，卻是景物依舊而人事全非，夢中的古茶布安早已是荒城。詩分兩節，首節藉由銀

〔註96〕古繼堂：〈充滿創造活力的台灣新生代詩人群（下）〉，《台灣新詩發展史》，頁591～592。

〔註97〕涂耀昌：《清明》，屏東：屏東縣立文化中心，2000年，頁53。

〔註98〕傅怡禎：〈屏東地區新詩發展初探〉，《2011屏東文學學術研討會論文集》，頁148。

〔註99〕孫大川主編：《台灣原住民漢語文學選集——詩歌卷》，頁19～20。

色月光、激越雲瀑、相思樹黃花、溪澗旁百合清香等山林元素，構築成充滿視覺、聽覺、嗅覺審美詩情的昔日古茶布安圖像，這圖像「宛如一只搖籃 ／輕輕搖盪我入夢鄉 ／仲夏之夜」，夢中故園似乎一切依舊如昔；次節寫出故園變貌，藉由守護神——大瑪烏納勒日夜守望著、蒲葵樹遙盼著、貓頭鷹滿山尋找，卻「不見舊日熟悉的笑容」，詩寫族人離去後的荒山空城；詩末「日漸瘖啞的 ／荒城之夜」，夢中景與心中情交相疊映，瘖啞的不只是山中貓頭鷹的咕咕聲，還有詩人那失去原鄉不得歸的飄泊感。

（三）再別與撕裂

黃慶祥〈小琉球交通船〉詩寫一次次再別的鄉愁撕裂：

> 剪刀形的船艏 ／一路剪開大海的沉默 ／快如刀割 ／沿途又噴灑雪花
> 無數 ／恣意挑逗 ／只在不遠的後方消失 縫合 ／／鄉愁是這樣的傷口
> ／一遍遍撕裂 ／又一遍遍癒合 [註100]

全詩分兩節，首節摹寫往返於東港與小琉球之間的交通船行進海上，船頭一路剪水激浪，沿途浪花噴射，並在船身不遠後方復歸平靜的自然景象；次節運用意象變形轉換手法，以「鄉愁是這樣的傷口 ／一遍遍撕裂 ／又一遍遍癒合」與首節「快如刀割 ／沿途又噴灑雪花無數 ／恣意挑逗 ／只在不遠的後方消失 縫合」船行景象做意象轉換結合，於是「船艏 ／一路剪開大海」就在詩人的審美錯覺中，變形為「鄉愁」，而形成虛實移位的意蘊，整首詩照寫了小琉球離島生活風貌。

返鄉而再別，鄉愁是一遍遍的撕裂，又一遍遍的癒合，西沙〈再別〉則寫出返鄉是為了充實的再出發：

> 是返鄉，不是歸隱 ／我從喧囂的塵世，跨越 ／時間的叛逆而入山雲
> ／作一次接近璞真的放逐 ／／暮靄之短暫，實若一 ／匆匆的過客，如
> 我 ／一陣飛絢，即恢復原始 ／然而，再出發的充實 ／卻已填補了空
> 洞的鄉愁 [註101]

〈再別〉收錄在《沙鷗的天空》，詩分兩節，首節以「是返鄉，不是歸隱」做為「再別」的伏筆。返鄉是「從喧囂的塵世，跨越」，「入山雲 ／作一次接近璞真的放逐」，此處詩人將塵世的喧囂與家鄉的山雲並置對比，藉以凸顯屏東

〔註100〕黃慶祥：〈小琉球交通船〉，《琉球行吟》，頁54。

〔註101〕西沙：〈再別〉，《沙鷗的天空》，屏東：太陽城出版社，1982年，頁118～119。

家鄉自然地景的樸眞特質；次節將「暮靄之短暫」、「一陣飛絢」與「匆匆的過客」意象疊合，凸顯自己返而不歸的短暫停佇，詩末以「再出發的充實／卻已填補了空洞的鄉愁」，鄉愁是內心的「空」與「洞」，返鄉不是爲了歸隱，而是填補再出發的充實，家園的能量不言可喻。鄉愁是內心的「空」與「洞」，藉返鄉而得到充實。

第二節　家鄉生活素描

　　加斯東・巴舍拉（Gaston Bachelard）《空間詩學》說：「如果我們從這些充滿閃爍微光的意象，走入一些迫使我們回憶起我們更遙遠過往的一些堅實意象時，詩人便成了我的導師。詩人們向我們多麼強烈地提出了證明，證明我們永遠失去的家屋，還持續活在我們內心裡。家屋在我們內心堅持著，以便再度存活起來，就好像期待成爲我們存在的補遺：如果我們今天還能夠住在老家屋裡面，會是多麼棒的一件事。突然之間，我們的古老記憶曾以爲擁有怎麼樣的活現存在的可能啊！我們思忖著過去。過去沒有好好的生活在老家屋裡面的那種懊悔，充滿了我們的心，這種懊悔從往日迎面襲來，淹沒了我們！」〔註 102〕家鄉如同一棟家屋，每個角落都留下我們流逝在時間裡的生活印記，永遠住在我們心中。戰後屏東作家們的家鄉生活素描，有「農家田庄生活」、「部落山林生活」與「漁家泛海生活」，展現出多元族群的豐富生活面貌。

一、農家田庄生活

　　農村田園是屏東的親切地景符號，忙於農事的田家，是屏東田園地景中不可缺漏的構圖元素。曾貴海詩中的農村生活記憶圖像，總有勞動中的人物，「勞動非苦，勞動是香的客家思想、客家生活觀。」〔註 103〕是曾貴海農村書寫中的精神主軸，曾貴海筆下的家鄉農村生活景象，是由〈去高雄賣粄仔的阿嫂〉清晨五點半「幾儕庄肚阿嫂／矇著面戴笠嬤／肩頭擔竿干拔著半夜做好個板仔／蹬著濛濛个天光出門」〔註 104〕揭開一天的序幕，而後清晨圳溝滰洗衣的婦女迎接勞動的一天的到來，曾貴海〈清早个圳溝滰〉：

〔註 102〕加斯東・巴舍拉（Gaston Bachelard）：〈家屋和天地〉，《空間詩學》，頁 126。
〔註 103〕彭瑞金：〈原香——序曾貴海客語詩集《原鄉・夜合》〉，曾貴海：《原鄉・夜合》高雄：春暉出版社，2000 年，頁 88。
〔註 104〕曾貴海：〈去高雄賣粄仔的阿嫂〉，《原鄉・夜合》，頁 6。

打早／幾條天光穿過岰崗个樹葉／照射清早个圳溝／光點伶水面泅來泅去／／庄肚个婦人家細妹仔／攞著一籃一籃換忒个衫褲／行過暗微濛个小路／一儕佔一粒圳溝滣个石頭／／手起手落／用圓棍撏衫褲／一聲接一聲／像山歌一儕接一段唱落去／話事講起來／講到罪過个事／大家惦惦道嘆／講到光彩个事／吵得鳥仔飛盡盡／講起好噱个事／大家扭做一團手軟腳懶／庄肚个大小事／沒一項人毋知／／洗過春夏入秋到寒冬／冷人骨髓个寒天／兩隻腳浸入冰涼个水中／寒風吹散頭腦毛衫袖角／有人一邊洗一邊唱／……冬去春來花會開／阿妹想嫁毋敢講／阿哥想討舌打結〔註105〕

〈清早个圳溝滣〉收錄在《原鄉‧夜合》。《原鄉‧夜合》中幾乎每一首詩都是農村生活景象的縮影，例如〈背穀走相趜仔細妹仔〉：「一九五○年左右／窮苦年代个收成季節／細人仔會去田坵撿穀串／／大人割忒禾仔／大家坐伶田滣打嘴鼓」〔註106〕寫收成季節的田坵一隅；〈割禾仔〉寫農忙收割；〈秋夜放田水〉：「阿叔帶我去放田水／用腳頭挖開上坵田滣」〔註107〕寫夜晚放田水；〈清早个圳溝滣〉則是藉勞動中客家婦女圖像，照寫客庄農村常民生活的一隅。詩分六節，首節勾勒時間空間，摹寫早期農村婦女洗衣的圳溝，在清晨熹微陽光穿過山崗樹葉照射下，圳溝水面波光點點，意味著時間的流動；次節置入人物，摹寫庄內一群挽著洗衣籃的已婚、未婚婦女，走過天色未明的鄉間小路，來到溝圳一人佔一顆大石頭就定位準備洗衣；第三節摹寫婦女洗衣時如山歌般錯落有致的撏衣聲；第四節寫伴隨此起彼落撏衣聲的是婦女們的酸甜苦辣話家常，透過「講到罪過个事／大家惦惦道嘆／講到光彩个事／吵得鳥仔飛盡盡／講起好噱个事／大家扭做一團手軟腳懶」活靈活現的摹寫了婦女們的表情動作，歷歷如繪；詩之末兩節透過客家山歌，喻寫著時間在撏衣聲中遞轉流逝，終成詩人記憶中的一幅「已然逝去的原鄉村景」。〔註108〕

利玉芳〈濛紗煙〉同樣藉由婦女的勞動身影，呈現大清早的客庄農村生活景象：

〔註105〕曾貴海：〈清早个圳溝滣〉，《原鄉‧夜合》，頁19～21。
〔註106〕曾貴海：〈背穀走相趜的仔細妹仔〉，《原鄉‧夜合》，頁8。
〔註107〕曾貴海：〈秋夜放田水〉，《原鄉‧夜合》，頁33。
〔註108〕彭瑞金：〈原香——序曾貴海客語詩集《原鄉‧夜合》，曾貴海：《原鄉‧夜合》，頁88。

雞㖃啼／窗仔背霧濛濛／月光還佇眠帳肚發夢／緊性个家官／喔喔喊 hong 床∥天㖃光／灶下火煙煙／柴草情願分人燒／火屎相爭飛上天／想愛變星星∥日花仔／掀開包等田垺个面紗／打赤腳个婦人家／將濛濛个心事／躅入禾頭下〔註109〕

這首〈濛紗煙〉生動呈現了大清早的客庄農村景象，詩的首節，詩人鋪設出一靜寂之景，萬籟仍俱靜，月光仍映在睡夢中的蚊帳上。急性子的公公拉開嗓門的喚床聲，劃破了這寂靜的清晨，也開始了客家婦女忙碌的一天。詩人並不直接對準婦女勞動身影摹寫，而是讓場景轉至頃刻熱鬧了起來的廚房，灶下柴燒火煙，火屎由煙囪竄入仍霧濛濛的天空，如靜夜之星星般閃爍。第三節詩人讓晨曦終於輕輕揭開田垺面紗，呈現眼前的是辛勤的客家婦女赤著腳在田間躅田，靜默農事的婦女們，邊躅田邊想心事，所有的心事都隨著腳的動作躅入稻禾根下。整首詩擷取作者記憶中熟悉的長輩、姊姊、嫂嫂身影，作為傳統客家婦女之原型，並以現代的眼光想法表現出來。〔註110〕在利玉芳筆下，這清晨農村生活一隅裡的勞動婦女圖像，更多了一種憐惜之情與距離美感。

當豐滿的秋收季節如新生兒般，哇哇墜地來到農村田間，收割季節的農忙景象就此揮灑彩筆，曾貴海〈割禾仔〉：

大日頭下／男仔人戴笠嬤脫去上衣／婦人家戴笠嬤蒙著臉／割落去／一垺又一垺∥兩隻腳釘著地泥／鐵枝樣个黑色圓身彎上彎下／卡嚓卡嚓／禾鐮刀閃射日頭光／手起一抓穀串／手落又換行∥男男女女／兩隻手像利剪／汗水對面上滴落／腳底个絞穀機響毋停／穀袋裝入一季个辛苦∥收工後／坐下來食點心／欣賞心愛个田地／笑容浮起滿意个表情〔註111〕

貴海曾自剖對家鄉南台灣屏東自然環境的美好體驗：「相對於高雄的生活，我的鄉下體驗則充滿了野生的陽光記憶。我的故鄉佳冬是一個客家人佔多數的鄉下，除了客家人防衛性的客家聚落區外，外圍都是稻田和果園。」〔註112〕

〔註109〕利玉芳：〈濛紗煙〉，《夢會轉彎》，台南：台南縣政府文化處，2010 年，頁 137。

〔註110〕陳麗珠：〈利玉芳訪談稿〉，《河壩个歌——利玉芳詩作之客家書寫研究》，交通大學客家社會與文化學程碩士論文，頁 87～88。

〔註111〕曾貴海：〈割禾仔〉，《原鄉‧夜合》，頁 23～24。

〔註112〕曾貴海：〈南方大地的鏡像與心靈對話〉，陳明柔主編：《台灣的自然書寫》，2005 年「自然書寫學術研討會」文集，台中：晨星出版社，2006 年，頁 270～271。

也因爲「幼年生長的農村綠意土味記憶的延伸」〔註113〕，「土地」成爲曾貴海詩的描寫重點。在這首客語詩中，詩人呈顯了他記憶中家鄉收割季節的忙碌田園景像，並形塑了其獨特的田園自然美感。家鄉的割禾季節，男男女女人手一把禾鐮，如鐵釘般釘在土地上的強有力雙腳，是永世植根家鄉土地的符號；敏捷迅速的刈禾動作，是歡喜勞動的美學價值體現；收工後，田間一張張吃著點心的男女笑容，是客庄農忙後最美的句點。

對新生代屏東作家黃明峯而言，收割季節是一首由稻田、拾穗者、麻雀、田舍米香、斜陽、紅屋瓦共同書寫的充滿成長喜悅的飽滿詩行，〈童年〉之三寫著：

> 夕陽下／稻田的笑容如此羞澀／收割的季節是一首飽滿的詩／抒寫著成長的喜悅／拾穗者彎著背／感謝天 感謝地／麻雀最後撿去剩下的金黃詩句／成群結隊在燕尾上大聲朗讀／而屋內傳出的陣陣米香／暖暖的／是道地的南方口味／斜陽一聞／就醉了／更何況桔紅的屋瓦／片片都微醺〔註114〕

傅怡禎〈屏東地區新詩發展初探〉認爲這首詩「以觸動讀者心弦的字句，排列成大家曾經有過的鄉村經驗，輕而易舉的展現田園風格，靜謐的在美麗角落自我搖曳。」〔註115〕黃明峯的童年記憶角落，是一幅充滿視覺、嗅覺、味覺、觸覺美感經驗的收割季節農村圖景。詩之鏡頭先是俯視收割季的農田景象，拾穗者的感恩、麻雀的歡唱，而後是嗅覺摹寫，最後鏡頭拉遠拉大到俯視斜陽下紅色屋瓦。天、地、人、物共享此刻愉悅氛圍，共譜田園季節之詩，更勾引讀者對美好田園的迴響。

沙穗〈祈雨〉、〈及時雨〉則是書寫1980年炎夏高屏地區久旱不雨，反映農民生活的土地之歌，〈祈雨〉寫道：

> 幾隻水牛 流著口水／趴在樹蔭下／看一群牧童／在洗著日光浴∥農人 茫然的／握著秧苗不知從那裡開始插起／抽水機／抽出的幾條泥鰍 拚命喊著／口渴如泥 口渴如泥……∥一口口的井／張著口在望／一群群的農人／等著人造雨〔註116〕

〔註113〕彭瑞金：〈原香——序曾貴海客語詩集《原鄉‧夜合》〉，曾貴海：《原鄉‧夜合》，高雄：春暉出版社，2000年，頁6～7。

〔註114〕黃明峯：〈童年〉之三，《自我介紹》，頁15。

〔註115〕傅怡禎：〈屏東地區新詩發展初探〉，頁145。

〔註116〕沙穗：〈祈雨〉，《護城河》，屏東：屏東縣立文化中心，1993年，頁153～156。

沙穗〈祈雨〉「前記」:「高屏地區入夏以來,久旱不雨:缺水嚴重。二期稻作無法插秧,眼看農田荒蕪、土地龜裂,再不下雨只有廢耕,很多農民仰天長嘆,膜拜祈雨⋯⋯」〔註117〕久旱不雨的炎夏,農田幾近廢耕,閒著沒事的水牛們,趴在樹蔭下流著口水反芻草糧;一群牧童頂著大太陽在放牧;農人握著無法插秧的秧苗,茫然地面對乾旱的農田,抽水機抽出的不是地下水,而是幾隻頻頻張嘴喊渴的泥鰍。詩之鏡頭透過視覺的不斷散點游移,鮮活照寫了天候乾旱的農村苦景。〈及時雨〉則續寫農村久旱逢甘霖的喜景:

> 張著口的井 / 在飢渴之下 / 終於盼到了一朵朵的烏雲 / 烏雲把井堵得滿滿的 // 一個農人 / 在等人造雨 / 等酸了脖子 走到井邊 / 想坐一坐 / 忽然刮起了一陣風 / 把他的斗笠也吹到了井裡 // 氣象局報告 / 低氣壓形成了艾達颱風 / 那個農人高興的歡呼起來 / 也忘了 / 那頂斗笠 // 他一歡呼 / 雨就淅瀝嘩啦的跟著下了 // (好像雨是被他歡呼下來的 / 滴滴答答的還有節奏) // 他不戴斗笠 / 也不躲雨 / 相反的他卻把自己交給了雨 / 像那幾隻水牛一樣 // ⋯⋯ // 一片落葉緊抱著樹枝 / 但人們不關心落葉 / 只關心插秧 至於 / 那幾條喊著 口渴如泥 的泥鰍 / 也在風雨中緘默了〔註118〕

〈及時雨〉「前記」:「在高屏地區久旱不雨,很多農民膜拜祈雨之際。突然,來了一個艾達颱風,帶來了一陣及時雨⋯⋯。」〔註119〕整首詩延續〈祈雨〉的劇動詩境,農人仰盼的人造雨久候不到,倒是艾達颱風帶來一朵朵烏雲,農夫高興的歡呼起來,如同樹蔭下那幾隻水牛一樣,把自己交給淅瀝嘩啦的及時雨,歡喜二期稻作終於可以順利插秧了。如同張堃所言,沙穗的詩除了詩藝表現技巧圓熟外,並善用真實的生活背景襯托詩中劇動的氣氛。〔註120〕這兩首詩除記錄了1980年艾達颱風對當時屏東農家稻作的解旱貢獻,更也鮮明的照寫了八○年代農家生活景象。

涂耀昌〈阿爸的鐵牛〉在父親勞動耕作歷程的記憶書寫中,照寫出農村生活景象:

〔註117〕沙穗:〈祈雨〉,《護城河》,頁153。

〔註118〕沙穗:〈及時雨〉,《護城河》,頁157～160。

〔註119〕沙穗:〈及時雨〉,《護城河》,頁157。

〔註120〕張堃:〈抒情世界的新領主——簡介沙穗的詩〉,《護城河》,屏東:屏東縣立文化中心,1993年,頁10。

那年，乾瘦的父親像秋天的苦楝樹／泥濘的明天，如田埂般窄小蜿蜒／雲翳常跑到水田央水墨父親的愁容／如咕咾石的日子／常被狂潮拍岸般的命運／磨出墨綠色的歲月膽汁……／碗裡沒有湯圓的冬至／賣水牛買鐵牛／卻成了父親晾乾明天的最後一把壓注／／初春的清晨 額上綴著紅綾的鐵牛／渾身泛著精勁的冷光／崩天裂地的引擎／把原本貧血的五桂堂亢奮成高血壓／阿爸的鐵牛 耕祖父耕過的田／耕村鄰們的田／從竹田、美濃到員林／耕過無數他鄉生硬的土地／／耕啊！耕過灼灼烈日和寂寂寒夜／犁過驚蟄、霜降和無數向晚裊裊炊煙／無非啊！是想在餘暉中／翻出朵朵燙金的遠景／耕啊！耕過水田、豆田及苦瓜田／阿爸的鐵牛也曾在深深的子夜／犁過母親一畦畦的淚田／就是想啊！翻鬆堅硬的幸福／及七個子女想望的夢土／／今年，老邁的父親依然乾瘦／如賤價的檳榔樹／蹲踞檳榔園一隅的老鐵牛／常陪阿爸細數長繭的過往輝煌／斑剝的青春化成歲月的春泥／滋養子女長大；徒留的記憶／遂被我中年的眼睛／在心頭燒壓成苦澀酸鹹的歲月光碟〔註121〕

〈阿爸的鐵牛〉收錄在《清明》第三輯「孺慕之歌」。輯中 7 首詩中，從〈清明〉透過書寫清明儀式，緬懷「父母恩重，先祖渡海的堅毅及為子子孫孫壯闊的心胸。」〔註122〕；〈四合院〉：「我逮捕到你無法閃躲的窘態／自從隔鄰的新廈一一落成後」〔註123〕寫出象徵客庄傳統精神的四合院的今昔變貌；〈母親的〉從母親的臉、眼、髮絲、肩膀、手切入書寫孺慕的呢喃；〈故鄉的臉〉以皺紋滿臉的醜陋老人喻寫家鄉的今昔變貌；〈收編〉書寫在安寧病房的老父；〈巴掌仙子〉則書寫作者對早產女兒的父愛。從〈清明〉到〈巴掌仙子〉，從緬懷先祖，到感念父母親哺育之恩，乃至為人父親，輯中紀錄的不只是孺慕之情，還有家族生命的香火延續。

〈阿爸的鐵牛〉整首詩像一張歲月光碟，裡面燒錄的是作者透過童年到中年的眼睛，記憶下來的父親鐵牛耕作歲月。那一年秋天，祖父去世，父親如乾瘦苦楝樹，繼承祖父耕過的堅硬如咕咾石的田地，度過碗裡只有貧窮而沒有湯圓的冬至後，父親賣水牛買鐵牛，決心振起涂家五桂堂堂號。初春到

〔註121〕涂耀昌：〈阿爸的鐵牛〉，《清明》，屏東：屏東縣立文化中心，2000 年，頁 49～51。

〔註122〕涂耀昌：〈清明〉「註」，《清明》，頁 43。

〔註123〕涂耀昌：〈四合院〉，《清明》，頁 45。

來，父親的鐵牛引擎崩天裂地，在無數的歲月中耕過無數的田地，「耕祖父耕過的田／耕村鄰們的田／從竹田、美濃到員林／耕過無數他鄉生硬的土地」，耕過水田、豆田及苦瓜田，「耕過灼灼烈日和寂寂寒夜／犁過驚蟄、霜降和無數向晚嫋嫋炊煙」以及「犁過母親一畦畦的淚田」，努力「翻鬆堅硬的幸福／及七個子女想望的夢土」，而後，曾幾何時，檳榔園取代了水田、豆田及苦瓜田，又曾幾何時，連檳榔也賤價了，物換星移，時移勢轉，年邁的父親，如同賤價的檳榔樹，都已過時，只有那「蹲踞檳榔園一隅的老鐵牛／常陪阿爸細數長繭的過往輝煌」，農業的走入黃昏，正如同父親之走入年邁暮年，都照寫了今日農村的凋零處境。

　　台灣戰後屏東現代詩中的農家田庄生活書寫，不管是曾貴海〈去高雄賣粄仔的阿嫂〉、〈清早个圳溝脣〉或是利玉芳〈濛紗煙〉，都是由勞動的婦女揭開農家一天生活的序幕，體現出「勞動是美」的審美觀；稻田與果園裡充滿野生的陽光記憶，透過〈背穀走相趨的細妹仔〉、〈割禾仔〉、〈童年〉、〈及時雨〉、〈阿爸的鐵牛〉，體現出「勞動是甜」的價值觀，人與土地緊密連結，彼此付出，互相完成，體現的地方之愛。

二、部落山林生活

　　山林部落，作為一個具有真實感的地方，是一個歸屬於原住民族群的場所。艾蘭・普瑞德（AllanPred）說：「一個真實的地方感，多半是不自覺的，一序列被深深感動的意義，建立在對象、背景環境、事件，以及日常實踐與被視為理所當然的生活的基本特殊性的性質之上，它不再被視為是什麼，而是應該是什麼。」〔註124〕山林部落是緊繫原住民內在情感的物質環境，以及經由長時間山林野性生活經驗中的嗅覺、聽覺、味覺、觸覺，所強化的親切的關聯性。以下將藉讓阿淥〈大鐵盆〉、〈你們說的是誰〉、〈煤油燈〉三詩，體現原住民部落山林生活書寫中的地方感形塑。讓阿淥・達入拉雅之〈大鐵盆〉記憶書寫射鹿部落水源地引水的生活景象：

　　　　水源地的接管被沖斷了／水量已經越來越少∥大鐵盆被放在庭院的
　　　　一角／注入山泉∥水是從山澗溪流接引／接上水管／一段　沿石壁

〔註124〕艾蘭・普瑞德（AllanPred）著，許坤榮譯：〈結構歷程和地方——地方感和
　　　　感覺結構的形成過程〉，王志弘、夏鑄九編譯：《空間的文化形式與社會理論
　　　　讀本》，台北：明文書局，1993年，頁87。

掛著／一段 隱藏樹林／一段 穿越山溝／一段 沒入草叢／一段接
著一段／接到 taugadju 家／接到 baljius 家／接到 pasasau 家／一家
接著一家／／泉水在庭院裏不斷湧出／大鐵盆早已盛滿 溢出的水宛
如一條小溪流／鐵盆周圍／種甘蔗／種百合／種山蕨／下方有一大
片紅黎園／受到泉水的滋潤／而都長得特別茂盛／／從水源處接完水
管的人正在返家／那／家裏的人往山谷裡呼喊／已經好了 有水了
／我已經在燒熱水了〔註125〕

這首詩筆觸樸拙，以白描之筆，從庭院一角的大鐵盆切入，一路近距離特寫
山泉水如何從山澗溪流水源地接引到部落族人生活場域。隨著詩人走筆，水
管行經之處，帶出山中部落地景地物與常民生活面貌，但最後幾句最是突出，
「從水源處接完水管的人正在返家／那／家裏的人往山谷裡呼喊／已經好了
有水了／我已經在燒熱水了」，詩之鏡頭一下子由水源地跳接到部落家中，透
過家人的呼喊，詩之鏡頭旋即拉高拉廣拉遠，餘音迴盪於山谷之間，頗有「只
在此山中，雲深不知處」之意境。整首詩藉引水題材，在北大武山之巔山林
族群的日常生活實踐中，體現出真實的地方感。

讓阿淥・達入拉雅之〈你們說的是誰〉書寫的是傍晚時刻的部落族人生
活景象：

牛樟樹這麼說著／有一位老人走到森林裡／鐮刀還留在那裡忘了帶
走／相思樹這麼說著／有一個鐵撬放在水源地已經很久了／不知道
是誰的／／老人們在部落裡在郊外各說各話／芋頭園裡的工作已經結
束／芒草間的竹雞盡情的高唱自如／可能是傍晚來臨前的奏樂
／／rutjamkam 祖父抽著菸斗愜意的坐在砌石之上／路上的草是他除
的／ljiuc 祖父咬著檳榔 頭上綁著毛巾／屋瓦是他 幫忙做的／
ljemavau 祖母和 maljeveljev 姨媽包著檳榔乾／Ijamilingan 姨丈正在
除去他褲子上的擾人草／／你們說的是誰〔註126〕

〈你們說的是誰〉以充滿童趣的輕鬆樸素語言，生動的呈現了射鹿部落族人
一天生活中的傍晚時刻。整首詩場景不斷移動，從森林裡牛樟樹下的被遺忘

〔註125〕讓阿淥・達入拉雅之：〈大鐵盆〉，《北大武山之巔——排灣族新詩》，頁61～
63。

〔註126〕讓阿淥・達入拉雅之：〈你們說的是誰〉，《北大武山之巔——排灣族新詩》，
頁21。

的鐮刀，到水源地相思樹旁的鐵橇，鏡頭終於拉近到部落郊外。此刻，竹雞正盡情高唱於芒草間，四、五個老人們坐在砌石之上，有的抽著菸斗，有的咬著檳榔，有的正忙著拍去黏在褲子上的咸豐草，還有的正在包著檳榔乾。一天的工作結束，忙完了芋頭園，也除了路上的草和整修了屋瓦，大家分工合作，共享成果，詩中雖未一一明說族人們白日各忙了些什麼？但牛樟樹知道、相思樹知道、咸豐草知道，還有那芒草間的竹雞也知道，整首詩充分體現了天人合一的原住民山中生活之樂。

　　忙完一天工作的射鹿部落，〈煤油燈〉則書寫煤油燈下的晚餐景象：

　　　天色暗了／外頭有許多會咬人的蟲／／煤油燈吊掛在神柱上／床顯得
　　　光亮／母親盛上放有菜葉的晚餐／／煤油燈拿過來／我們才得以看見
　　　／／在石板屋裡／煤油燈閃爍／映照著正在食用晚餐的一家人

〔註127〕

整首詩簡單幾筆，詩之鏡頭由天色已暗、飛蟲漸多的山林空間場景，游移轉入家屋內部；次節以吊掛在神柱上的煤油燈為焦點，照出部落石板屋內簡單格局，以及部落常民生活之晚餐景象；末節將詩之鏡頭聚焦在閃爍煤油下，正在享用有菜葉的晚餐的一家人。

　　加斯東・巴舍拉（Gaston Bachelard）《空間詩學》說：「遙遠的回憶，只會藉由給予事實以幸福的意涵、幸福的光暈，來召喚它們。」〔註128〕家屋永遠活在內心，成為我們存在的補遺。原住民作家讓阿淥透過詩作，捕捉記憶中射鹿部落生活中的點點滴滴，從深林遠距汲水，到黃昏勞動後的小憩，乃至夜幕裡靜謐家屋內的晚餐，昔日部落生活景象，遂在詩語言的靈光裡，失而復得。

三、漁家泛海生活

　　琉球鄉是屏東縣唯一離島鄉鎮，因為擁有非常良好的天然漁業環境與豐富漁產，所以島上居民多半以漁業維生。同時加上族群性格上的堅毅與勤奮，因此漁民航向全世界賺取生活所需。以琉球鄉一萬多的人口，卻有五十噸以上的遠洋漁船一百多艘，每年總有上百艘出國船隻分布世界各地海域。〔註129〕

〔註127〕讓阿淥・達入拉雅之：〈煤油燈〉，《北大武山之巔——排灣族新詩》，頁65。
〔註128〕加斯東・巴舍拉（Gaston Bachelard）：〈家屋和天地〉，《空間詩學》，頁127。
〔註129〕杜奉賢、鍾宇翡、何立德、何政哲等撰：《琉球鄉文化資源調查研究》，屏東：
　　　　屏東縣琉球鄉公所，2008年，頁445。

小琉球作家黃慶祥《琉球行吟》書寫記憶中的琉球家鄉，詩集首頁詩〈泊船〉，
藉泊船喻寫琉球鄉漁民生活景象：

> 曾經／滿載一身的疲倦／蹣跚在／落日的眼前／思念一浬長過一浬
> ／劃出一道太平洋的弧線／拖曳一條孤寂的黑煙／／纜繩拉住了漂泊
> ／天涯的歸來／有故鄉的等待／海浪一波又一波／舔舐著船舷／推
> 擠而過／起伏的乳房也是／儲滿盼望的溫熱／一遍又一遍／熨撫久
> 別的皺褶〔註130〕

白沙港，也稱白沙尾港，鄰近花瓶石，完工於昭和十三年（1938），並經戰後
多次擴建，是琉球鄉兩大漁港之一，港內可容納動力漁船停泊避風之用。〈泊
船〉被安置在《琉球行吟》卷一「琉球行吟」卷首，摹寫黃昏落日時候，琉
球船隻停泊白沙港外海，準備入港停泊的景象。首節運用遠距廣角鏡頭，納
入落日下太平洋遠闊海景，在遙遠之處，一艘吃水很重的船緩緩在海面畫出
一道弧線，尾巴拖曳著一條黑煙的動力漁船。詩中藉「一身疲倦」、「一浬思
念」、「一道弧線」、「一條黑煙」堆疊出「孤寂」詩境。詩人運用轉化手法，
賦予船隻以漁人感情，字面上雖只寫船而不寫人，但透過「疲倦」、「蹣跚」、
「思念」、「孤寂」、「漂泊」語彙，則盡顯家鄉漁民長年捕魚在外的飄泊思鄉，
也見漁家生活之艱辛。如同黃慶祥〈出國〉所言：「出於台灣近海的漁業資源
已枯竭，漁民不得不作千萬里的長征。」〔註131〕長征千萬里的辛酸，只有漁
家知道；在次節中，被纜繩拉住停泊港內的船隻，在海浪「一波又一波」、「一
遍又一遍」推擠下起伏著，轉化這景象為漁人與愛人之間的親密體膚交融接
觸意象。整首詩的意境，與黃慶祥另一首詩〈碼頭的漁船〉「累積出港數月的
拼鬥／勞累已和船身一樣重／勞累的漁船／倚靠在故鄉的碼頭／重重的浸泡
在水中／任海水沖刷洗過／惱人的引擎聲／也變成甜美的沉默／／兩條纜繩把
船的頭尾細綁著／一條是親情／一條是愛情／把整船的漂泊／緊緊牢固在故
鄉的碼頭」〔註132〕參差對照，得到更細緻的敘明，於是這親密意象被賦予了
更豐厚的家鄉情懷內涵，除凸顯了琉球人和大海之間難以割捨的特殊情感，
更也側面凸顯了琉球漁家生活的甘與苦。

黃慶祥〈夜釣的小船〉則摹寫漁民夜釣景象：

〔註130〕黃慶祥：〈泊船〉，《琉球行吟》，頁12～13。
〔註131〕黃慶祥：〈出國〉，《小琉球手記一九七〇》，頁73。
〔註132〕黃慶祥：〈碼頭的漁船〉，《琉球行吟》，頁77。

　　駛離無人送行的碼頭／投入大海無邊的沉默／黃昏的氣數已盡／黑
　　夜一出／迅即吞噬最後一絲血色／／岸上的燈火陸續綻放／接替白天
　　的顏色／細小如螢火／棲息在每一個角落／／無盡的波浪滾滾／低身
　　掠過細小的扁舟／搖晃的船身舞動搖晃的手／搖呀搖　釣呀釣／釣
　　起多如螢火的魚兒／釣起一家安穩的美夢〔註133〕

整首詩的畫面，從琉球漁民「細小」的扁舟，駛離「無人」送行的碼頭，投
入「無邊」沉默的大海。扁舟越駛越遠，回眸遠處岸上棲息在每個角落裡細
小如螢火的燈火。「無盡」波浪搖晃著細小扁舟上夜釣的手，釣起一家安穩的
美夢。透過「小」與「大」的對比，凸顯了人物相對於浩瀚大海的渺小，以
及心願的渺小。

　　黃慶祥的家鄉書寫，除了抒發懷鄉之情，關懷小琉球的風物，表現漁村
生活特色。尤其是三年一科的琉球迎王，作者更以「琉球迎王」組詩，按照
迎王的先後次序，一一描繪三年一科的琉球迎王。「這種表現方式是少見的，
雖然不是詩歌抒情的傳統，但卻有保存民俗的價值。」〔註134〕小琉球迎王祭
典據聞已行之百餘年，小琉球三隆宮的迎王祭典與東港東隆宮的王船祭有深
厚的淵源，小琉球的迎王日期都訂在東港之前，小琉球人把瘟王送到東港後，
由東港的溫王爺接領再一起乘東港的王船遊天河。信徒們俱信透過這種迎王
出巡、遷船遶境與午夜送王儀式，可以送走瘟疫與死亡，保佑漁船每次出海
都能平安順利、滿載而歸。〔註135〕黃慶祥曾在《小琉球手記一九七○》為文
〈「吃」在琉球迎王〉活靈活現描寫這「濃濃的重質、尚鬼神的殷商遺味」〔註
136〕體現迎王活動裡的在地飲食文化；〈琉球迎王總動員〉則書寫「迎王一到，
全琉球山的人全到」〔註137〕全員凝聚的心力。「琉球迎王」組詩共 10 首，分
別是〈王船下水〉〔註138〕、〈逡港腳〉〔註139〕、〈請水〉〔註140〕、〈過火〉〔註

〔註133〕黃慶祥：〈夜釣的小船〉，《琉球行吟》，頁 58～59。
〔註134〕曹啓鴻：〈縣長序〉，黃慶祥：《琉球行吟》，頁 2。
〔註135〕鍾宇翡：〈書寫島嶼──詠小琉球詩初探〉，多元文化暨產業發展學術研討會，
　　　　屏東科技大學，2008 年 6 月，頁 11。
〔註136〕黃慶祥：〈「吃」在迎王〉，《小琉球手記一九七○》，頁 24～32。
〔註137〕黃慶祥：〈琉球迎王總動員〉，《小琉球手記一九七○》，頁 33～41。
〔註138〕黃慶祥：〈王船下水 1〉，《琉球行吟》，頁 32～33。
〔註139〕黃慶祥：〈逡港腳 2〉，《琉球行吟》，頁 34～36。
〔註140〕黃慶祥：〈請水 3〉，《琉球行吟》，頁 37～38。
〔註141〕黃慶祥：〈過火 4〉，《琉球行吟》，頁 39～40。

141）、〈遼境〉〔註142〕、〈觀音媽的轎班〉〔註143〕、〈端水果盤的小姐〉〔註144〕、〈轎班的點心〉〔註145〕、〈迎王船〉〔註146〕、〈送王〉〔註147〕。今舉〈王船下水〉析論之：

> 船員已一一走上甲板／黏固在崗位不動／開光點眼的船身／渾身的筋骨頓時舒活／升起黃色的大帆／蓄勢待發／只待漁汛的風起／駛出王船寮的碼頭／／五湖四海的魚群／擁擠在船身的四周／有如人潮般萬頭攢動／站在高翹的船頭／灑下雨點般的魚餌／一波波／躍出海面的魚群／張大了口／有如人們伸長的雙手／一一把糖果的魚餌／接走 接走 接走／或者沉潛海底／尋找漏接的糖果／直到一顆不剩／直到滿載豐收〔註148〕

詩末註：「王爺廟。漁船下水儀式中，以糖果象徵魚餌，而人們撿拾糖果則象徵魚群吞下魚餌。王船下水亦然。」此詩分兩節進行，首節直接由船員在甲板上就定位切入，「開光點眼的船身／渾身的筋骨頓時舒活／升起黃色的大帆／蓄勢待發／只待漁汛的風起」，賦予詩境以琉球新漁船下水儀式意象，直至首節末句「駛出王船寮的碼頭」，方明確揭曉此乃三年一科迎王平安祭典的王船下水儀式；次節中，詩人將人潮擁擠王船四周接走由王船上拋下的糖果麻糬的景象，與「灑下雨點般的魚餌／一波波／躍出海面的魚群／張大了口」做意象的連結。整首詩鮮活的摹寫了三年一科迎王平安祭典的王船下水儀式，更也側寫了琉球漁村文化的樣貌精神。

黃慶祥詩作中的小琉球漁家泛海生活素描，從〈泊船〉、〈碼頭的漁船〉、〈夜釣的小船〉之凸顯琉球漁民甘苦，以及與大海間的緊密情感，到〈琉球迎王〉所體現的漁村傳統文化精神，透過漁民對象、海洋背景、捕魚日常生活實踐，以及三年一科的迎王儀式，注入作者經驗、賦予文化意義，形塑出真實的小琉球地方感。

〔註142〕黃慶祥：〈遼境5〉，《琉球行吟》，頁41～43。
〔註143〕黃慶祥：〈觀音媽的轎班6〉，《琉球行吟》，頁44～45。
〔註144〕黃慶祥：〈端水果盤的小姐7〉，《琉球行吟》，頁46～47。
〔註145〕黃慶祥：〈轎班的點心8〉，《琉球行吟》，頁48～49。
〔註146〕黃慶祥：〈迎王船9〉，《琉球行吟》，頁50～51。
〔註147〕黃慶祥：〈送王10〉，《琉球行吟》，頁52～53。
〔註148〕黃慶祥：〈王船下水1〉，《琉球行吟》，頁32～33。

第三節　家鄉童年記憶

　　家鄉是個含有時間性意義的地方。段義孚（Yi-Fu Tuan）說：「空間之含有時間性意義，可以由詩、神祕探險、和移民史方面反映出來，這種意義也可從日常的個人經驗方面體會得來。語言本身顯示了人、空間、時間的親切連繫。」〔註149〕戰後屏東作家透過詩寫家鄉人、事、物書寫，從時空之中找尋自己與這塊土地的親切聯繫。加斯東・巴舍拉（Gaston Bachelard）則說：「這棟『家屋』是某種輕飄飄的家屋，它在時間的氣流中位移。它真的是向另一段時光的氣息開啟。」〔註150〕，所以林清泉〈回憶〉寫道：「我的回憶／在遠方／很美，也很惆悵／／而我春天／在童年／散一片的愛／在回憶的夢裡／蕩漾」〔註151〕往昔，在時間的彼端，家鄉則是那瓶收集春天童年記憶的液體，流動在我們多年之後的內心裡。以下將藉「童年的角落」與「青春自畫像」兩小節，探討台灣戰後屏東現代詩中的家鄉童年記憶書寫。

一、童年的角落

　　家鄉是這麼一棟無所不在的永遠家屋，在我們生命中不同的時空裡流動著，「它就好像某種液體，收集到了我們的記憶，而我們自己被融化在這一瓶往日的液體當中。」〔註152〕於是「藉助這個悠遠背景的烘托，童年去而復回」〔註153〕逝去的美好童年經驗，早已儲存在記憶之中，靜靜地等待著被召喚的時刻到來。透過螢火蟲、蟬殼、陀螺、甚至午夜夢迴的海浪聲，在這些「悠遠背景的烘托」下，童年時光重現，童年時光失而復得。

　　許其正的童年記憶圖像裡，有鄉間螢火蟲、龍眼樹幹上一枚蟬殼、地上一隻陀螺，還有那匡琅匡琅的糖廠小火車。許其正〈螢火蟲呀，你……〉寫著：

〔註149〕段義孚（Yi-Fu Tuan），潘桂成譯：〈經驗空間中的時間〉，《經驗透視中的空間和地方》，頁119。

〔註150〕加斯東・巴舍拉（Gaston Bachelard）：〈家屋和天地〉，《空間詩學》，頁124。

〔註151〕林清泉：〈回憶〉，《林清泉詩選集》，屏東：屏東縣立文化中心，1993年，頁239。

〔註152〕加斯東・巴舍拉（Gaston Bachelard）：〈家屋和天地〉，《空間詩學》，頁127。

〔註153〕加斯東・巴舍拉（Gaston Bachelard）：〈角落〉，《空間詩學》，頁229。

你是一盞閃爍的小燈 ／在這暗夜的鄉間飄飛 ／螢火蟲呀，你 ／牽引我的靈魂出竅 ／尾隨著你 ／飄飛向煙霧縹紗處……／／那是個無底的深淵呀！／／你是一盞閃爍的小燈？／啊，不，你是一顆小星星 ／閃爍在那遙遠的小農村 ／朦朧裡，模糊中 ／我發現它們閃爍著 ／我童年的點點滴滴……〔註154〕

眼前暗夜鄉間飄飛的螢火蟲身影，如小燈、如小星星，牽引作者心緒進入遙遠的昔日童年小農村的點點滴滴。童年是一枚蟬殼，許其正〈蟬殼〉：

一枚蟬殼 ／趴伏在一棵龍眼的 ／樹幹上 ／／我發現了它 ／在一個炎炎夏午 ／和我童年時常發現的情形一樣 ／／如今我已中年 ／回首，只見 ／童年如那蟬殼……／／如果炎炎夏午過去了呢？／如果中年過去了呢？／它是否會仍然完好不變？〔註155〕

此詩乃日常生活感發之作，龍眼樹幹上一枚蟬殼，召喚作者的思緒，從現在回溯到了童年相似情景，並也產生了今昔之感，在詩人心中，逝去的童年影像就如同龍眼樹幹上那一枚蟬殼，而「我」已步入中年。童年也是一枚陀螺，許其正〈陀螺〉「陀螺不住地 ／轉著，轉著 ／／在童年那邊轉著 ／轉出童趣來 ／轉出無憂無慮來 ／／轉著，轉著 ／轉過一分一秒 ／轉過一日一夜 ／轉過春夏秋冬 ／轉過少年青年壯年……／陀螺不住地 ／轉著、轉著……」〔註156〕陀螺轉出童年，陀螺也轉出童趣，陀螺轉出春夏秋冬，陀螺也轉過詩人的少年、青年、壯年。

童年更是那記憶中匡琅匡琅向前行的糖廠小火車，童年無所不在。許其正〈一樣的小火車〉寫著：

小火車，匡琅匡琅向前行 ／一個小小的火車頭 ／燃煤的，拉得直喘氣 ／／那是小時候 ／在故鄉 ／載著甘蔗 ／前往糖廠榨糖 ／小火車匡琅匡琅向前行 ／一片悠閒，自在逍遙 ／／開過幾多歲月 ／小火車開到了這裡 ／卻載的是鹽 ／連我也是其中的貨載 ／同樣一片悠閒，自在逍遙 ／嗯，原來這裡是青海鹽湖 ／／一樣的小火車 ／兩樣的情景 ／小火車同樣匡琅匡琅向前行〔註157〕

〔註154〕許其正：〈螢火蟲呀，你……〉，《重現》，頁78。
〔註155〕許其正：〈蟬殼〉，《南方的一顆星》，屏東：屏縣文化，1995年，頁102～103。
〔註156〕許其正：〈陀螺〉，《南方的一顆星》，頁111～112。
〔註157〕許其正：〈一樣的小火車〉，《山不講話》，頁22。

詩分四節，首節進行視、聽覺摹寫，小小燃煤小火車匡琅匡琅向前行，「拉得直喘氣」；次節則以「那是小時候／在故鄉」點出昔日時空，並說「載著甘蔗／前往糖廠榨糖／小火車匡琅匡琅向前行」刻意承續首節詩境，製造兩節所述同一物之錯覺，但「一片悠閒，自在逍遙」與首節「拉得直喘氣」卻又明顯衝突矛盾；第三節持續以「開過幾多歲月／小火車開到了這裡／卻載的是鹽／連我也是其中的貨載」製造時空錯覺，只是「嗯，原來這裡是青海鹽湖」答案揭曉，作者正「一片悠閒，自在逍遙」的坐在青海鹽湖載鹽小火車上；末節「一樣的小火車／兩樣的情景／小火車同樣匡琅匡琅向前行」做結，由眼前時空的青海載鹽小火車，召喚出潛藏作者記憶深處的童年糖廠載甘蔗的小火車記憶。早期政府嚴禁民間種植食用製糖用白甘蔗，貧窮年代的貪嘴愛玩小孩們，往往埋伏於台糖蔗園鐵軌旁，伺機偷拔小火車上甘蔗，大快朵頤，而這也成為早期屏東人童年的共同回憶之一。

　　童年的記憶，是離鄉的屏東作家久居城市之後，面對自然環境的失落，而肉身卻被監禁在城市的最溫柔撫慰。它是如此私密性，「人蜷伏在世間某個空間，在那裡，人自身與自己最接近，亦即最富有真摯性。」〔註 158〕就以曾貴海詩為例，鍾榮富說：「曾貴海的詩作主題涵括：台灣，土地，與族群。這三個主題相互映襯，烘托出詩人成長的外在變化與內心感受的滄桑。外在的變化，透過文字和詩的節奏，很能讓我們分享到那『喚不回』的悵然。例如用華語寫的〈鄉下老家的榕樹〉和用客家話寫的〈熱天當晝〉（夏天的中午）最足以代表這類緬懷的情緒。」〔註 159〕詩寫是為了緬懷那喚不回的家鄉童年時光，曾貴海〈鄉下老家的榕樹〉寫著：

> 我四處遊蕩／偶而老遠回來／攜帶思念上樹／躺臥在童年棲息的枝幹／讓你摸摸看看／七月裡，你仍擋出一大片陰涼／招引幾隻夢蟬／呼喚童年玩伴的乳名〔註 160〕

童年是家鄉那棵百年老榕樹，童年在枝幹上躺臥棲息著，童年也在樹蔭下鬥蟋蟀玩耍著，枝幹上蟬鳴唧唧呼喚著童年玩伴的乳名。阮美慧說：「老家

〔註 158〕余德慧：〈詩意空間與深廣意識〉，加斯東・巴舍拉（Gaston Bachelard）：《空間詩學》，頁 7。

〔註 159〕鍾榮富：〈時間流線與意象雕琢〉，《不斷超越的詩章——曾貴海作品研究》，頁 143～144。

〔註 160〕曾貴海：〈鄉下老家的榕樹〉，《台灣男人的心事》，高雄：春暉出版社，1999年，頁 2～3。

的榕樹，不僅枝葉繁密庇蔭鄉里，更有扎根的意象，它牢牢地捉住土地，從未棄離，這樣的心情寫照，正點出：曾貴海遠離家鄉在外多年的思鄉情懷，以及企望能夠回歸鄉土的意識，鄉愁的召喚，成為一波一波海浪般地湧現。」〔註161〕

對屏東作家而言，童年是「充滿了野生的陽光記憶」，曾貴海曾說自己是永遠的鄉下人：「一個從來沒有到過高雄的鄉下野孩子，初中畢業後，考上高雄中學，離開了溫床般的田野，也結束了甜美的童年生活，然而這段生活經驗，卻使我永遠成為一個鄉下人，不論我住在那裡，走到那個城市或國家。」〔註162〕

美好的童年田野生活經驗，流動於曾貴海的文學國度。曾貴海〈熱天當晝〉書寫童年暑假中午的玩樂歲月：

> 熱天當晝／日頭煮熟六根庄／會動个東西全部避起來／狗仔哈呀哈／目珠失神看著人／／大人睡當晝／細人仔偷偷去泅水／跋上橋中間／直直插入水底／炸開水花泥漿／一年二年三年到六年生／每一年級都有代表來／大家浮上沒下分人尋／有時節，走去淺水道／打波波庇水相拚／水花飛射滿面／熱烈个南方日頭／照亮童年黑金个圓身／／搞懶了，大喊一聲走去瓜園／偷採香瓜分人捉／有時節去青仔田／一步一步恬恬聽聲捉烏龍仔／帶去伯公樹下相鬥／庄尾伯公廟／有一頭百年老榕樹／樹影圍成一隻大遮仔／涼風對南邊海滔吹過來／大人睡到流口瀾／細人仔圍共下鬥烏龍仔／精靈个青絲仔／跳上跋落啄樹子／樹枝上个蟬仔愈唱愈爽快／秋天一到，伊等就會變燥壳／／歸只暑假／毋使上課寫字讀書／田坵河壩伯公榕樹／就係我等个教室先生／教到我等畢業變大人〔註163〕

曾貴海〈童年的浪漫水鄉〉寫道：「童年時，家鄉附近有幾條小溪，鄉界有條林邊溪，以及台灣海峽的南線。從五、六歲開始，初夏一到，同伴們便自動的在中午時刻相約去玩水。大家在溪流中游泳、追逐或潛水捉迷藏。整個夏

〔註161〕阮美慧：〈從「現實」到「原鄉」——曾貴海詩中「鄉土情懷」的探索與追尋〉，陳明柔主編：《台灣的自然書寫》，2005年「自然書寫學術研討會」文集，頁316。

〔註162〕曾貴海：〈路——詩集「鯨魚的祭典」後記〉，《鯨魚的祭典》附錄，高雄：春暉出版社，1983年，頁85。

〔註163〕曾貴海：〈熱天當晝〉，《原鄉・夜合》，頁28～30。

日直到中秋，甚至在農曆七月十五日，大膽的同伴還相約晚上玩水去。在水中的歲月，那些同伴們無邪的笑容，身體的高矮、顏色和特徵，仍然那麼清楚的烙印在回憶中。尤其是在洩水道飛奔時，水滴四濺的身體搖晃著下身的小雞雞，多麼的純潔而有活力呀！」〔註164〕這童年情境在〈熱天當晝〉得到了更詩性的詮釋，透過童年暑假中午的玩樂，作者將童年在佳冬六根庄的活動場域還原，小孩們在村莊五條圳河壩泅水、瓜園偷香瓜、檳榔園捉烏龍仔（蟋蟀），再繞回庄尾冬根路與佳和路交接路口的伯公廟老榕樹（庄民稱之榕樹聖公）下鬥烏龍仔；大人們則搬出藤椅在百年老榕下睡到流口水，榕樹上則是蟬鳴不斷，綠繡眼「跳上跌落」忙著啄食粉紅色的榕樹子。在〈熱天當晝〉這首詩中，透過記憶的餘光，帶出詩人記憶中已然逝去的美好童年時光與家鄉農村空間地景。

　　〈隔壁阿妹嫁分倻〉則詩寫童年的稈棚下扮家家酒：

> 還小 / 星仔花跁上稈棚 / 開滿紅色小遮仔花時節 / 阿妹嫁分倻 // 園仔內个稈棚下 / 幾儕細人仔講好了 / 就將阿妹嫁分倻 / 倻避佇稈棚角 / 等伊等打扮阿妹 / 阿妹頭腦毛插幾蕊樹蘭同桂花 / 畏見笑到面紅幾炸 / 圓身鼻到清甜个花香 / 小老弟弟帶頭行頭前 / 扛甘蔗拿米箕吹樹枝 / 七八隻手扛著伊 / 惦惦个放佇在倻身邊 / 大家笑一聲走盡盡 // 沒幾久，全部人圍過來 / 笑倻倆儕做公婆 // 十過年後，阿妹靚美美 / 手牽著一儕後生仔 / 笑面看倻頸根紅 / 沒想到，伊還記得頭擺个婚禮〔註165〕

這首詩除寫出了童年扮家家酒的歡樂時光，並帶出了充滿客家元素的農村田園景象（稈棚、樹蘭、桂花、米箕、甘蔗），同時也在時間的流逝裡，側寫了男女兩性成長過程中的心理差異。「還小」時節，扮家家酒玩「阿妹嫁分倻」，彼時心理年齡較早熟的阿妹「畏見笑到面紅幾炸」，害羞到整個小臉紅通通，顯現出女性即便在童稚年齡，對婚姻早有懵懂模糊的憧憬；十多年之後，阿妹與作者再次相遇，這回卻是「笑面看倻頸根紅」，對於童年往事，已有男友的阿妹是大方笑臉以對，反倒是作者的面紅耳赤，凸顯了已在青春情懷的綺想年齡，相對來得晚熟。整首詩體現了人與時間、空間的親密聯繫。

〔註164〕曾貴海：〈童年的浪漫水鄉〉，《留下一片森林》，台中：晨星出版社，2001年，頁51。
〔註165〕曾貴海：〈隔壁阿妹嫁分倻〉，《原鄉・夜合》，頁25～27。

　　陳寧貴〈目陰目陽——想起阿姆〉憶寫童年生活中的一隅：

阿姆在該睡當晝 ╱ 侄輕手輕腳 ╱ 行入阿姆个間房肚 ╱ 細細聲講 ╱ 阿
姆，分侄兩角買圓糖仔 ╱╱ 阿姆無停無動 ╱ 等著侄講到第三遍 ╱ 阿姆
个手慢慢伸入褲袋 ╱ 摟〔leu〕出兩个銀角仔分侄 ╱ 用聽毋盡真个話
講：╱ 莫——吵——啦—— ╱ 侄睡到目陰目陽咧！╱╱ 過大時節 ╱ 侄
正知得阿姆講个目陰目陽 ╱ 係愛睡落覺前个半夢半醒之間 ╱ 阿姆過
身後 ╱ 侄不時會在睡當晝 ╱ 目陰目陽時節 ╱ 輕手輕腳 ╱ 行入阿姆个
間房肚 ╱ 細細聲講 ╱ 阿姆分侄兩角買圓糖仔 ╱╱ 侄聽著阿姆講：╱ 莫
——吵——啦—— ╱ 侄睡到目陰目陽咧！╱ 係呀 ╱ 今下阿姆還無過
身 ╱ 單淨在睡當晝定定哩！〔註166〕

此詩後記：「今下个錢一個銀（一元）起跳，侄細時節係一角銀起跳，正會有
同阿姆討兩角銀買圓糖仔个寫法。」李喬曾評陳寧貴詩「淺白純粹」，認爲陳
寧貴從生活當中去發覺詩，雖然是很簡單的詩，但把握了詩的本質，純度很
高。〔註167〕〈目陰目陽——想起阿姆〉即是一首淺白純粹卻又韻味無窮的詩。
文學作品中常有慈母凝望熟睡嬰孩的深情母親形象，本詩卻是以小孩之視角
凝視午睡中的母親，透過童年、稍長、母親過世後這三個時間流線，詩人將
對母親的思念，以極其恬淡純粹的文句書寫，平淡中格外有味。全詩共分五
節，第一節以「阿姆在該睡當晝」展開本詩場景畫面，母親難得停下忙碌的
生活節奏午睡片刻，童年的「我」怕驚擾午睡中的阿姆，透過我「輕手輕腳」
的動作與「細細聲講」的聲音，將「我」對母親關愛的展現，一般都是小孩
熟睡，母親輕手輕腳，但陳寧貴卻反其道而行，從別人所忽視的角度切入，
並且透過「阿姆，分侄兩角買圓糖仔」導引出母親的回應，母親仍舊閉著眼睛，
但手卻慢慢伸入褲袋，「摟〔leu〕出兩个銀角仔分侄」，透過母親拿錢的動作，
以及講話的聲音和講的內容「莫——吵——啦—— ╱ 侄睡到目陰目陽咧！」將
童年的記憶定格於這一幕，凝結成永恆的畫面。第四、五節重複第一、二節
內容，然則這個正在睡午覺的母親，卻是出現在自己半夢半醒之間。彷彿回
到童年的片刻，而母親仍舊健在。

<hr>

〔註166〕陳寧貴：〈目陰目陽——想起阿姆〉，《文學客家》第 6 期，2011 年 9 月，頁
　　　　26～27。
〔註167〕李喬談陳寧貴詩：《大愛客家週刊》。檢索日期：2013 年 6 月 7 日。網址：
　　　　http://www.youtube.com/watch?v=WcJkGKjqFf8

黃明峯〈童年〉，透過組詩四首捕捉童年生活記憶，〈童年〉之一：

> 童年被記憶的長腳一踢／叮叮噹噹的笑聲／隨著鐵罐子／一路飛了
> 出去……有人看見許多流口水的眼睛對果園裡的香味打主意│而竹
> 籬笆剛烈的脾氣不准／貪吃的小鬼，無禮／等到大家都玩累了／辛
> 苦一天的老水牛才踱著閒步／回／家〔註168〕

生動捕捉無憂的童年裡，小孩踢鐵罐子、偷摘果，玩到夕陽西下，才如同辛
苦了一天的老水牛一般，慢慢踱回家。相對於農村孩童的玩樂，未顯現於字
面的卻是隨同老水牛辛苦一天的農村大人。〈童年〉之二：

> 順手甩出／掌中的記憶／陀螺就搖搖晃晃／把夏日滾了過來／火紅
> 的太陽堅持燃燒／草叢裡的鳴聲高度沸騰／惹火了樹枝上的毛毛蟲
> ／群　起　騷　動／嚇壞了女孩們無辜的心跳／更吵醒恬靜村莊的午
> 覺／土地公受不了聒噪／獨自坐在廟內乘涼／微風徐徐／一直吹到
> 田裡／胖嘟嘟的西瓜個個正在享用／夕陽微波的／餘溫〔註169〕

童年的恆春農村夏日午後，整個村莊進入恬靜的午覺中，精力充沛的男孩們
在土地公廟旁火紅的太陽下聒噪的玩甩陀螺，在一旁看熱鬧的小女孩們被榕
樹枝上的毛毛蟲嚇得心跳騷動，時間在玩耍中已然黃昏時刻，微風徐徐輕拂，
不遠處瓜田裡一個個胖嘟嘟的大西瓜正成熟著。

　　家鄉童年，在曾貴海的記憶裡，除了玩樂，還透顯著早發的冥想哲思。
加斯東・巴舍拉（Gaston Bachelard）說：「當我們回憶起在自己的角落所度過
的時光，所記得的往往是一片寂靜，連思慮也沉寂下來的寂靜。」〔註170〕曾
貴海〈秋夜放田水〉書寫著陪阿叔放田水的童年寂靜秋夜冥想：

> 秋夜暗晡／月公像一尾小白帶魚／金金吊天邊／／阿叔帶我去放田
> 水／用腳頭挖開上坵田漘／就坐落來叭煙／吸一口閃一絲光／遠
> 遠个庄肚／幾盞燈光眨著目珠想睡目／／水聲流過腳底个田漘／靜
> 靜个田坵暗夜／響起蛩个同虫仔聲／風吹過田坵尾个竹頭樹／盡
> 多小鬼佇竹葉尾喊我等／／四周个夜沒邊沒底／阿叔恬恬母講話／
> 帶我來到這黑暗世界个中心／像分人攆去世間暗角／／驚到想叫泣
> 个時節／阿叔手指左邊个大黑影／月光下天頂上坐著南大武山／

〔註168〕黃明峯：〈童年〉之一，《自我介紹》，頁12～13。

〔註169〕黃明峯：〈童年〉之二，《自我介紹》，頁13～14。

〔註170〕加斯東・巴舍拉（Gaston Bachelard）：〈家屋〉，《空間詩學》，頁223。

> 伊講山神一直看守我等／這兜老公太个後代／係毋係還會來放田
> 水〔註171〕

這首詩是幼年失恃的曾貴海回憶與阿叔暗夜放田水的童年經驗。詩中，作者
藉由視角的散點游移，帶領讀者進入他童年秋夜放田水的情境裡。詩分五節，
首節採高遠（下→上）視角，以「月公像一尾小白帶魚／金金吊天邊」摹繪
出充滿童稚想像的月夜；次節鏡頭俯視人物，阿叔用鋤頭挖開上坵田滘放水
入田後，坐在田滘靜靜的抽著菸，藉由阿叔那「吸一口閃一絲光」，作者以平
遠（近→遠）視角，將遠處沉睡庄內幾盞眨著眼的燈光帶入畫面，詩之點線
面空間於此初步架構完成。第三節視角由遠而近，透過聽覺摹寫腳下水流聲、
田坵暗處青蛙蟲叫聲，以及田坵尾竹叢風聲，營造寂靜情境，更藉此凸顯幼
小心靈的震撼；第四節鋪寫靜寂氛圍；末節透過阿叔的手，鏡頭再次由俯而
仰，爬升到「月光下天頂上坐著南大武山」那山神的家鄉，作者幼小的心靈
遂得到撫慰。

加斯東・巴舍拉（Gaston Bachelard）：「寂靜的絕對狀態，寂靜空間擴展
為浩瀚感（immensité）！『沒有什麼東西能夠像寂靜一般，讓我們感受到一
種無邊無際的空間感。聲音讓空間有了色彩，讓空間獲得了一種發聲體。但
是聲音的闕如卻讓空間更顯純粹，而在寂靜當中，我們陷入了某種巨大、深
沉而沒有界線的感受當中。這種感受完全掌握了我，而我在許多時刻都沈浸
在這種夜間的寧靜所散發的莊嚴中。」〔註172〕整首詩透過童稚之眼與想像，
除呈現出昔日農村勤苦生活景象，也摹繪出一幅靜謐屏東農村秋夜圖像，在
「秋夜放田水」的夜間靜謐經驗裡，南大武山巍峨佇立於月光下，散發出的
莊嚴氛圍，遂沉澱為作者家鄉意象中的神聖角落。

大武山如父親般座落在曾貴海童年的神聖角落，故鄉的海，則像是一生
的知己朋友，見證自己的生命歷程，曾貴海〈看海〉寫道：

> 三歲左右／大人牽我去看海／沙岸上个熱氣／像白色蛇哥搖來搖去
> ／第一擺看到海／驚走一下／那有恁大个東西／看得到个全部就係
> 海／透到遠遠个天邊／圓身一滾／幾萬條白浪湧過來／／中學時代，
> 寒暑假一到／半夜常常聽到海湧聲／想到了，就騎自轉車去看海／

〔註171〕曾貴海：〈秋夜放田水〉，《原鄉・夜合》，頁33〜35。
〔註172〕加斯東・巴舍拉（Gaston Bachelard）：〈家屋和天地〉，《空間詩學》，頁112
〜113。

> 海像知己个朋友對我講沒停／有時節，脱去衫褲／泅入海肚／分海
> 浪沖流／／臨暗時節／落日照射大海／雲彩搖動灣波／一條橘紅色个
> 光輝大路／對海岸筆直攤到天頂上／／暗到看毋到人个時節／海也濛
> 濛霧霧／漁火佇海面眨呀眨／我就恬恬離開／／戀愛个年紀／轉熟仔
> 生滿面／暗晡頭偷偷帶細妹仔去海漧／星仔對天頂浮出來／雪白个
> 月公像大拜箕掛佇海角／月光花開滿海面同木麻黃樹林／歸暗晡，
> 海吻著海漧／我攬著伊腰身／金色漁火搖亂我倆僑个心／／中年後／
> 久久歸去故鄉坐佇海漧／海沒再對我講麽介／自自然然大聲小聲唱
> 起來／像和尚个木魚聲／單純个生命歌聲／海唱我也唱〔註173〕

曾貴海說：「第一次看到海那種感覺，對我來講是我和自然的首次相遇，真正
的大自然，聲音、色彩、海浪，那海浪直接打入我的身體裡面。從那時候開
始，這種神祕的從海所延伸的世界，是我一直想要去的所在，從那一次開始，
海的世界就一直存在我心裡面。」〔註174〕又說：「台灣海峽在白日隨日光的變
化展現無窮的風情，拍岸的浪濤彷彿傳來地心的韻律，幽遠而高雅。黃昏時，
夕陽燃燒著海面，千萬條橘紅色的光束搖撼著整片海面，令人驚心動魄。夜
晚時，黑色水國的細語與漁火，充滿神祕幽靜的詩情。整個宇宙低降下來，
貼緊海面，宇宙、浪濤和人互相寒暄對語。我的青春之愛不是美少女，而是
神祕美麗之海的戀情。」〔註175〕從上引作者自剖，呈顯出海洋之愛貫串了曾
貴海生命的童年至青春年代。在〈看海〉這首詩中，曾貴海採用時間流線書
寫技巧〔註176〕，透過生命中「一歲」、「中學」、「戀愛」、「中年」不同階段的
「看海」經驗，呈現自己的生命成長歷程與心境之成熟，體現海與人合為一
體境界，頗有蔣捷〈聽雨〉的況味。

　　海是故鄉的延伸，海聲呼喚著童年的記憶，李敏勇〈海的臆想〉寫道：

> 在房間裡／我掛了故鄉的海景／入睡後／能聽見海的聲音／／寂靜的
> 夜／海的聲音很響亮／呼喚著我的童年／那記憶在沙灘等待潮汐的

〔註173〕曾貴海：〈看海〉，《原鄉・夜合》，頁 94～97。
〔註174〕莊紫蓉：《面對作家——台灣文學家訪談錄（三）》，台北：財團法人吳三連台
　　　　灣史料基金會，2007 年，頁 303。
〔註175〕劉湘吟：〈南台灣「綠色教父」曾貴海一生是環保義工〉，曾貴海：《留下一片
　　　　森林》，台中：晨星出版社，2001 年，頁 172。
〔註176〕鍾榮富：〈時間流線與意象雕琢〉，《不斷超越的詩章——曾貴海作品研究》，
　　　　頁 130～131。

擦拭 // 在夢裡 / 海拍打礁石 / 白色的浪花照著月光 / 拍打我的心
〔註177〕

對於海的經驗，李敏勇說：「就讀車城國小一年級，所接觸的海、看到的海，海邊看海，都在我的記憶中，變成我生命的一部份，這個海時常在我的靈感之中出現。下課後時常跑去車城的海邊，以前很多防風林，經過海邊，時常遇見海防人員，差不多3、5個在兵哨站，都會有一個人在那站衛兵。時常去看海，一方面是因為一個小孩小時候，寄住親戚家讀書，難免覺得孤單、孤獨，跑去海邊看海，覺得海是無限寬廣，而且變化很多樣，好天氣時，海水都很清澈，起風時，看著浪的變化，有時遠處有漁船經過，有些抓魚的人，更遠處看得到台灣海峽的大船經過，感覺那是一個無限廣闊的世界，好像從那個方向去，可以走向世界的許多地方。」〔註178〕走入海洋便走入童年故鄉的懷抱，當作家以詩筆給出詩意的那一刻，正是與自己最親暱的時刻。

二、青春自畫像

家鄉是生長的故鄉，經常也是情感初萌的地方，在這些過往年少時光情感詩中，往往都標誌出空間背景，例如伯公樹下、收割季節的田垓、早班通車火車、大武山下萬金教堂，凸顯出屏東地景印象。

阮美慧說：「曾貴海詩的核心，不管是他對卑微人物的憂心悲憫，或是對生命的抒情感懷，抑是對年輕愛情的愴然哀愁，都是……他立足於『愛戀鄉土』的情感展現架構他原始詩型的初胚。」〔註179〕曾貴海〈阿桂姐〉詩寫伯公樹下看書少年的青春記憶：

有一日 / 我佇伯公樹下看書 / 伊對屋家遠遠行來 / 肩頭拔著兩桶屎
/ 擔竿隨著伊个腳步 / 左搖右擺踏著地泥面 / 桶仔內半滿个尿水 /
幌出來 // 潑落路面 / 潑到伊个黑褲伊个赤腳 // 我放下書 / 兩隻目珠
盯著伊 / 看伊行入菜園舀尿淋菜 / 真像鼻毋到尿味香〔註180〕

〔註177〕李敏勇：〈海的臆想〉，《島嶼奏鳴曲——李敏勇詩集II（1990～1997）》，台北：玉山社出版公司，2008年，頁45。

〔註178〕「屏東作家身影紀實 4」紀錄片有關李敏勇訪談紀錄，屏東：南風影視傳播有限公司，2006年。

〔註179〕阮美慧：〈從「現實」到「原鄉」——曾貴海詩中「鄉土情懷」的探索與追尋〉，陳明柔主編：《台灣的自然書寫》，2005年「自然書寫學術研討會」文集，頁302。

〔註180〕曾貴海：〈阿桂姐〉，《原鄉·夜合》，頁11～12。

童年在榕樹下鬥蟋蟀的作者，曾幾何時已長大成「佇伯公樹下看書」的少年，青春歲月的家鄉記憶圖像裡，客家女性以其獨特的勞動美展現在作者的年少記憶裡。在〈阿桂姐〉中，作者既旁觀見證阿桂姐勤勞美麗的客家婦女形象，更也記錄了情竇初開的年少家鄉生活的歲月。早期抽水馬桶以及化學肥料尚未盛行的年代，「挑肥擔屎」是農村常見景象，詩中的阿桂姐是優秀的高校生，但下田作稼挑肥樣樣在行，詩中透過反美感經驗的「肩頭挾著兩桶屎／擔竿隨著伊个腳步／左搖右擺踏著地泥面／桶仔內半滿个尿水／幌出來／／潑落路面／潑到伊个黑褲伊个赤腳」，摹寫阿桂姐擔屎糞水潑到赤腳的動作畫面，並以「我放下書／兩隻目珠盯著伊」凸顯出作者心目中美麗女人的原型。

客家女性因勞動而美，而成爲曾貴海心目中女人的原型，〈背穀走相趨仔細妹仔〉書寫收割季節田坵撿穀串的少年青春記憶：

> 我看到庄肚个一個細妹仔／背著歸袋穀／大屎窟煞猛搖／兩隻硬撐个腳／拚命走／／拚命走／伊个腳步／蹬佇路面／像一只大鐵錘／一步一步錘響地面／咚咚咚咚咚／看到偃手上禾枝跌落地泥／／目瞪瞪看著伊／半笑半口虐／赤腳馬踏行歸來〔註181〕

此詩回憶 1950 年窮苦年代的家鄉收割季農村田坵景象，作者以「背著歸袋穀／大屎窟煞猛搖／兩隻硬撐个腳／拚命走／／拚命走／伊个腳步／蹬佇路面／像一只大鐵錘／一步一步錘響地面／咚咚咚咚咚」側寫客家婦女的強健耐勞，更以「看到偃手上禾枝跌落地泥」書寫了詩人少年時代情竇初開的家鄉生活歲月記憶。

故鄉的年少青春記憶，是心湖裡偶爾飄動嫩葉的綠樹，李敏勇〈記憶相簿〉書寫往昔通學火車上的青春記憶：

> 早班的通學火車／穿過田園的綠色時光隧道／停在我等候的鄉間小站／思慕的少女的臉／在車窗裡亮著／歡喜和她相遇／在人生的相簿裡／那記憶／永遠像一棵小樹／在心的湖面飄動葉子〔註182〕

李敏勇曾說：「能夠回到故鄉，回到小時就讀的地方，很有土地根源的感覺；另一方面離開這出去，有朝向世界的廣闊感覺。」〔註183〕李敏勇雖出生高

〔註181〕曾貴海：〈背穀走相趨仔細妹仔〉，《原鄉‧夜合》，頁 8～9。
〔註182〕李敏勇：〈記憶相簿〉，《心的奏鳴曲》，台北：玉山社，1999 年，頁 36。
〔註183〕「屏東作家身影紀實 4」紀錄片有關李敏勇訪談紀錄，屏東：南風影視傳播有限公司，2006 年。

雄旗山，但高中以前的歲月幾乎都在屏東度過，小一開始即因求學而先後寄居屏東車城舅舅家與屏東市親戚家，初中時期就讀明正國中的他，有時候住屏東親戚家，有時候住鳳山父母家，搭早班火車的通車經驗，遂成為李敏勇記憶相簿裡難忘的一頁。在這首詩中，作者運用「時空轉位」筆法，表面上似乎只寫空間，但實質上由於火車行進空間的改換，時間也已轉換在其中。整首詩以「早班的通學火車／穿過田園的綠色時光隧道／停在我等候的鄉間小站」展開，現實時空中的早班通車火車，穿過南台灣屏東的綠色田園，彷彿穿越綠色時空隧道一般，停進昔日的我等候上車的鄉間小站。昔日時空裡「思慕的少女的臉／在車窗裡亮著」遂被召喚出來，這「歡喜和她相遇」的好感，透過時光隧道，來到現實時空，「像一棵小樹／在心的湖面飄動葉子」。整首詩充滿田園意象的圖像裡，含蓄委婉地舖寫出青春記憶裡的情感萌發。

少男情懷不是夢，少女情懷總是詩。利玉芳〈萊茵　詩之旅〉之五則書寫故鄉大武山下萬金教堂的鐘聲與年輕自己的待嫁女兒心：

> 想起一個獨自騎著單車／追逐陽光的寂寞下午／／曾經　跪在大武山下／萬金教堂的鐘正敲響／把心攤開／劃上十字／只為了祈求愛情的祕密／聖母瑪利亞／賜給我一個微笑〔註184〕

詩人從種有葡萄樹的萊茵河畔山莊，聽到包巴得教堂傳來的清晰安祥鐘聲，在教堂視覺與鐘聲聽覺的雙重交盪下，昔日故鄉記憶瞬間被召喚，詩人思緒倏忽穿越千萬里空間與幾十年時間，回到了青春時代故鄉大武山下的萬金教堂。

野薑花是昔日農村鄉間溪旁常見野生植物，利玉芳〈野薑花的回憶〉書寫家鄉的田野小圳與野薑花的青春情懷記憶：

> 初夏／潺潺的流水／為純樸的白色野薑花／唱幸福的歌／／小圳的早晨／有新聞可聽／排列的洗衣少女／好比岸邊的野薑花／情竇初開地談笑著／村裡駐紮的某阿兵哥的事／／土洞裡的蟋蟀／克力力——克力力地／拉著夏夜催眠曲／青蛙坐在芋荷葉下睜大眼睛／偷看跳入小圳裡洗澡的星星／我也情不自禁／走向瀰漫著香氣的田野／默默應允了野薑花的邀約〔註185〕

〔註184〕利玉芳：〈萊茵　詩之旅〉，《淡飲洛神花茶的早晨》，頁63～64。
〔註185〕利玉芳：〈野薑花的回憶〉，《向日葵》，台南縣：南縣文化局，1996年，頁97～99。

〈野薑花的回憶〉收錄在《向日葵》，此處為前三節選錄。詩之首節以「初夏／潺潺的流水／為純樸的白色野薑花／唱幸福的歌」破題，除鋪設出昔日家鄉小圳兩岸白色野薑花盛放之初夏景致，短短四句，兼具視覺、聽覺、嗅覺三種審美印象。更以物喻人，投影出純潔少女的青春年華，情感的小溪圳正潺潺流動著生之喜悅；次節透過客庄少女們清晨小圳洗衣時談天說地這常民生活一景，將情竇初開的少女與岸邊純白清香的野薑花類比，進行意象聯結，兩者形象融而為一；第三節鋪寫出在這淳淨恬靜夏夜裡，靜到聽得見蟋蟀克力力叫聲，而原始的田野，看得見青蛙坐在芋荷葉上，清澈的小圳，連星星都忍不住要跳進去洗澡，於是「我也情不自禁／走向瀰漫著香氣的田野／默默應允了野薑花的邀約」，於是在這充滿野薑花清香的田野圳旁，作者默默應允了這初開情竇的邀約。利玉芳的青春記憶裡，家鄉的潺潺情感清溪，縈懷著純潔少女的野薑花清香歲月。

第四節　家鄉變貌凝視

一、消失的舊田園

再回首，田園已變，戰後屏東作家們一方面透過詩寫，嘗試捕捉重構昔日家鄉田園自然風貌的同時，也從各個面向切入照寫家鄉之今日變貌，例如：利玉芳透過〈野薑花的回憶〉緬懷失落的和興村牛埔下野薑花飄香的小圳；曾貴海以不變的鄉野人物肖應，對比道路拓寬重劃後的六根庄，也以〈埋葬在河底个少年〉藉河水的流逝嘆書家鄉變貌；陳雋弘〈下陷〉照寫家鄉林邊地層下陷；張太士〈柏油大道〉哀悼夕陽農村面貌。面對家鄉這塊生活場域的變貌，作家們顯露出焦慮不安。

利玉芳〈野薑花的回憶〉末節寫出家鄉因現代化開發而小圳改道，野薑花不再的田園變貌：

> 出嫁而離開了故鄉／一隻隻白蝴蝶似的野薑花／不知何時也飛走了／也許是被改道的小圳遺忘／也許是被築起的陌生城鎮誘惑／鍾情的野薑花／插上文明的翅膀／遠離幸福之鄉／飛向我永恆的回憶裡。〔註186〕

〔註186〕利玉芳：〈野薑花的回憶〉，《向日葵》，頁97～99。

昔日家鄉小圳旁盛放的夾岸野薑花，曾以它們的清香見證利玉芳的被青春邀約；遠嫁台南下營離鄉多年再返，作者悵然「一隻隻白蝴蝶似的野薑花／不知何時也飛走了」，家鄉的改變早在作者離鄉這幾年悄然的進行中，作者不禁自問「也許是被改道的小圳遺忘／也許是被築起的陌生城鎮誘惑」，小圳因現代建物往田野擴張而早已改道（甚或消失），或被汙染而失去原有清淨，失去溪流的野薑花，只好拍動白蝴蝶似的翅膀，飛離昔日的幸福之鄉，封印在作者永恆的回憶裡。

昨日家園已逝，利玉芳詰問「一隻隻白蝴蝶似的野薑花／不知何時也飛走了」，〈埋葬在河底个少年〉則慨歎「圳溝埤塘个少年／永遠尋無到了」，緬懷個人成長裡失落的河流情緣，曾貴海〈埋葬在河底个少年〉寫著：

> 族人落腳个地方有一條大港／東港南方五里遠个茄藤港／三百年後
> 河壩水無知流向那去∥對大武山个心肚流出來／大條小條个圳溝河
> 壩／彎彎曲曲轉東轉西／牽著圳溝唇邊个礐竹同長綠个樹林／流過
> 山腳流入倕等庄肚∥像已經過身个親人／倕還記得佢等个名仔／葫
> 蘆埤、水瀾仔、長潭仔、二埤／還惦到一大群朋友浸入冰冷个水肚
> ／倕後生時節个一部份生命／儘久儘久以前就埋葬佇地泥底下／頭
> 擺个圳溝埤塘底下∥落雨天个水關下／用布線套蜆公釣老蟹／全身
> 滴到濕落落／心肝還係真興頭／夏天暑假／衫褲一脫／看到圳溝就
> 跳落去／圳溝埤塘个少年／永遠尋無到了∥農地重劃後个水泥圳
> 唇／生無出樹林礐竹蕨菜蛤蟆同蛇哥／扁白个角仔漂浮佇齷齪个水
> 面〔註187〕

曾貴海童年與少年成長的家鄉佳冬六根庄，擁有豐富人文特色的水系，供應庄民生活與生命脈動。六根村過去地下水源充沛，湧泉的水源匯集成五條水圳流經村莊中，提供庄民農業灌溉、日常生活之用，乃至兒童與居民戲水、游泳、垂釣。因此，水圳無論是在實用功能或是情感意義上，不僅是佳冬客庄的重要資源，更是客家地區重要的文化資產。近年由於工業化、都市化的開發影響，上游湧泉濕地因土地開發而消失，地表水（林邊溪、力力溪）上游過度開發，導致土壤保水能力降低，以及屏東沿海漁塭養殖業的發展，地下水汙染、枯竭、海水入侵、土壤鹽化等問題，都是造成佳冬水圳消失的因

〔註187〕曾貴海：〈埋葬在河底个少年〉，《孤鳥的旅程》，高雄：春暉出版社，2005年，頁90～92。

素。〔註188〕林秀蓉說：「不論是緬懷個人的成長經歷或探本溯源的文化追尋，家鄉永遠是詩人自我生命根源的印記，指向戀地情結與懷舊意識。如〈埋葬在河底个少年〉透過『茄藤港』的河流生命，追憶少年青春的圖景，也爲詩人開啓了個人生命中永不鬆解的河流情緣……詩中運用『葫蘆坤、水瀾仔、長潭仔、二坤』等等溪流，捕捉水的瞬息萬變、稍縱即逝的流動感，不經意透露出時間的軸線，今昔對照之下，滄海桑田的環境變遷，原先的河流已經不知流向，而青春歲月也彷若葬身河底，一去不復返。字裡行間，哀悼孕育生命的水流，也憑弔消逝的青春年華。」〔註189〕河水的流逝，標誌了時間的流逝，在時間洪流下的變與不變，原鄉樣貌已變，逝去的青春年華也已不再，但心中的戀鄉情懷卻繼續酵發。

〈埋葬在河底个少年〉慨歎六根村豐富水文的枯竭消失，曾貴海〈肖應〉則透過不變的肖應，照寫建築空間變款變樣的故鄉六根庄：

> 佳冬六根庄頭庄尾／挫上挫下／沒人毋識肖應／／著一領油粕粕个爛衫褲／頭腦毛長到膝頭／想到了就大喊一聲「好！」／／毋知伊好麼介／沒妻沒兒沒頭沒路／身上沒帶半文錢／人生到底好麼介／／倚佇路角／看故鄉人來人去／慢慢个／故鄉个河壩田坵海岸巷路／變款又變樣／還小時節个佳冬去那了／／毋識同庄肚人講過話／每日惦惦看著故鄉／暗了，正尋新開个路歸去〔註190〕

肖應是作者家鄉眞實人物，曾貴海說：「〈肖應〉裡的『肖人』精神病患者，是佳冬街頭的景色之一。」〔註191〕整首詩透過摹寫一位六根庄裡街景人物肖應，目的卻是對比映襯故鄉六根庄街景的變化。這位肖應，永遠是「著一領油粕粕个爛衫褲／頭腦毛長到膝頭／想到了就大喊一聲『好！』」，故鄉人來人去，年輕人陸續外移定居，「故鄉个河壩田坵海岸巷路」，慢慢的「變款又變樣」，只有肖應始終「庄頭庄尾／挫上挫下」，成爲庄內唯一不變的街景。詩人以平靜語氣代肖應發問：「還小時節个佳冬去那了」，詩中「變款又變樣」

〔註188〕杜奉賢、鍾宇翡、許光庭等撰：《佳冬鄉佳冬村及六根村客庄生活空間保存及再利用計畫》，行政院客家委員會，2007 年，頁 51。

〔註189〕林秀蓉：〈從六堆到大武山——試論曾貴海屏東詩寫〉，《2013 屏東文學學術研討會曾貴海研究論文集》，高雄：春暉出版社，2014 年，頁 81。

〔註190〕曾貴海：〈肖應〉，《原鄉・夜合》，頁 39～40。

〔註191〕莊紫蓉：《面對作家——台灣文學家訪談錄（三)》，台北：財團法人吳三連台灣史料基金會，2007 年，頁 322。

具批判的意味，客家人說變款變樣通常是意味變得不比從前好。然而面對家園的改變，也只能「暗了，正尋新開个路歸去」。

面對家鄉自然水文的消失與聚落建築空間的變遷，曾貴海〈叫醒童年〉寫道：「夜深夢醒／老家村外的海浪／把童年也叫醒起來」〔註192〕兒時徜徉在鄉間的快樂時光，成為內心最深沈的渴望，「我的城市、我的家、我的鄉愁很明確地一直是這位中年士紳叨叨絮絮的掛念，有一首收藏在本書的短詩，可以說為詩人揭開了終極體驗的序曲，也讓我明白中年男子渴望如同鮭魚洄游上溯一般的心境：『夜深夢醒／老家村外的海浪／把童年叫醒起來』，甦醒之後有些兒感傷的中年男子，要到哪裏尋找類似童年經驗的秘密花園呢？恐怕這是拼了命追求經濟成長的台灣人普遍的失落感吧！」〔註193〕王家祥如是說。生活空間的轉變，意味著人文價值的變遷，曾貴海家鄉變貌的呈現，除了緬懷逝去的美好家園，更有喚回過去人文價值的蘊意。

陳雋弘〈下陷——寫給我日漸消失的家鄉林邊〉則照寫林邊地層下陷問題：

> 不斷被抽走的／這麼多年／每當漲潮時候／就用沙袋的沉默去堵／
> 母親身體的裂口／／不斷被抽走的／還有血／一滴用血凝成的蓮霧／
> 比你的嘴唇還要紅／／時間就像白鷺鷥／那樣停著／走過季節的衰草
> ／堤防也下沉了／再不用踮起腳尖／就可以看到海／／海上的船隻／
> 岸邊的房子／在記憶裡漂著／魚腥味的黃昏／／都隨著我的身高／愈
> 來愈矮〔註194〕

位於屏東縣西部中段沿海的林邊鄉，產業以農業及養殖漁業為主，由於養殖業長年超抽地下水，殺雞取卵式的產業經濟，除導致沿海地層嚴重下陷，有些房子甚至因長年泡在水中而成空屋。此外，並導致地下水鹽化現象而不利稻作，於是八○年代政府大力輔導改種蓮霧，林邊遂有「蓮霧之鄉」美稱，然則這美味的代價卻是龐大的。陳雋弘〈下陷——寫給我日漸消失的家鄉林邊〉詩分五節，首節中，藉「母親身體」因「不斷被抽走」而有了「裂口」，喻寫土地因剝削而嚴重受創；次節則直指「比你的嘴唇還要紅」的蓮霧，是

〔註192〕曾貴海：〈叫醒童年〉，《台灣男人的心事》，高雄：春暉出版社，1999年，頁66。

〔註193〕王家祥：〈詩人的終極超體驗〉，曾貴海：《留下一片森林》，台中：晨星出版社，2001年，頁4。

〔註194〕陳雋弘：〈下陷——寫給我日漸消失的家鄉林邊〉，《面對》，頁70～71。

用「不斷被抽走」的母親的血凝成的；第三節以「再不用踮起腳尖／就可以看到海」喻寫地層逐年下陷；末二節則以「岸邊的房子／在記憶裡漂著／魚腥味的黃昏」則喻寫了泡在海水中的家鄉空屋。家鄉林邊遂在這養殖與蓮霧雙鄉產業榮景光暈下，正日漸陸沉消失中。同樣的情境也反映在白葦〈返鄉〉對家鄉崁頂的書寫：

> 有人像我一般憑窗遠眺車窗外／似曾相熟的田園∥車行緩緩滑進一個小站又一個小站／行進的旋律單調得近似噪音的車輪聲／是和諧的思鄉的敲打樂／每過一站家園就愈近∥家園愈近報端的傳聞一件件鋪陳在眼前／原來綠油油的稻田都不見／鄉親們大肆斥資／引進海水再抽加地下水／綠油油的稻田都翻作水汪汪的養蝦塭池∥塭池的排出水灌滲了果樹園／果樹一株株凋萎乾枯／又聽說飲用水也變得鹹鹹的／還有地層也日漸下陷∥舊日街道上一幢幢簇新的房舍建築／舊日鄉親都已老邁／小鄉鎮就像村郊的塭池景觀／生鮮得難以辨認〔註195〕

遊子返鄉途中，心中悠揚的和諧敲打樂，隨著南下列車窗外一一陳列眼前的家鄉變貌，而翻轉為哀嘆變奏，家園綠油油稻田被水汪汪養蝦魚塭取代，一幢幢新式房舍簇立於熟悉舊日街道，凋萎乾枯的果樹，日漸下陷的地層，這些呈列眼前迎接久別遊子的故園新貌，生鮮得難以辨識。

張太士〈柏油大道〉照寫被柏油大道撕裂吞噬的今日夕陽農村面貌：

> 作威作福的大蟒蛇／農作物已被吞噬大半／有感覺的人無處投訴／剩餘的菜園、稻田、香蕉園／是過客匆匆的窗外風光／是出外子弟思鄉的依偎／若再蜿蜒下去／路愈原始／農夫愈老／那骨肉之親的土地／就在他所剩無幾的夕照下／一一淪陷〔註196〕

今日屏東農村的現狀是，農業土地面積日漸縮小，一則因工商業現代化的大舉進入農村，許多耕地轉為工商業建築用地；二則農業人口嚴重萎縮，年輕一輩棄農外移，農村老農日漸凋零，被世代耕作的田地，也因後繼無人或廢耕作轉為他用。面對大環境下的農村變貌，作者以「有感覺的人無處投訴」，間接控訴了政府政策的專斷，「作威作福的大蟒蛇」便是象喻撕裂吞噬大半農

〔註195〕白葦：〈返鄉〉，《白衣手記》，高雄：高雄醫學大學，2006年，頁88～89。
〔註196〕張太士：〈柏油大道〉，《夢被反鎖》，屏東：屏東縣立文化中心，1998年，頁84。

田作物的柏油大道，背後依仗的龐大操縱力量的介入，所以才敢如此「作威作福」。昔日望眼阡陌交織的遍野田園景象，而今「剩餘的菜園、稻田、香蕉園」，除聊供匆匆往來車上過客一瞥窗外風光之外，已成為出外遊子思鄉時依偎的最後淨土。「路愈原始／農夫愈老」，老農與土地骨肉不離的摯情，輝映在生命的夕照裡，然則夕陽雖美但黃昏將盡，彼時連那遊子最後一點依偎，也將一一淪陷。整首詩流瀉出對家鄉農村前景的悲觀。文明的腳步如大蟒蛇持續蜿蜒前進，所到之處，煙硝掀起，張太士〈文明倒影〉以戰地的煙硝混亂，喻寫被開場剖肚的土地：「整條馬路都給怪手佔領／左線的叛軍剛弭平／右線的戰事又再生／煙塵瀰漫濃比四起的烽煙／挖好的戰壕／埋下的腸胃／都邁向哪兒消化了」〔註197〕文明意味著農村的消失，更意味著自然環境機能的消失，張太士不禁要追問：「夷為平地之後／失去鄉土味已久的土地，還肥沃嗎？」。

　　不論是緬懷失落的野薑花飄香小圳，或是嘆惋枯竭消失的豐富水文，抑或是走筆變款變樣的聚落建築空間，乃至於紀錄被不斷剝削而逐年下陷鹽化的母親土地，台灣戰後屏東作家在照寫家鄉自然地景與人文地景變貌的同時，也凸顯了現代文明的殘酷代價，便是切斷人與土地之間曾有的親切聯繫，這在因工業化、都市化而人與自然關係日趨斷絕的今日，更顯其意義性。

二、褪色的古城門

　　經由歷史遺跡的變貌，時間性的義意彰顯在空間裡，顯示人與空間曾有過的親切聯繫。郭漢辰〈甦醒的阿猴城門〉書寫阿猴古城門今昔變貌：

> 從百年繁華的夢中醒來／阿猴城門還來不及伸個懶腰／卻已被阿公阿媽搖動的屁股搖醒／不遠處土風舞的旋律也在急速誘惑／紅塵則在五十公尺遠的菜市場／被阿桑的叫賣聲濺出三尺／歷史血淚／／百年前不是如此／想當年阿猴城門一門可抵萬夫勇／紅瓦糯米牆擋住所有的攻伐／如今卻連自己的雙手雙腳都保不住／整個身子活生生被困在／左右夾擊的田徑場水泥看台／任誰也逃不過現代的緊箍咒／只能讓風雨拋灑在自己的臉上／就當做是一灘，想潲流而流不出

〔註197〕張太士：〈文明倒影〉，《夢被反鎖》，頁68～69。

的／淚水／／還是再度走入夢境吧／阿猴城門再度緊閉眼簾／不想再
看到人間的繁囂／睡夢中，成排的挖土機／卻朝它惡狠狠開來／龐
大的怪手向它甩來一記／前所有未的耳光／它想大聲吶喊／卻忘記
自己早是個／不曾開過口的／啞巴〔註198〕

阿猴城門建於清道光十六年（1836），是屏東市的舊城門遺址，日治時期當時
政府以修路爲由拆除城門與城牆，僅遺下一座東門，目前座落於屏東市中山
公園田徑場內，是整個屏東古城的東門一部分。這紅磚砌成，高約 1 丈 9 尺，
周圍 9 丈 5 尺的古城門，見證漢人遷移到屏東平原的開墾歷史。

　　詩分三節，首節以「從百年繁華的夢中醒來／阿猴城門還來不及伸個懶
腰」，帶出清晨屏東市中山公園的常民生活景象，早起到公園跳土風舞的阿公
阿媽，正隨著音樂節奏搖動著屁股，而距離五十公尺外的公園右側小巷內，
則是熱鬧滾滾的菜市場，這麼一個土風舞旋律聲和菜市場叫賣聲交相鳴放的
中山公園，座落著標記著阿猴百年歷史的阿猴城門；次節以「百年前不是如
此」，帶出今昔變貌之慨，以昔日「阿猴城門一門可抵萬夫勇／紅瓦糯米牆擋
住所有的攻伐」的英姿，對照今日「連自己的雙手雙腳都保不住／整個身子
活生生被困在／左右夾擊的田徑場水泥看台」窘迫之狀，並語重心長地指出
「任誰也逃不過現代的緊箍咒」；末節中，不曾開過口的阿猴城門，因驚駭於
夢境中惡狠狠朝它開來的成排挖土機，以及向它甩耳光的龐大怪手，而想大
聲吶喊，但卻暗啞無聲。古城門曾風雲際會先民拓墾屏東平原歷史，也走過
古城百年繁華，如今卻遭文明水泥捆縛，侷促公園一隅，古今對照，不勝唏
噓。

　　郭漢辰另一首詩〈正在做夢的恆春城門〉，則詩寫深陷春吶而重度憂鬱的
恆春古城門：

正在做夢的恆春城門／是否夢見每年春天／暴衝的搖滾樂／徹底擊
垮城門／微弱的抵抗／千百輛遊覽車的小小衝撞／一戳而破單薄的
百年歷史／此起彼落的閃光燈／逼得老去的城門／罹患重度憂鬱症
／從此頹廢得／不敢面見陽光／／正在做夢的恆春城門／是否知道有
人正輕輕敲打／他的城門／想試試沉重的歷史之門／是否能緩緩打
開／刻下在此一遊的刺青／還是它一睡就是千年百年／歲月流金而

〔註198〕郭漢辰：〈甦醒的阿猴城門〉，《請和我一起閱讀土地的詩行：屏東詩旅手札》，
　　　　頁 16～17。

逝／日月大海全力捍衛／城門做夢的權利∥正在做夢的恆春城門／是否知道好幾台狗仔隊的攝影機／正凶狠對準著它／想拍下它在歲月裡／蹙眉的表情／昏昏欲睡的喃喃自語／它以這款千年百年不變的身姿／將獲得歷史紀錄片競賽的／最佳男主角〔註199〕

恆春古城位於屏東縣恆春鎮，落成於光緒五年（1879），是台灣現存城池中唯一保存所有城門的古城，為國定二級古蹟。全台規模最大的國際音樂祭「春天吶喊」於1995年開辦迄今，每年四月音樂季大批遊客湧入墾丁恆春半島，再加以2008年國片史上最賣座電影《海角七號》效應，恆春古城更成了熱門景點，〈正在做夢的恆春城門〉便是從這種時空氛圍切入，摹寫今日恆春古城被春吶「暴衝的搖滾樂」、「千百輛遊覽車」、「此起彼落的閃光燈」、遊客們的「輕輕敲打」、「刻下在此一遊的刺青」，以及「狗仔隊的攝影機」，逼得「罹患重度憂鬱症」的古城喧鬧景象。這情境正如黃明峯「故鄉寫生三首」之一〈象徵──恆春古城門〉所照寫：「祂的命運如時光一般／靜默。龐大的歷史／在磚瓦間留下深刻的指紋／卻又在遊客的笑談中／遺忘。遺忘是一定的／就像祂的一生／註定寂寞∥寂寞是幾百年來／噤聲不語的心情／只有晚秋的薄暮，稍稍能懂／縱然好奇的落山風不時頂撞／年老的牆身；縱然雜草亂竄／祂，還是努力地／站著。因為只要站著／久久之後，就是一種／象徵」〔註200〕在磚瓦間留下百年歷史指紋的恆春古城門，噤聲不語的面對遊客們的笑談聲，他在時間裡努力的站成一種象徵，站成歷史紀錄片競賽裡的最佳男主角。

文明的大蟒蛇持續蜿蜒下去，行將大口吞噬天涯海角，郭漢辰〈走在歷史的餘影‧阿朗壹古道〉寫道：

你說在這裡看得見綠蠵龜／與歲月在海邊逗弄的身影／藍田石在這裡始終冷冷冰冰／無法讓陽光烤出一把／擁抱得住的溫暖／這裡總留不住漂泊的白雲／時間在此處進行著／永無止盡的／馬拉松長跑∥你說這是一條著名的古道／倒映著歲月的影子／倒映著歷史的／風燭殘年／誰也無法原諒誰的不捨／畢竟這裡遙遠到／只聽見風的喘息／唯一的伴侶是／遠在數百光年之外的／永恆行星∥你說我們

〔註199〕郭漢辰：〈正在做夢的恆春城門〉，《請和我一起閱讀土地的詩行：屏東詩旅手札》，頁36～37。

〔註200〕黃明峯：〈象徵──恆春古城門〉，《自我介紹》，頁72～73。

> 相約在百年之後的 ／古道相見 ／我說如果這裡抵擋得住 ／文明的橫
> 衝直撞 ／水泥公路的開腸剖肚 ／我願意默默在海邊 ／站立成千百年
> 不變 ／守候你的礁岩 ／讓你每天撲向我的懷裡 ／宣示日日夜夜的 ／
> 纏綣〔註201〕

阿朗壹，即 alui（阿魯伊）——台東安塑村的原名。阿朗壹古道，目前全台唯一未遭人爲破壞的海岸古道，位於省道台 26 線尾端，東臨太平洋，南起屏東縣牡丹鄉旭海村，北到台東縣達仁鄉南田村，原全長 12 公里，因台 26 線開通完成 4 公里，所以目前僅剩 8 公里，是清光緒三年（1877）開通以來，原住民往來台東與屏東縣的古道。阿朗壹古道除印記著前人開墾、遷徙、婚嫁、經商、逃難等南來北往足跡，具豐富人文歷史價值，其渾然天成的原始自然地景及豐富多元的生態景觀具高度保存價值。〔註202〕近年公路總局爲了銜接環島公路網，執意開發阿朗壹古道，引發生態環保與交通便利的拉鋸戰，公路一旦開發，將破壞該地段生物棲地（例如綠蠵龜、樹蟹）並造成海岸林的消失。若果如此，則古道上自由的風、湛藍的天、熠耀星空，以及不遠千里而來的海漂種子與隨潮汐滾動唱歌的南田石，這阿朗壹古道之美，將消失無蹤之外，因自然海岸的破壞而連帶引發的生態破壞效應，才是最需正視的課題。

　　郭漢辰說：「人的一生，要用多少種方式行經自己的家鄉？才看得清家鄉最讓人難以忘懷的容顏？那是一種反覆觀看、不停撫觸自己摯愛大地的深刻心情，並且距離故鄉愈遠，那種觀看愈是動人心弦，彷若有人用力彈動那座放置在心裡千年百年的豎琴，雙手撥動塵封的琴弦，撩撥出一個人一生的初戀及末戀，那種雕入魂靈深處的情感，立即在生命的大地上竄出綠蔭，最後成了頂立天地之間的大綠傘，一肩扛起烈日潑灑下一整季的酷熱。」〔註203〕郭漢辰的《屏東詩旅手札》「懷舊者路線」停駐在終點站〈走在歷史的餘影‧阿朗壹古道〉，反覆觀看這家鄉容顏，文明破壞的陰影壟罩詩的上空。詩分三節，首節以綠蠵龜、藍田石、陽光、白雲，以及無止盡的時間，拼貼出墾丁阿朗壹古道的原始自然風貌；次節則以「畢竟這裡遙

〔註201〕郭漢辰：〈走在歷史的餘影‧阿朗壹古道〉，《請和我一起閱讀土地的詩行：屏東詩旅手札》，頁 38～39。
〔註202〕沈識鶴：《阿朗壹古道海岸植群生態之研究》，國立嘉義大學森林暨自然資源學系研究所碩士論文，2011 年，頁 4～5。
〔註203〕郭漢辰：《和大山大海說話——郭漢辰散文集》，屏東：屏東縣文化處，2008 年，頁 28。

遠到／只聽見風的喘息／唯一的伴侶是／遠在數百光年之外的／永恆行星」，勾勒其遺世獨立於天涯海角；末節寄託真摯情感於未來想像中，百年之後，「如果這裡抵擋得住／文明的橫衝直撞／水泥公路的開腸剖肚」，當空間裡的歷史指紋走入我們的文明現代，我們該用什麼樣的心態與姿態去擁抱它？作者說，但願化做海邊礁石，日日夜夜守候這阿朗壹古道。整首詩流瀉出作者深濃家鄉情感。

三、殘破的石板屋

　　山林部落的變貌，源自於集體性的棄守，從原住民傳統投向漢人文明，從偏鄉走向都市，力圖從邊緣擠進想像裡的中心。奧威尼・卡露斯盎〈失落的家園（巴里烏）〉：

> 東倒西歪的木樑／斷裂崩塌的牆垣／殘破凌亂的石板／一代失去良心的人／／荒蕪瘡痍的土地／頹圮潦倒的墓園／坍塌不堪的台階／一代失去愛心的人／／只願做寄人籬下的移民／只懂得做文明工具的勞碌人／只會做出賣時間的奴僕／一代迷失心性的人〔註204〕

〈失落的家園（巴里烏）〉透過殘破的舊好茶家園的照寫，痛心吶喊出失去良心、愛心與心性的迷失一代族人。整首詩中，家屋已是木樑倒歪、牆垣崩塌、石板殘破凌亂的石板屋，早已久無人居；走出家屋，舉目則是棄耕已久以致荒蕪瘡痍的土地，而祖先的墓園也早已頹圮潦倒於荒煙蔓草中；那些悖離母親家園的族人們，終究淪落成為「只願做寄人籬下的移民／只懂得做文明工具的勞碌人／只會做出賣時間的奴僕」，作者悲吟的豈止是那失落的家園而已，族人們的迷而不知返，才是更大的失落啊。所以奧威尼・卡露斯盎提起筆開始書寫自己的部落家鄉，他說：「是希望我魯凱的族人能感知已在歷史的黃昏裡，回頭一瞥這片美麗的山河，然後試著從百合般的文化精神資產，緬懷祖先並疼惜自己。」〔註205〕緬懷祖先並疼惜自己，不正是這首詩傳達出的精神所在。

　　迷失的一代原住民族群，看似離棄祖先遺留的珍貴山林與文化資產，寧願寄居都市當移民，然而內心底層，始終想尋回那已變貌的失落家園。李敏勇〈山花〉寫道：

〔註204〕奧威尼・卡露斯盎：〈失落的家園（巴里烏）〉，《雲豹的傳人》，台中：晨星出版社，1996年，頁11～12。

〔註205〕奧威尼・卡露斯盎：〈自序〉，《雲豹的傳人》，頁II。

> 你的故鄉／比別人的故鄉更接近太陽／但世界並沒有給你更多光／／
> 你的故鄉／比別人的故鄉更接近叢林／但現實並沒有給你更多鳥聲
> ／／在都市的密室／你以燈光代替陽光／從鍵盤的敲聲／你夢想著叢
> 林的音樂／／你失去了故鄉／你的故鄉在混凝土的盆景裡〔註206〕

李敏勇說：「我在屏東縣的車城國小、公館國小以及明正國中，經歷兒童及少
年時代。屏東縣境的大武山、田園以及恆春半島的海域，因而成為我的文學
心靈涵養。雖然在大高雄市的旗山出生，但因為父母分別是屏東縣恆春及車
城人，我一直以台灣屏東人的身分認同台灣國境之南的故鄉。在高雄讀了高
中，之後就離開南台灣的高屏地方；短期在台中讀大學和服役，因為就業而
定居在台北市成為市民。但一直以來，我都關連著故鄉的土地、人事物。也
因為這樣，我才沒有成為無根的人。」〔註207〕基於這種根源家鄉的情感認同，
使他對於原住民淪為無根的人種的現狀感到憂心。〈山花〉詩分四節，首二節
以「你的故鄉／比別人的故鄉更接近太陽」、「比別人的故鄉更接近叢林」指
出原住民的故鄉蘊藏著優於任何地方的生命涵養資源，但緊接著作者卻也指
出「世界並沒有給你更多光」、「現實並沒有給你更多鳥聲」，現實世界裡的「你」
實際上並沒有擁有更多的光與鳥聲，因為你早已離棄那曾孕育你的山林陽光
故鄉，並且山林故鄉也早已在現實文明的入侵下悄然貌變。背棄山林生活，
寄居在都市狹小封閉的空間裡，然而「你」內心裡故鄉的陽光與鳥聲，卻仍
隱隱然不時騷動著「你」的靈魂，所以「你以燈光代替陽光／從鍵盤的敲聲
／你夢想著叢林的音樂」，嘗試在這都市「混凝土的盆景裡」，尋回故鄉溫熱
的陽光與寬闊的綠色森林記憶，但「你」終究已失去了故鄉，「你」是迷失了
的一代。

　　郭漢辰〈行過懸崖的祖靈〉照寫出山林已褪成血脈裡永遠流動的斑駁遺
恨：

> 行過懸崖的祖靈／您是否已看到我們／早已傾禿的部落／學校被土
> 石流一口吞吃／石板屋之夢被巨石剎那壓垮／我們再也找不到回家
> 的路／回家的路是懸掛在峭壁上的／一絲希望／老鷹卻把希望偷偷
> 銜走／行過懸崖的祖靈啊／您是否能告訴我們／究竟哪一條路／才

〔註206〕李敏勇：〈山花〉，《青春腐蝕畫‧戒嚴風景》，台北：玉山社，2004年，頁155。
〔註207〕李敏勇：〈推薦序：以詩的行句探觸土地的心〉，郭漢辰：《請和我一起閱讀土
　　　　地的詩行：屏東詩旅手札》，頁10。

是回家的捷徑？∥行過懸崖的祖靈／您是否知道我們再也回不去山林／山路成為一段段縷縷的斷腸／如何修補再也縫合不了山神受傷的疤痕／回去山林變成一個遙遠的清夢／最多只能回到在平地的永久屋／門一旋開，沒等到部落熱情的簇擁／只有老人家無法綻放笑靨的臉孔／小孩苦苦等待母親返家餵奶／行過懸崖的祖靈啊／您是否能告訴我們／山林真的已褪去昔日的輝煌／成為血脈裡永遠流動的／斑駁遺恨？∥行過懸崖的祖靈／您是否能告訴我們／如何忍住悲傷／如何揹起沈重的行囊／如何和你一樣有行過懸崖的勇氣／行過懸崖的祖靈啊／您是否能告訴我們／如何援救奄奄一息的森林／拉起倒地不起的山神／給昏死過去的族人人工呼吸∥行過懸崖的祖靈啊／就讓我們回到山上的藍天白雲／用力喚醒正在沉睡的全族魂靈／在高山裡對著雲霧宣示／重返山林的決心／我們只用一把熱情的火／就點亮前方剛要誕生的／黎明〔註208〕

詩前註記，「2009 年 8 月 8 日，台灣發生半世紀以來最嚴重的風災。屏東山區諸多道路及原住民部落被沖毀，許多原住民因而無家可歸，如今得居住在永久居。」〔註209〕整首詩除以「學校被土石流一口吞吃」、「石板屋之夢被巨石刹那壓垮」、「回家的路是懸掛在峭壁上的」、「山路成為一段段縷縷的斷腸」、「再也縫合不了山神受傷的疤痕」記錄八八風災造成山地部落家園殘破重創之外，更也以「回到在平地的永久屋／門一旋開，沒等到部落熱情的簇擁／只有老人家無法綻放笑靨的臉孔／小孩苦苦等待母親返家餵奶」照寫出被迫撤離家園屈居永久屋的悲哀，失去山林的青壯輩走向平地討生活，留下老人與幼童守住陌生的新家園。作者不禁仰問「行過懸崖的祖靈」：「山林真的已褪去昔日的輝煌／成為血脈裡永遠流動的／斑駁遺恨？」，並且祈求賜予「援救奄奄一息的森林」、「用力喚醒正在沉睡的全族魂靈」的勇氣與智慧；詩末祈求祖靈帶領族人「在高山裡對著雲霧宣示／重返山林的決心」，只要有熱情，必能點燃前方黑暗盡頭的黎明。整首詩以原住民第一人稱書寫部落遭逢困境，以及突破困境的強烈願景，令人讀之甚覺共感。筆者曾因研究計畫而長達四、五年時間，密集踏查屏東縣山區排灣族山地鄉與鄰近的茂林魯凱三

〔註208〕郭漢辰：〈行過懸崖的祖靈〉，《請和我一起月土地的詩行：屏東詩旅手札》，頁 26～29。

〔註209〕郭漢辰：〈行過懸崖的祖靈〉，《請和我一起月土地的詩行：屏東詩旅手札》，頁 26。

村，深感部落山居生活的蕭條，人口的外移，使每個部落都成了住戶稀落的老人部落，921 強震後山區的土質鬆動，更造成每雨必見土石流阻斷山路的畫面，補救性的建設因趕不上天災的破壞速度而顯得徒勞，族人回家的路變得更艱難，最後甚至無家可回。如何找到回家的路，是一條漫漫的返鄉之路，除了凝聚族人的沉睡靈魂之外，還需要政府單位更具前瞻性的建設，讓族人重返家園安居樂業，傳承文化血脈。

四、毀壞的琉球嶼

黃慶祥〈弔杉板路海灘〉書寫小琉球毀壞的現在與美好的過去：

> 利劍／靈出猙獰的凶光／突地／一劍穿心／劃開胸膛／剜取內臟／把所有的記憶／一一掏光／那刺入海中的堤防／有如拔不掉的鋒刃／聳立 海灘的身軀／浮屍海上／曾經／滄海爲水／水如薄紗／裁剪夏日的洋裝／初一十五的豔陽／架起千年的畫板／命令——／褪去衣裳／斜倚半躺／裸露／豐滿的乳房／吸吮／撫揉／沉浸 這午後的溫柔鄉／死窟仔／濺起／孩童歡笑的聲浪／韭菜坪／出沒／紅蝦探頭的模樣／土鬼坪／海藻鋪陳／土鬼生長的溫床／蟳仔坪／婦女彎腰伸手／把螃蟹塞進簍框／還有長短不一的釣竿／列隊於／珊瑚礁的百褶裙上／壁立萬仞的高牆／圍起／屍骨的冰寒／牆外／衝擊／吶喊／一起又一起／悲憤的浪濤／蓬頭散髮／撕裂一身縞素／呼天搶地／卻是 銅牆鐵壁／搖不動／哭不倒／終於 力竭聲嘶／只是／萬古地啜泣／伏倒長城下的／孟姜女〔註 210〕

〈弔杉板路海灘〉選自於黃慶祥《小琉球手記一九七○》一書，此書分內篇與外篇兩大部分，其中內篇共有 27 篇各自獨立之短文，分別爲「蟳仔穴傳奇」、「觀音媽的藥籤」、「觀音媽顯靈記」、「吃在琉球迎王」、「琉球迎王總動員」、「上杉福安宮沿革」、「白燈塔傳說」、「琉球人的稱謂」、「結婚宴客在琉球」、「到小琉球釣魚去——魚餌篇」、「分魚」、「出國」、「種番薯　食番薯」、「揪水　擔水」、「舉柴　破柴」、「土豆麋　肉豆飯」、「挖土鬼　諏蟳仔」、「來電的歲月」、「犯人兵仔」、「消失的手藝——撚苧仔」、「琉球香腸」、「飯盒的滋味」、「芒果的滋味」、「年糕的吃法」、「琉球幫」、「早婚的春金」、「海殤」等

〔註 210〕黃慶祥：〈弔杉板路海灘〉，《小琉球手記一九七○》，屏東：屏東縣立文化中心，2001 年，頁 194～197。

篇，作者透過田調訪談方式取得鄉野珍貴資料，將小琉球之歷史文化與民情風俗，以淺顯易懂之筆，做了極深入的在地書寫。前屏東縣縣長蘇嘉全為此書作序言：「執教於東新國中的黃慶祥老師，在小琉球這塊島嶼上，生於斯長於斯的生活記憶，深恐年湮代遠，漸次自記憶中消退的手札，用字遣詞頗堪玩味」〔註211〕。〈弔杉板路海灘〉被置於《小琉球手記一九七〇》最後一篇，可視為作者對此書之最後總結。

杉板路海灘，位於小琉球西側，分「頂坪」、「下坪」，其中頂坪由內向外可分為「死窟仔」、「韭菜坪」、「土鬼坪」、「蟳仔坪」，這個曾給予作者美麗童年的地方，現在卻已破壞殆盡，整個頂坪已被炸掉，外圍填堵堤防，當作竹筏港。〔註212〕基於這種痛惜之憾，作者寫下〈弔杉板路海灘〉這首悼念之詩，整首詩將時空跳接於毀壞的現在與美好的過去之間。

在語彙的擇取上，作者大量運用「利劍」、「猙獰」、「凶光」、「一劍穿心」、「劃開胸膛」、「剜取內臟」、「一一掏光」、「浮屍海上」等充滿強烈攻擊意象的詞彙，來呈現杉板路海灘所遭遇的毀滅性傷害；再以「萬仞的高牆」、「屍骨的冰寒」、「吶喊」、「呼天搶地」、「蓬頭散髮」、「一身縞素」、「力竭聲嘶」、「萬古地啜泣」、「孟姜女」等擬人語彙凸顯杉板路海灘今日之吶喊。相較於今日的痛苦撕裂，昨日則曾是「豐滿的乳房」、「午後的溫柔鄉」、「歡笑的聲浪」、「生長的溫床」等豐盈大地母親的形象。對於此，作者如是說：「然而，現在的琉球已不是記憶中的琉球了」、「我一直覺得我心靈上還是個小孩子——一個時時沉緬於童年夢境的小孩子。是的，在琉球的母親之前，我一直是的，永遠是的。」〔註213〕黃慶祥《小琉球手記一九七〇》與〈弔杉板路海灘〉，可說是觀察60年代小琉球鄉民生活的絕佳管道。透過這些現代詩文，作者塑就了一個母親形象的小琉球，無私的給予鄉民們乳水之恩、心靈的撫慰，更控訴著現代建設所帶給小琉球的摧殘毀壞。

現代建設帶來的破壞力道，摧殘了充滿黃慶祥兒時歡笑的杉板路海灘，也獵殺了作者兒時的海底親暱玩伴們，黃慶祥〈琉球的海底〉寫道：

> 琉球的海底 ／ 原是皇宮般堂皇富麗 ／ 各形各色的珊瑚 ／ 鑲嵌在每一
> 寸岩壁 ／ 鸚哥滿載一身的斑斕 ／ 成群地來回巡弋 ／ 有時啃咬脆弱的

〔註211〕黃慶祥：《小琉球手記一九七〇》，頁4。
〔註212〕黃慶祥：《小琉球手記一九七〇》，頁197。
〔註213〕黃慶祥：《小琉球手記一九七〇》，頁6。

　　珊瑚／剝剝的巨響響徹海底／鰻魚時時探出頭來／帶動蜷曲石縫的身體／還有蝴蝶般美麗的蝶魚／雙雙對對／飛過萬紫千紅的花園裏／而今的海底／值錢的家當已被搬光／只剩幾面破落蒼白的牆壁／站壁的海藻濃妝豔抹／隔著玻璃頻頻對遊客招手／企圖掩飾繁華的過去／大魚已紛紛被拖離海底／只剩幾條如絲如線的小魚／供人搜尋往時的蹤跡〔註214〕

小琉球四面環海，擁有豐富而多元的潮間帶，小琉球周圍海域魚類資源豐富，根據學者調查約有六百餘種魚類，雖然這些魚類的主要生活環境，並不是在潮間帶，但卻有不少種類的幼魚，會在漲潮時進入潮間帶覓食或躲避天敵，退潮後就滯留在潮溝或潮池之中，這些幼魚通常色彩鮮豔，他們大都是蝶魚、粗皮鯛、天竺鯛等。〔註215〕黃慶祥〈琉球的海底〉整首詩以「琉球的海底／原是皇宮般堂皇富麗」、「而今的海底／值錢的家當已被搬光」探今昔對照，藉昔日「鑲嵌在每一寸岩壁」上各形各色的珊瑚、「成群地來回巡弋」的斑斕鸚哥、時時從蜷曲石縫探出頭來的鰻魚、成雙成對穿梭的美麗蝶魚，鋪寫出小琉球昔日海底繽紛世界，說它是海底龍宮也不為過；詩之後半部則藉「破落蒼白的牆壁」、「站壁的海藻濃妝豔抹」、「只剩幾條如絲如線的小魚／供人搜尋往時的蹤跡」照寫出今日琉球海底在過度捕撈、過度觀光發展的透支消費下的敗象。今昔對照，流露出作者對家鄉的變貌的痛心惋惜。面對那曾經「閃亮童年的記憶」的家鄉，黃慶祥〈小小的貝殼〉對著小小的貝殼吐露心中的擔憂與不捨：「一路不見你的同伴／想必見閻羅王去了／偌大的一個海坪／也沒幾粒土鬼讓你爬來爬去／鸚哥魚早已絕跡／海菜也被徹底剝皮／現在輪到粉螺大哥們／即使躲到深海的岩壁／也逃不過潛水夫的連根拔起」〔註216〕然而面對這家鄉童年夥伴們的一一罹難，作者只能輕聲地給予祝福：「小小的貝殼／我不忍心把你撿起／只希望你躲得好好的／偕同那些潮間帶的難兄難弟／偷偷把海坪的生命延續下去」〔註217〕但面對這現實環境的摧殘力量，作者拿起記憶之筆，把他最清晰的家鄉記憶記錄下來。

〔註214〕黃慶祥：〈琉球的海底〉，《琉球行吟》，頁70～71。
〔註215〕杜奉賢、鍾宇翡、何立德、何政哲等撰：《琉球鄉文化資源調查研究》，屏東：屏東縣琉球鄉公所，2008年，頁386。
〔註216〕黃慶祥：〈小小的貝殼〉，《琉球行吟》，頁78～79。
〔註217〕黃慶祥：〈小小的貝殼〉，《琉球行吟》，頁78～79。

本章小結

　　屏東作為一個物理的客體空間，當這個空間被賦以「意義」與「經驗」的印記之後，就成了心理上的地方，一個承載著情感認同、記憶與想像的地方。

　　歸納以上詩作探析，台灣戰後屏東現代詩中的家鄉書寫，無論是「家鄉母土感懷」、「家鄉生活素描」、「家鄉童年記憶」或「家鄉變貌凝視」，都出自對家鄉母土的情感依戀，以及真實的成長生活經驗。這種對家鄉母土情感依戀，包括物理的空間場域，例如屏東鄉間的田園自然、大武山、舊好茶古茶布安、射鹿巴達因、六堆客庄生活場域、東港溪、恆春龍鑾潭、屏鵝公路，乃至離島小琉球花瓶石與相思埔；真實的成長生活經驗則如農村溝圳洗衣、割稻、拾穗、久旱、鐵牛，山上部落水源地引水、煤油燈下晚餐，漁家泊船、夜釣、迎王。而童年生活裡的歡樂記憶，則散布在家鄉各個角落，這些被書寫的空間場域與生活經驗，從客庄農家田園生活，到高山部落景象，乃至離島地景與漁家生活，顯示因地理環境多樣，以及族群結構多元的條件使然，台灣戰後屏東現代詩中的家鄉書寫，也呈現出跨度頗大的書寫內涵。

　　再者，正因為對家鄉母土的感懷，當作家們凝視家鄉今昔變貌時，詩中便顯露情感原鄉不再的焦慮不安。這種焦慮展現在屏東作家們對於現代文明大舉進入家園的凝視與批判，例如溪圳的汙染導致蟲魚花鳥滅蹤、道路重劃使佳冬客庄變款又變樣、林邊地層嚴重下陷、耕地縮限的夕陽農業、即將被省26線吞噬的阿塱壹古道、山地部落殘破成荒城、小琉球海岸海洋嚴重破壞，乃至阿猴城門、恆春城門淪陷成喧鬧街市，這些家鄉今日變貌的照寫，除意味著屏東作家們對往昔田園自然家鄉的永恆緬懷，更也凸顯了台灣戰後屏東作家的家鄉書寫詩作中，具有的反映家鄉現實面的文化批判成分。

第四章　台灣戰後屏東現代詩中的自然書寫

　　自然書寫是文學史上常見文學創作主題之一，也是台灣戰後屏東現代詩創作重要主題。李瑞騰〈與詩結緣〉：「詩的表現一般來說有兩種傾向，一種是往外的，把筆觸伸向人文與自然環境；一種是往內的，以一枝易感的筆挖掘內心世界。」〔註1〕本論文第三章「台灣戰後屏東現代詩中的家鄉書寫」，聚焦在台灣戰後屏東作家如何透過一枝易感如蝸牛觸角的筆，挖掘內心深處對於成長家鄉的深情凝視裡的情感認同、懷舊記憶，以及未來的想像。本章則聚焦在戰後屏東作家如何將筆觸往外伸向自然環境，從美學形塑、汙染批判、生態維護的角度，呈顯對屏東地區田園自然環境的觀想。從空間詩學「角落」的理論審視，屏東的田園山水自然地景，無疑就是屏東詩人的角落，一個可以讓詩筆觸角向外四處伸展的角落。所以屏東作家傅怡禎認為田園風格是屏東作家現代詩主要特色之一，〈屏東地區新詩發展初探〉言：「綜觀屏東新詩發展，經過具備戰鬥力的奠基期，充滿生命力的發展期與充滿想像力的深化期，大量的作品可歸類成『田園風格』、『懷鄉情節』、『社會批判』、『海洋意象』、『族群書寫』等五種特色。」〔註2〕其中，「田園風格」被置於首位，可見其特色之明顯。

　　何以研究台灣戰後屏東現代詩特色，「自然書寫」會是重要切入點？曾貴海注意到南台灣的地理位置本應是沙漠，卻因有山水而使自然生態多樣美

〔註1〕　李瑞騰：《詩的詮釋》，台北：時報文化公司，1982年，頁4。
〔註2〕　傅怡禎：〈屏東地區新詩發展初探〉，頁145。

麗，他在〈南方大地的鏡像與心靈對話〉說：「台灣做爲一個太平洋的亞熱帶海島，高山佔有全島面積的 70%，北回歸線自嘉義穿越而過，南台灣本應是一個沙漠區，但是因爲有海洋的水氣和二百多座三千公尺以上的高山，因此使南台灣在高山帶呈現了多樣性的美麗生態樣貌。將近四千多種動植物自山頂蔓生到平原，……。」〔註3〕這段論述強調了南台灣自然地景的多樣美麗。李敏勇則自剖南台灣田園山水是孕育他土地意象創作的根源，〈爲了復活天空，爲了意義之光〉言：「我要感謝孕育我生命的感覺和涵養的出生、成長之地；南台灣的屏東和高雄縣市，那兒的田園、海和大武山，有我根源的土地意象，也讓我不至於成爲詩人奧登所說的生於都市，長於都市沒有鄉村童年體驗的不幸的孩子。」〔註4〕這裡強調的是直接的自然經驗對土地意象創作的重要影響。戰後屏東作家充滿田園風格的詩作，往往都有其直接經驗的大自然書寫背景，故相較於生長於都市的作家，其詩作往往更能把握、認識田園自然的本質，所以李魁賢在評點曾貴海詩作時便引桑塔亞那理論談直接經驗的重要性，〈心事誰人知〉言：「美國自然主義美學家桑塔亞那把美感經驗分成直接經驗和間接經驗，並認爲只有直接經驗才能把握、認識本質，而間接經驗則加進了解釋，即受到本質之外在聯繫的經驗所滲透，不再能保持純粹。」〔註5〕戰後屏東作家因爲成長環境中的直接大自然經驗，使得他們的自然書寫顯得格外純粹，這也是爲何台灣戰後屏東現代詩中的「田園風格」是其重要特色之一。

　　經蒐羅耙梳台灣戰後屏東作家自然書寫詩作，本章整理出「美學形塑」、「汙染批判」與「生態維護」這三大主題，分三節探討如下。

第一節　自然書寫的美學形塑

　　「美」作爲人的本質力量豐富性的多樣化顯現，「自然美」是其表現形態之一。「自然美」，是指自然物所顯現出來的美，是通過人類的實踐活動使自

〔註3〕　曾貴海：〈南方大地的鏡像與心靈對話〉，陳明柔主編：《台灣的自然書寫》，2005年「自然書寫學術研討會」文集，台中：晨星出版社，2006年，頁270。

〔註4〕　李敏勇：〈爲了復活天空，爲了意義之光——獲頒二○○七國家文藝獎的感念、隨想〉，《島嶼奏鳴曲》，頁236。

〔註5〕　李魁賢：〈心事誰人知〉，曾貴海：《台灣男人的心事》，高雄：春暉出版社，1999年，頁21。

然人化而產生之美，所以自然美是「自然的人化」〔註6〕的結果，以其特定的物質條件，給予我們審美的感受，舉凡經過人工改造的自然物之美（如：疏竣的河道、開墾的荒地、山水園林景觀），以及未經人工改造的自然物之美（日月星辰、山水草木、花鳥蟲魚）均屬之。古典經籍中有關自然美之書寫如：《韓非子》「必壞地美，然後草木碩大。」〔註7〕之土沃美、《莊子》「於是焉河伯欣然自喜，以天下之美爲盡在己。」〔註8〕之景色美、《管子》「山林雖廣，草木雖美，禁發必有時。」〔註9〕之茂盛美、《管子》「歲適美則市糶無予」〔註10〕之豐收美、《呂氏春秋》「今有樹於此，而欲其美也。」〔註11〕之成長美，以及《春秋繁露》「故薺以多美」〔註12〕之成熟美，均屬自然書寫之美學範疇。

　　本節將從「田園山水圖像」、「墾丁公園光影」、「動植物寫眞畫」、「詩性熱帶海洋主題」這四個小節，分別探討台灣戰後屏東現代詩中自然書寫的美學形塑如下：

一、田園山水圖像

（一）田園

　　人文地理學者巴舍拉（Gaston Bachelard）《空間詩學》言：「角落是這樣的藏身處，它讓我們確認一種存有的初始特質：靜定感（immobilite'）。這是一處讓我的靜定感確切無虞、臨近顯現的地方。」〔註13〕這個帶來靜定感的角落，無處不在，可大可小，可遠可近，可虛可實，它是遙遠童年記憶裡的某個角落，也許是內埔詩人利玉芳童年下課必走的野薑花小徑，或是佳冬詩人曾貴海榕樹下一角讀書的午後，也是詩人家屋那一扇箝進田園風景畫的小窗。角落是容器，既盛裝著抽象的時間記憶情感，也盛裝著具體的空間實物。

〔註6〕　關於馬克思所提出「自然的人化」論述，可參見馬克思（Karl Marx）：《1844年經濟學哲學手稿》，《馬克思恩格斯全集》第四十二卷，上海：人民出版社，1979年，頁126～168。

〔註7〕　韓非：《韓非子・難二》卷十五，台北：中華書局，1966年，頁10。

〔註8〕　郭慶藩：《莊子集釋・秋水》，北京：中華書局，2010年，頁561。

〔註9〕　管仲撰：《管子・八觀》第五卷，台北：中華書局，1966年，頁4。

〔註10〕　管仲撰：《管子・國蓄》第二十二卷，頁6。

〔註11〕　許維遹：《呂氏春秋集釋・至忠》，台北：世界書局，1966年，頁434。

〔註12〕　蘇輿：《春秋繁露義證・循天之道》，台北：河洛圖書公司，1974年，頁311～322。

〔註13〕　加斯東・巴舍拉（Gaston Bachelard）：《空間詩學》，頁224。

1. 窗外田園

「角落」無處不在，它予人靜定之美感經驗。所以劉克襄說：「自然是無所不在的，從家裡的窗口和陽台，就會看到許多意想不到的事物。」〔註14〕林清泉〈窗外即景〉、洪柴〈想望〉、郭漢辰〈往南方的特快車〉這三首詩採用「窗牖取景」空間意識處理手法，呈現個人家鄉田園自然美感的追尋，形塑屏東田園自然地景美學符號。林清泉〈窗外即景〉寫著：

> 推開眼睛／推開窗／豁然呈現了／一幅美麗的風景畫／／翁鬱的叢林／翠綠的原野／清澈的溪流／碧藍的晴空／美得令人心醉／／推開眼睛／推開窗／推開了／一窗田園風景成畫〔註15〕

以一窗而借得叢林原野、溪流晴空，簡單幾筆，遠近綠意參差，沒有蕪枝雕飾，僅僅以叢林、原野、溪流與晴空四個自然元素，便勾勒出一幅田園素描。屏東作家曾寬在談及鄉村對林清泉詩作的影響時，曾說林清泉所住萬巒村落是一個「詩樣的家園」：「萬巒是毗鄰大武山的平原鄉，河川之多冠於整個屏東縣，且條條河川源於大武山，盈盈、澈澈地流向富庶的平原。林清泉所住的村落，位在泗溝水河畔。鵝蛋石砌成的河隄，時至秋日，長滿芒草花，遠看似雪似絮，微風吹拂時又似流雲。學生時代，林清泉愛漫步於河畔，累了就坐在芒草上。靜靜凝視千年滔滔不竭的家鄉水。由河隄望向田野，盡是一片綠，有阡陌的良田，有蒼蒼茂茂的檳榔林，夜晚，檳榔林為防盜而裝日光燈，閃閃爍爍，彷彿是座不夜林。」〔註16〕林清泉曾述說田園自然對自己詩作的影響，他說：「天空、星月、海洋、山野、溪流甚至一蟲一鳥，一花一石，一草一木，都是我靈感的泉源，大塊假我以『詩』，情專意注，心醉低徊，不能自已，物我相與，物我兩忘，一觸之間，繆斯深情脈脈投我以親切的微笑。於是，我用純真的思維透過筆尖，把它們逐一的描繪出來，隨手偶得，往往都成佳句，此時內心驚喜可知。」〔註17〕屏東，這麼一個具體、客觀、物質性的真實存在世界，透過詩人家屋的一扇窗，「帶著詩意的感性光輝，對人的全身心發出微笑。」〔註18〕無怪乎詩人要讚嘆「美得令人心醉」。

〔註14〕劉克襄：《快樂綠背包》，台中：晨星出版社，1998年，頁24。

〔註15〕林清泉：〈窗外即景〉，《林清泉詩選集》，屏東：屏東縣立文化中心，1993年，頁237～238。

〔註16〕曾寬：〈國際詩人──林清泉〉，林清泉：《林清泉詩選集》，頁6～7。

〔註17〕林清泉：〈後記〉，《心帆集》，台北：笠詩社，1974年，頁104。

〔註18〕馬克思（Karl Marx）著：《馬克思恩格斯全集‧第二卷》，頁163。

加斯東‧巴舍拉（Gaston Bachelard）《空間詩學》引喬治‧史必瑞達奇（Georges Spyridaki）《清醒死亡》（Mortlucide）：「我的家屋是透明的，但它不是玻璃做成的。它比較像是煙霧般的自然現象，我可以隨心所欲的把它的牆壁放大，或縮小；有時候我把它們拉過來，緊緊靠著我，就像護衛的盾牌。但有時，我會讓我家屋的牆壁，往外發展出它們自己的空間，一種無限延展的空間。」〔註19〕家屋窗外有田園，田園的盡處，是看不見的角落，有細微輕快的音樂傳來。「家屋是一棟渴望著要看的家屋，對它來說，看到了就等於擁有。它看這個世界，擁有這個世界。」〔註20〕洪柴〈想望〉寫著：

> 窗子下邊是條藻荇糾纏的大水圳／岸上幾棵枝葉招搖的桑槐／過去便是切割整齊的水田／／春秋二季，有時秧苗指天發願／有時稻楷靠背假寐瞑思，剩下的時候／種蔥。接著是塊充滿生氣的／西瓜園，坦胸露肚煞有介事／野草混跡其間，恣意取鬧／誰能阻止呢？竹林退到一旁，成排站立／幽幽自言著。再看過去／二棵毛髮蓬鬆的茄苳各懷鬼事／老死不相往來（我也不願如此猜想）／疏落的農戶在更遠的地方／煙突細水流長說些什麼／確實聽不清楚了，有時可見／單衫的孩童，庭前戲耍／一條想法簡單的小路／無憂而去。／／外面包圍森綠的樹叢，具有舊時／自衛的保守風貌，那才是視野終點的／小村落。而時常吸引我佇立窗前／引領企望的，通常是中午時段／在那小村落之外／有細微輕快的音樂傳來──／／我看不著的角落〔註21〕

傅怡禎〈屏東地區新詩發展初探〉認為這首詩「以其意在言外的高超意境，將整個屏東鄉村的風光描寫得如臨其境。」〔註22〕一間家屋，透過一扇窗，空間往外無限延伸擴展，視野兼具深遠（前→後）、平遠（近→遠）兩個角度，從窗櫺下藻荇「糾纏」的大水圳、岸上枝葉「招搖」的桑槐、切割整齊的水田、充滿生氣的西瓜園、瓜園一旁，成排「站立」的竹林、毛髮蓬鬆的茄苳樹、更遠處「疏落」的煙突、農戶庭前「戲耍」的單衫孩童、被森綠樹叢「包圍」的小村落，直至村落之外，視野無法觸及的私密角落，細微輕快音樂「傳來」之處。「如這般具有動力的家屋，讓詩人能夠安居在

〔註19〕加斯東‧巴舍拉（Gaston Bachelard）：〈家屋和天地〉，《空間詩學》，頁120。
〔註20〕加斯東‧巴舍拉（Gaston Bachelard）：〈家屋和天地〉，《空間詩學》，頁138。
〔註21〕洪柴：〈想望〉，《馬纓丹》，屏東市：屏東縣立文化中心，2000年，頁90～91。
〔註22〕傅怡禎：〈屏東地區新詩發展初探〉，頁145。

宇宙當中，或者，用不同的話來說，宇宙終於安頓到詩人的家屋裡去。」〔註23〕於是，單純鄉村的日常景象，在詩人想望筆下，構築出意象飽滿而又悠閒雅麗的田園傑作。

　　屏東作為一個物理的客體空間，當這個空間被賦以意義印記之後，就成了心理上的地方。家鄉是一窗田園風景畫，是鄉間家屋予人靜定美感經驗的田園之窗；家鄉也是一張張幻燈片，貼映在行進車廂中那一扇行旅之窗，揚起旅人胸中絲絲歷史懷舊疼痛。郭漢辰〈往南方的特快車〉寫著：

> 往南方的特快正在啓動／車窗玻璃映載阿猴城的／古今地圖，讓我魂魄／經常穿梭來去／經常一覽無遺／特快車轟隆隆的急駛聲響／不是達達的馬蹄／而是現代機械文明的／紛沓腳步／它不快不慢的速度／將高屏舊鐵橋、萬年溪、竹田驛站／拍成一張張貼映眼廉的幻燈片／（無關歷史／無關歲月／無關風情）／存入匆匆行旅記憶的／隨身匣／／往南方的特快車正在啓動／車過枋山，甜甜的甘蔗田／遺落在歷史角落／西瓜在時大時小的雨絲／香甜滋味若隱若現／如中年行旅者／不在乎山盟海誓的美好／只在乎寂寞時呼吸的空氣／是否能治癒胸中時而揚起的／絲絲疼痛，好在風中／仍存有土地芬香的 DNA／晨風迎面吹拂，刹那間／植入五臟六腑／血管裡將有／甜甜的甘蔗田／甜甜的雨／／往南方的特快車正在啓動／與半島邂逅一眼／就可無情離去／差一步駛入海角天涯／差一步不再思思念念／車過海闊天空／車過所有人生幻影／甩開南台灣的熱情擁抱／特快車轉入／長長暗暗的隧道／等待在下個出口的／是快意陽光的披浴／還是滂沱大雨的洗禮？〔註24〕

一趟特快車旅程，不只是空間的位移，更也是時間的位移。透過正在啓動的往南方特快火車的行駛路線，詩人速寫了屏東的人文空間、自然空間，以及歷史空間的地理景觀。往南方的特快車，視覺跨過高屏舊鐵橋，進入屏東市，駛經萬年溪、竹田驛站、枋山，進入恆春半島，瀕臨天涯海角，終於駛離南台灣，轉入通往台東的隧道。這麼一個大的空間場所，透過一扇窗交遞閃現。然則空間不僅僅是一個容器而已，更是情感歸屬與地方認

〔註23〕加斯東・巴舍拉（Gaston Bachelard）：〈家屋和天地〉，《空間詩學》，頁121。
〔註24〕郭漢辰：〈往南方的特快車〉，《請和我一起閱讀土地的詩行：屏東詩旅手札》，頁54～55。

同意義之所在，隨空間移動而變異的空間景象，也有了時間移動中的變異。
於是阿猴城古今地圖、西瓜田與甘蔗園嗅覺映像重疊，在晨風中隨著行駛
中瞬息變換的窗景，召喚詩人的家鄉認同與歷史懷想，眼前屏東的自然田
園與詩人的心靈風景疊合爲一。於是詩人以文字做爲見證，不但呈現對阿
猴這個場所「空間」永恆的記憶與眷戀，更也形塑了充滿歷史性懷想的屏
東自然地景美感。

　　視覺是一扇窗口，「假如一個人有興趣和大自然接觸，就會永遠有一扇窗
口等著他，端賴他何時去開啓。」〔註25〕當往外的筆觸與自然相接時，舒適
的田園風光與美好的原鄉景致都化成詩人往返於人文與自然的流動文字。〔註
26〕透過窗戶這一扇裝滿親切地景符號的容器，林清泉、洪柴、郭漢辰透過它
捕捉屏東田園自然之美；許其正則是從晨露這微觀的世界，捕捉南台灣田野
晨露之景。許其正〈露〉寫著：

> 以透明籠罩水銀珠
>
> 鎖照相機於顯微鏡中
>
> 而紀錄風的色彩
>
> 然後推進故宮博物院
>
> ——藏四季如木乃伊〔註27〕

加斯東·巴舍拉（Gaston Bachelard）說：「當一個做夢者透過他對一個物件的
關懷，而重構了這個世界，我們就能夠相信生活中的每一件事物對詩人來說
都是一個胚芽。」〔註28〕陽春召我烟景，大塊假我文章，屏東特有的廣大田
園自然，賦予了屏東作家個人美感追尋的無比寶藏。許其正詩「寫我故鄉屏
東的鄉土、田園、大自然特別多」〔註29〕此詩意欲呈現屏東鄉土田園自然，
然則詩人在觀照自然景物時，卻不採直接逼視實體做爲書寫對象，而是採用
「倒影觀照」的表現手法，從田野晨露反射影像，形塑其屏東田園自然之美。
「極小的事物，無異於窄狹的大門，開啓整個世界。一件事物的細節可以是
一個新世界的信號，這個世界就像所有的世界一樣，含納著巨大感（grandeur）

〔註25〕　劉克襄：《快樂綠背包》，台中：晨星出版社，1998 年，頁 56。

〔註26〕　傅怡禎：〈屏東地區新詩發展初探〉，頁 144。

〔註27〕　許其正：〈露〉，《南方的一顆星》，頁 12。

〔註28〕　加斯東·巴舍拉（Gaston Bachelard）：〈家屋和天地〉，《空間詩學》，頁 142。

〔註29〕　許其正：《南方的一顆星》，屏東：屏縣文化，1995 年，頁 180～181。

的質素。」〔註 30〕詩人將田野晨露比喻成無數個顯微照相機，紀錄四季的轉換、紀錄風的動態姿顏，呈現大自然田野晨露之景。

　　每一部文學作品也都是一扇向讀者敞開的窗，已故屏東作家陳冠學曾言：「寫作《田園之秋》的動機，就是採取南台灣的一角田園，盡個人可能的筆力，一點一滴，一筆一劃，描繪出它的美，以期喚起全台灣居民對土地的關切與愛護，如斯而已。」〔註 31〕陳冠學《田園之秋》以記憶與現實中的屏東新埤自然景物為書寫對象，「透過『真實田園』的『凝視』，排列成雅麗典樸的『文字田園』；再藉由文字與思維進行『自我建構』，將文字田園昇華成『心靈田園』，邁向更圓滿的人生宇宙。」〔註 32〕在黃明峯〈我在秋天——讀陳冠學《田園之秋》有感〉一詩，陳冠學散文集《田園之秋》是一扇敞開的田園之窗，向黃明峯展示著一幅秋日田園風景畫：

> 當番薯藤綿延一片綠意／而風與身體押韻時／我在秋天／書寫南方／田園的性情／／避開饒舌的雜草群／赤牛哥踩著晨霧／開始踏勘土地的日記／露珠掉下幾滴晶瑩譬喻／表現一身傲骨的竹林／林間高處散發青綠光芒／鳥類競相宣揚／自己的母語／泥土新翻的空格／持續寫入滿滿的生機／／戴著斗笠／撥開銀合歡豆莢中的秘密／夢就不小心／掉落在含羞草懷裡／老母雞伸展翅翼／包覆著小雛雞的喧嘩／躲過天上／紅隼銳利眼神的查探／我的花狗即將突襲／甘蔗園裡撒野的田鼠／而隱居的老貓依舊趴在門口／冥想形而上體系／斑駁的屋旁發現幾朵鴨舌草／飄逸著藍／彷彿淵明醉酒後的詩句／純樸且自然／／歲月肥熟如瓜果／隨風搖擺豐腴的姿態／幾隻斑鳩停歇在夕陽下／北邊的楊桃樹間／過去之後是心胸廣闊／氣味豐厚的田園／再過去就是綠意盎然的一整片／幸福啊，幸福……／幸福也是熬了一鍋／半甜半鹹的番麥粥／做了一天結結實實的粗活／／壁鐘慢慢念經給時間聽／一排書櫥如漢詩一樣古樸／我在秋天／繼續讀老莊／繼續圈點鈴蟲的夜吟……〔註 33〕

〔註 30〕加斯東・巴舍拉（Gaston Bachelard）：〈微型〉，《空間詩學》，頁 246。

〔註 31〕陳冠學：《田園之秋》自序，台北：圓神出版社，1987 年。

〔註 32〕傅怡禎：〈回歸與實踐的自然書寫——陳冠學散文的現場凝視與自我形構〉，《2012 屏東文學學術研討會：陳冠學研究論文集》，高雄：春暉出版社，2013 年，頁 99。

〔註 33〕黃明峯：〈我在秋天——讀陳冠學《田園之秋》有感〉，《第十屆大武山文學獎》，屏東：屏東縣政府文化處，2011 年，頁 24～26。

整首詩內容呼應題目，詩句多化用陳冠學《田園之秋》的內容與文句，充分掌握陳冠學《田園之秋》之氛圍。〔註34〕陳冠學是位專精老莊的隱逸農夫，1981年辭去教職後，歸隱新埤鄉老家，住在一棟斑駁傳統瓦厝，耕耘著兩甲旱田，靠著人力、牛力輪作旱稻、番薯、土豆、玉米等作物，瓦厝旁種著瓜、豆、茶、蔬；粗食淡飯，自給自足，因而被尊稱為「現代陶淵明」。陶淵明之所以被視為田園詩人之祖，不僅僅只是因為他實錄了躬耕田畝的隱居生活，更重要的是其「以一個固著於土地的定點，實現人類在天壤間的居住活動與對話關係」〔註35〕陳冠學之所以歸回田園，他說：「回想當年決心回歸田園，只為路邊看到一朵小小的藍色草花。如今想起來大概是鴨舌草的花罷！一朵小小的草花，猛烈地使我覺醒過來自我遺失之已深，給我那麼大的力量，掙脫羈繫着我那麼長久的機括。」〔註36〕兩者都是透過歸回田園展開的人與天地自然的對話，並透過文學創作展示天人合一之審美體現。「陳冠學的《田園之秋》，透過農家四周景物的描寫，充分地反映了台灣這塊美麗土地所孕育的內藏之美。」〔註37〕屏東新生代作家黃明峯以〈我在秋天——讀陳冠學《田園之秋》有感〉透過田園情境的細膩鋪寫，除向已故田園作家陳冠學致敬，嘗試復現陳冠學秋日田園生活的一隅，並形塑出靜謐的屏東新埤鄉間田園風光。

2. 田舍臨暗

每個人都可以從自己身邊最熟悉、最接近的位置去觀察自然，進而凝塑一個具有意義的、動人的、感情附著的「地方感」空間，那將也是一個能讓我們對於居住土地的歷史記憶得以積累、自然空間得以認同的「感覺結構」。〔註38〕屏東客籍作家曾貴海認為，要探討一個詩人，就必須進入他的世界，找出他的原型的東西，他說：「一個東西，隨著年歲增加，時間和空間會改變，生活體驗改變，精神內涵改變，但是，他一直在解釋的是那個原型的東西，

〔註34〕《第十屆大武山文學獎》「新詩類評審意見」，屏東：屏東縣政府文化處，2011年，頁223。

〔註35〕蔡瑜：〈陶淵明的吾廬意識與園田世界〉，《中國文哲研究集刊》38期，2011年3月，頁1～41。

〔註36〕陳冠學：《田園之秋》，台北：圓神出版社，1987年，頁129。

〔註37〕葉石濤：〈代序〉，陳冠學：《田園之秋》，頁5。

〔註38〕魏貽君：〈自然何方？劉克襄的「自然」空間試探——以《小綠山》三部曲、《偷窺自然》、《快樂綠背包》為探索範圍〉，陳明柔主編：《台灣的自然書寫》，頁33。

這是最誠實的詩人，解釋之後，變成了大世界。……所以，要探討一個詩人，可能必須進入他的世界，去找出他原型的東西。」〔註39〕就曾貴海而言，「愛戀鄉土」便是他寫作的原型。〔註40〕而這鄉土便是曾貴海出生地佳冬客庄，農村泥土的香味與大自然的美色，孕育他走向文學，走向社會關懷。

但曾貴海如何去形塑他所愛戀鄉土的田園之美？林秀蓉〈屏東現代詩人的地景書寫初探〉認為，形塑美學符號，是屏東現代詩人對於屏東家鄉地景書寫的重要特色之一，因為「親切的地景符號，可以是個人的美感追尋，也可以是群體共享的意象，更可能是充滿歷史性的懷想。」〔註41〕曾貴海《原鄉・夜合》便是兼具個人的美感追尋、客家族群意象與客家歷史懷想這三大內涵，其中，〈田畦的農婦〉與〈田舍臨暗〉，書寫屏東農村傍晚落日時分的鄉村田舍景象，除形塑出獨特的客庄田園之美，更充滿客家族群意象。曾貴海〈田畦的農婦〉寫著：

暗得幾乎見不著黃昏的微光

遠處田畦中的農婦

凝縮成一團泥土堆〔註42〕

短短三行小詩，結合「女性」與「土地」這兩樣曾貴海詩作原型，被安置在黃昏的背景裡。黃昏的光暈籠罩著大地，遠處農婦身影隨日暮而凝縮成一團泥土堆，「『女性』堅毅、育蘊、包容、沈靜等象徵義涵，與『土地』的意象若合符節。」〔註43〕曾貴海的戀戀鄉土創作意識，在詩中得以充分展現。

曾貴海曾言：「我童年的生活場域，一個是佳冬，一個是竹田。……我外婆家在竹田一個很偏僻的庄頭，在竹田車站對面，……，我在那裡過了一年野生的、自然的生活，那段期間，對我來說，對大自然，或是對暗瞑，都是很好的體驗。」〔註44〕，並且，「我覺得短短的黃昏，是感動人的一個很重要

〔註39〕莊紫蓉：《面對作家──台灣文學家訪談錄（三）》，台北：財團法人吳三連台灣史料基金會，2007年，頁333。

〔註40〕阮美慧：〈從「現實」到「原鄉」──曾貴海詩中「鄉土情懷」的探索與追尋〉，陳明柔主編：《台灣的自然書寫》，頁302。

〔註41〕林秀蓉：〈屏東現代詩人的地景書寫初探〉，《2014第四屆屏東文學學術研討會會議論文集》，頁101。

〔註42〕曾貴海：〈田畦的農婦〉，《台灣男人的心事》，頁71。

〔註43〕阮美慧：〈從「現實」到「原鄉」──曾貴海詩中「鄉土情懷」的探索與追尋〉，陳明柔主編：《台灣的自然書寫》，頁316～320。

〔註44〕莊紫蓉：《面對作家──台灣文學家訪談錄（三）》，台北：財團法人吳三連台灣史料基金會，2007年，頁300～302。

時刻。」〔註45〕黃昏時刻的農家田舍，是曾貴海記憶角落靜謐的意義空間。〈田舍臨暗〉寫著：

> 田舍臨暗／煮熟个紅日頭／龜做一粒大圓板／對筆直个檳榔樹中間
> ／慢慢蹓落雲層个梯仔／坐在海面搖來搖去／／夜色像細雨毛仔／靜
> 靜飛落鄉村田舍／田坵上个人影／愈看愈黑愈像一堆小稈棚／／一群
> 又一群鳥仔飛過來／啄走臨暗个光彩／飛歸鳥竇／／天地分一大塊黑
> 布矇著目珠／掀開來／變出一隻大月公〔註46〕

黃昏的農村田舍，倦鳥飛歸窩巢，加斯東・巴舍拉（Gaston Bachelard）說：「窩巢，就像所有關於休憩、寧靜的意象般，總會直接與一戶單純的家屋聯結在一起。」〔註47〕〈田舍臨暗〉在美學形塑上，以生動的譬喻修辭，摻揉天真與可愛童趣，喻寫大地逐漸籠罩在黑幕之中的詩意變化過程，鮮活掌握「臨暗」的氛圍。詩的畫面最後凝結於月亮高掛，一片潔淨明亮，整個田舍沈浸在靜寂的柔光裡，寧靜休憩的田園意象於焉完成。在群體共享的意象經營上，詩中充滿客家意象的元素，紅日頭、大圓板、檳榔樹、小稈棚，這些親切自然的客家地景符號，把客庄農村鄉間傍晚落日前後之田園景象，做了極詩意的視覺描寫摹寫，「更撩起了客家鄉愁，加深了走過禾埕歲月的老人家無限的懷思與回憶。」〔註48〕鍾榮富如是評論。

　　農村田園意象影響著詩人，詩人從出生地獲得詩心，古繼堂認為農村印象與生活積累，是利玉芳詩中抽不盡的詩繭。古繼堂說：「利玉芳詩的題材，許多都與農村、農民、農業有關，而且這些題材寫得富靈氣，這說明這個生長在台灣農村裡的女詩人，從小農村裡的生活和風土人情，給她打上了深深地烙印，儘管她成才以後讀書、工作、結婚、生子，生活上更趨向於城市化了，但農村的印象和生活積累，始終在她的詩中有抽不盡的詩繭。」〔註49〕

　　利玉芳詩作雖質量兼具，卻似乎少有單純的地景書寫，就如同利玉芳自己說的：「也許脈搏裏流著先民的苦難吧！所以寫出的就不是一篇靜止的風，

〔註45〕莊紫蓉：《面對作家──台灣文學家訪談錄（三）》，台北：財團法人吳三連台灣史料基金會，2007年，頁357。
〔註46〕曾貴海：〈田舍臨暗〉，《原鄉・夜合》，頁78～79。
〔註47〕加斯東・巴舍拉（Gaston Bachelard）：〈鳥巢〉，《空間詩學》，頁178。
〔註48〕鍾榮富：〈論曾貴海詩作的語言、觀點、主題〉，《不斷超越的詩章》，頁32。
〔註49〕古繼堂：〈大膽潑辣突圍性禁忌的利玉芳〉，《向日葵》，台南縣：南縣文化局，1996年，頁183。

不安與焦慮仍然不能從排油煙機裏抽出，所以才大膽地以生澀乳臭的語言，向大地的母親禱告。」〔註50〕利玉芳認為：「寫詩原來不屬於寂寞者發抒情緒的工具」，她在意的是「這首作品具備了時代意義嗎？」〔註51〕，然則即便如此，利玉芳仍有自然書寫之寫景詩。利玉芳〈黑白兩隻羊〉寫客庄傍晚農村落日之景：

> 合力吃掉一株
> 七日紅
> 跪在屋後的木棉樹下
> 咀嚼著
> 日落的滋味〔註52〕

這首〈黑白兩隻羊〉被古繼堂譽為「寫景詩不可多得的佳構」，其評語是：「形象精凝，構思巧妙簡潔，氣氛飽滿和諧」〔註53〕。利玉芳以農村常見羊吃草時，跪著前肢細細慢嚼的習性動作為題材，將之與日晝黑夜相繼推移之自然景象做意象之連結。整首詩雖僅簡短五行，卻意象飽滿，色澤鮮明，明寫黑白兩隻羊合力吃掉一株千日紅，暗喻在黑夜和白日的共同嚼食下，時間和生命的逐漸蝕去，並也凸顯了客家族群共享的田園意象。

3. 土地之歌

土地田園是屏東作家共同的記憶角落，加斯東・巴舍拉（Gaston Bachelard）說：「所有活在角落裡的人們最終會將生命交付給意象，創生出多種存有的表象，塑造出角落居民獨特的形貌性格。」〔註54〕屏東平原是台灣第二大平原，總面積1100平方公里。日照充足，夏季綿長的有利氣候條件，造就了屏東平原一年三穫（兩季稻米、一季雜糧）的豐碩農業收成。也因此，屏東作家自然書寫中多見稻田景象描寫。屏東作家們以其詩意之筆，賦予家鄉土地田園以美感意象經營，而這也正是屏東作家形塑獨特作品形貌性格之所在。

曾貴海〈白鷺鷥〉以雪白鷺鷥飛過田間，形塑其家鄉土地美學意象：

〔註50〕利玉芳：〈自序〉，《活的滋味》，台北：笠詩刊社，1986年，頁12。
〔註51〕利玉芳：〈詩序〉，《淡飲洛神花茶的早晨》，台南縣：南縣文化局，2000年，頁10。
〔註52〕利玉芳：〈黑白兩隻羊〉，《活的滋味》，台北：笠詩刊社，1986年，頁60。
〔註53〕古繼堂：〈大膽潑辣突圍性禁忌的利玉芳〉，《向日葵》，頁198～199。
〔註54〕加斯東・巴舍拉（Gaston Bachelard）：〈角落〉，《空間詩學》，頁178。

　　看啊！田間飛行的鷺鷥

　　用雪白的羽翼

　　清洗早晨的天空〔註55〕

以讚嘆的口吻「看啊！」，將詩的高遠視角，由下往上，聚焦於飛行田間上空的白鷺鷥，側面凸顯了詩人記憶中家鄉田園閒逸景觀。李魁賢認爲曾貴海取直接經驗的自然詩，顯得平靜從容。〔註56〕曾貴海詩中常常滿盈白色純潔神聖意象，有白鷺鷥飛過的田間，清洗記憶中故鄉早晨的天空，那是一塊純潔未被汙染的家鄉母親之地，永遠在魂縈中繚繞，成爲最純粹聖潔的鄉愁意象。

　　農村田園是屏東大部分住民賴以維生的經濟產業來源，屏東作家對農地田園自然的美學感受，因直接生活經驗的催化，而酵發成具意義價值的美學價值。「自然美」是自然物之色彩、線條、聲音、形體、結構布局等外觀形式美，不論是通過人類生產勞動直接改造的自然物之美，抑或是未經人工改造過的自然物之美，其實都是「人化」的自然，都是人的審美意識的呈顯。所以，沒有人類的生產實踐活動，自然美就無以成形，自然美必須透過「人化」，方得以彰顯。〔註57〕李春生〈春望〉：「麥浪一波波 / 翻騰於南台灣 / 滿是稻禾的平原」〔註58〕從形式美下筆，明寫南台灣屏東平原稻禾結穗纍纍季節，田間麥浪一波波隨風翻騰景象，但僅僅簡單幾筆，詩的情境已飽滿如稻穗，未明說的農家內心難以掩抑的喜悅翻騰之情，早已滿盈言外。

　　土地孕育萬物，透過「人化」而成爲母親意象，許其正〈懷孕〉以婦女懷孕生子意象，喻寫南台灣屏東稻穀成熟之勃勃生機：

　　綠色如海浪般自叢林中湧出 / 而漲我大腹便便 // 自從那一次不知名

　　的傳粉過後 / 肋骨乃有力的集結 / 子房乃有種子的形成 // 而我的臉

　　色紅潤發光 / 而 X 與共 Y 由兩個 / 不相統屬的基因加成生命 // 十個

　　月 / 我也同樣是個常人呢 / 而今 / 綠色成熟啦 / 將有一陣豐滿的秋

　　收哇哇墜地 / 勢如南台灣夏日的西北雨〔註59〕

鄉土、大自然、人生光明面，是許其正詩一貫的主題內涵。他說：「人本來就

〔註55〕曾貴海：〈白鷺鷥〉，《台灣男人的心事》，頁71。

〔註56〕李魁賢：〈心事誰人知〉，曾貴海：《台灣男人的心事》，頁24。

〔註57〕李澤厚：《美學論集》，台北：三民，2001年，頁174～181。

〔註58〕李春生：〈春望〉，《睡醒的雨》，屏東市：海鷗詩社，1988年，頁34～35。

〔註59〕許其正：〈懷孕〉，《南方的一顆星》，屏東：屏縣文化，1995年，頁8～9。

是宇宙萬物的一份子，要立足鄉土，熱愛田園，與大自然諸物和諧共處，另一方面，人立身世間，必須奮發向上向善，走向光明面！」〔註60〕熱愛鄉土大自然，如同敬愛母親，視「大地是孕育著情愛的母親」〔註61〕，許其正〈懷孕〉將南台灣屏東稻田成熟豐收的過程，比擬成婦女的懷孕生子過程，也間接旁襯出南台灣的田野景象：稻田如綠色海浪湧動；想像著秋收之豐碩，如同南台灣來得急又快的西北雨大顆雨滴。

自然美是一種社會價值，透過實踐活動，「形成了人與自然的種種關係，才使得自然物取得一定的社會意義，從而顯示出美的價值來。」〔註62〕曾貴海詩作總是往往牢牢扣緊土地人民、自然環境與歷史文化的思考主軸，認真凝視台灣土地的生活經驗，具體浮現屏東經驗與鄉土性格，具有濃厚的本土精神。〔註63〕曾貴海〈土地的哼聲〉寫著：

> 鋤頭落地的剎那
>
> 土地哼了一聲
>
> 再來吧！結繭的雙手〔註64〕

曾貴海前一首詩〈白鷺鷥〉，仰望凝眸純潔白鷺鷥田園意象，〈土地的哼聲〉則採低頭凝觀視角，親吻土地給予的痛苦與芬芳，體現人與土地的親密對話。鄭烱明說：「唯有低頭凝視生活在這塊土地所表現的文學，它才是真正的台灣文學。」〔註65〕鍾榮富則言：「〈土地的哼聲〉……初看，詩裡並沒有『我』，但是最後一句『再來吧！結繭的雙手』點出了『你』的存在。從語言學的角度而言，有你之處，也必然存在著『我』，因為只有『我』在的時候、才會用『你』來對話。」〔註66〕在此詩中，人／自然（結繭的雙手／土地哼聲）的相處，形成了你與我之間緊密的關係，痛苦與甜美摻揉。客家族群是個重視勞動美的族群，勞動的雙手甘於布滿厚繭，厚實的土地承受斧斤之鋤，因生產勞動而產生的美的價值因而彰顯。

〔註60〕 許其正：《南方的一顆星》，屏東：屏縣文化，1995 年，頁 180～181。

〔註61〕 李敏勇主編：《1982 年台灣詩選》，台北：前衛，1985 年，頁 181。

〔註62〕 劉叔成：《美學基本原理》，上海：人民，2011 年，頁 109。

〔註63〕 林秀蓉：〈從六堆到大武山——試論曾貴海屏東詩寫〉，黃文車編：《2013 屏東文學學術研討會曾貴海論文集》，高雄：春暉出版社，2014 年，頁 72～74。

〔註64〕 曾貴海：〈土地的哼聲〉，《台灣男人的心事》，頁 70。

〔註65〕 鄭烱明：〈作家的定位與國家認同——從瓦科特獲獎談起〉，《文學台灣》第 5 期，1993 年 1 月，頁 5。

〔註66〕 鍾榮富：〈敘述觀點〉，《不斷超越的詩章——曾貴海作品研究》，頁 71～72。

（二）山水頌歌

李敏勇〈詩人的條件〉曾言：「W.H 奧登說……成為詩人的必要條件：最好生在農村，或事先住在鄉村。如不幸生在都市，也必須儘量到山野、海濱去觀察自然的生態，學習自然的色彩和韻律。」〔註67〕這段話中點出了農村、鄉間、山野、海濱等自然環境對詩人生命感覺的涵養和訓練的重要養份。

屏東縣在地理環境上，除擁有全台第二大平原而蔚成農村田園景觀，屏東平原區內有高屏溪、東港溪、荖濃溪、隘寮溪與林邊溪等五大溪流網狀縱橫，以充沛的水源孕育潤澤沃土，滋養縣內農漁產業，譜寫出溪流的吟唱；東有巍峨北大武山與中央山脈南段，是三地門、霧台、瑪家、泰武、來義、春日等原住民山地鄉的祖靈之地，迴盪著山之頌歌；枋寮以南的恆春半島、墾丁國家公園，以及離島小琉球，擁抱台灣海峽、巴士海峽與太平洋，水之禮讚訴說著碧海藍天的語言。這些地景都給予台灣戰後屏東詩人創作靈感，本小節將從「山之禮讚」、「水之謳詠」，探討台灣戰後屏東現代詩自然書寫中「山水頌歌」的面貌。

1. 山之禮讚

屏東平原東側，拔地而起的大武山群裡，有北大武山、南大武山、衣丁山、茱仁山與霧頭山等。其中，與最高峰北大武山等高的霧頭山（Kadumuan），位於屏東縣霧台鄉阿禮部落東南方，山勢挺拔獨立，常年雲霧環繞，林相優美濃密，是排灣族底下拉瓦爾亞族（raval）的神聖族群起源地〔註68〕，相關神話傳說如「太陽卵生」〔註69〕、「遷移、取火」〔註70〕，拉瓦爾亞族達瓦蘭

〔註67〕 李敏勇：〈詩人的條件〉，《做為一個台灣作家》，台北：自立晚報出版部，1989年，頁 38。

〔註68〕 排灣族族群是台灣原住民第三大族。依照鹿野忠雄、移川子之藏、衛惠林、王人英等學者對於原住民族群的分類法，排灣族可分為拉瓦爾亞族（ravar）和布曹爾亞族（butsul）兩個系統。居住地主要分布在中央山脈南端，北起武洛溪上游大姆姆山一帶，向南直到恆春半島，東南方則包括山麓與狹長的海岸地區。

〔註69〕 「昔時在 Kadumuan（霧頭山），太陽生一卵於 djilung（小甕）內。Tavalan 社的番丁入山發現它而將其帶回。該卵與日俱長，十個月後破裂，從中生出一男嬰，取名為 Tatulan，並養育之。同時從地中生出一女子，將其命名 satuku，兩人長成後結婚成為夫妻。此即為 ravar 番頭目家的祖先。」蔣斌主編，小島由道著：《番族慣習調查報告書》第五卷，台北：中研院民族學研究所編譯，2003 年，頁 113。

〔註70〕 「昔時發生大水本番避難登上 kadumuan（霧頭山），然因無火而傷腦筋時，碰巧來了一隻大蒼蠅，看到牠頻頻搓腳，便模仿牠摩擦木頭，竟起了火，這

部落至今仍傳唱著一首歌謠:「ula ula raurli I nua cevule a yase lep katumuan」
（感謝神的保佑，讓我們從霧頭山上平安的來到此地），歌中表達了洪水劫
後，重整家園的感恩。〔註71〕

　　因爲這一層的族源歷史臍帶的聯繫，屏東排灣詩人讓阿淼・達入拉雅
之〈霧頭山的霧〉在書寫夏日雨後霧頭山雲霧繚繞景象時，多了幾分聖潔
情境:

> 夏雨洗淨了滿佈的烏雲 // 潔白的雲出現在遠方的天邊 / 佩掛在霧頭
> 山的頸項上 / 乘著 / 徐徐的山風輕撫髮膚 / 清晰的詩意悠然唸起 //
> 眼睛看見的不是景 / 而是景色裡的我被綿綿白雲 / 框住〔註72〕

屏東山區夏日常有午後雷雨，雨勢豐沛短暫，雨後的霧頭山，洗淨烏雲，一
身聖潔，頸項繚繞白雲，徐徐山風，輕撫山之髮膚。只緣身在此山中，霧頭
山在白雲簇擁中，眞實山相已難目測，人溶沒在綿綿白雲之中，框成一幅渾
然天成的山之畫。讓阿淼以清淺之筆，捕捉夏日雨後霧頭山自然山景，白色
聖潔意象營環。

　　霧頭山是排灣族拉瓦爾亞族（raval）族源聖地，射鹿（tsarisi）則是布曹
爾亞族（butsul）舊部落所在地，都是排灣族群歷史中，重要的根源地。在排
灣族族源口傳歷史裡，拉瓦爾（raval）各部落以大社故地「達瓦蘭」（davalan）
〔註73〕爲起源地；射鹿（tsarisi）則源出高燕（padain）〔註74〕，是瑪家鄉部
落時代布曹爾亞族舊部落，也稱「社鹿」，位於現今旗鹽山的高燕（padain，
巴達因）南方，海拔 980 公尺，過去曾是一個有 60 戶人家的中型部落，今僅
剩三、四戶，餘皆遷往排灣村與瑪家村一帶。讓阿淼・達入拉雅之〈月幕〉
捕捉的是射鹿舊部落清朗幽靜的月幕世界:

　　就是我們的祖先發明火之起源。」蔣斌主編，小島由道著:《番族慣習調查報
　　告書》第五卷，台北:中研院民族學研究所編譯，2003 年，頁 121。

〔註71〕三地門鄉大社村村訪談林益良所述，2003 年 7 月 23 日，鍾宇翡訪談。

〔註72〕讓阿淼・達入拉雅之:〈霧頭山的霧〉，《北大武山之巔——排灣族新詩》，台
　　　中市:晨星出版有限公司，頁 59。

〔註73〕「達瓦蘭」（davalan）是大社故地，位在大社（palilaijan）現址北方十二公里，
　　　尾寮山東方約四公里口社溪右岸。

〔註74〕布曹爾（butsul）各部落的主要家系，都直接或間接以南、北大武山，及其鄰
　　　近的高燕（padain）、筏灣（su-paiwan）、佳興（puldji）、古樓（kulalau）及來
　　　義（chalaabus）等地爲祖居地。蔣斌:〈風行南台灣的排灣文化〉，《山海文化
　　　雙月刊》，1996 年 5 月，頁 7。

螢火蟲在水源地點亮了黑沉的山谷／接引溪水的水管是通往部落裡
的命脈／溪水不停的流出已經溢滿在我心頭／山頭上的月兒窺視著
我們／／外公口述／在遠處太陽下山的地方有好運／一直在等待著／／
貓頭鷹在陰森處呼叫／蟾蜍從幽暗的牆角跳出／蟋蟀急促的在此會
合／對飛行的方向毫無概念／它們都是我們祖孫兩人在夜裡的賓客
／我們都在等待月亮／屋內爐灶裡的炭火鮮紅／屋外微微的晚風輕
拂在芭蕉葉／月光皎潔／不知何時月亮已經爬到我們頭頂上了／變
得光亮／神祕的蝌蚪在水坳處對吟獻唱／祖父抽著煙斗靜靜欣賞／
而我的思緒散落在幽暗的山谷叢林／／在鋪蓋著黑幕的天空中掛滿了
星斗／今夜部落清朗幽靜的景色很不平凡／飛鼠振翅恣意的滑過我
們的部落上方／／射鹿部落在皎潔的月色底下清晰可見／偶而又飄來
一層薄薄的霧紗／此時此刻祖孫的身影／沉浸在悠然泛靈的月幕世
界〔註75〕

空間裡有許多意義的「角落」，對於讓阿淥而言，舊部落射鹿是個標誌著情感
歸屬與地方認同的記憶角落，人處於自己的角落而生溫暖靜謐感。記憶的角
落，由盞盞螢火蟲螢光探照水源地，展開記憶的場景，隨著水源地引水水管
的蜿蜒，詩人向讀者描繪出了一條通往記憶家園舊射落部落的圖景，如同潺
潺的溪水，日落後的射鹿部落，生命力依然旺盛，貓頭鷹呼叫、蟾蜍跳出、
蟋蟀會合、飛鼠振翅，看似熱鬧，然則若非靜極，如何能聽得蝌蚪對吟。記
憶的童年角落，祖孫二人沉浸在滿天星斗的悠然泛靈月幕世界，祖父抽著煙
斗口述著部落口傳智慧，童年的詩人思緒漫遊幽暗的山谷叢林，這首詩把射
鹿部落在月幕下之景，做了非常深刻的描寫，是很生動的山中部落地景書寫，
體現山中生活天人合一的美麗境界。

　　由屏東市橫跨過幅員廣大的屏東平原，往東行經長治鄉客家聚落繁華庄
與內埔鄉的西瓜園庄，沿著隘寮溪畔的省公路台24線，便可以抵達內埔鄉的
水門村。在北大武山下有一條分隔了北排灣三地門鄉與南排灣瑪家鄉的隘寮
溪，河水順著山谷由東向西蜿蜒流出屏東平原。〔註76〕路衛〈拉維亞的一季〉

〔註75〕　讓阿淥‧達入拉雅之：〈月幕〉，《北大武山之巔──排灣族新詩》，台中市：
　　　　　晨星出版有限公司，頁37～39。
〔註76〕　杜奉賢、鍾宇翡、陳亮岑、許光廷等：《茂林鄉國家風景區──排灣人文采風
　　　　　調查計畫》，交通部觀光局茂林國家風景區管理處，2004年，頁351～352。

以詩附文，書寫三地門秋天隘寮溪河谷滿山芒花盛開之景，把三地門草滿河谷的山景用排灣神話傳說呈現：

溺於一泓淒喃／一季風雨的泣訴／朦朧的晚嵐下／伊人的倩影姍姍／／

放眼雲天／谷河蕭蕭／千毫齊揮／而漫天瑰麗欲滴／層層凋零欲墜／

啊 拉維亞／這是屬於你的一季／你是永遠屬於這一季的〔註77〕

詩末附有「拉維亞的傳說」，紀錄排灣族平民青年拉維亞與酋長公主口傳愛情故事：「拉維亞有一次在一條山谷的岸邊畫畫時，偶然，來了一位尊貴而美麗的少女，兩人一見傾心。……後來他們的秘密終為酋長知道。酋長十分震怒，親自趕到山谷的岸邊，將拉維亞同他的女兒一起處死。拉維亞的畫稿和畫筆散落滿地，到了次年的秋天，滿谷滿岸便長滿了叢叢健草，草端生出像畫筆一樣的長穗，大家認為這是拉維亞的靈魂轉化所致，便把這種草做拉維亞。」〔註78〕文曉村認為這首詩：「詩後附有詳細的故事，對發掘山地文化，有積極性的意義。」〔註79〕徐震宇則認為路衛是最早將原住民傳說化為詩歌者〔註80〕，筆者認為路衛所捕捉，不僅是原住民族群傳說之情境，也捕捉了屏東縣民共同的家鄉記憶的一景。

曾貴海的〈山的誓約〉則是溫柔的自然書寫，在山之頌歌中寓寄島嶼台灣之愛，是其「愛戀鄉土」詩作原型的展現：

山／以挺直寬闊的背脊／承接第一道射向台灣的曙光／／唯一的島國／我們珍愛的島國／四千多種生物／從冰峰蔓生到原野／盛開的杜鵑和百合／燃放著春日的山魂／／大河從群山奔馳而下／貫穿平原／溢滿乳與蜜汁／／翻滾的流水／訴說著八大族群的風華與悲願／／山／以父親的誓約／母親的慈愛／永遠矗立島國／護衛世世代代的子民

〔註81〕

此詩選自曾貴海《南方山水的頌歌》，是集合現代詩與攝影之作品，〔註82〕鍾

〔註77〕 路衛：〈拉維亞的一季〉，《履韻》，屏東市：海鷗詩社，1988 年，頁 11～12。

〔註78〕 路衛：《履韻》，頁 12。

〔註79〕 文曉村：〈走過歲月走進詩——評「海鷗詩叢」四書〉，《文藝月刊》232 期，1988 年 10 月，頁 45。

〔註80〕 徐震宇：《屏東地區現代文學之研究》，頁 129。

〔註81〕 曾貴海：〈山的誓約〉，《南方山水的頌歌》，高雄：春暉出版社，2005 年，頁 6。

〔註82〕 《南方山水的頌歌》以一頁詩篇，一頁攝影的編排方式呈現，攝影作品由王慶華所拍攝的南台灣美麗風光，詩篇則由詩人曾貴海配合攝影作品，以現代詩題詠。

屏蘭評此詩是「由畫生發，護守台灣土地精神」的「現代題畫詩」〔註83〕。就主題內涵言，曾貴海曾經長期投身自然生態保護運動，但也使他在關注山水自然生態的同時，轉以溫柔的審美視角，回眸南台灣地景，並寫下圖文並茂的《南方山水頌歌》（2004），謳歌南台灣的自然美景。〔註84〕在這首〈山的誓約〉中，有南台灣大武山大山大河地理景觀的書寫，更蘊藏著多元族群情感、國族認同情懷。

　　就藝術技巧言，〈山的誓約〉採代言式全知觀點〔註85〕，以擬人筆法敘寫南台灣美麗山河與有情大地，全詩分為五節，首節以擬人之筆喻寫大武山父親形象；次節強調大武山孕育四千多種生物的旺盛生命力；第三節喻寫大河從群山而下，給南台灣平原以滿溢乳汁的慈母形象；第四節則凸顯多元族群共承母親之河恩澤。陳昌明評曰：「從詩中我們可以瞭解，這位在社會運動、在環境保護、在政治改革中都充滿實踐性與行動力的醫師，其力量的源頭是對土地的愛，他學習著『山以父親的誓約／母親的慈愛／永遠矗立島國／護衛世世代代的子民』。」〔註86〕詩之末節藉山河之父親母親形象喻志，誓言守護台灣，土地之愛令人動容。

2. 水之謳詠

　　屏東作家耳濡目染山水田園，水之頌歌，遂為台灣戰後屏東現代詩中常見主題之一。曾貴海曾自剖，要理解一首詩，就必須理解這個詩人要表達的原型。他說：「小時候，田野和河流是我和同學遊伴們的生存場域，許多美好的記憶在家鄉的地貌生態破壞後仍然被儲存下來，成為生界和自然呼喚的一種原型，雖然那些原形的地圖中沒有幽祕廣闊的森林。」〔註87〕小時候對田野和河流的美好記憶，成了曾貴海土地之愛的原型之一。曾貴海〈秋日的河谷〉：

〔註83〕鍾屏蘭：〈現代「題畫詩」——曾貴海《南方山水的頌歌》析探〉，黃文車編：《2013屏東文學學術研討會曾貴海論文集》，高雄：春暉出版社，2014年，頁41～44。
〔註84〕阮美慧：〈曾貴海詩作中南台灣「在地感」的書寫與追尋〉，《2013屏東文學學術研討會曾貴海論文集》，高雄：春暉出版社，2014年，頁206～207。
〔註85〕全知的觀點，幾乎是曾貴海用以敘述景象或外在的大自然變化最常用的方式。鍾榮富：〈敘述觀點〉，《不斷超越的詩章——曾貴海作品研究》，頁74。
〔註86〕陳昌明：〈土地之愛——南方山水的頌歌〉，曾貴海：《南方山水的頌歌》，頁III。
〔註87〕曾貴海：〈南方大地的鏡像與心靈對話〉，陳明柔主編：《台灣的自然書寫》，頁271。

> 大河的夏日激情／穿越平原流逝而去／／東面的山群已逐漸入定／端
> 坐成季節的莊嚴／／秋之河流／從密林深處緩步而來／從山崖的切面
> ／清唱著秋日的慢板／／突然展開的河谷／菅芒花抓緊每一小片泥沙
> ／讓生命的努力充滿驚喜／白茫茫的秋河／低吟著土地的頌歌
> 〔註88〕

整首詩以「舒緩的節奏宕旋著空谷足音，慢板輕歌，恰似土地的悠然剛毅。
水流繞過山埂，突見與河水拉扯的菅芒花作費力的掙扎，彷彿見證富於韌性
的台灣」〔註89〕鍾榮富從藝術審美角度推讚〈秋日的河谷〉是曾貴海《南方
山水的頌歌》裡代表作，深刻體現了詩人的土地之愛，他說：

> 詩作之精緻與美化，往往在於聲韻與心聲的合譜，而在靜謐恬美之
> 中，讓詩尋回自己的生命，成就創作的經典。……「突然」二字鋪
> 陳了一個前方的想像世界，撩起後句突兀的作用，將詩人轉折的視
> 野與隨之而來內心的雀躍，船過水無痕似地銜接起來。菅芒花死命
> 地抓緊泥沙，表示激流的快速。快速的激流，激起水花濺濺，於是
> 水的浪花、菅芒花紛紜抖動的白影，映著似酒的秋陽，構成一幅有
> 動作，有拉力，有激流，有浪花的綜合構圖，不但湧現出詩人內心
> 的激動，也讓讀詩者久久無法平息浸淫其中的情緒。〔註90〕

鍾榮富甚至將此詩與十九世紀英國浪漫詩人華資華斯（William Wordsworth）
的〈西敏寺橋畔之作〉相並比，認為同樣是寫景典範，表達詩人對於土地的
讚美。就主題內涵言，郭漢辰認為〈秋日的河谷〉是一首「呈現本質的山水
生態詩」：「『人類』在詩裡再也不是主角，進一步說，連作者本身都遠遠地抽
離了，退居第二線的角色。他只負責以視線與文字，直接呈現大自然山水或
者是動植物生態的本質，詩人閉嘴不再評論大自然與人類的關連。」〔註91〕
只如實無我的摹狀自然貌態，而成就純粹詩境。

　　曾貴海〈無色的水心〉則是觸及佛學裡「有相」與「無相」生命本質的
水之頌歌，見證大自然在詩人心中崇高無比的位階：

〔註88〕曾貴海：〈秋日的河谷〉，《南方山水的頌歌》，頁106。
〔註89〕鍾榮富：〈論曾貴海詩作的語言、觀點、主題〉，《不斷超越的詩章——曾貴海
　　　　作品研究》，頁58。
〔註90〕鍾榮富：《不斷超越的詩章——曾貴海作品研究》，頁84～87。
〔註91〕郭漢辰：〈與生命對話——試論曾貴海的生態詩創作〉，《2013屏東文學學術研
　　　　討會曾貴海論文集》，高雄：春暉出版社，2014年，頁110～111。

純潔的極致是透明的／沒有色澤／只能感觸／溫暖的心意／沒有形
體／不必裝飾／隱藏的無為／透明的純潔／默默地流著無相的愛
〔註92〕

詩分三節，僅簡短 9 行，以道家無為、佛家無相的空寂之美，敘寫南台灣深
山澗水溪流清澈明淨，直探人心，詩境「餘味悠揚薈遼，無邊無際。」〔註93〕
「寫得無我而空靈，充分顯現詩人的學養與哲思理趣，是帶有禪意理趣的題
畫詩。」〔註94〕陳昌明指出曾貴海在《南方山水的頌歌》裡，常以「白」、「淨」、
「潔白」、「純白」來形容南台灣的純美景物：「在《南方大地》、〈南方江山〉
的詩篇中，我們聽到的是一片清明、開朗的聲音，在這愉悅的頌歌中，曾醫
師常以『白』、『淨』、『潔白』、『純白』來形容南台灣的景物。」〔註95〕〈無
色的水心〉以「透明的純潔／默默地流著無相的愛」，純白到極致便呈透明，
詩中透明純潔意象的運用，「幾近宗教神聖或神格化的形容詞，見證大自然在
詩人心中，有著崇高無比的位階。」〔註96〕

　　屏東人生命記憶的角落，必有一條高屏溪，以及轟轟輾過歲月的高屏溪
舊鐵橋。高屏溪是全台第二大河，更是屏東縣最大河流，它由荖濃溪、楠梓
仙溪、濁口溪、隘寮溪等四條主流匯聚而成，「從群山奔馳而下／貫穿平原／
溢滿乳與蜜汁」，以充沛的水源潤澤屏東平原。從屏東搭台鐵火車北上，過六
塊厝站後，跨越高屏溪舊鐵橋，抵九曲堂站，便進入高雄縣境，是昔日屏東
縣民求學、工作每日往返的共同路徑。高屏溪舊鐵橋舊稱下淡水溪鐵橋，1911
年由日本設計師飯田豐二設計監造，1914 年正式啟用，1992 年除役，1997 年
名列國家二級古蹟，是目前全台唯一被列為二級古蹟的火車鐵橋。曾貴海〈高
屏溪舊鐵橋〉寫著：

承載南方人民的巨輪／自遠處小小的黑點／逐漸變大變快的飛衝過

〔註92〕曾貴海：〈無色的水心〉，《南方山水的頌歌》，頁 46。
〔註93〕鍾榮富：〈論曾貴海詩作的語言、觀點、主題〉，《不斷超越的詩章——曾貴海
　　　作品研究》，頁 81～82。
〔註94〕鍾屏蘭：〈現代「題畫詩」——曾貴海《南方山水的頌歌》析探〉，黃文車編：
　　　《2013 屏東文學學術研討會曾貴海論文集》，高雄：春暉出版社，2014 年，
　　　頁 49～51。
〔註95〕陳昌明：〈土地之愛——南方山水的頌歌〉，曾貴海：《南方山水的頌歌》，高
　　　雄：春暉出版社，2005 年，頁 II。
〔註96〕郭漢辰：〈與生命對話——試論曾貴海的生態詩創作〉，《2013 屏東文學學術研
　　　討會曾貴海論文集》，高雄：春暉出版社，2014 年，頁 111。

來／從一九一四年起站／轟轟然穿越了八十年時空／停在一九八五年那年的六月／／二十四座虹形花樑桁架橋／架牢一千五百多公尺的美與力／橫跨大河的鐵道藝術／被時間凍結成古蹟／／仍然硬朗祥和的端坐河上／見證歷史的風霜與血淚／永不熄滅的生之夢〔註97〕

人文、河流、自然是曾貴海土地愛戀之所在，在這首詩中，曾貴海不僅從美學角度，簡要勾勒高屏溪舊鐵橋地景，更也以流動時間的人文活動，見證舊鐵橋從1918～1985的歷史興替更迭，來召喚屏東人對於如母親河般孕育屏東平原的溪流記憶，將高屏溪舊鐵橋此一空間意象，賦予豐厚的文化內涵。

此詩分三節，首節寫舊鐵橋歷史，採快節奏的時間速率，象徵大時代的飛馳發展，透過火車巨輪由遠而近快速飛衝的景象，將時空鏡頭從遙遠記憶的火車1914年起站，快節奏奔馳到1985年6月並倏然停格寂靜，扼要敘說舊鐵橋從啟用到除役，對南方子民的運輸貢獻；次節從美學視角書寫舊鐵橋的結構特色，散發著力與美的舊鐵橋，由24座虹形鐵灰色鋼骨結構橋拱與24座磚石混合花崗石相砌橋墩架構而成，總長1526公尺；末節以「仍然硬朗祥和的端坐河上」擬人之筆，寫舊鐵橋如慈愛長者般，見證屏東子民過去歷史集體共同記憶，陪同擁抱未來不熄之夢。面對這座穿越運輸歷史的英雄，「曾貴海特意凸顯其永不熄滅的堅韌形象，在充滿人文情境的詩文中，古蹟已不再是一幢冷冰冰的破舊建築，而是與我們共同生活在這塊大地上的無言英雄。」〔註98〕用身體訴說地方記憶。

高屏溪舊鐵橋是一座倒映在高屏溪地景中的歲月虹影，曾貴海〈高屏溪舊鐵橋〉從歷史人文情境，召喚屏東人的共同族群記憶。郭漢辰〈漫步在高屏溪的彩虹・高屏溪舊鐵橋〉同樣聚焦於舊鐵橋虹形結構特色的審美追尋與歷史懷想：

讓我們漫步在高屏溪／陽光乘著夏日涼風駕駛的／SNG車，到現場直播／舊鐵橋高舉被歲月鏽蝕的／鋼筋手臂／快樂和眾人打個照面／／讓我們漫步在高屏溪／你興奮地以記憶為快門／拍下那鋼鑄彩虹／卻隨手將被風雨吹斷的那截／偷偷塞進行囊／斷橋卻從背包裡探出頭來／趁機和無數的旅人／訴說匿藏在歷史歲月裡的／風霜情事

〔註97〕曾貴海：〈高屏溪舊鐵橋〉，《南方山水的頌歌》，高雄：春暉出版社，2005年，頁82。

〔註98〕林秀蓉：〈從六堆到大武山——試論曾貴海屏東詩寫〉，《2013第三屆屏東文學學術研討會曾貴海研究論文集》，頁49。

> //讓我們漫步在高屏溪／你笑笑說／還是讓鐵橋歸回歲月的行伍／
> 你揮一揮衣袖／從記憶裡的二十四道圓拱橋段／擲回溪流的中央／
> 那道在歲月的虹影／依然倒映在往前流動的／高屏溪／讓兩旁人們
> 來去的眼神／行過鋼鑄彩虹橋／到達歷史的／另一端〔註99〕

詩分三節，首節以擬人之筆，寫南國的夏陽涼風裡，舊鐵橋銹蝕在歲月裡的橋拱，如同高舉的手臂般，歡迎旅人的來訪；次節由斷橋之景追溯歷史，緬懷鐵橋之歷史風霜，高屏溪舊鐵橋因具歷史與文化價值，而被列為二級古蹟，百年歲月風霜裡，歷經 2007 年海棠颱風將橋身攔腰折斷、2009 年八八水災侵襲，嚴重沖毀靠近高雄縣端部分橋段，至今殘存七個橋墩；末節由眼前銹蝕斷橋之景，逆推回永恆記憶裡的那二十四道圓拱橋段，「那道在歲月的虹影／依然倒映在往前流動的／高屏溪」，鐵橋的輝煌時代在詩人的意識流動中失而復得。空間含有時間的意義，時間、空間，在文學中往往呈現雙線交錯之美學結構。空間感寓於時間感中，而呈現「流動之美」和「變異之美」。這首詩從眼前空間斷橋地景下筆，但時間感卻是流動於今昔之間，而鐵橋形貌也在詩人的意識流動中呈現了變異之美。

傅怡禎〈二十四道彩虹──下淡水溪舊鐵橋〉則從歷史縱軸切入：

> 錯過了馬卡道的風光榮耀／錯過了阿猴社的組織再造／錯過了沈光
> 文的悲憤難了／錯過了乙未年的獨立抗暴／卻沒錯過／飯田豐二的
> 關鍵報告／盟軍轟炸的虔誠祈禱／養鴨部隊的濁浪滔滔／土石洪流
> 的過河拆橋〔註100〕

在傅怡禎筆下，南國的鐵道，「是一首環繞大武山的詩歌」〔註101〕，遊子帶著火車去流浪，「貼近速度的臉龐／探索阿猴平原的廣闊夢境／從排灣到魯凱到馬卡道／從原住民到早住民到新住民／只要能聽見大武山呼喚的地方／就是故鄉」〔註102〕，南國的車站，則是大武山下「最美麗的韻腳」，是屏東平原上「最

〔註99〕 郭漢辰：〈漫步在高屏溪的彩虹‧高屏溪舊鐵橋〉，《請和我一起閱讀土地的詩行：屏東詩旅手札》，屏東：屏東縣政府文化處，2011 年，頁 48～49。

〔註100〕 傅怡禎：〈二十四道彩虹──下淡水溪舊鐵橋〉，《大武山下的美麗韻腳：屏東小站巡禮》，屏東：屏東縣政府文化處，2013 年，頁 50～51。

〔註101〕 傅怡禎：〈南國‧車站：屏東小站巡禮〉，《大武山下的美麗韻腳：屏東小站巡禮》，屏東：屏東縣政府文化處，2013 年，頁 16。

〔註102〕 傅怡禎：〈思‧歸：屏東縣鐵道〉，《大武山下的美麗韻腳：屏東小站巡禮》，屏東：屏東縣政府文化處，2013 年，頁 18～19。

具活力的詩句」〔註103〕。而跨坐於高屏溪兩端的舊鐵橋，則是點綴下淡水河流金歲月，複製南國移動田園的回憶長廊，也在時移事變裡，經歷滄桑風塵。

舊鐵橋的運輸歷史在 1992 年劃下句點，成了屏東子民記憶裡高屏溪上美麗的歲月虹影，高屏溪斜張橋於 1999 年歲末完工通車，成了高屏溪上另一個美麗印記。高屏溪斜張橋又稱南二高斜張橋，總長 2617 公尺，其中橋樑西端採斜張橋設計，橋長 510 公尺，塔高 183.5 公尺，呈現特殊的 A 字造型，相當於 60 層高樓建築，橫跨高雄市大樹區與屏東縣九如鄉交界處高屏溪段，距高屏溪出海口上游約 28 公里，不但是聯絡高雄市大樹區與屏東縣重要的交通要道，更是國道 3 號跨越高屏溪進入屏東境內的重要門戶地標，也是亞洲最長的非對稱型單橋塔斜張橋，外觀雄偉壯觀，氣勢恢宏。曾貴海〈斜張橋〉以巨鳥意象捕捉斜張橋日暮黃昏時刻的美學印象：

> 白日將盡 ∕ 張開強而有力的手臂 ∕ 接引落日的餘暉 ∕∕ 牢牢抓住河岸
> 的泥土 ∕ 矗立河面 ∕ 展翅的夜空巨鳥 ∕ 閃爍銳利的眸光 ∕ 照亮旅人
> 歸途的 ∕ 聖火之橋〔註104〕

詩人將時間軸聚焦於暮色時分，落日餘暉將盡，斜張橋是一座回家的橋，高舉著神聖的火炬，爲歸途旅人指引回家的路。整首詩採展翅巨鳥的借喻形式，簡短而緊密的扣住本體（斜張橋）與喻體（巨鳥）關係，產生形象含蓄卻又意象鮮明、結構緊湊的表達效果。全詩分兩節，首節捕捉視覺意象，以「張開強而有力的手臂 ∕ 接引落日的餘暉」想像摹景；次節摹寫夜晚投射燈火明亮的斜張橋聳立高屏溪河面，如展翅巨鳥以炯炯目光指引歸途旅人。巨鳥｜斜張橋「牢牢抓住河岸的泥土」，再次凸顯的是曾貴海詩作中「愛戀鄉土」此一原型。

曾貴海從斜張橋落日看到聖火照明的積極力量；沙穗〈斜張橋〉則是從斜張橋落日美景流轉入時間的傷逝：

> 落日所以癡肥 是因爲 ∕ 飲盡了高屏溪的流水 ∕ 幾隻鷺鷥 ∕ 顯得瘦
> 削是因爲 ∕ 飛入了斜張橋 ∕∕ 我們也如鷺鷥一樣 ∕ 來自溪的另一邊 ∕
> 但飛得過溪流 ∕ 卻飛不過橋上的斜陽 ∕∕ 溪水所以不回 是因爲 ∕ 相
> 信水流也是一種輪迴 ∕ 幾隻風箏 ∕ 顯得單薄 是因爲 ∕ 飄入了斜張

〔註103〕傅怡禎：〈南國‧車站：屏東小站巡禮〉，《大武山下的美麗韻腳：屏東小站巡禮》，屏東：屏東縣政府文化處，2013 年，頁 16。

〔註104〕曾貴海：〈斜張橋〉，《南方山水的頌歌》，高雄：春暉出版社，2005 年，頁 86。

橋∥我們也如風箏一樣／來自被繫的一端／但守得住河堤上的浮雲
／卻守不住西沉的落日〔註105〕

沙穗的現代詩，語言率眞平白，不刻意雕琢意象〔註106〕，具節奏明快，強烈
感性及意象鮮明活潑的創作特性。〔註107〕這首詩以「落日」、「高屏溪」、「鷺
鷥」、「斜張橋」、「風箏」、「河堤」、「浮雲」等意象元素，疊映成沙穗的斜張
橋審美印象。吳曉〈意象的組合〉言：「一系列有機聯繫的意象前後疊現，……。
反映了意識流動的客觀規律。意識之流逝不斷前進的，因而意象也是不斷流
動的。」〔註108〕整首詩分四節，首節以「落日」、「高屏溪」、「鷺鷥」、「斜張
橋」節奏明快地勾勒出眼前地景，並以「落日所以癡肥　是因爲／飲盡了高屏
溪的流水／幾隻鷺鷥／顯得瘦削　是因爲／飛入了斜張橋」對比的聯想組合，
以鮮明活潑意象側面突出了高屏溪水量的豐沛、斜張橋的巨大，既引發聯想
並予人深刻意象；次節至末節，由景而入內心，由空間感知轉入時間感知，
意識狀態由視覺美景之喜情轉爲傷感，以「我們也如鷺鷥一樣」「飛不過橋上
的斜陽」、「我們也如風箏一樣」「守不住西沉的落日」，整首詩的視覺意象由
外在地景書寫而延伸至內心情感波動，透過一系列的疊映意象，體驗了詩人
「傷逝」的時間感知意識流動狀態。

郭漢辰〈與歲月拔河‧高屏斜張橋〉則是展開旅人與橋的哲理對話：

我第一次行經此地／就看你一怒衝冠（不知爲紅顏，還是爲自己）
／憤懣地張開二十四條血紅的手臂／雄糾糾站立在高屏溪上／與不
知名的歲月／進行一場海枯石爛的／拔河∥究竟你要等到海枯／還
是石爛？／你才願意停止這無謂的競賽／我眞心問你，究竟如此張
揚／你疲累？還是不疲累？／這樣的輸贏勝負／勝利品／究竟是什
麼？∥你昂然地在天地之間／回答我，説你只想／讓驕傲的歲月挫
敗低頭／不爲其他∥如果你輸了呢？／我以一名旅人的身份／揣測
你最後的／命運∥你抬頭長嘯，回説／我只是一座小小的橋／大不
了和歲月一同／飛　灰　／煙　滅〔註109〕

〔註105〕沙穗：〈斜張橋〉，《畫眉》，頁144～145。
〔註106〕吳晟：〈序〉，沙穗：《燕姬》，高雄：心影出版社，1979年，頁2。
〔註107〕張堃：〈繆斯寵愛的歌手——論詩人沙穗與他的詩〉，《文藝月刊》153期，1982
年3月，頁106～120。
〔註108〕吳曉：《意象符號與情感空間》，北京：中國社會科學出版社，頁163。
〔註109〕郭漢辰：〈與歲月拔河‧斜張橋〉，《請和我一起閱讀土地的詩行：屏東詩旅手
札》，屏東：屏東縣政府文化處，2011年，頁66～67。

詩分四節，首節以擬人之筆摹寫旅人「我」初見高屏溪斜張橋「你」的第一印象，「憤憑地張開二十四條血紅的手臂／雄糾糾站立在高屏溪上」，昂然矗立於高屏溪上的斜張橋，以 24 條扇形紅色鋼纜銜接 A 型橋塔，如同「與不知名的歲月／進行一場海枯石爛的／拔河」一般，橋的結構造型充滿力度之美；次節聚焦斜張橋紅色鋼纜「張揚」之姿進行設問，「究竟你要等到海枯／還是石爛？／……究竟如此張揚／你疲累？還是不疲累？／這樣的輸贏勝負／勝利品／究竟是什麼？」詩人從時間、軀體、慾望三個生命課題大哉問，此節在一定程度上，顯現了設問者心靈的迷惘與內心追求的無窮欲望；第三節大橋昂然應答，「讓驕傲的歲月挫敗低頭／不爲其他」，大有超越時間成不朽之氣慨；末節大橋轉昂然爲長嘯，沒有做出明確的答案，只透過「我只是一座小小的橋／大不了和歲月一同／　飛　灰　／　煙　滅　」長嘯之語，勾勒出生命終究無法超越時間大限的蒼茫之感。整首詩如同一首充滿理趣的哲理詩，林文欽《現代詩鑑賞教學研究》言：「理出於象的激發。自然與社會的存在，感發人的感情，激發人的思考，從中悟出世事萬物之理。」〔註 110〕詩人透過高屏溪斜張橋紅色鋼纜張揚之象的激發感悟，勾畫出面對時間之大化流行，即便擁有巨大張揚鋼纜，仍不免於和歲月一同灰飛煙滅之嘆，何況血肉人性之軀。

二、墾丁公園光影

　　墾丁國家公園是台灣在戰後最早成立的國家公園，全境位於屏東縣恆春半島，陸地面積約 18,084 公頃，海域面積約 15,206 公頃，合計近 33,290 公頃，全境屬熱帶氣候，著名地景包括有：大尖山、龍鑾潭、貓鼻頭、白沙灣、南仁湖、龍坑自然生態保護區、風吹沙、龍磐公園、社頂自然公園、南灣、關山、佳樂水、後壁湖港等，爲全台熱門觀光勝地之一。台灣戰後屏東現代詩中的墾丁季節光影，訴說著一座公園的身世，捕捉了季節光影的流轉，以及沿日光而行的南方氣息。

（一）一座公園的身世

　　墾丁是屏東人共同的記憶角落，曾貴海〈南方大地的鏡像與心靈對話〉曾述及佳冬家鄉南邊的墾丁：「南邊則是島國西岸鄰接墾丁半島的美麗海岸，

〔註 110〕林文欽：〈鑑賞教學的重點——認識詩的意象〉，《現代詩鑑賞教學研究》，高雄：春暉出版社，2008 年，頁 145。

海邊長滿了木麻黃、林投，和濱海植物，柔軟溫燙的沙岸，自然優美的海岸線和藍色的海洋家園，誘惑著少年和青年的我，經常孤獨而愉悅的留連在這片海路界面。」〔註111〕於是曾貴海〈墾丁〉寫著：

> 把天空交還大武山
>
> 把身份鎖進檔案
>
> 讓陽光曬亮心情
>
> 隨海魚漂流到南方〔註112〕

林秀蓉言：「〈墾丁〉詩，描述詩人投入天空、陽光與海洋的懷抱……，位於屏東南端的墾丁，今日已發展為遠近馳名的觀光勝地，昔日風貌不見，詩人呼籲人們將自然的天空還給大武山，真心感受墾丁的暖陽煦風。」〔註113〕筆者認為整首詩以「大武山」、「陽光」、「海魚」、「南方」為元素，勾畫墾丁地景的特色，詩雖僅簡短四行，但詩味已足。這一首以詩人直接經驗為主的自然主義作品，似乎純粹摹景而不涉入詩人社會經驗的解釋，然則仔細品味，則寓意深遠，在冷靜的筆觸與銳利的思維裡，另有一股對土地自然之愛，從詩人幼年生長的農村綠意土味記憶裡延伸而出，成為其土地情感詩作原型的另一次真情告白。

　　台灣戰後屏東作家以大量詩作捕捉墾丁之美者，已故屏東作家李春生當屬首位。李春生一生創作80餘首墾丁詩，均為筆名「晉丁」時代主編「屏東青年」所寫封面題詩，詩作包括《睡醒的雨》第六輯「鞋・腳印」收錄21首，以及《季節之歌》收錄「墾丁組詩」共16首。李春生曾說明墾丁詩創作緣由：

> 「屏東青年」自十九期起，為強調鄉土特色，所以封面均採用墾丁
> 國家公園的蟲、魚、花、草與大自然的風景圖片，並配以題詩；身
> 為該刊的執行編輯之一，這個任務就義不容辭的由我承擔。最初像
> 一般人，是即景寫就，到五十期時，一些朋友及妻都嚴屬責備，認
> 為了無新義，簡直是浪費時間。於是幾經反省，從五十三期開始，
> 乃改弦易轍，嘗試如何才情景交融，一方面使讀者一看就知道是為

〔註111〕曾貴海：〈南方大地的鏡像與心靈對話〉，陳明柔主編：《台灣的自然書寫》，頁270～271。

〔註112〕曾貴海：〈墾丁〉，《台灣男人的心事》，頁70。

〔註113〕林秀蓉：〈從六堆到大武山——試論曾貴海屏東詩寫〉，《2013 第三屆屏東文學學術研討會曾貴海研究論文集》，頁90～91。

封面而寫，另一面對人生與社會也有些積極改進與批判的意味。
〔註114〕

李春生墾丁詩中總能寓寄歷史情懷於眼前自然地景之中，並體現出時空交錯之美學感知。例如〈帆船石〉中亙古不變的帆船石：

橫過斷代 ／破歲月萬里 ／航向未來 ／／多少歷史興亡 ／如潮湧汐落 ／如月升日沒 ／多少船隊 ／灰飛煙滅 ／三寶太監 哥倫布 ／西班牙 荷蘭 大不列顛 ／／一抹輕霧 ／一場風暴 ／都是短暫的瑕疵 ／天 仍然亮麗 ／海 仍然蔚藍 ／雲 仍然悠悠 ／你仍然漲滿著帆〔註115〕

帆船石又稱「船帆石」，由墾丁社頂公園沿新開闊道路往鵝鑾鼻方向南下約 4 公里處，有一狀似帆船的珊瑚礁巨岩矗立於海中，遠望狀似即將啟航的帆船，故名船帆石。此詩分兩節，首節以明快節奏，由眼前空間景物視覺之潮湧汐落、月升日沒，帶出「三寶太監 哥倫布 ／西班牙 荷蘭 大不列顛」象徵歷史興替之快速；次節則由歷史情懷還返眼前景色，「天 仍然亮麗 ／海 仍然蔚藍 ／雲 仍然悠悠 ／你仍然漲滿著帆」，帆船石屹立亙古，靜觀歷史興亡而靜定自在。相較於自然地景的恆在，人遂益顯渺小無常。

李春生〈墾丁國家公園〉裡記大尖山地景，更有身世歷史的遙想，想像恆春半島如何於第三紀衝出大海而成今日之蒼翠：

億萬年 ／岩漿湧動 ／在地心 ／熾熱的吶喊 ／預言景觀 ／／大尖山 ／巍然矗立 ／卻默然 ／忍耐歲月 ／當風風雨雨 ／全部在你的腳下 ／疊成一片蒼翠 ／我們仍然能夠想像 ／你於第三紀 ／尚未有人標定的剎那 ／衝出大海的瑰麗與激情 ／／回憶悠悠 ／釀成 這裏的土地 ／任獼猴群戲 ／也讓年年 ／南歸的伯勞歇足〔註116〕

大尖山，又稱「大石尖」，是一塊隆起於草原上的大岩石，是墾丁恆春半島區最高點，山頂可俯瞰恆春半島全境，景觀優美，是墾丁地標之一。全詩分三節，首節以想像之筆寫億萬年前大尖山未形成前在地心的熾熱湧動吶喊；次節從眼前巍然聳立一片蒼翠的大尖山視覺景象，想像大尖山於第三紀「尚未有人標定的剎那 ／衝出大海的瑰麗與激情」；末節，將時空意識流動拉回眼前

〔註114〕 李春生：《季節之歌》，屏東：屏東縣立文化中心，1993 年，頁 96。

〔註115〕 李春生：〈帆船石〉，《睡醒的雨》，屏東市：海鷗詩社，1988 年，頁 160～162。

〔註116〕 李春生：〈墾丁國家公園〉，《睡醒的雨》，屏東市：海鷗詩社，1988 年，頁 166 ～168。詩末註記：「據地質學家研究，恆春半島始於新生代第三紀之造山運動而突出海面。」

地景，對大尖山於悠悠歲月中「任彌猴群戲／也讓年年／南歸的伯勞歇足」
的守護投以感恩之情。整首詩於自然地景書寫中，注入了時空歷史想像，時
間位移於現在與億萬年前之間，空間景象也在眼前景與想像景之間交相疊
映，全詩忽今忽昔，忽實忽虛，時空彼此交融。李春生在給墾丁國家公園的
大尖石一個完整的身世之同時，也藉由詩中時空揉合交綜的運用，為整首詩
營造出錯綜幻化的意趣。

　　李春生〈香蕉灣的群筏〉則是時空雙線交錯於眼前日暮香蕉灣群筏與昔
日屠鯨場記憶之間：

> 探尋／大海的記憶中／一幕幕／屠鯨的／驚心動魄／／而風 牧著／
> 洶湧的浪群／呼嘯以來／呼嘯以去……／大海啊／告訴了我們／許
> 許多多／另外的故事／／一如日暮時分／自草原歸來的牛群／波平之
> 後／卸下網耕的辛勞／泊入長長的沉思／攏近些兄弟們／讓我們靜
> 靜地反芻／讓我們靜靜地入定〔註117〕

詩末註記：「香蕉灣為日據時之捕鯨場」。香蕉灣，位於恆春半島船帆石東
南方約 1 公里處，地形上呈現西北東南走向，全段長約 650 公尺、寬約 100
公尺。灣內保存有珍貴的海岸原生林、大型高位珊瑚礁岩，以及香蕉灣湧
泉。香蕉灣曾是日本殖民時期捕鯨基地，今為墾丁浮潛勝地。整首詩有眼
前海景的摹寫，更也以寫意之筆，呈現歷史的記憶與想像。詩分三節，首
節從屠鯨的歷史記憶下筆，將詩之時空切進「一幕幕／屠鯨的／驚心動
魄」，賦予現實時空所見洶湧呼嘯之海浪以歷史印象，因採「寫意」之筆想
像日治時期之捕鯨場，使想像之畫面有歷史的距離感與深邃性，而不致畫
面血腥，但海浪的洶湧、漁人的奮戰、鯨群的掙扎，卻均在這動態屬性十
足的「驚心動魄」四字與「洶湧的浪群」前後呼應的語境中，夾逼出捕鯨
時之殘酷激烈景象；次節在做眼前海象描摹之同時，又以「大海啊／告訴
了我們／許許多多／另外的故事」再次進行時空位移，讓詩境進入記憶的
想像空間；末節再度拉回現實時空，眼前日暮香蕉灣群筏波平浪靜，「一如
日暮時分／自草原歸來的牛群／波平之後／卸下網耕的辛勞／泊入長長的
沉思」；詩末，以感性之語「讓我們靜靜地反芻／讓我們靜靜地入定」，撫
今追昔，除呈顯了一個地方的歷史身世之外，更反映出詩人面對人類屠鯨
歷史的深層情緒。

〔註117〕李春生：〈香蕉灣的群筏〉，《睡醒的雨》，頁 173～174。

　　石門古戰場是牡丹社事件發生地點，位於屏東縣牡丹鄉與車城鄉交界處，是恆春半島歷史景點之一。清同治十年（1871），日本琉球一艘貢船，遭強颱吹颳至恆春港口村八瑤灣，導致 66 名乘客中 3 人溺斃，緊急登陸後不幸被台灣原住民誤為海盜而殺害 51 人，日本軍隊遂於同治十三年（1874）入侵牡丹社，雙方激戰於石門天險，牡丹社頭目阿羅克與 20 多名原住民戰死後，日軍乘機深入牡丹各番社，展開屠殺，史稱「牡丹社事件」。李春生〈石門古戰場〉在自然地景書寫中，寓寄著詩人對牡丹社事件的族群歷史記憶與想像：

> 巍峨聳立的虱母山／與五重斷崖／環成母親的手臂／溫柔地以天險／呵護著牡丹／／千年萬年……／潺潺的四重溪／應和太平洋的澎湃／唱著／熱愛這一塊土地的情歌／／母親啊／我是阿羅克／為了洗滌敵人／加諸您姦辱的沾污／我和我的族人／以五百九十具倭奴的屍體／砌成祭壇／將我們的血奉獻／且化靈魂為曦　為嵐／為滿山滿谷的綠／安謐地佇守／如同您溫柔地／以天險　呵護著牡丹〔註118〕

詩分三節，時間、空間交錯往復。首節寫山景，標出石門所處天險地景，以擬人之筆寫虱母山巍峨聳立與五重斷崖如母親手臂一般，環繞守護著牡丹社子民的安樂土；次節是水景，簡要勾勒出四重溪與太平洋潤澤牡丹母土；末節賦石門天險地景以歷史審美印象，融歷史情懷於眼前地景中。憑著詩人的想像，往昔歷史時空，大跨度的轉移上溯到昔日牡丹社事件殺戮戰場。詩人讓已故牡丹社頭目阿克羅，死中求活，慷慨發聲，呼告山河母親，「以五百九十具倭奴的屍體／砌成祭壇／將我們的血奉獻／且化靈魂為曦為嵐／為滿山滿谷的綠／安謐地佇守／如同您溫柔地／以天險呵護著牡丹」，詩人利用時空的疊映，讓自然書寫產生妙意，石門天險晨曦、山嵐，以及「滿山滿谷的綠」之景，遂與牡丹烈士的血與靈魂，疊映為一，於自然地景中，增添人文情懷。

　　林清泉〈鵝鑾鼻〉詩寫鵝鑾鼻初春山海印象，形塑墾丁自然地景中的人文歷史美學符號：

〔註118〕李春生：〈石門古戰場〉，《睡醒的雨》，頁 158。此詩後註：「清同治十一年日本商人無故劫掠牡丹社鄉民，乃為鄉民所殺，日人遂藉故率艇大舉入侵，與我守土愛國之山地同胞大戰於石門天險，牡丹社頭目阿羅克與大部族人當場戰死；其英烈事蹟，千古流傳！」

初春的暖陽／照以微醺的酡顏／把投影測塔的高度／而塔巍巍，似巨人昂立／仰望塔頂／發出幾聲世紀的讚嘆／／雖然籠罩過歷史煙霧的／並有過烽火三月的聯想／但此時的南台灣的南中國海／卻出奇的平靜，迷人／海天一色，銀舟點點／觸目遠眺／恒湧起無限的遐思／／回眸，就有青山的招引／引以年華的嫵媚／驀然深情的一瞥／就如此，山海相映成一幅畫了〔註119〕

全詩分三節，首節摹寫百年燈塔巍峨之姿。鵝鑾鼻燈塔，是台灣最南端的燈塔，也是墾丁重要地標之一。圓柱形白鐵塔身，高 24.1 公尺，塔頂裝有全台火力最強、照射距離最遠的旋轉透鏡電燈，巍峨如巨人般 130 餘年來昂立國境極南，守護往來船隻，素有「東亞之光」美名；次節進入意象的對比聯想，詩人「透過兩種相反事物之間的尖銳矛盾、對立，將此意象寫入詩中，讀者閱讀時會產生聯想，能帶給人留下深刻的印象。」〔註120〕林清泉以今昔兩個鵝鑾鼻燈塔場景做對比，一個是「雖然籠罩過歷史煙霧的／並有過烽火三月的聯想」的歷史遐思，另一個是「此時的南台灣的南中國海／卻出奇的平靜，迷人」，眼前的海天一色，銀舟點點，兩個時空彼此交融，而營造出綿邈情思。19 世紀中期的鵝鑾鼻，曾因附近巴士海峽七星岩暗礁密佈，迭生外國船隻觸礁翻覆事故，清廷在美、英、日等國強大壓力下，遂於 1883 年完成鵝鑾鼻燈塔。但這座具武力裝置的燈塔卻在中日甲午戰後，遭敗戰撤退的清廷炸燬。日本政府雖於 1898 年重建燈塔，但二次大戰時又被美軍炸燬，戰後國民政府依原建築修復迄今；末節，賦予鵝鑾鼻燈塔「回眸，就有青山的招引／引以年華的嫵媚／驀然深情的一瞥」擬人印象，鵝鑾鼻燈塔遂以栩栩生命被安置在墾丁山海春景裡，形塑出墾丁自然地景中鵝鑾鼻燈塔的人文美學符號。

（二）季節裡的光影

位於國境之南的墾丁國家公園，其低海拔熱帶型自然環境，擁有山海、湖泊、沼澤、森林，是紅尾伯勞、灰面鵟、赤腹鷹等眾多候鳥秋冬避寒過境之地，墾丁北區的龍鑾潭更是境內雁鴨與鷿鷈科水鳥聚集所在，春天更是賞鳥旺季。在群鳥美麗虹影中，墾丁四季更迭，季節之歌從群鳥開始哼唱。李春生〈歌〉從群鳥於墾丁山川飛姿，形塑墾丁春天印象：

〔註119〕林清泉：〈鵝鑾鼻〉，《寂寞的邂逅》，高雄：高大出版社，1972 年，頁 75～76。
〔註120〕林文欽：〈對比的組合〉，《現代詩鑑賞教學研究》，高雄：春暉出版社，2008 年，頁 187。

　　春天　在群鳥／雙翅的拍響中／譜出／／絲絲　縷縷／絮白的輕韻／悠揚於／無垠的藍色琴譜／綠的音色／像火焰／自章章　節節／行行列列的山川／熊熊燃燒／／極目　盡是晶晶亮亮／盡是嬌艷嫵媚／春天　在群鳥／雙翅的拍響中／譜出〔註121〕

詩分三節，首節以群鳥雙翅拍動音響切入，帶出充滿聽覺效果的墾丁春天印象；次節詩人使用「絮白的輕韻」、「藍色琴譜」、「綠的音色」等結合視覺聽覺雙重意象的組合語彙，賦予群鳥飛行之姿以樂譜悠揚起伏之審美印象；末節以「極目／盡是晶晶亮亮／盡是嬌艷嫵媚」讚頌群鳥飛姿。整首詩白、藍、綠、紅，色彩鮮明，將墾丁國家公園飛翔於藍色大海和綠色山川間的群鳥景象，描繪成在山川起伏的詩歌章節行列裡的絕美音符。

　　貓鼻頭，墾丁重要自然地景之一，是台灣海峽與巴士海峽的分界點，與鵝鑾鼻形成南台灣極南之兩端。此處屬珊瑚礁海岸侵蝕地形，形成崩崖、壺穴、礁柱與層間洞穴等奇特景觀，其中，有一處崩崖珊瑚礁岩，其外型狀若蹲仆之貓，故名貓鼻頭。林清泉〈遊貓鼻頭〉與許其正〈貓鼻頭〉兩首詩都賦予貓鼻頭栩栩生命想像，林清泉〈遊貓鼻頭〉：

　　絲絲的雨如網／網住尋夢的遊客／乃拾階而上／在貓鼻頭上小立／／這隻龐然大貓啊！／雄踞在台灣最南端一角／俯瞰着南太平洋洶湧的波濤／任憑遊客踐踏撫弄／它總是默默不語／擺出傲然不屈的姿態／／我輕拍它堅毅的背脊／我輕拭它濡濕的毛髮／然後，輕步而下／輕聲說：／「再見！」／這時／我的耳際似乎聽到它／「喵喵」的叫聲／縈迴不已〔註122〕

全詩共分三節，首節簡短四行，鋪設出人、事、物與季節氛圍，在絲雨如網的季節裡，詩人拾階登上貓鼻頭小立；次節從形神切入，展開地景摹寫，以「雄踞在台灣最南端一角／俯瞰着南太平洋洶湧的波濤」透過生物聯想，標出貓鼻頭地理位置的特殊性，並以「它總是默默不語／擺出傲然不屈的姿態」賦予貓之磔傲屬性；末節以人與貓的互動對話做結，「輕拍」、「輕拭」、「輕步」、「輕聲」一連串四個「輕」字，側面凸顯了詩人對這隻貓的疼惜憐愛之情，對家鄉地景的疼惜之愛，也婉轉流露。而貓也彷彿有了親柔的回應，正如同

〔註121〕李春生：〈歌〉，《睡醒的雨》，頁151。
〔註122〕林清泉：〈遊貓鼻頭〉，《林清泉詩選集》，屏東：屏東縣立文化中心，1993年，頁166～167。

家鄉自然地景的以愛回應一般，於是，「我的耳際似乎聽到它／「喵喵」的叫聲／縈迴不已」，詩末透過聽覺意象，營造不盡餘味。

同樣寫貓鼻頭，林清泉〈遊貓鼻頭〉讓貓鼻頭在「靜觀」中餘音縈迴；許其正〈貓鼻頭〉則想像捕獵貓姿，充滿活潑動態審美印象：

> 輕步來到海邊／那隻貓以捕獵之姿／慢移向前／鼻尖都快碰到海水了／／他仍然慢移向前／向巴士海峽……／／必然，這海的大碗碟盛有許多魚／必然，那是一隻嗜魚的饞貓／不然，為什麼會有這樣的奇景？／／為了一探究竟／我來此長久佇立／睜眼凝睇：海濤洶湧／日月呼嘯／那隻貓一直慢移向前／／似乎，魚的香味正誘引著他／似乎，他的眼睛已經透視到了可口的魚／哇，他的鼻尖就要碰到海水了！〔註123〕

全詩分五節，首節不直書海水湧岸拍打貓鼻頭之景，卻化被動為主動的視覺摹寫，以「輕步來到海邊／那隻貓以捕獵之姿／慢移向前／鼻尖都快碰到海水了」為整首詩的畫面鋪設出「螳螂捕蟬，黃雀在後」的有趣情境，這隻擺出捕獵之姿的貓的後面，是詩人不動聲色的凝視觀察；次節標出這隻貓前臨巴士海峽的地理位置；第三節詩人進行想像提問，將貓鼻頭地景轉化為一隻緊盯著海的大碗碟的嗜魚饞貓，賦予奇景以奇想；詩之末節賦予貓鼻頭地景以嗅覺、視覺、味覺之想像摹寫做結。整首詩透過細致的觀察、傳神的刻劃，賦予了屏東恆春半島貓鼻頭地景新穎的意境，〔註124〕堪稱是墾丁地景書寫之佳構。

落山風是恆春半島冬季特有的天氣現象。每年十月到翌年三月，冬季的冷氣團沿著中央山脈南下，當吹到恆春半島時，因通過石門狹谷、大武山谷、與滿州鄉山脈谷地，風力突然增強，加上恆春半島地勢陡降，面海廣闊，強風形成直撲之勢，故名「落山風」。恆春半島的落山風季節，砂塵蔽天，有若颱風，常會影響車輛的行駛。早期當地的房屋窗戶也多採用窄小低矮的設計，居民也會戴上帽子或方巾防止風沙，形成當地特殊的景觀。黃明峯〈落山風若到恆春城〉寫道：

〔註123〕許其正：〈貓鼻頭〉，《海峽兩岸遊蹤》，北京：團結出版社，2003年，頁65～66。

〔註124〕王式檢：〈兩岸風光兩岸情——讀許其正詩集《海峽兩岸遊蹤》〉，《葡萄園》160期，2004年11月，頁53。

> 落山風若到恆春城 / 天公無話 / 土地恬恬 / 龍鑾潭水略略仔起水波
> // 潭水親像一面鏡 / 照出倒頭栽兮山嶺 / 白雲誠笨惰 / 睏佇山坪毋
> 愛行 / 白鴒鷥徛佇田園咧呫病 / ……〔註125〕

這首獲第二十一屆「鹽分地帶文學獎」新詩首獎的閩南語詩〈落山風若到恆
春城〉，採對比意象的組合，以「天公無話」、「土地恬恬」、「龍鑾潭水略略仔
起水波」、「白雲誠笨惰 / 睏佇山坪毋愛行」、「白鴒鷥徛佇田園咧呫病」幾個
淡定景觀並列，對比凸顯恆春在落山風強刮季節裡的另一番田園面貌。

　　黃明峯〈半島三月〉同樣從恆春半島的三月切入，透過「風鈴季」、「後
壁湖」、「牡丹社事件」、「落山風」、「洋蔥花」等地景元素，以書寫墾丁的季
節光影。全詩分四節進行，首節由風鈴季落幕起筆：

> 半島三月 / 風鈴季剛剛落幕不久 / 人聲稍歇 / 風向依舊偏東北 / 幻
> 藍的後壁湖淺海 / 幾隻熱帶魚和石斑 / 隨著湧浪 / 悄悄舞動著 / 自
> 然的奇妙色彩 / 海港的陽光 / 色澤金黃 / 溫度恰似天后宮內 / 婦女
> 的禱詞 / 平安又健康〔註126〕

恆春半島三月是個恬靜的季節。首節從風鈴季落幕寫起，人聲稍歇的恆春半
島，依舊持續著自己的節奏，詩人在舒緩的節奏中，透過「幻藍的後壁湖淺
海」、「熱帶魚」、「石斑」、「海港的陽光」、「天后宮內 / 婦女的禱詞」等景物
的轉換，帶出自然與人文地景裡兼具視、聽覺意象的恆春半島季節特色；次
節以輕快的節奏進行：

> 半島三月 / 有些叮玲悅耳的音符 / 在午後的牧場上空跳舞 / 那柳杉
> 林間的輕快腳步 / 顯然是淘氣 / 頑皮的赤腹松鼠 / 更遠處的那些雲
> 朵 / 紛紛揚起輕盈的裙襬 / 滑過 / 層層翠綠的山巒 / 繼續沿著山中
> 小路 / 蜿蜒而上 / 又聽見 / 許多彈跳的笑聲 / 將放學的天空 / 頂得
> 更高一些〔註127〕

恆春半島三月是個歡笑的季節。次節由聽覺摹寫下筆，透過一些風鈴叮玲悅
耳的音符帶進午後恆春半島輕快的詩境，「牧場」、「柳杉林」、「赤腹松鼠」、「山
巒」、「高空彈跳」並列堆疊，配以「悅耳」、「跳舞」、「輕快腳步」、「淘氣 /

〔註125〕 黃明峯：〈落山風若到恆春城〉，《自我介紹》，高雄：春暉出版社，2003年，
　　　　頁84。
〔註126〕 黃明峯：〈半島三月〉，《第六屆大武山文學獎》，屏東：屏東縣政府文化局，
　　　　2004年，頁332。
〔註127〕 黃明峯：〈半島三月〉，《第六屆大武山文學獎》，屏東：屏東縣政府文化局，
　　　　2004年，頁333。

頑皮」、「揚起輕盈的裙襬」、「笑聲」等動詞形容辭彙，營造出節奏活潑愉快的季節三月。第三節進入地景的人文歷史懷想：

> 半島三月 ／屬於島嶼邊陲的 ／漸漸恢復了親切的 ／純樸本色 ／這百
> 年古城 ／思想起 ／歷史的一八七四 ／也開始整建歲月 ／留下的斑駁
> 顏面 ／默默的磚瓦 ／一一 ／撐起 ／在地的 ／骨骼與意志〔註128〕

恆春半島三月是個充滿歷史情懷的季節。這古城就如同陳達的思想起一般，都是純樸本色的地景百年記憶，而1874年的牡丹社事件，更如同這默默斑駁城牆一般，是「在地的 ／骨骼與意志」的展現。詩之末節以落山風和洋蔥花切入：

> 半島三月 ／落山風的尾聲 ／從春天的背脊 ／滑落中央山脈 ／一整片
> 球狀潔白的洋蔥花 ／輕輕呼吸著 ／南方 ／溫和的氣息 ／誰說邊陲是
> 一種旁襯 ／而不穩定的存在 ／薪傳的民謠 ／還在走唱 ／意志堅韌而
> 鮮綠的 ／家鄉〔註129〕

恆春半島三月是個落山風後充滿洋蔥花氣息的堅韌鮮綠家鄉。此詩末節反問「誰說邊陲是一種旁襯 ／而不穩定的存在」，經過落山風強力淬鍊下的恆春半島，極目所見是「一整片球狀潔白的洋蔥花 ／輕輕呼吸著 ／南方 ／溫和的氣息」，陳達已逝，但思想起歌謠仍薪傳下去，恆春半島的三月，是充滿主體意識的「意志堅韌而鮮綠的 ／家鄉」。這首得到 2004 年第六屆大武山獎新詩類佳作的〈恆春三月〉，評審評論：「輕快得像一首歌，沒有什麼深度的，但終於還是歌。前三分之二較好，後三分之一不好。」、「舒緩的節奏，配合景物的轉換，令人陶醉。」〔註130〕筆者以為，本詩將許多分散的意象縮合在「恆春三月」此一主題裡，並按照著一定的規律串聯起來，成功的透過墾丁地景書寫，由景入情，再由情的逐漸加深，最後由外在的景物通達到內心深處的感動，表現出詩人家鄉真摯之愛，給人感受到一種由舒緩而輕快，低吟至昂揚的旋律，宛如一首動聽的現代思想起。

（三）沿著日光而行

　　南台灣屏東素有陽光之城美稱，在陽光照拂下，洋溢著金黃色澤的南方氣息。郭漢辰〈沿著日光而行〉跟隨著南台灣陽光鋪就的日光大道，進行墾

〔註128〕黃明峯：〈半島三月〉，《第六屆大武山文學獎》，頁 334。
〔註129〕黃明峯：〈半島三月〉，《第六屆大武山文學獎》，頁 334～335。
〔註130〕《第六屆大武山文學獎》，屏東：屏東縣政府文化局，2004 年，頁 349。

丁巡禮。組詩由十首小詩組成，包括〈日出旭海〉、〈自由落體‧北大武山日出〉、〈南灣波光〉、〈光之舞‧原住民〉、〈迎賓‧小琉球〉、〈燈塔‧墾丁海邊〉、〈光影‧嬉戲‧客家村〉、〈逐風追浪‧大鵬灣〉、〈關山夕陽〉、〈夜光祭典‧恆春搶孤〉。整組詩從「萬道晨曦從海平面那端／踏浪而來」〔註131〕的旭海草原日出，展開〈沿著日光而行〉的行旅序幕，路線中親炙「陽光自北大武山吸了一口氣／從高山一躍而下」〔註132〕如自由落體般拋向南方地面的溫暖日出；「戴上深藍色的太陽眼鏡／悠閒做著日光浴」〔註133〕的南灣波光；在「在祖靈頭上跳舞／不怕被巫婆懲罰」〔註134〕的北大武山光之舞；陽光下「搖曳生姿／對著所有駛來的船隻／跳支只有專屬小琉球的／迎賓舞」〔註135〕的小琉球花瓶岩；正午豔陽下「向飛過的海鳥／還有留下影子的旅人／逐一行注目禮」〔註136〕的墾丁海邊燈塔；「先與古厝閒聊／套套百年交情／又正經穿上曬乾的藍衫／走過廣場，陪老婦人／數著歲月殘留下的／影子」〔註137〕的客庄午後慵懶陽光；逐風追浪後「不小心跌進天地的／懷抱」〔註138〕的大鵬灣一抹斜陽；為探關山夕陽與大海的私語，「我踏上黃昏搭起絢爛的／光之橋，一探謎底」〔註139〕；最後，日光之旅終於在「十二公尺高的孤棚／當你們揮舞順風旗的剎那」〔註140〕於黑夜裡恆春搶孤夜光祭典中畫下句點。整組詩時

〔註131〕 郭漢辰：〈日出旭海〉，《請和我一起閱讀土地的詩行——屏東詩旅手札》，屏東：屏東縣政府文化處，2011年，頁42。

〔註132〕 郭漢辰：〈自由落體‧北大武山日出〉，《請和我一起閱讀土地的詩行——屏東詩旅手札》，頁42。

〔註133〕 郭漢辰：〈南灣波光〉，《請和我一起閱讀土地的詩行——屏東詩旅手札》，頁43。

〔註134〕 郭漢辰：〈光之舞‧原住民〉，《請和我一起閱讀土地的詩行——屏東詩旅手札》，頁43。

〔註135〕 郭漢辰：〈迎賓‧小琉球〉，《請和我一起閱讀土地的詩行——屏東詩旅手札》，頁44。

〔註136〕 郭漢辰：〈燈塔‧墾丁海邊〉，《請和我一起閱讀土地的詩行——屏東詩旅手札》，屏東：屏東縣政府文化處，2011年，頁44。

〔註137〕 郭漢辰：〈光影‧嬉戲‧客家村〉，《請和我一起閱讀土地的詩行——屏東詩旅手札》，屏東：屏東縣政府文化處，2011年，頁45。

〔註138〕 郭漢辰：〈逐風追浪‧大鵬灣〉，《請和我一起閱讀土地的詩行——屏東詩旅手札》，屏東：屏東縣政府文化處，2011年，頁45。

〔註139〕 郭漢辰：〈關山夕陽〉，《請和我一起閱讀土地的詩行——屏東詩旅手札》，屏東：屏東縣政府文化處，2011年，頁47。

〔註140〕 郭漢辰：〈夜光祭典‧恆春搶孤〉，《請和我一起閱讀土地的詩行——屏東詩旅手札》，屏東：屏東縣政府文化處，2011年，頁47。

間軸與空間軸同時挪移，凸顯屏東墾丁山海自然地景與多元族群文化地景的
特色。

墾丁社頂公園凌霄亭是賞鷹群和看日出的絕佳地點，郭漢辰〈日出·半
島第一道晨曦〉以鷹群視角摹寫出墾丁社頂公園的日出美景：

> 被天地微波過後的陽光／從海平面的最遠方全力奔跑／奮力伸出燦
> 爛萬千的亮光臂彎／讓雙眼剎那盲目／讓心底遺忘天地存在／遺忘
> 我們為何而飛／彷若晨光是飛行唯一的／意義／／落日與晨曦是緊緊
> 相連的／雙胞胎，大海是跨過日夜的／綿長臍帶／鷹群適不適合啄
> 食微亮的晨曦／連落山風都不在意這些八卦／只是一早半島樹葉上
> 的露珠／翹首引盼今早最明亮的／清晨／／人們的眼神飛出凌霄亭／
> 急急追尋我們的行蹤／我們不慌不忙拍打微涼的晨風／沿著社頂公
> 園滿山的綠蔭／與第一道來到的晨曦／飛成一陣風，一陣高速的風
> ／所有在腳底下的人們／成了渺小的黑點／如同你的、我的／在宇
> 宙裡那小如星火的／眸子〔註141〕

社頂自然公園位於墾丁森林區的東南方，是由海底珊瑚礁隆起所形成的特
殊自然地景，墾丁每年秋季有赤腹鷹與灰面鵟鷹過境，由於鷹群獨特的習
性，凌晨日出時段會順著上升氣流盤旋升降，形成獨特的「鷹柱」，景象壯
觀。社頂公園凌霄亭是觀賞日出「起鷹」絕佳地點之一，總吸引廣大賞鳥
客聚集。此詩分三節，首節以鷹群為第一人稱視角，進行鷹群的日出飛行
告白，詩人不寫群鷹前飛之速，卻透過飛行中的鷹群之眼，摹寫日出視覺
景象以由遠而逼近的速度感；次節縮合大海、鷹群、落山風與半島的樹，
勾畫出晨曦中社頂公園的地景意象；末節採取空間意識上「散點」的運用，
利用空間上高遠（上→下→上）的視覺游移，捕捉墾丁凌霄亭賞鷹與觀日
出遊客迫切眼神，詩末透過「與第一道來到的晨曦／飛成一陣風，一陣高
速的風」將視角由俯視急拉成仰角，鏡頭逐由渺小成黑點的人們，轉換成
鷹群「在宇宙裡那小如星火的／眸子」，側面凸顯了鷹群順著上升氣流盤旋
升降的飛行。

郭漢辰以墾丁凌霄亭觀日出「起鷹」捕捉墾丁特殊地景，黃明峯「故鄉
寫生三首」之三〈期望——關山落日〉則聚焦關山落日的美學印象：

〔註141〕郭漢辰：〈日出·半島第一道晨曦〉，《請和我一起閱讀土地的詩行——屏東詩
　　　　旅手札》，屏東：屏東縣政府文化處，2011年，頁112～113。

> 落日停格，請停格／在寧靜的海面，柔柔地／開出一朵最引人的嬌
> 媚／讓山巒群樹忘記喧嘩／讓陰暗林間的那片台灣騷蟬／沒有聲音
> ／／落日停格，請停格／在遠遠的山邊，溫溫地／暮色像一片輕柔的
> 黃金緞／包裹我們這群虔誠仰望妳的信徒／讓我們睜大眼睛，看見
> ／一首復活的唐詩／／落日停格，請停格／在我們的面前，靜靜地／
> 讓我們了解美學的風景是如何／讓我們記住妳的美麗，記住／幸福
> 的意義／／落日停格，請停格〔註142〕

「關山夕照」為墾丁著名景點之一。關山又名高山巖，位於恆春西南方，海拔高度雖僅 152 公尺，但關山山頂由於地勢高於半島地區，因而視野遼闊，西望可見台灣海峽；北眺可見大平頂傾斜台地及沿途漁村旖旎風光；東望則龍鑾潭及南灣、鵝鑾鼻之間美景盡收眼底，是墾丁極佳遠眺及觀賞落日的地點。此詩分四節進行，每節開頭以「落日停格，請停格」，極力摹寫關山夕照之美與心靈的審美感知。首節將詩的畫面定格在「在寧靜的海面，柔柔地／開出一朵最引人的嬌媚」，並以「讓山巒群樹忘記喧嘩／讓陰暗林間的那片台灣騷蟬／沒有聲音」側面凸顯萬籟融化於落日柔柔嬌媚中；次節則畫面定格在「在遠遠的山邊，溫溫地／暮色像一片輕柔的黃金緞」，並以「讓我們睜大眼睛，看見／一首復活的唐詩」賦予關山落日以古典意象；詩之末節頌美詩人從這「美學的風景」感知的幸福意義。李春生〈關山夕照〉也捕捉關山海上落日之景：

> 歷史／自你詭譎、羞怯／美如新娘的臉／彩印／一頁頁／無論戰爭
> ／抑或和平／／……醉於你的臉色／染我以歷史的蒼茫／暮色渾然／
> 水平線似乎伸手可及／只要輕輕拉開／我知道／在同一時刻／以同
> 一面容的另一角度／升起的卻是壯麗的朝陽〔註143〕

李春生的地景詩中總有個歷史感於其中，自然地景在李春生的眼中，往往是個多重時空之門，透過眼前景，召喚出歷史場域。詩人眼中的墾丁關山落日，美如新娘之臉，令人陶醉，卻也如中國唐代王之渙的「白日依山盡」，法國諾曼地登陸的血染黃昏，赤裸的原始人，狩獵後的傍晚歡慶，予人歷史之蒼茫感。

〔註142〕黃明峯：〈期望——關山落日〉，《自我介紹》，高雄：春暉出版社，2003 年，頁 74～75。
〔註143〕李春生：〈關山夕照〉，《睡醒的雨》，頁 200～202。

沙穗〈牛車上的情話——在墾丁‧龍磐〉雖是情詩，卻展現墾丁龍磐公園地景風光：

> 若我是拖車的牛／妳是牧草／誰最無怨　誰最無悔？／我讓歲月輾
> 過／妳忍受枯萎／／一對戀人／遙指著大尖山／左邊是太平洋　右邊
> 是巴士海峽／山盟海誓都被說盡／卻說不出山與海為何相依？／／若
> 我是滾動的車輪／妳是落日／誰最無牽　誰最無掛？／我順著小徑
> 走／妳落在瓊麻下／／一對白髮／回憶著一牛車／車上是嫁妝　車下
> 是泥巴／前世今生都被用盡／卻用不完牛車上的情話〔註144〕

墾丁龍磐公園位於鵝鑾鼻燈塔與風吹沙之間，區內有石灰岩洞、滲穴、崩崖、紅土、大草原等地形景觀。龍蟠視野十分開闊，可從陡峭的崩崖遠眺太平洋、巴士海峽，以及曲折有緻的海岸，適合觀賞日出以及夜晚的星空。此詩分四節進行，在戀人絮語中，「我是拖車的牛／妳是牧草」、「一對戀人／遙指著大尖山／左邊是太平洋　右邊是巴士海峽／山盟海誓都被說盡」、「我順著小徑走／妳落在瓊麻下」將龍磐公園諸地景的草原、山海、瓊麻等元素縮合在一起，構築出情愛意象濃厚的龍磐地景印象，以及屏東的地方意象。

三、動植物寫真畫

　　台灣戰後屏東作家藉由動植物主題進行聯想書寫，傳達經驗中的屏東地方意象，人文地理學家段義孚言：「地方的意象是藉著曾有識覺經驗的作者之意象轉化而來的，但透過他們所表面呈現的藝術之光，我們有分享經驗氣味的特權，否則，這些親切的經驗亦超過了回憶而褪色而消亡。」〔註145〕透過台灣戰後屏東現代詩，讀者得以分享其屏東經驗，共享地方意象。台灣戰後屏東現代詩自然書寫中的美學形塑，不僅將目光凝駐於家鄉廣大田園山水，形塑家鄉特有田園美學符號；更也駐足凝眸家鄉動植物情態，進行詠物賦志的審美書寫。以下將從「詠動物主題」與「詠植物主題」切入探討。

（一）詠動物主題

　　屏東作家詠動植物主題詩作，或「寫物」，或「寫志」。「寫物」是指作者自居旁觀立場，以物為命題主體，極盡摹寫之能事，力求物象的表現，以充

〔註144〕沙穗：〈牛車上的情話——在墾丁‧龍磐〉，《畫眉》，頁94～95。
〔註145〕段義孚（Yi-Fu Tuan）著，潘桂成譯：《經驗透視中的空間和地方》，頁141。

分發揮詠物創作客觀的藝術性。路衛〈瑪嘎蓋〉把三地門鳳蝶群飛的山景，用排灣神話傳說與莊周寓言故事呈現：

> 飄一眼繽紛／湧一野彩浪／一片片散步在山間亮麗的雲／遙遙的呼喚著／「巴里拉洋」的名字／「奔魯瑪古」的名字／牢牢地囚住了／魔箱裏的悲劇／／羣嵐泳來／群萍流去／撥動漫山森林的琴弦／又一串多彩的音符泳過／載著莊周／載著瑪嘎蓋的夢境〔註146〕

路衛於詩末附註「瑪嘎蓋的由來」：「三地門的山居，除了擁有一份豐盛的清和靜，另外更大的享有就是林間的賞蝶了。三地門的蝴蝶飛姿飄逸，風韻有致，看牠那種翩翩然嫋娜的舞態，出沒在花叢和林野，便使人感到牠美得像首詩，像幅畫，像片片繽紛的彩霞，串串迴盪的音符。尤其再加上古部落中所流傳下來的動人故事，更增加了牠們的神秘。」〔註147〕這首詩巧妙的運用彩浪、雲、羣嵐、羣萍、琴弦、音符，用以喻寫眼前三地門山間飛舞的鳳蝶，在視覺聽覺上凸顯鳳蝶多姿之狀貌，詩末以莊周、瑪嘎蓋夢境作結，將中國古典哲思與原住民傳說文化作有機巧妙融合，形塑了屏東地景中山野韻味濃郁的美學符號。

「寄意」則是以物化、移情作用為基礎，作者情感置於其中，使物我互相觀照，這種將一己情志融入寄託於作品中之詩，表面上是對物象外表的描寫，實則是詩人藉此將思想情感寄託於物象背後，往往最能發掘詩人內心不為人知的意念。許其正〈反芻〉以鄉間牛隻反芻自詠：

> 如牛之先將草秣吞下／然後時時吐回嘴裡反芻／我們用思維的牙齒反芻／當材料一時無法融通消化／／確實，有些事有些時候／是無法一下就通達的／這時就有反芻的必要／／反芻，反芻呀反芻／反芻乃一種淬煉／讓林林總總的材料／得以精細／然後消化，吸收／／思考再思考，琢磨再琢磨／推敲再推敲，淬煉再淬煉／這是反芻的工夫／／沉住氣，不怕難，不嫌煩／用我們的思維加細心／不囫圇吞棗，未經消化便草率將就／務求精細、正確和完美／／如百煉而後鐵方成鋼／如琢磨而後玉石方放光芒／如流血流汗辛苦耕耘方有好收穫／精練而成的詩字字句句擲地有聲／禁得起時間鐵面無私的檢驗
> 〔註148〕

〔註146〕路衛：〈瑪嘎蓋〉，《履韻》，屏東市：海鷗詩社，1988年，頁13～14。
〔註147〕路衛：《履韻》，頁14。
〔註148〕許其正：〈反芻〉，《重現》，頁26～28。

許其正曾自剖其詩作精神：「各首寫法容有不同，其精神則一：除了是我日常生活的實錄和心路歷程以外，多寫鄉土、大自然，歌頌人生的光明面，立足人道，勉人奮發向上向善。」〔註149〕耕牛是屏東早期農村重要的鄉土元素之一，台灣人也向以台灣牛自我形塑，取其勤懇耐勞特質。此詩則擇取牛隻時時反芻之特質，表面寫物，實則是作爲一位詩人的心聲。全詩分五節進行，首節以牛隻反芻草秣畫面「如牛之先將草秣吞下／然後時時吐回嘴裡反芻」予詩境以農村田園意象，然則詩人並未繼續摹寫牛隻，而是以「牛隻反芻」做爲比興意象，以「牛隻反芻」形象，比附象徵詩人寫作運思的抽象過程。寫詩如同牛之反芻，需要時間的醞釀、消化與淬鍊，這樣精煉而成的詩才能經得起時間的檢驗。整首詩象徵意味很濃，說理性也很強。從自然書寫的美學形塑角度觀之，亦能側面凸顯出台灣戰後屏東現代詩中土地情感此一原型。

（二）詠植物主題

屏東早期是南台灣椰城，行車進入屏東縣境公路，兩旁隨處可見椰影路樹搖曳之姿。許其正〈椰子樹〉審美摹寫南台灣屏東椰樹之美：

> 一棵棵椰子樹是一個個／美麗的少女／以修長優美的姿勢／迎風亭立著／成排地，成群地／／長手，長身，長腳／還有一頭披散的／長髮／讓風給梳理著／一次，一次，又一次……〔註150〕

此詩以風中長髮少女們修長的美麗身影，摹寫南台灣屏東的自然景觀椰子樹，椰子樹成排成群樹立於公路兩旁，迎風亭立之姿。女詩人張月環（東行）的〈椰樹與月〉：「椰樹將月／切割成千層片／月還他／一身的憧憧黑影」〔註151〕與〈椰樹與風〉「椰樹捕風／東追／西抓／撲得手忙腳亂／風卻樂得在椰樹背上／笑歪了嘴」〔註152〕以記憶捕捉被砍伐的潮州國小操場的椰樹身影。從人文地理學角度看這三首詩，詩人透過椰子樹此一植物聯想，側面凸顯的正是「地方之愛」，亦即「人與地方的情感聯繫」〔註153〕。涂耀昌〈家鄉的行道樹之三〉組詩三首，書寫家鄉潮州的三種行道樹風鈴木、印度黃檀與阿勃勒。涂耀昌〈風鈴木〉：

〔註149〕許其正：《南方的一顆星》，屏東：屏縣文化，1995年，頁180～181。
〔註150〕許其正：〈椰子樹〉，《南方的一顆星》，頁142。
〔註151〕東行：〈椰樹與月〉，《風鈴季歌》，屏東：屏東縣政府文化局，2007年，頁92。
〔註152〕東行：〈椰樹與風〉，《風鈴季歌》，頁93。〈椰樹與風〉後記：「記潮州國小操場。椰樹不久全被砍，殊爲可惜。」
〔註153〕Tim Cresswell著，王志弘、徐苔玲譯：《地方：記憶、想像與認同》，頁35。

> 森巴舞孃的身世／在喝過肥膩的南國冬陽後／終於洩了底／妳的站姿仍是拉丁式／倉皇中腳下卻踱了雙繡花鞋／／初春如酒的黃昏／猶聞妳押了大西洋海潮韻腳的絲絲低泣／弦月下／妳蓬鬆的鄉愁更纖維化了／我抬頭用慰藉的眼神為妳拭淚／這才發現／妳的淚竟比亞馬遜河野蠻／止淚後的妳無言以謝／靦靦腆腆從背後拿出酡紅艷黃的花簇／插在頭上，拉著杵了一下午的路燈欲舞／忽想……禮教之邦恐不宜森巴／索性便搖曳成藝妓博我一燦〔註154〕

風鈴木原產於巴西、墨西哥，此詩分兩節，首節採對比意象組合，詩人馳騁想像，以「森巴舞孃的身世」、「你的站姿仍是拉丁式」與「喝過肥膩的南國冬陽」、「踱了雙繡花鞋」這兩組相反形象組合摹寫風鈴花，為奔放的拉丁之花落腳在偏鄉潮州，素描出鮮明意象；次節寫花季、花香與花姿，詩人以「初春如酒的黃昏」點出初春風鈴木開花季節，「押了大西洋海潮韻腳的絲絲低泣」則摹寫風鈴木花香清淡有餘韻，「酡紅艷黃的花簇」則是風鈴木花姿，詩末「搖曳成藝妓」，則更捕捉了風鈴木黃昏風中之姿。整首詩為潮州鄉間行道，點染濃烈異國風味。涂耀昌〈印度黃檀〉寫的則是不開花的美：

> 你的用途是形而上的吧！／那被哲學及禪悅染洗過的髮茨／蓊鬱得多麼像聖哲的雄辯／你的樹身是泰戈爾的筆嗎？／還是甘地審判庭前不屈撓的站姿／是沒有五官的神像吧！／還是風塵中閉關的羅漢行者／／流洩的車潮，振筆急書著／五濁惡世如火宅的心情／你慈悲地敧睡成一部淺顯的經典／供不耐繁囂的眾生閱讀／我早就料到／你的用途是形而上的／這就是你堅持不開花的理由／不開花就是不傳文字／就是／你不說等於說了〔註155〕

印度黃檀原產於印度，此詩分兩節，首節採意象的並列組合，將時空意象拉到渺遠的印度，運用「哲學」、「禪悅」、「聖哲的雄辯」、「泰戈爾的筆」、「甘地不屈撓的站姿」、「閉關的羅漢行者」等相近的印度意象元素之間所引起的聯想，摹寫印度黃檀的蓊鬱枝葉、樹身與昂立站姿，側面凸顯印度黃檀之美是形而上的思想美；次節將時空返回現實，運用對比意象，點出印度黃檀現實中所處地理空間是「流洩的車潮」、「五濁惡世」，又以「你慈悲地敧睡成一部淺顯的經典／供不耐繁囂的眾生閱讀」、「你的用途是形而上的」、「無聲的

〔註154〕涂耀昌：〈風鈴木〉，《清明》，頁23～24。
〔註155〕涂耀昌：〈印度黃檀〉，《清明》，頁24～25。

偈」，凸顯不開花的印度黃檀之獨特審美形象，也爲車潮如流的潮州行道，增添幾分定靜美感。涂耀昌〈阿勃勒〉寫著：

> 原來你的動脈是裂雲的雷掌 ／所以欲滴的花簇 ／在駘蕩的春風中 ／也能翻飛奔騰雨勢 ／多麼獨裁權貴的黃金雨啊！ ／／讓靈魂濡而不濕 ／讓眼睛暈産海市蜃樓 ／讓愛情固成蜜蠟 ／讓童年羽化成千千萬萬隻黃蝶…… ／／喔！這才發現 ／你的靜脈原來是涅盤的恆河〔註156〕

阿勃勒原産地印度、亞熱帶。此詩分三節，以動脈與靜脈形容阿勃勒展現的動態美感與靜觀美感，首節以「裂雲的雷掌」、「欲滴的花簇」、「駘蕩的春風」、「翻飛奔騰雨勢」等充滿動感的語彙，摹寫阿勃勒黃色花簇在春雨中如黃金雨般的動態美感；次節從「靈魂」、「眼睛」、「愛情」與「童年」著力摹寫阿勃勒觸動人內心深處的靜觀審美印象，「讓靈魂濡而不濕 ／讓眼睛暈産海市蜃樓 ／讓愛情固成蜜蠟 ／讓童年羽化成千千萬萬隻黃蝶」；末節以讚嘆語作結，阿勃勒如「涅盤的恆河」般，靜靜的流動在每個觀賞者的記憶角落裡。涂耀昌〈家鄉的行道樹之三〉組詩三首，以家鄉潮州行道樹作爲主題，極盡植物摹寫之能事，力求物象的表現，充分發揮了詠植物創作的客觀藝術審美表現，也藉此形塑了家鄉潮州地景美學符號。

沙穗〈霧台的櫻花〉則充滿浪漫情愛遐想的植物聯想：

> 早開的櫻花 如待嫁的女兒 ／提親的人 不必說魯凱族的話 ／但別因爲暖冬 ／就任初開的櫻花著涼 ／／綿延的山路 鎖著薄霧 ／可知一朵朵櫻花的心事？ ／盼望 花被捧著 ／霧被吹散 ／／早開的櫻花 如石板屋的初夜 ／關燈的人 不必怕霧來敲門 ／但別因爲害羞 ／就忘了爲單薄的櫻花暖被〔註157〕

櫻花是屏東霧台鄉最絕美的焦點，霧台山區在日治時期即已種植緋櫻（俗稱山櫻花），每年12月底到2月中旬，是嬌美豔紅的緋櫻綻放花季，近年霧台鄉公所更在台24線沿線種植三、四百株緋櫻和八重櫻，其中又以霧台到魯凱族阿禮部落路段沿路最是壯觀，山櫻與石板屋相映成一幅幅霧台圖像。沙穗〈霧台的櫻花〉寫出了上山賞櫻者浪漫情愛的植物聯想。全詩共分三節，首節進行擬人聯想，將初春早開的櫻花與上山賞花客，喻爲魯凱族「待嫁的女兒」與「提親的人」，而「但別因爲暖冬 ／就任初開的櫻花著

〔註156〕涂耀昌：〈阿伯勒〉，《清明》，頁25。
〔註157〕沙穗：〈霧台的櫻花〉，《畫眉》，頁167。

涼」，則充分展現詩人憐香惜玉之心；次節寫「綿延的山路 鎖著薄霧」，霧台的霧，成了櫻花與賞花人之間情意交流的阻隔，詩人遐想著這一個個待嫁女兒們盼吹散霧的阻隔，被訪花者親手捧著的心事；末節加入魯凱族石板屋元素，賦予霧台櫻花景象以原住民情愛繾綣意象，形塑霧台地景獨特審美符號。

許其正〈大板根〉則是藉由詠墾丁銀葉板根寄意土地之愛：

> ……／我是一棵神奇的樹／根特別的大而厚／定力特別堅強／既然出生在這裡／我就要永遠居住在這裡／要把根釘下去，釘下去／不管有什麼阻力／深深釘下去，釘牢這塊土地／堅定不移，牢不可拔／／即使有人笑我傻，說我笨／甚至孤立我，欺壓我／我都不管／我有我的堅持／我不是那些候鳥／我愛這塊土地／我要住在這裡／要把根釘下去，深深釘下去／釘牢這塊土地……／／我的根又大又厚／這就是證據，就是宣示：／我屬於這塊土地／我堅持不離開這塊土地／……〔註158〕

墾丁國家森林遊樂區內的銀葉板根老樹，是墾丁著名景點之一，也是全台第一大板根。墾丁氣候環境終年炎熱、潮濕多雨，造成珊瑚礁上的淺薄土壤層流失快速，植物為爭取空間和養分而互相競爭，形成植物樹冠大、樹幹粗大、枝條肥大、支柱根及氣根發達等特徵，銀葉板根即為最具代表樹木。這首詩南台灣自然書寫，詩人藉書寫大板根，實則傳達的是自己的心聲，許其正的詩在國際上雖發光發熱，但在台灣卻是鮮少人注意，但即便如此，詩人仍是熱愛生長它的這塊土地，矢志要把自己的根，牢牢地釘在這塊土地上，整首詩具田園風格與土地之愛。

四、詩意熱帶海洋

海洋主題，從廣義言，以海洋文化為創作題材的文學作品〔註159〕；從狹義言，海洋文學，就是描寫海洋以及相關海洋的現象、精神、文化以及人在其中生活的意義。〔註160〕筆者此處所採為廣義的海洋書寫的涵義，舉凡海洋

〔註158〕許其正：〈大板根〉，《重現》，頁46～48。
〔註159〕廖鴻基：〈海洋文學與藝術〉，邱文彥：《海洋永續經營》，台北：胡氏圖書，2003年，頁129。
〔註160〕東年：《給福爾摩莎寫信》，台北：聯合文學出版社，2005年，頁191。

自然景象書寫、與海洋相關的各種人類活動書寫，以及詩人對海洋的感受及蘊涵於各種海洋意象中的豐沛情感與想像，都可列入海洋主題予以探討。

　　台灣戰後屏東現代詩中的海洋書寫，以日治時期屏東詩人楊華之〈西子灣〉為先驅：「若是穿過磅空〔隧道〕，／來到西子灣──／西子灣的浪花，／充滿了女兒的情緒！／『壽山月白無人問，／卻似西施未嫁時。』／立在西子灣頭，領略處女的讚詩！」〔註161〕賦予西子灣浪花處子審美意象。傅怡禎〈屏東地區新詩發展初探〉直指屏東作家除了山林原野所造就的田園傳統之外，還因為三面環海的地理環境，擁有寬敞的海洋胸懷。〔註162〕當詩人們真實的描寫海洋時，詩意便無處不在。

（一）海上風光

　　台灣戰後屏東現代詩中的海洋審美書寫，題材多元廣闊，例如海浪與濤聲、海面夕照、海中島嶼、海底珊瑚世界、海岸與港口風光、海面活動、海上賞鯨鯢，乃至海的記憶、哲思與想像等，形塑出南台灣熱帶海洋之美。海洋的審美體現，除海天一線的廣闊視野，最先觸動人心的是海浪與濤聲在動態視、聽覺上所引發的審美印象，許其正〈海面一景〉捕捉海面律動之美：

> 不管床有多大／它都能予以完全罩覆／一點也不會讓床身露出一絲半縷／這條藍色絲被／果然是其大無比！／／而且，任那些睡在床上的頑皮小孩／不住地滾過來又滾過去／它仍然可以完全罩覆得住／只是隨著一波又一波地起伏／不時閃現白色波紋而已／／我真感驚訝！／這條藍色絲被／果然是其大無比！〔註163〕

此詩將海面一景比喻成一條奇大無比的藍色絲被，詩人將一波波海浪的起伏翻湧，擬想成是一群頑皮的小孩在絲被上滾過來又滾過去，將海浪的自然律動現象賦予活潑生氣。

　　徐和隣〈海〉則將海轉化為女性：

> 海是女性，像母親，又像情人／黎明，以微笑迎著太陽／夜晚，奏著睡眠歌等待明月／宛如母愛，能納來自各地方的污流／溫柔，美麗，和平是她的常態／青年人受不了碧色的邀請溜出去啊／有芬芳的微風，跳舞的海鷗／有時抑不了野性，正如狂戀／誰能受那不停

〔註161〕楊華著，莫渝編：《黑潮集》，台北：桂冠圖書公司，2001年，頁58。
〔註162〕傅怡禎：〈屏東地區新詩發展初探〉，頁153。
〔註163〕許其正：〈海面一景〉，《南方的一顆星》，頁46～47。

的狂浪和暴雨／不可計量的慾望在沸騰／原來海底有神秘無邊的世
界／好似女體有神秘無邊的世界〔註164〕

〈海〉選錄自徐和隣詩集《淡水河》第一輯「流浪篇」，此詩以敏銳的心靈觸
鬚，藉轉化之筆穿透海景表象而潛入內裡，賦予海景以女性特質：寧靜的海
是溫柔，美麗，和平的女子，以芬芳的微風、跳舞的海鷗，邀約懷春的青年
人；狂浪暴雨的海，則是慾望的沸騰，邀約走入她神祕無邊的女體世界。

　　沙白喜歡寫海洋，他的海洋詩往往充滿浪漫想像之美，例如〈海之漂泊〉
「海的濤聲，私語小耳／藍的召喚／海神的兒子，猶飲母乳／乳汁芬芳沁心」
〔註165〕歌詠海景，鋪陳母親海洋意象；〈海〉：「海以溫柔的水之懷抱／向魚、
漁夫和萬物／表現他底無限寬大的愛」〔註166〕鋪陳海洋柔美永恆意象；〈海天
夢〉：「海是美麗的巨大藍色花朵／長在我的心裡／給我們美麗的生命／給我
們愉悅的生命／／一滴海水是一個海的生命／像我身上的一個細胞／或摩娜麗
莎的明眸和微笑／表達了達文西的生命結晶／表現了花朵是一棵樹的縮影」
〔註167〕鋪陳海洋神話意象；〈海浪〉則賦予海浪的律動以甜言蜜語的情人意象：

1. 海浪是個說謊者／他急速地擁抱了海灘一下／說要跟她結婚／
　卻急速地逃走了

2. 海浪是個多情人／吻了海灘一次／又吻一次，又一次……／他是
　世界上最喜歡接吻的人〔註168〕

海浪一遍又一遍的規律地拍打著沙灘，如同一遍又一遍的親吻與逃離。沙白
筆下的海浪，投射出男人的浪漫愛情感，愛就是擺盪在一遍又一遍的接吻，
與一遍又一遍的逃離之間。

　　女作家紫楓《片片楓葉情》詩集中，有多首以海為書寫題材之詩，〈海之
戀〉、〈望海〉、〈醉海〉、〈問浪〉、〈山海戀〉、〈波紋〉、〈訂情〉、〈風浪〉、〈跨
海大橋〉、〈敲不醒的海〉都是「走入風景，走入詩情的一種生命奔流手法」〔註
169〕例如〈醉海〉：「大海是罈汪洋烈酒／只要靠近它做個深呼吸／便已未飲先

〔註164〕徐和隣：〈海〉，《淡水河》，台北：葡萄園詩社，1966年，頁7。
〔註165〕沙白：〈海之漂泊〉，《太陽的流聲》，台北：笠詩刊社，1986年，頁26～27。
〔註166〕沙白：〈海〉，《靈海》，高雄：台一社，1990年，頁167～168。
〔註167〕沙白：〈海天夢〉，《靈海》，頁189～190。
〔註168〕沙白：〈海浪〉，《靈海》，頁179～180。
〔註169〕朱學恕：〈走入風景、走入詩情〉，杜紫楓：《片片楓葉情》代序，高雄：大海
　　　　洋詩刊雜誌社，1996年。（附於詩集目錄之後，無標頁碼）

醉／醉在天地之間　醺醺然／何不乾脆／一跳躍進酒海裡／做個酒國的豪放女／把天地丟在一邊／在另一個世界／與另一個心靈／交歡／獲得高潮、喜悅和滿足／醉在海的國度／赤裸裸的我／不再矯情媚世」〔註170〕詩人醉在海的國度裡，與海交歡，走入海景走入詩情。李敏勇〈海〉則賦予浪濤聲以女性自由呼喚的意象：

> 海啊／在妳奧藍的底部／究竟淤積多少人間的憂愁呢／每當寂靜下
> 來的時候／我就能聽到／從妳底部發出來的啼泣之聲〔註171〕

海無限寬廣而變化多樣的特質，在李敏勇詩中與女性意象連結為一，「把海比喻成女性，海在我心裡，變成很重要的形象及風景，每次回來住在恆春，住海邊、去墾丁，或者想起小時，在這聽到夜裡的海浪聲。海會讓人想到自由，自由的信念。」〔註172〕李敏勇如是說。

　　陳篤弘詩中充滿海洋意象，但他詩中的海洋往往是虛擬的海洋、想像的海洋，例如〈興趣〉：「不知什麼時候／我身上已經長滿了斑斕的魚鱗／整個人安安靜靜／停在／一把扇形展開的，貝殼鐵椅上」〔註173〕詩寫在校園樹下休憩時的海洋情境聯想；〈面對〉：「面對落地玻璃窗／我們隨餐具飄在海上／靠近岸邊的桌布顏色較淺／靠近你胸口的海水／蔚藍一片」〔註174〕寫感情，卻充滿虛擬的海洋意象，傅怡禎認為全詩充滿著海洋意象的擬童話情境，定向指涉彷彿處理了感情的難題與焦慮，最後不但形成如大海般難以跨越的障礙空間，也展現詩人妙不可言的想像天份〔註175〕；〈夢境〉：「夜裡，／我們偷偷租了一艘船／沿著巷子滑行／那是多數人都已熟睡的時刻／我們扯掉整個城市的燈火／重新掛上星星／／一路上，我們發現了許多巨大的礁石／懸浮在失眠者的窗口」〔註176〕詩題是「夢境」，其實不是夢境，而是詩人旅途經歷，船、星星、礁石、海浪、藻類、船槳，這是詩人虛擬的一個與自我對話的空間，這個空間充滿海洋情境；〈不讓世界崩然睡去〉：「你知道嗎時間已過了多

〔註170〕杜紫楓：〈醉海〉，《片片楓葉情》，頁 12。
〔註171〕李敏勇：〈海〉，《心的奏鳴曲》，台北：玉山社，1999 年，頁 38。
〔註172〕「屏東作家身影紀實 4」紀錄片李敏勇訪談紀錄，屏東：南風影視傳播有限公司，2006 年。
〔註173〕陳篤弘：〈興趣〉，《面對》，高雄：松濤文社，2004 年，頁 83〜84。
〔註174〕陳篤弘：〈面對〉，《面對》，頁 133〜135。
〔註175〕傅怡禎：〈屏東地區新詩發展初探〉，頁 156。
〔註176〕陳篤弘：〈夢境〉，《面對》，頁 33〜34。

久？／雲朵蒸發，海洋乾涸／我們兀自盤旋／海鳥反身找尋消失的麵包屑／誰都回不了家」〔註177〕以充滿海洋情境的文字，處理情感與生命的焦慮和難題；〈你是草原我是海〉：「風起的時候／你是草原我是海／你在夜晚，放牧著一千隻眼睛／我就是／出發要去打撈星星的漁船」〔註178〕把自己比喻成漁船，是首充滿海洋情境的愛情詠歌。〈夏天離開了詩，我們離開了陸地——海洋生物博物館記遊（11）〉則讚美浪花是最美的詩，浪花是墾丁脖子上的項鍊：

> 站在海堤沿岸／以雙臂爲直徑／身體爲圓心／畫出一道海平線／將
> 沿岸的浪花一一串起／鑲成一條項鍊／掛在墾丁的脖子上／／那是最
> 美的詩／掛在你的脖子上〔註179〕

陳雋弘的墾丁海堤景色書寫組詩共12首，詩寫炎夏造訪海生館，隨著腳步與目光，詩人從中庭鯨魚噴泉、大廳天花板鯨豚、海底隧道、沈船區、出口隧道、大洋池、水母區，帶領讀著一路參觀，最後以海生館後面的海堤拍案之景作結，詩中充滿海洋情境，更是含蓄的情詩。然則海洋不必只是隔著一水之隔的凝望冥想，而是可以投入海的懷抱之中，李春生〈活躍在海上的風浪板〉書寫墾丁海上的衝浪活動：

> 唯有你們／鼓浪前進／才把大海寫成悠悠／寫成遼闊／才把藍天寫
> 成亮麗／才把青山寫成嫵媚／划著 輕快地／在雲之上／划著 舒暢
> 地／在倒映的風景中／嘩嘩啦啦／終於 從你們的五彩繽紛／看到
> 完美的答案〔註180〕

這首詩呈現的是墾丁海上的衝浪板活動，五彩繽紛的衝浪板在大海、藍天、白雲、青山之間，鼓浪前進，人與自然融合爲一，爲「永恆」這兩個字，提供了完美的答案。

許其正〈看海〉寫南台灣海天夕陽之美：

> 當我來到海邊，眺向海天／我的兩眼視覺，驟然凝成了兩顆圓滾的
> 彈丸／以超光速的速度，電射而出，沒入海天深處／船行海天，藍
> 成海天……／／隨著時間的遞嬗／它們竟然被海和天幻化噴灑成許多
> 各種各樣的／花 以及／蝴蝶／霞 以及／火焰／／直到它們被釀造成

〔註177〕陳雋弘：〈不讓世界崩然睡去〉，《面對》，頁27。

〔註178〕陳雋弘：〈你是草原我是海〉，《面對》，頁111～112。

〔註179〕陳雋弘：〈夏天離開了詩，我們離開了陸地——海洋生物博物館記遊（11）〉，《等待沒收》，高雄：松濤文社，2008年，頁79～80。

〔註180〕李春生：〈活躍在海上的風浪板〉，《睡醒的雨》，頁179～182。

> 了一甕甕醇酒、一瓶瓶蜂蜜／我才一步一回首地／離開，攜回，置
> 放心靈深處／慢嚼細味……〔註181〕

此詩寫海所給予詩人感官心靈的激盪，在詩人的注目之下，原本蔚藍的海天，逐漸幻化成絢爛的花朵、蝴蝶、彩霞、火焰，如此盪人心魄美景，詩人攜回至於心靈深處，讓它酵發醞釀成詩人心靈深處充滿味覺美的醉人醇酒、香甜蜂蜜，留待慢嚼細味，凸顯南台灣海天夕陽之美。黃明峯〈鯨蹤鯢影——花蓮賞鯨有感〉則書寫海上賞鯨鯢：

> 他是多情的浪子／喜歡花蓮／外海，寬闊的胸襟。／／他是多情的浪
> 子，自由／且健康。尾鰭最先拍打／古希臘，亞里斯多德的好奇／
> 再揚升，搧動台灣／太平洋的海風／然後撞翻一整片／寧靜的　蔚藍
> ／／她是海神的女兒／喜歡花蓮／岸邊，陽光的笑臉。／／她是海神的
> 女兒，聰明／而敏感。眼神實在魔幻／像童話中閃爍的星星／優雅
> 的身影，天使的心情／有種暖暖的溫馨／感動你，像母親／夜晚輕
> 唱的　搖籃曲〔註182〕

詩末註：「鯨類，雄稱鯨、雌稱鯢。又據研究，古希臘的亞里斯多德是最早研究鯨類，並且留有許多鯨類相關紀錄的人。」整首詩以擬人之筆，賦予海上鯨群以「多情的浪子」、「亞里斯多德」、「海神的女兒」、「天使」與「母親」意象。

（二）海底景觀

李春生〈珊瑚世界〉書寫墾丁海底珊瑚世界之美：

> 化剎那為永恆／一座座／海底世界的／花園都市／就是這樣／在你
> 們　呼與吸／的吐納間／以每年／建築一公分的速度／逐漸完成／／
> 粉紅　桃紅　赤／鵝黃　雪白　紫／火樣的燃燒……／玉樣的閃爍……
> ／的的確確／十分的巴黎／而又　扇狀的／巨刺狀的／以及　樹枝狀
> ／腦狀……／盤狀……／從各個角度／伸展成多彩多姿／如同　莊
> 嚴地／嘩笑地／通過凱旋門／走進凡爾賽宮的／仕女和紳士／鮮艷
> 的海星／透明的水母／帶劍的蝦／橫行的蟹／也都為了　嫉妒／那
> 一群美麗的熱帶魚／而常常在這裡／討論與爭議……〔註183〕

〔註181〕許其正：〈看海〉，《南方的一顆星》，頁26～27。
〔註182〕黃明峯：〈鯨蹤鯢影——花蓮賞鯨有感〉，《自我介紹》，高雄：春暉出版社，2003年，頁70～71。
〔註183〕李春生：〈珊瑚世界〉，《睡醒的雨》，頁175～178。

李春生〈珊瑚世界〉除了把墾丁國家公園風景之一的海底珊瑚美景、顏色、
姿態做了非常細膩的摹寫，更也透過想像，將珊瑚景觀與巴黎凡爾賽宮之仕
女紳士作連結，使得墾丁海底世界之美麗熱鬧，躍然紙上。沙白〈珊瑚礁是
一首詩〉則寫道：

> 珊瑚礁是一首奧妙的古詩 ／比人類的歷史還久遠 ／／黃帝還沒有出生
> ／它就已經長大了 ／耶穌還沒有出生 ／它就已經懂得上帝的道理了
> ／釋迦還沒有出生 ／它就已經悟道了 ／／奇妙多形的珊瑚礁 ／也像一
> 首形象玄奇的現代詩 ／展示了它底節奏、韻律 ／和時間及空間洗禮
> 過的豐饒意趣 ／／而珊瑚礁是一首寫不完的詩 ／昨天寫過了 ／今天還
> 寫著 ／明天還繼續寫 ／……／到人類像恐龍一樣全滅之後 ／它還會
> 寫下去 ／／珊瑚礁真是一首寫不完的海洋詩 ／──以時間為筆，空間
> 為稿紙 ／日日夜夜寫著 〔註184〕

在沙白筆下，美麗的珊瑚礁是一首「以時間為筆，空間為稿紙」的海洋詩，
並且是一首「形象玄奇的現代詩」，有著「奇妙多形」的節奏美與韻律美，以
及歷經時空洗禮的豐饒意趣，這首海洋詩持續書寫著。

　　黃聲威〈淺深海洋文化〉指出海洋文學四要素：「一篇成功的海洋文學作
品的組成要素至少有四：1、精準的海洋知識。2、對海洋的豐富情懷。3、對
海洋的深刻觀察。4、對海洋之獨特體驗。」〔註185〕曾貴海〈熱帶的深海花季〉
可謂兼具這四要素，在審美書寫之外，同時觸及生態系生命核心：

> 整個珊瑚樹 ／被盛開的花淹沒了 ／／奇形怪狀的夢 ／從身上不停地冒
> 出來 ／／驚慌的心 ／也跟著不停地開著花呢 〔註186〕

郭漢辰認為曾貴海並不吝惜和讀者分享他所見到的生之喜悅，在〈熱帶的深
海花季〉一詩，他把詩作的觸角伸入大海裡，應該是作者第一首觸及到海洋
的生態詩，所描繪的正是大海裡的珊瑚產卵現象。曾貴海以〈開花〉形容珊
瑚產下下一代的情景，面對產卵的繽紛盛況，連珊瑚自己也著實嚇了一大跳。
〔註187〕生之喜悅如花團簇放。

〔註184〕沙白：〈珊瑚礁是一首詩〉，《靈海》，高雄：台一社，1990年，頁233～235。
〔註185〕黃聲威：〈淺探海洋文化〉（下），《漁業推廣》第171期，2000年12月，頁40。
〔註186〕曾貴海：〈熱帶的深海花季〉，《色變》，高雄：春暉出版社，2013年，頁12。
〔註187〕郭漢辰：〈與生命對話──試論曾貴海的生態詩創作〉，《2013屏東文學學術研討會曾貴海研究論文集》，高雄：春暉出版社，2013年，頁119。

第二節　自然書寫的汙染批判

　　文化地理學家 Tim Cresswell 認爲，「地方」是一種觀看、認識和理解世界的方式，他說：「『地方』不單是指世間事物的特性，還是我們選擇思考地方的方式的面向——我們決定強調什麼，決意貶抑什麼。」〔註188〕台灣戰後屏東作家以現代詩進行自然書寫的美學形塑，藉以形塑詩人所欲強調凸顯的家鄉自然美學符號，但當「我們的地方」遭受威脅時，自然書寫的汙染批判與生態維護，便成爲詩人闡發意義和經驗世界的發聲出口。Tim Cresswell 也說：「我們把世界視爲含括各種地方的世界時，就會看見不同的事物。我們看見人與地方之間的情感依附和關連。我們看見意義和經驗的世界。……『我們的地方』遭受威脅，就有必要將其他人排除在外。」〔註189〕於是地方也意味著價值的批判。

　　「自然」作爲一個容器，除了涵攝著山林海河、鳥禽昆蟲、鯨豚魚蝦、花草樹木的總體存在之外，同時也承載了人類在歷史上建構的社會關係，是讓人類用以偵測並反省自我的生存位置、歷史意義的觸媒。〔註190〕台灣戰後屏東現代詩中的自然田園風格，並不自滿於侷限在美學符號的經營，李敏勇提出了新的田園觀，他說：

> 文學的田園主義不應是隱退而是挺身而出，透過生活場景，透過大
> 自然的生態現實所突顯的象徵，提供秩序、意義、目的等理想和憧
> 憬。從心靈的景觀而成爲指示意識覺醒的律動的新田園觀。〔註191〕

自然書寫的汙染批判，起心動念於地方的遭到威脅破壞。台灣戰後的經濟發展掛帥，帶來自然生態環境浩劫，「這段台灣經濟逐漸起飛的時期，我們難以看到任何有力的反對聲音，更未見著民間環保組織的出現，而訴諸於文學形式，鮮明表達對生態環境關心的作品更是絕無僅有。」〔註192〕然則隨著1977

〔註188〕Tim Cresswell 著，王志弘、徐苔玲譯：《地方：記憶、想像與認同》，頁 21～22。

〔註189〕Tim Cresswell 著，王志弘、徐苔玲譯：《地方：記憶、想像與認同》，頁 21～22。

〔註190〕魏貽君：〈自然何方？劉克襄的「自然」空間試探——以《小綠山》三部曲、《偷窺自然》、《快樂綠背包》爲探索範圍〉，陳明柔主編：《台灣的自然書寫》，頁 25。

〔註191〕李敏勇：〈當溪流都成了死水〉，《做爲一個台灣作家》，台北：自立晚報出版部，1989 年，頁 43～44。

〔註192〕劉克襄：〈台灣的自然寫作初論〉，《聯合報·副刊》，1996 年 1 月 4、5 日。

年鄉土文學論戰的「本土關懷」意識覺醒，文學的使命感與時代意義被重新
肯定，以詩來介入自然生態的觀察、描述與批評，終於在八〇年代全面展開。
〔註193〕曾貴海曾援引蕭新煌1986年的「台灣環境意識調查」，指出空氣污染、
噪音、水污染、農藥濫用、垃圾、自然資源的耗費、土壤的流失與破壞、核
能廢料，是台灣環境面臨的公害污染與生態保育問題。〔註194〕並強調：「環境
生態詩就是戰後世代詩人們反抗批評精神的表現，他們強烈的關懷鄉土和人
民、期待美麗新台灣的到來。」〔註195〕

　　本節將從「工業污染與農村變異」與「都市公害與核能危機」切入，探
討台灣戰後屏東現代詩中所省思的「工業污染」、「農村變異」、「都市公害」、
「核能危機」等議題。

一、工業污染與農村變異

　　工業發展與生態維護經常是對立矛盾的，劉克襄曾言：「1949年，國民政
府遷台以來，以迄七〇年代，台灣在經濟發展掛帥的領導政策之下，生態環
境始終處於幾無任何保護措施的狀態，完全成了經濟開發的犧牲品。」〔註196〕
在工廠林立的衝擊下，工業汙水廢氣的排放，成為自然環境生態破壞的元凶。

（一）工業污染

　　工業污然對環境的三大害，分別是河川生態破壞、土地生態破壞與空氣
污染。

1. 河川生態破壞

　　高屏溪這條全台最大流量的河流，是曾貴海口中的「五族共和溪」，〈高
屏溪的夜晚獨白〉寫著：「再流下去，先經過美濃鎮、旗山鎮、里港、大樹，
再匯流入屏東縣，最後繞向高雄縣的溪口出海。……往下流，我聽到的大部
分是河洛閩南話，偶爾聽到客家話和北京話，因此有人說我是五族共和溪，
也就是大家共同和平生存所依靠的溪流，這個尊稱確實令我窩心。」〔註197〕

〔註193〕林于弘：《台灣新詩分類學》，頁182。
〔註194〕曾貴海：〈台灣戰後的環境生態詩〉，《留下一片森林》，台中：晨星出版社，
　　　　2001年，頁126。
〔註195〕曾貴海：〈台灣戰後的環境生態詩〉，《留下一片森林》，頁154。
〔註196〕劉克襄：〈台灣的自然寫作初論〉，《聯合報‧副刊》，1996年1月4、5日。
〔註197〕曾貴海：〈高屏溪的夜晚獨白〉，《留下一片森林》，台中：晨星出版社，2001
　　　　年，頁63。

作為屏東平原的母親之河，高屏溪是每個屏東人成長中的共同記憶角落。曾貴海〈童年的浪漫水鄉〉追憶著今昔高屏溪變貌：

> 每隔幾年，從高雄開往屏東平原的火車，又突然出現在我的記憶中，
> 奔馳而來，喚起我重溫青少年時代的高屏之旅。穿向南方橘黃色的
> 原野，從車窗望去，南台灣仍然充滿著綠色的田地。車子轟隆轟隆
> 的輾轉高屏大橋，下淡水溪寬廣的河床，只能隱約的看到河道像河
> 床草叢中的小繩子。河床大部份被魚塭、野草、經濟作物佔據了。
> 透過黃昏清晰的物像，眺望窗外，想起三十多年前，一個高中生由
> 故鄉佳冬坐火車通學到高雄中學唸書，那些甜美的回憶浮上憂鬱的
> 天空。每當雨水期，從車子上看到奔騰咆哮的河流，充滿了山野的
> 生命；每當枯水期，那清澈的河水，像一首緩緩流動的詩歌。車子
> 隨著歲月急馳過去，現在的下淡水溪，愈流愈小，愈流愈窄，愈流
> 愈黃濁，只有短短三十多年的時間，一條仍是青壯年生命的河流，
> 急速衰敗成老年。三十多年的時間，我們大家殺害了一條有幾千年
> 或幾萬年生命的河流，這是我們這一代人的共孽。過了下淡水溪，
> 車子經過東港溪、林邊溪和許多鄉間的小溪流，河川死亡的敗象一
> 再的重現在窗外的田野。一些鄉間的小圳渠、小溪流，已深深的被
> 埋葬在荒郊野外。〔註198〕

文中透過火車召喚起年少記憶，寫高屏大橋河床今日衰敗變貌、昔日高中坐火車甜美回憶、高屏溪充滿山野生命的詩味，乃至今日高屏溪的急速衰敗老化與鄉間河川死亡敗象，文中今昔對照諸多唏噓。

　　基於作為一個在地人的切身體悟，曾貴海〈留下高屏溪的靈魂〉從屏東平原的河川歷史切入，大聲批判戰後高屏溪河川的嚴重破壞：

> 一億年前後 ／霧水從中央山脈循森林而下 ／誕生古高屏溪 ／／高屏溪
> 挾山土奔流屏東谷地 ／創造了屏東平原 ／等待人類的造訪 ／／從紀元
> 二、三萬年前開始 ／舊石器與新石器人類 ／南島民族、小黑人、漢
> 人、荷蘭人、日本人 ／都曾在台灣生存或消失 ／而高屏溪也流穿了
> 億年光陰 ／／一五五四年 ／台灣仍是野生的台灣 ／葡萄牙船員眼中的
> ／「Iha！Formosa！」 ／驚心動魄的美麗 ／一九七〇年英國探險家

〔註198〕曾貴海：〈童年的浪漫水鄉〉，《留下一片森林》，頁50～51。

仍看到／高屏溪兩岸長滿了荒草野樹∥一九九五年／我們溯溪到玉峰／用影像留下了尚未消失的河川靈魂／以及護衛山林的原住民∥一八九五年後／有人開始謀殺高屏溪／我們只好抱住這些美麗的照片／大聲說不！∥地史上幼稚而年輕的生物人／怎麼可以在這短短一百年內／結束一億年生命的共同祖先〔註199〕

全詩依時間的流線分六節進行。首節溯源一條河的身世，詩人想像著霧水在歲月裡點滴積累，循中央山脈濃密森林緩緩沖刷而下，一億年前古高屏溪終於誕生；次節簡述高屏溪挾山土奔流沖積形成屏東平原。曾貴海〈高屏溪的夜晚獨白〉言：「我必須告訴河岸兩邊的人民，我來自台灣的聖山，那座聳立於台灣地圖最高峰的玉山，是象徵台灣父愛精神的聖山。在那些山上二○○○公尺左右的霧林區，霧氣形成的雲海造成我的血液，血液向下奔流，供養兩岸三百萬人口。」〔註200〕詩之第三節寫高屏溪穿越世世代代的億年光陰，見證歷史的更迭；第四節採對比意象書寫，寫十六世紀葡萄牙人「Iha！Formosa！」讚語中的「野生的台灣」，也寫二十世紀英國人眼中高屏溪是「荒草野樹」，藉以側面凸顯台灣島嶼的今昔變貌；第五節寫詩人夥同有志者親自溯溪到玉峰，用影像記錄保存「尚未消失的河川靈魂／護衛山林的原住民」；第六節筆鋒一轉，詩人控訴高屏溪遭無情謀殺「一八九五年後／有人開始謀殺高屏溪／我們只好抱住這些美麗的照片／大聲說不！」；詩末詩人語重心長的批判「地史上幼稚而年輕的生物人」，怎麼可以「在這短短一百年內／結束一億年生命的共同祖先」。

詩人「眼見昔日美麗的自然環境與土地，在最近一百年尤其戰後，因追求高度經濟成長而遭破壞無遺，他在詩中表達了沈痛的抗議，批判以及無盡的焦慮。」〔註201〕他的書寫策略是：「藉著探究自然生態的發展史，宣揚愛護自然的苦心，……以人類的短視、無知、貪婪，對照河川的永恆、靜默、包容，質疑自然生態綿長的發展歷史，正遭逢人類無情、短利地摧毀的危機。」〔註202〕然則曾貴海的批判抗議並不躁急，整首詩是冷靜語言但態度堅決的調

〔註199〕曾貴海：〈留下高屏溪的靈魂〉，《台灣男人的心事》，頁32～34。

〔註200〕曾貴海：〈高屏溪的夜晚獨白〉，《留下一片森林》，頁62。

〔註201〕江自得：〈真愛與敬重——序曾貴海詩集《台灣男人的心事》〉，曾貴海：《台灣男人的心事》，頁7。

〔註202〕阮美慧：〈從「現實」到「原鄉」——曾貴海詩中「鄉土情懷」的探索與追尋〉，陳明柔主編：《台灣的自然書寫》，頁313。

性，李魁賢言：「以極爲冷靜的語言書寫他所凝視的焦點，在同一時期出現截然不同的風格。……語言相當平穩，既未情緒高昂，亦未華麗誇張。可是態度卻非常堅決。由於詩人的發言站在人與自然共生的眞理立場，所以他可以說得理直而氣壯。」〔註203〕作爲一首書寫河川生態破壞的詩，林秀蓉讚評：「曾貴海運用流動時間的人文活動，來召喚孕育屏東平原的溪流記憶，將單一的空間意象賦予了豐盈的文化內涵。」〔註204〕精確地指出了此詩的意義價值，那便是除了召喚出屏東人對屏東平原河流的共同記憶，更以豐富文化內涵形塑了高屏溪意象。高屏溪做爲屏東人文發展的重要空間，這個「五族共和溪」召喚出曾貴海豐富的文學想像與深刻反省，從高屏溪流域的溯源，到河流自然生態的思考，乃至省思人與大河的關係，在在透顯出曾貴海土地之愛的詩作原型，可視爲是曾貴海「原鄉／自然的回歸與深化」的具體實踐。

　　面對高屏溪遭人爲開發的破壞，曾貴海大聲疾呼：「全台灣流量與流域面積最大的高屏溪，是高屏平原的母親之河，原本是清流美麗的大河，如今卻傳達了土地血脈將死的信息。……這條河流曾使平埔族由游牧民族而轉變成傍河而居的農業租耕民族，而往後漢人移民的歷史可以說是一部拓荒開墾的農業發展史，其中灌溉及治引河川扮演了農業發展的關鍵性角色。高屏溪自台灣的聖山——玉山奔流而下，供給屏東平原的子民大量的活水，使屏東平原逃離了類似澎湖沙漠化的自然厄運。……這一條這麼重要的河流，如果隨同其他河流，自美麗的平原死亡消失，將是台灣自然生態史上最大的悲劇。」〔註205〕曾貴海憂心高屏溪污染問題，另見於〈在河心沉思的撓杯〉：

> 那年初冬／整條河流／從頂峰到海湄／驚喜的競相走告／黑臉長嘴
> 的嬌客來訪了／撓杯撓杯／環飛幾千里／來到高屏溪／／不要驚動牠
> 們／牠們正在沉思／大河是否已經復活／成爲明年過冬的新家園
> 〔註206〕

〔註203〕李魁賢：〈心事誰人知〉，曾貴海：《台灣男人的心事》，頁18～19。

〔註204〕林秀蓉：〈從六堆到大武山——試論曾貴海屏東詩寫〉，《2013屏東文學學術研討會曾貴海研究論文集》，頁88，91。

〔註205〕曾貴海：〈拒絕喝水的恐懼，拒絕喝恐懼的水——保護高屏溪綠色聯盟成立之經過〉，《留下一片森林》，頁70～72。

〔註206〕曾貴海：〈在河心沉思的撓杯〉，《南方山水的頌歌》，高雄：春暉出版社，2004年，頁74～75。

撓杯，即黑面琵鷺。全詩兩節，首節以回憶之筆寫 2001 年 11 月的初冬，
高屏溪口出現 11 隻黑面琵鷺所引起的騷動，詩人以「整條河流／從頂峰到
海湄／驚喜的競相走告」表達出對這些嬌客環飛幾千里蒞臨高屏溪的雀悅
喜情；次節「不要驚動牠們／牠們正在沉思／大河是否已經復活／成為明
年過冬的新家園」，藉著黑面琵鷺沉思高屏溪是否已經復活之想像，側面凸
顯了詩人心中對高屏溪整治成果的擔憂，以及對自然生態的珍愛疼惜。曾
貴海自九○年代後，除了投入「台灣環境保護聯盟」，實際參與愛鄉、愛土
的實踐行動，並編寫《被喚醒的河流》、《高屏溪的美麗與哀愁》，詳盡記錄
他參與拯救高屏溪綠色運動的過程，具體落實其愛戀鄉土的理念，由此可
以想見詩人得知並目睹黑面琵鷺蒞臨高屏溪時，心中一則以喜，一則以憂
的矛盾之情。

面對河川生態破壞，河口沼澤緊縮污染，利玉芳〈黑面琵鷺〉寫著：

好不容易避開惡劣的寒冬／我們遷移南飛／尋覓一處溫暖的河口沼
澤／然而／幻想的棲息夢地／漸漸受污染／春天又要來臨了／帶著
憂心返回原鄉／明年冬天／我們的後代又要南飛／這場苦難的浩劫
／何時了〔註207〕

詩人讓黑面琵鷺獨白，藉由「幻想的棲息夢地／漸漸受污染」點出越冬棲地
的今昔變貌，春來「帶著憂心返回原鄉」的黑面琵鷺們，憂心著後代越冬面
臨的「這場苦難的浩劫／何時了」，這首詩藉黑面琵鷺寄寓了詩人河川生態環
保觀念。利玉芳另一首詩〈原始之愛──寄給高屏溪〉，也是關懷高屏溪河川
生態破壞之詩，充滿對故鄉的愛：

夏蟬專注地鳴唱原始的歌聲／不知七月裡高屏溪的魚為何不躍／花
不香 蝶不舞 白雲為何不語／八月南下的伯勞暫棲斷橋／只有留下
過客一聲輕輕的歎息／／你仍須頂著沈重的鋼盔／搶救永遠的綠色矽
島／不忍看你處於挫折與混亂的譴責中／不忍見你挑著憤懣和喪志
的扁擔呀／／此刻真想把您從神聖的身分中抽離／溯溪回到咱們故鄉
清流的源頭／共乘童年的一艘紙船自我放逐／採一束倒影裡的河畔
野薑花／再寄一張邀請卡給遠山的奔流〔註208〕

〔註207〕利玉芳：〈黑面琵鷺〉，《淡飲洛神花茶的早晨》，台南：台南縣文化局，2000
年，頁 96～97。

〔註208〕利玉芳：〈原始之愛──寄給高屏溪〉，《淡飲洛神花茶的早晨》，頁 3～4。

此詩書寫故鄉高屏溪的生態變遷，詩人以感傷之筆觸，寫工業化以來故鄉高屏溪的現狀。全詩分三節，首節「夏蟬專注地鳴唱原始的歌聲／不知七月裡高屏溪的魚為何不躍／花不香　蝶不舞　白雲為何不語」一連串的提問，襯托在夏蟬原始的歌聲裡的，不再是原始自然景象，「八月南下的伯勞暫棲斷橋／只有留下過客一聲輕輕的歎息」，側面凸顯詩人悵惘之情；次節則組合「沈重」、「挫折」、「混亂」、「譴責」、「憤懑」、「喪志」等負面意象，以擬人之筆「頂著沈重的鋼盔／搶救永遠的綠色矽島」形塑飽受工業污染摧殘的高屏溪。面對高屏溪過度人為開發的破壞，諸如設置工廠、垃圾場、社區開發、農地開墾盜採砂石、畜牧污染及道路開闢等，嚴重影響高屏溪的水源水質，加上沿岸水土保持遭嚴重破壞，也使高屏溪成為南台灣土石崩塌及水患災害的危險潛在區。〔註209〕昔日泌著乳汁的母親之河，今日卻毒瘤滿身而「處於挫折與混亂的譴責中」、「挑著憤懑和喪志的扁擔」，詩人的「輕輕的嘆息」聲中，更包含著沉重的不忍。面對眼前這高屏溪的殘破敗象，詩人不禁緬懷起昔日童年野薑花倒影河畔的故鄉清流，末節詩人以「再寄一張邀請卡給遠山的奔流」透顯其對自然生態的珍愛珍惜，珍愛那一億年來從遙遠的父親玉山，在2000公尺霧林區凝聚成的母親之河，彷彿接獲邀情卡一般，奔流而下育養兩岸子民的的美好年代。那麼「再寄一張邀請卡」，是否也能趕快終結工業化的挫折與混亂，召喚回往日那清流美麗大河呢？顯然詩人並不絕望。

面對家鄉溪流的敗象，曾貴海、利玉芳、李敏勇等屏東作家選擇的是積極的介入和參與，詩人們「從文學的內向性轉到現實的外向性」〔註210〕，一方面以詩作闡述並召喚護溪理念，一方面更實際參與護溪行動。李敏勇說：「當溪流都成了死水，這就是台灣的田園景觀。……不要再玩弄美麗的詩屍，不要再耽迷於文字的陣圖，從我們腳踏的土地，眼前的死水現實裡，從事真正的描繪，歌唱吧！」〔註211〕何謂是真正的描繪？李敏勇提出了新的文學田園

〔註209〕林秀蓉：〈從六堆到大武山──試論曾貴海屏東詩寫〉，《2013 屏東文學學術研討會曾貴海研究論文集》，頁 89。

〔註210〕阮美慧：〈從「現實」到「原鄉」──曾貴海詩中「鄉土情懷」的探索與追尋〉，陳明柔主編：《台灣的自然書寫》，2005 年「自然書寫學術研討會」文集，台中：晨星出版社，2006 年，頁 313～314。

〔註211〕李敏勇：〈當溪流都成了死水〉，《做為一個台灣作家》，台北：自立晚報出版部，1989 年，頁 44。

觀，他說：「文學田園主義在現實的社會條件下，不應是逃避而應是積極的介入和參與。從新的空間經驗、咀嚼反省人生存環境的傷痛和腐敗，思考人爲的破壞自然眞實的暴力以及背後蘊涵的邪惡殘暴本質。」〔註 212〕文中強調環境生態詩的精神，應該是從我們腳踏的土地，眼前的死水現實裡，從事眞正的描繪。李敏勇〈溪流心影〉寫道：

> 溪流的故鄉／在天與地接壤的高山／成爲神的我們祖先／安息在那樣的國度／／溪流的故鄉／在語言與沉默交界的密林／成爲花的我們血淚／開放在那樣的世界／／溪流的旅程／穿越都市與鄉村連接的橋樑／被污染的我們生活現實／漂流在那樣的瓶頸／／溪流的旅程／徬徨在陸地與海接觸的河口／被扭曲的我們人生之夢／徘徊在那樣的出路〔註 213〕

這首詩選自《戒嚴風景》「人間公害」輯，屬探討河川污染的環境生態詩。「人間公害」共收錄 10 首詩，批判面向包括批判空氣汙染（〈迷霧〉、〈煙囱〉）、噪音汙染（〈噪音〉）、都市污染人心（〈山花〉）。在這輯中，詩人寫得最多的是河川汙染批判，例如：〈自然現象〉以「一群鳥兒／飛越中央山脈／緊閉著口舌／害怕被射殺／／一群鳥兒／固定著身姿／佇立濁水溪旁／擔心被毒害」〔註 214〕批判鳥禽飽受人類濫捕及河川汙染毒害威脅；〈溪流〉以「乾涸與死寂」、「腐敗與破滅」〔註 215〕捕捉被污染的溪流敗象；〈故鄉〉以「燃燒的鎢絲／有故鄉的痛楚／在封閉的心裡吶喊」〔註 216〕批判核能發電；〈風景〉以「從核電廠／描繪出硝煙的風景／描繪出繃帶的風景／描繪出腐敗的風景」〔註 217〕批判核電廠水汙染、空氣汙染、土地汙染造成的戕害；〈那些死魚在說話〉以「那些死魚在說話／腐敗的／菌害／溶解在島嶼的／脈絡」〔註 218〕均鮮明的營造出驚心動魄之公害意象。

〔註 212〕李敏勇：〈當溪流都成了死水〉，《做爲一個台灣作家》，台北：自立晚報出版部，1989 年，頁 43。

〔註 213〕李敏勇：〈溪流心影〉，《青春腐蝕畫‧戒嚴風景》，台北：玉山社，2004 年，頁 158。

〔註 214〕李敏勇：〈自然現象〉，《青春腐蝕畫‧戒嚴風景》，頁 148。

〔註 215〕李敏勇：〈溪流〉，《青春腐蝕畫‧戒嚴風景》，頁 151。

〔註 216〕李敏勇：〈故鄉〉，《青春腐蝕畫‧戒嚴風景》，頁 153。

〔註 217〕李敏勇：〈風景〉，《青春腐蝕畫‧戒嚴風景》，頁 154。

〔註 218〕李敏勇：〈那些死魚在說話〉，《青春腐蝕畫‧戒嚴風景》，頁 156。

　　〈溪流心影〉這首詩分四節進行，前兩節與後兩節採用對比聯想，呈現河流今昔變貌，以及人夾處期間的遭遇。前兩節詩人遙想溪流的故鄉，在「天與地接壤的高山」和「語言與沉默交界的密林」，藉以勾畫出山川河流原始聖潔面貌，那是個祖先神安息在我們血淚成花開放的國度；後兩節寫溪流的今日變貌，整首詩將「河流」與「我們」進行意象的交融，亦即「詩中的各別意象自身完整，具有一定的獨立性，但當某兩個具有相似性質的意象組合起來後，互相交融，就產生了更富生命力與內涵的意象。」〔註219〕我們的生活現實與被污染的溪流疊合為一，漂流在「穿越都市與鄉村連接的橋樑」的瓶頸，而我們人生之夢也與「徬徨在陸地與海接觸的河口」交疊，徘徊在扭曲的出口。於是，正如李敏勇所言，「在現實的社會，特別像台灣這種環境公害嚴重到溪流都成為死水的時候，文學田園主義存在的條件受到很大傷害。自然不但已無法提供避難和回歸，無法給出純潔、真實的意義；相反的，自然也成為被迫害者，亟待拯救重建。」〔註220〕於是李敏勇〈溪流〉進一步勾畫河流敗像：

> 失去森林／我們也失去所有的溪流／／不再有／嗚咽與歌唱／／不再是
> ／滋潤與營養／／乾涸與死寂的意象／映照白日愴痛／／腐敗與破滅的
> 象徵／掩飾黑夜的憂傷〔註221〕

曾貴海評論整首詩簡潔有力的刻劃出溪流的敗像。〔註222〕全詩簡短 10 行，卻分五節進行，前三節與後兩節呈現對比意象，詩人在「森林」、「溪流」，「嗚咽與歌唱」、「滋潤與營養」這些美麗的田園自然意象前，箝上「失去」、「不再」語彙，於是詩境頓時翻轉為「乾涸與死寂」與「腐敗與破滅」此尖銳對比意象。而黃恆秋則認為〈溪流〉是李敏勇心境描寫：「他是一位執著於表現觀念的詩人，這種觀念是有感於生命絢爛的多變所導生的一種宿命論，同時也是採用生活語言入詩，企圖再生詩的蘊涵的一種使命感，試讀『乾涸與死寂的意象／映照白日愴痛／／腐敗與破滅的象徵／掩飾黑夜的憂傷』寫的是他

〔註219〕吳曉：〈意象的組合〉，《意象符號與情感空間》，北京：中國社會科學出版社，頁 151。
〔註220〕李敏勇：〈當溪流都成了死水〉，《做為一個台灣作家》，台北：自立晚報出版部，1989 年，頁 43。
〔註221〕李敏勇：〈溪流〉，《青春腐蝕畫・戒嚴風景》，台北：玉山社，2004 年，頁 151。
〔註222〕曾貴海：〈台灣戰後的環境生態詩〉，《留下一片森林》，台中：晨星出版社，2001 年，頁 137。

的心境。」〔註223〕此情此景，天地人同悲，白日爲之愴痛，黑夜爲之憂傷，詩人難掩創痛憂傷之情。

流動的河流，曾幾何時竟成了乾涸死寂、腐敗破滅的流動記憶？高屏溪如是，東港溪是否亦將步上後塵，曾貴海追索著：「初秋的禮拜天下午，一群關心河流的朋友們相約去看東港溪。我們租了塑膠筏，從萬巒的隴東橋順河而下。東港溪的護岸大都是土堤，整個河流仍保有自然荒野的台灣河川意象。……河道旁，長滿了五節芒、野牽牛、構樹等野生植物，全程只看到一叢竹。竹子原來是台灣河川的優勢河樹，現在已從平原慢慢消失。……這條河流接納了三十萬人口的家庭污水、八十萬頭豬、六十萬隻鴨、三百多家工廠的廢水和八個鄉鎮的垃圾，特別是竹田鄉的垃圾小丘。」〔註224〕詩人不禁追問著：一條在西南平原上仍算美麗的河流，會不會成爲一幅流動的悲傷大地的記憶？並且，順應著自然節奏的召喚，被污染的河川將匯流入海洋的懷抱，沙白〈海天夢〉寫道：

> 污染的穢物是海的臉上黑斑 ／ 污染的大氣是天空肺裡的黑點 ／ 醜婦
> 和肺炎的病人同室，哀憐相惜 ／ 人類的黑毒文明愈盛，醜婦愈醜，
> 肺病愈重 ／ 人類的罪惡愈深，死神愈近 ／ 海與天之惡夢一驚，人類
> 都在地府驚醒〔註225〕

沙白以擬人之筆，批判在人類文明毒素殘害下，海洋與天空都染上惡疾，海洋成了臉上長黑斑的醜婦，天空也成了肺炎病患，詩人不禁厲聲批判：「海與天之惡夢一驚，人類都在地府驚醒」，然則這噩夢之甦醒卻爲時已晚。

2. 土地生態破壞

土地情感是屏東作家現代詩特色之一，更是屏東作家詩作描寫重點，因爲「土地的生活空間與人們的生活方式息息相關，因此詩人在進入詩核心時，總要先從土地空間開始著墨，特別是敬重自然的土地倫理觀。」〔註226〕李敏勇〈記憶〉曾以「在每個人的腦海裏 ／ 存在著地平線 ／ 未被污染的原野 ／ 盤旋在其上的雀鳥 ／／ 雲在樹木間緩慢走動 ／ 放映著藍天的故事 ／

〔註223〕黃恆秋：〈俘虜的詠嘆──讀李敏勇詩集「暗房」〉，《文訊》第 26 期，1986年 10 月，頁 55。

〔註224〕曾貴海：《留下一片森林》，台中：晨星出版社，2001 年，頁 112～113。

〔註225〕沙白：〈海天夢〉，《靈海》，高雄：台一社，1990 年，頁 193～194。

〔註226〕林秀蓉：〈從六堆到大武山──試論曾貴海屏東詩寫〉，《2013 屏東文學學術研討會曾貴海研究論文集》，頁 90。

遠方旅人的信息寄託飄飛的葉片／風奏鳴著季節的情景／／在每個人的胸臆中／存在著水平線／未被污染的海洋／悠游在其中的魚群／／船舶在防波堤外航行而過／描繪著碧海的情節／遠洋遊子的嘆息夾帶翻滾的浪花／雨合唱著歲月的足跡」〔註227〕緬懷童年記憶中屏東家鄉未被污染前的藍天與碧海。而面對工業的污染，讓母親之河敗像畢露，土地生態也同罹其害。曾貴海〈失去臉孔的鄉土〉語重心長地訴說：「土地被破壞得太快。毀滅性的開發摧毀了在土地上登場過的歷史與文化記錄。而且作家沒有企圖以文學留下土地歷史的自覺。……作家放棄或羞恥於替土地的面貌留記錄，這是相互間的悲哀。」〔註228〕要作家們提起筆來，用文學留下土地歷史的自覺，反抗批判土地破壞。而他一系列生態環保詩，更是記錄對自然環境的疼惜與關照，曾貴海〈土地刑場〉寫著：

> 消失的先後秩序登錄在刑場／／荒野疏林沼澤濕地／平埔阿嬤父母兒女／河川溪流鱸鰻鯽魚蟹蝦／田鷄青蛙螢火蟲蚯蚓／野兔田鼠蛇鷺鷥／／農藥化肥鋪成的地表／長出水泥樹柏油路和工廠／／農民消失後／土地也失去了慈悲〔註229〕

全詩分四節進行，每節均以直敘、散文式語言，歷數各類物種的先後消失秩序，從大自然的荒野疏林沼澤濕地，到人種的平埔阿嬤父母兒女，乃至河川溪流裡的鱸鰻鯽魚蟹蝦，田野裡的田鷄青蛙螢火蟲蚯蚓，以及野兔田鼠蛇鷺鷥，如同前述，土地被破壞得太快。毀滅性的開發摧毀了在土地上登場過的歷史與文化記錄，被污染過的土地，儼然是一座死亡刑場。在此詩中，詩人明確的指出「農藥化肥鋪成的地表／長出水泥樹柏油路和工廠」，批判工業化的工場與建築是土地掠殺者；詩末沉痛呼籲「農民消失後／土地也失去了慈悲」，整首詩「在冷靜的筆觸與銳利的思維裡，另有一股關懷人間，熱愛土地的暖流，在汨汨流動。」〔註230〕幼年生長的農村綠意土味記憶的延伸，讓曾貴海詩中無處不流洩著對土地，對大自然的愛。

曾貴海〈青蛙的鳴告〉化身青蛙對人類悲鳴警告，批判農藥濫用致使土地污染、生態破壞：

〔註227〕李敏勇：〈記憶〉，《傾斜的島》，台北：圓神出版社，1993年，頁20〜21。
〔註228〕曾貴海：《留下一片森林》，台中：晨星出版社，2001年，頁104〜106。
〔註229〕曾貴海：〈土地刑場〉，《台灣男人的心事》，頁72。
〔註230〕彭瑞金：〈原香——序曾貴海客語詩集《原鄉‧夜合》〉，曾貴海：《原鄉‧夜合》，高雄：春暉出版社，2000年，頁6〜7。

> 別以爲我們夜晚的鳴叫 / 只是性遊戲的喧鬧 / 我們發聲的意義 / 人
> 類豈能瞭解 // ……人們爲了他們的經濟作物 / 清除我們的食物 / 擴
> 大我們的中毒區 / 並偷偷的以染毒的物品相互餵食噴灑 / 使族類們
> 夜晚的呼應 / 只好打轉在 / 如何袪毒保身 / 繁衍存活的問題 / 直到
> 疲憊得無法叫喊〔註231〕

詩中以青蛙口吻發聲，控訴自然生態受人爲嚴重破壞，自然生物已跡近滅絕。青蛙的鳴叫，不是「性遊戲的喧鬧」，而是「袪毒保身 / 繁衍存活」的呼應，蛙鳴控訴著「人們爲了他們的經濟作物 / 清除我們的食物 / 擴大我們的中毒區 / 並偷偷的以染毒的物品相互餵食噴灑」，然而「我們發聲的意義 / 人類豈能瞭解」，於是蛙鳴「直到疲憊得無法叫喊」，終究要被納入土的刑場的死亡消失登錄裡。

農村土地經驗影響著利玉芳的文學創作，內埔客庄農家出生的利玉芳，其詩作題材，多與農村、農民、農業有關，從小農村裡的生活和風土人情，給她打上了深深地烙印，儘管她成才以後讀書、工作、結婚、生子，生活上更趨向於城市化了，但農村的印象和生活積累，始終在她的詩中有抽不盡的詩繭。〔註232〕利玉芳〈讓果園長草吧〉談如何維護果園生態，反映了生態環保關懷觀念的新變革，是她實際農村經驗的深刻反省：

> 過去 / 我們一直認爲 / 果樹底下 / 不應該長出雜草的風景 / 應該把
> 它鏟得乾乾淨淨 / 果樹才會有好的生態 / 好的收穫 / 也只有這種果
> 園 / 才會博得大家的讚賞 // 如果 / 讓裸露的坡地長出綠 / 而不去拔
> 除它 / 那麼土壤的肌膚就可以減少損傷 / 如果 / 讓百喜草在原來空
> 空的心上 / 滋長 / 那麼在草根產生有機之後 / 果樹可以獲得額外的
> / 營養〔註233〕

古繼堂認爲，「詩人不是靜止地寫農村，而在歷史和時代前進的大潮中，在觀念和思想不斷更新的情況下，用新的目光去審視和認識主客觀事物，用新的價值去判斷去裁剪主客觀事物」〔註234〕並評論此詩「既反映了科技的向前發展，也反映了人們對客觀事物認識的深化，又反映了人們觀念的變革。雖然

〔註231〕曾貴海：〈青蛙的鳴告〉，《高雄詩抄》，台北：笠詩刊社，1986 年，頁 53。
〔註232〕古繼堂：〈大膽潑辣突圍性禁忌的利玉芳〉，《向日葵》，台南縣：南縣文化局，1996 年，頁 183。
〔註233〕利玉芳：〈讓果園長草吧〉，《活的滋味》，頁 36〜37。
〔註234〕古繼堂：〈大膽潑辣突圍性禁忌的利玉芳〉，《向日葵》，頁 188。

這首詩中涉及某些自然科學問題，但就觀念更新來看，這首詩具有鮮明時代特色，充滿新時代的新鮮氣息。」〔註235〕整首詩雖語言淺白如家常話語，但能寫得富靈氣，首節中「長出雜草的風景」與次節「如果／讓裸露的坡地長出綠」、「如果／讓百喜草在原來空空的心上／滋長」均在土地生態保育新觀念的宣揚中，形塑果園植披雜草以清麗可喜形象，更也含蘊著詩人對理想自然環境的想望。

利玉芳〈台灣最南點〉書寫南台灣土地生態破壞：

> 那個人／滿口囈語／被逐出風景／／不巧，我的行囊／也裝滿了異質的幻想／步入風景／／瑪沙露！台灣最南點／島嶼的恥部啊／海茄苳深情地根植這一片綠色肌膚／南國的濕地　然而／縫縫裂裂　裂裂縫縫／彷彿生了許多小孩的女人／產道留下的傷痕／／台灣最南點／伯勞過境的覓食區／這裡／澎湃的浪潮——福爾摩沙——福爾摩沙／亢奮宣洩的舞台／這裡／我佇立恥部的原點／儘管大襟衫的布鈕／將我的軀體釦得多麼緊／猶渴望呼吸／十月落山風熱熱的鼻息／／解開我的行囊／放生一隻海鷗／飛離最南點／尋覓鋪有蕾絲的藍色餐巾／與彩虹促膝談心／／遠視的關係／我無意看見了／廢棄的寶特瓶塑膠杯破魚網／赤裸裸地猥褻白色的沙灣／／海鷗因為俯瞰這一幕窘態／才飛回台灣最南點／鑽進我的行囊／／佇立原點／我的子宮內／火母不禁隱隱作痛起來／想生一個／生一個咱們島嶼的小孩／瑪沙露〔註236〕

詩末註記：「瑪沙露」為屏東南部排灣族的問候語，「您好！歡迎！或再見」之意。「大襟衫」是傳統的客家衣衫。「火母」閩南語，女人生產後，留在肚子裡（子宮）的血塊。這首詩凸顯出利玉芳詩的三個特點，首先是「故鄉」情感的牽引，故鄉印象的時時浮現。此詩第六節「解開我的行囊／放生一隻海鷗／飛離最南點／尋覓鋪有蕾絲的藍色餐巾／與彩虹促膝談心」，詩人就是那隻被放生的海鷗，飛離了台灣最南點，但心繫南方故鄉的生態污染，詩人這隻鷗鳥又再次飛回為南方故鄉發聲；其次，整首詩滿盈著詩人的母性特質，藉由對自身女性身體的凝視與外在世界做意象連結，諸如：「台灣最南點／島嶼的恥部」將台灣最南點比喻成孕育生命的女體恥部，台灣的最南點就是島

〔註235〕古繼堂：〈大膽潑辣突圍性禁忌的利玉芳〉，《向日葵》，頁188。
〔註236〕利玉芳：〈台灣最南點〉，《淡飲洛神花茶的早晨》，頁50～53。

嶼的恥部,「南國的濕地 然而 / 縫縫裂裂 裂裂縫縫 / 彷彿生了許多小孩的女人 / 產道留下的傷痕」,將南國濕地的裂縫比喻爲多產女人產道留下的傷痕;再者,此詩呈顯出利玉芳對生態環境的長期關注。在此詩中,詩人這隻海鷗飛回出生的原點,溫和的控訴「廢棄的寶特瓶塑膠杯破魚網 / 赤裸裸地猥褻白色的沙灣」,祈願自己子宮內能生下一個不曾被污染的「咱們島嶼的小孩」。利玉芳〈台灣最南點〉這首詩中,在縮合「海茄苳」、「濕地」、「伯勞」、「浪潮」、「落山風」、「海鷗」、「彩虹」等元素進行墾丁地景書寫之外,將台灣最南端與孕育生命的女人恥部做意象的交融,是一首在審美藝術上有強烈表現力的土地生態環保書寫。

當海鷗飛得更高更遠,視野拉得更遼闊時,將不再只是墾丁這島嶼的恥部,而是整個人類賴以安身立命的地球。利玉芳〈佈滿血絲的眼球〉寫被破壞的地球生態,藏不住土地的龜裂傷痕,被不安的血絲佔據,不再蟬鳴風歌:

> 您清醒著 / 不安的血絲雖佈滿您的眼睛 / 您清醒著 / 一如您的詩藏
> 不住時代的哀愁 / 使我也感染著您的自憐與孤獨 // 清醒的您 / 不就
> 是當年那位有著情人 / 而額上起了深皺紋的年輕傢伙嗎 / 我終於明
> 白 / 蟬鳴的季節 蟬不鳴 / 盛夏八月 風停歌也不響的原因 / 被不安
> 的血絲佔據了地球 / 藏不住土地龜裂的傷痕 / 您清醒著 〔註237〕

全詩分兩節進行,首節以擬人之筆,藉由「不安的血絲佈滿眼睛」、「藏不住時代的哀愁」、「自憐與孤獨」形塑我們所居住的地球;次節展開詩人對地球的提問,眼前這位「額上起了深皺紋」老者,不就是當年那位有著情人的年輕傢伙嗎?如今卻是「藏不住土地龜裂的傷痕」,詩人終於明白爲何「蟬鳴的季節 蟬不鳴 / 盛夏八月 風停歌也不響的原因」,此處將地球自然時序裡的夏蟬鳴歌,比喻爲年輕傢伙與情人間的戀歌,也因此,當土地被破壞得傷痕累累如同貌衰老者時,則夏蟬的戀歌也就不再響起。

涂耀昌〈有人被山川吞嚥〉則是探討人類才是造成土石流的元凶:

> 山是慈悲的布施者 / 還是惡魔的牙,長滿沈默的齒垢 / 綠溪是大地
> 母者輕柔的小調 / 還是患有眼疾的鱷魚流出的淚汁 // 有人被山川吞
> 嚥 / 吞嚥是你勃怒的表情還是不悅的發聲 / 蓊鬱的長髮配藍溪白瀑
> 的蝴蝶結 / 原是你最鍾愛的造型 / 是寄居你髮間的人們造次如蛆 /
> 逼你非使用帶一點死亡氣味的坍土和煙塵 / 沐浴殺菌不可 / 你慣用

〔註237〕利玉芳:〈佈滿血絲的眼球〉,《淡飲洛神花茶的早晨》,頁68~69。

的薄荷香的嵐／及含芬多精的露呢？／不是還有存貨嗎？爲何不說
一聲掉頭就走／／有人被山川吞噬……而他們眞的／只爲學習你無上
的禪定和智慧而來／在我一時無法確定你到底是神還是魔之際／你
卻急急伸「土石流」的舌／……充滿骯髒的詭辯〔註238〕

這首詩選自《清明》輯五「龜裂的福爾摩莎系列」，是涂耀昌一系列九二一大
地震後的土地省思詩作之一。詩人在〈有人被家門永遠吐出〉以「日落後，找
不到家的靈魂／在呼嚎漫漶的記憶中紛紛以茫然爲索／開始在無止盡的闇黑
崖壁上／學習攀想家的岩」〔註239〕描寫土地震怒後心靈家園殘破景象；在〈暗
殺福爾摩莎──（慟！九·二一大地震）〉在「青山撕下佈施者的面具露出鱷
魚般的嘴臉／道路像被揭穿的詐賭客兇狠地索性攤牌掀桌／死神忌妒過的街
衢，詛咒過的村落」〔註240〕災難氛圍之後，體悟到「遠離吧！貪婪、對立、
冷漠和發餿的政治謊言／富裕既無力支撐起天堂／我們何不以愛和悲憫就地
打造一座人間淨土」〔註241〕，充分展現「社會性的反思，和對於傷痛的昇華」
〔註242〕的詩精神。路衛曾針對涂耀昌詩風格作如下引介：「就像觀賞朱銘大師
的雕刻，一刀一鑿都使人感覺有種內心的震撼，又像面對深山礦工的採礦，但
見火花迸裂，飛隕四散，不論在詩的意象打造上，還是對詩質的淘洗上，作者
都能以極爲嚴肅的態度作認眞的經營，甚至是以信仰的虔誠賦予每首詩的創作
生命。」〔註243〕在〈有人被山川吞噬〉這首詩中，詩人利用對比聯想反覆詰
問、反思。第一節詩人劈頭詰問，山與綠溪究竟是「慈悲的布施者」、「大地母
者輕柔的小調」？還是「惡魔的牙，長滿沈默的齒垢」、「患有眼疾的鱷魚流出
的淚汁」？透過這兩種相反情境之間的尖銳矛盾、對立特性，詩人提供了一個
超越片面的視角，也創造了一個聯想與省思的空間；第二節寓山川今昔變貌於
詰問中，並探索其因果關係，昔日「蓊鬱的長髮配藍溪白瀑的蝴蝶結」不再，
是「寄居你髮間的人們造次如蝨」使然，山川今日方貌變爲「死亡氣味的坍土
和煙塵」，詩人點出人類的「造次」才是罪魁禍首；末節則以「他們眞的／只

〔註238〕涂耀昌：〈有人被山川吞噬〉，《清明》，屏東：屏東縣立文化中心，2000 年，
　　　　頁 89～90。
〔註239〕涂耀昌：〈有人被家門永遠吐出〉，《清明》，頁 88。
〔註240〕涂耀昌：〈暗殺福爾摩莎──（慟！九·二一大地震）〉，《清明》，頁 84～85。
〔註241〕涂耀昌：〈暗殺福爾摩莎──（慟！九·二一大地震）〉，《清明》，頁 86。
〔註242〕周廷奎：〈序〉，涂耀昌：《清明》，頁 7。
〔註243〕周廷奎：〈序〉，涂耀昌：《清明》，頁 5。

爲學習你無上的禪定和智慧而來」，狀似爲這人類的「造次」提出哲思性辯解，
然而這禪定與智慧的尋索，卻在「你卻急急伸『土石流』的舌 ╱……充滿骯髒
的詭辯」中，提供了一個幾乎沒有辯證空間的反思。

3. 空氣污染

「地方」是一種相對性的概念，必須在其他鄰近地方的參照下對比之下
定義。〔註244〕。屏東作爲一個屏東作家的成長地方，它的意義往往是屏東作
家們有過客居他鄉的經驗之後，在家鄉與異鄉參差對照之下，屏東這個地方
的眞正意義便凸顯了出來，所以曾貴海客居高雄多年，先是《高雄詩抄》強
烈批判高雄的各種都市汙染，無非是將異鄉與故鄉兩鄉參照對比之下的感
觸，2000 年《原鄉·夜合》則更是在參照對比經驗下，對屏東佳冬母土地方
意義與價值的彰顯。他說：「從青年時代到現在，我的生活場域大部分都在高
雄。……我生命的意義是因爲高雄來做大部分的解釋，我也因爲高雄而展開
很多運動，寫下大多數文學創作，我的家庭也在這裡，大概可以說是一個很
重要的場所，不管對這個城市是不是很滿意。」〔註245〕儘管不滿意，但日久
他鄉是故鄉，高雄成了曾貴海生命中僅次於屏東佳冬的重要城市。曾貴海〈煙
囪的自由〉抗議高雄石化工業帶來的嚴重空氣汙染：

> 爲什麼要改善 ╱ 爲什麼要遷廠 ╱ 冷塵和落塵 ╱ 不是敵機的炸彈 ╱ 天
> 空 ╱ 更不是戒嚴區 ╱ 幾十年來 ╱ 居民們日夜不停的望天 ╱ 怒視 ╱ 污
> 塵蔽日的高雄 ╱ 最最自由的煙火〔註246〕

這首詩選自《高雄詩抄》第二輯「高雄」，輯中批判了高雄各種污染現象（噪
音、空氣污染、河川污染、人心污染、治安現象），其中，「空氣污染」詩人
著墨甚多，例如：〈公園〉：「找遍這個喧鬧的城市 ╱ 污塵和廢氣飛揚的路旁 ╱
我看到一些 ╱ 憂傷而木然的棄婦」〔註247〕想像都市公園是被污染後的路旁憂
傷棄婦；〈捉迷藏〉：「污染的空氣這麼問 ╱ 噪音這麼問 ╱ 陰濕的文化這麼問 ╱
竊盜和暴力也這麼問」〔註248〕直指都市孩童無處可藏身；〈高雄〉：「那裡的陽

〔註244〕 范銘如：《文學地理：台灣小說的空間閱讀》，台北：麥田出版社，2008 年，
　　　　 頁 218。
〔註245〕 莊紫蓉：《面對作家——台灣文學家訪談錄（三）》，台北：財團法人吳三連台
　　　　 灣史料基金會，2007 年，頁 330。
〔註246〕 曾貴海：〈煙囪的自由〉，《高雄詩抄》，台北：笠詩刊社，1986 年，頁 74～75。
〔註247〕 曾貴海：〈公園〉，《高雄詩抄》，頁 63。
〔註248〕 曾貴海：〈捉迷藏〉，《高雄詩抄》，頁 66～67。

光和月色憂愁暗淡／人們日日夜夜的執行／大都會呼吸作用的功能／所謂人
形吸塵器吧」〔註249〕以「人形吸塵器」形象化高雄居民。

　　《高雄詩抄》是以創傷的心靈控訴環境生態的污染，曾貴海自剖：「自
1960 年到 1995 年期間，大高雄地區因連結了資本主義邊陲產業而造就了台
灣的經濟成長。相對的，也付出了自然資源，土地與全面性環境生態污染
的代價。我自 1983 年到 1984 年開始以創傷的心靈控訴環境生態的污染，
書寫創傷與批判的詩作。」〔註250〕〈煙囪的自由〉這首詩「反抗批評高雄
市長年累月的工業污染」〔註251〕，詩人利用對比的聯想，將石化業者蠻橫
無賴的推託，和高雄居民的怒視，這兩種尖銳對立的形象，以時間詞「幾
十年來／日夜不停」連結爲一，產生鮮明強烈的衝突效果。詩末以「污塵
蔽日的高雄／最最自由的煙火」反諷石化煙囪，林育諄評論此詩：「對於高
雄石化工業所帶來的空氣污染給予沈痛的控訴，以望天來陳訴居民心中的
無奈，以自由來反諷空氣污染宛如居民掙脫不開的牢籠。」〔註252〕面對這
朵「潰爛之花」〔註253〕曾貴海在〈春天〉一詩不禁要問：「春天，無名的
愛憐／能使腐敗的復活嗎」〔註254〕

　　然則這一切批判都源發自土地之愛，曾貴海說：「雖然我強烈批判高雄愛
河的污穢，空氣的毒化，城市文明的反美學反生態和精神凌遲，但我關懷的
角度卻一直定位在人類生存意義的追問上。我常質問在這個良心被燻黑，人
們無處藏躲生存的災禍和傷害，又孤獨的帶著一大把鎖匙，讓門等著他（她）
開啓的人生，存活的意義是什麼？人追尋的意義是什麼？特別是在那種剛解
嚴，冬寒猶存的春天，冷肅的台灣社會，人性被監禁污穢的時空，人應該如
何爭取更有尊嚴更健康的存活價值，這些詩幾乎都在追問這個內在的憂傷。」
〔註255〕而這正是曾貴詩創作心靈的原形。

〔註249〕曾貴海：〈高雄〉，《高雄詩抄》，頁 77。

〔註250〕曾貴海：〈南方大地的鏡像與心靈對話〉，陳明柔主編：《台灣的自然書寫》，
　　　　2005 年「自然書寫學術研討會」文集，台中：晨星出版社，2006 年，頁 273。

〔註251〕曾貴海：〈台灣戰後的環境生態詩〉，《留下一片森林》，台中：晨星出版社，
　　　　2001 年，頁 135。

〔註252〕林育諄：〈右手舞文、左手護鄉之南方綠色教父：曾貴海〉，《2013 屏東文學
　　　　學術研討會曾貴海研究論文集》，高雄：春暉出版社，2014 年，頁 198。

〔註253〕曾貴海：〈潰爛之花〉，《留下一片森林》，台中：晨星出版社，2001 年，頁 100。

〔註254〕曾貴海：〈春天〉，《高雄詩抄》，頁 91。

〔註255〕曾貴海：〈南方大地的鏡像與心靈對話〉，陳明柔主編：《台灣的自然書寫》，
　　　　2005 年「自然書寫學術研討會」文集，台中：晨星出版社，2006 年，頁 275。

　　李敏勇之寫台北，正如同曾貴海之寫高雄。作為一個客居台北的異鄉人，「詩人體會到的是完全不同於鄉村的疏離。隔絕的經驗，反美感教育的惡劣生活品質，噪音和污染統治著這城市。」〔註256〕但也提供了從邊緣出發的省思，李敏勇說：「熱愛鄉土，顯示了詩人們的可貴情操。……然而，僅僅停留在鄉村的現實是不夠的。……都市也是我們的現實，我們必須像關切鄉村一樣地去關切它。」〔註257〕李敏勇〈迷霧〉批判台北都市空氣污染：

> 籠罩著／我們的都市／這霧／是污染的化身／灰色之神／它孤立我們／阻擋全部的視線／使我們喪失了天空／它剝奪我們的／希望／使我們的肉體／失去純潔／使我們的心／敗壞／使我們的腦／死滅
> 〔註258〕

這首詩選自《戒嚴風景》「人間公害」輯，屬探討空氣污染的環境生態詩。「整部《戒嚴風景》，包括『人間公害』系列，矛盾指向破壞環境、生態的元兇禍首，無一不是詩人的人間關懷、入世詩篇。」〔註259〕〈迷霧〉以「污染」、「灰色」、「孤立」、「阻擋」、「喪失」、「剝奪」、「失去」、「敗壞」、「死滅」這些語彙形塑了台北城市環境敗象對人的殘害，對於環境受到污染、破壞，和人的心靈遭受扭曲戕害。曾貴海評論：「李敏勇以〈迷霧〉這首詩，描繪沉淪在迷霧中的首都台地。……台北市的霧不只是因為臭氧、氮氧化物、二氧化硫和懸浮微料組成的污染煙霧，李敏勇這首詩還暗喻台北已成為人間生存的霧都，擴大了詩的意象和想像的空間。」〔註260〕同輯中批判空氣污染的，另有〈煙囪〉：

> 它拒絕／停止污染我們的天空／／它繼續／恐嚇我們的田園／／它堅持／用黑暗籠罩我們生存的風景／／它巨大的形象／壓迫我們的心
> 〔註261〕

〔註256〕蔡佩君：《詩的信使：李敏勇》，台北：典藏藝術家庭出版，2010年，頁97。
〔註257〕李敏勇：〈擴大視野‧加深層次〉，《做為一個台灣作家》，台北：自立晚報出版部，1989年，頁12。
〔註258〕李敏勇：〈迷霧〉，《青春腐蝕畫‧戒嚴風景》，台北：玉山社，2004年，頁149。
〔註259〕李敏勇：〈解說〉，《李敏勇集》，台南：台灣文學館，2009年，頁134。
〔註260〕曾貴海：〈台灣戰後的環境生態詩〉，《留下一片森林》，台中：晨星出版社，2001年，頁133～134。
〔註261〕李敏勇：〈煙囪〉，《青春腐蝕畫‧戒嚴風景》，頁150。

全詩簡短八行分四節進行，摹寫巨大工業煙囪對於天空、田園、生存風景，以及內心，所造成的污染、恐嚇、黑暗籠罩與壓迫，詩人並不掩飾內心的憤怒。

　　林于弘《台灣新詩分類學》有言：「隨著時代的演化，生態詩的視野也日趨多樣。純粹以生態關懷為出發點的詩作雖然仍維持一定的比重，但也有不少詩作表面上是以生態為核心，但其中卻隱含其他寓意。」〔註262〕李敏勇〈污染〉便是以生態關懷為表，卻寓含政治社會意涵，批判魯莽政權，破壞農村土地生態。李敏勇〈污染〉寫道：

> 為了維護巨大的煙囪／鎮暴警察封鎖了整個村莊／噴出的煙霧使稻
> 田變成黑色／遮住整片天空／／那是權力編織的網／為了籠罩會思想
> 的腦／為了束縛會感動的心／／堂皇的理由是為了發展／發展就砍伐
> 栽植的希望／／死滅的土地／曝曬著發臭的鳥禽的屍體〔註263〕

這首詩收錄於李敏勇第六本詩集《傾斜的島》輯二「傾斜的島」，詩人說：「寫《傾斜的島》這樣的詩，心裡是痛苦的，但在我們的環境和時代，對政治的觀察愈深，愈不能不對許多事況感到憂心。……認識、記錄、思考、批評島嶼傾斜的政治病理與文化迷障，因此成為一個台灣詩人的課題。」〔註264〕全詩分四節進行，首節在描繪鎮暴警察為維護巨大煙囪而封鎖整個村莊的同時，詩的畫面卻是「噴出的煙霧使稻田變成黑色／遮住整片天空」，全然一幅「政治陰影籠罩下的詩之景色」〔註265〕；次節將遮住整片天空的煙霧與鎮暴警察的全面封鎖與「那是權力編織的網」做意象的連結，詩之政治陰影景色更加鮮明。「詩中描繪了人的沉默或貪婪如何餵養黨國一體的統治者掠奪土地資源以求發展、進一步鞏固權力的統治模式。……短短幾行似乎是意象的蒙太奇，而產生意義的內在邏輯，其實就是島嶼的政治文化現實。這首詩在台灣任何階段都是非常寫實的。」〔註266〕而詩末「死滅的土地／曝曬著發臭的鳥禽的屍體」透過充滿視覺與嗅覺的死亡意象，將這幅景色中的政治批判意味強化到最高點。

〔註262〕林于弘：《台灣新詩分類學》，頁202。
〔註263〕李敏勇：〈污染〉，《傾斜的島》，新店：圓神出版社，1993年，頁78～79。
〔註264〕李敏勇：〈自序〉，《傾斜的島》，頁2～4。
〔註265〕吳潛誠：〈作品論——政治陰影籠罩下的詩之景色〉，李敏勇：《傾斜的島》，頁137～143。
〔註266〕蔡佩君：《詩的信使：李敏勇》，台北：典藏藝術家庭出版，2010年，頁155。

（二）農村變異

　　利玉芳是個關注生態環保的詩人，生態環境關懷是利玉芳詩作主題之一，而農村的印象和生活積累，則深深地烙印在其詩作之中。她認為生態詩是一項挖掘工作，詩人藉此挖掘失去的流川、森林、語言、臉譜、地表，提醒危機，喚起挽救意識，達到行善、造化功能。她說：「追求生態詩，我不認為是時尚、趕潮流，而是人類與自然共存下永恆的據點。不紮根於一個民族的血與土地的詩，顯然只是無力的修辭。生態詩正是表現了挖掘的工作，挖掘失去的流川、失去的森林、失去的語言、失去的臉譜、失去的地表……提醒生活在文明中的人類應有的危機感及挽救的意識，生態詩所能執行的功能應是行善及造化吧！」〔註267〕利玉芳〈蛙鳴〉寫道：

> 黑夜的鼓手／死心塌地／愛上田壟的舞台／敲打／滿腹的悲歌
>
> 　〔註268〕

這首詩選自《淡飲洛神花茶的早晨》第一輯「南瀛作品輯」，輯中收納多首詩人的生態環保詩，例如，前面已經討論過的〈原始之愛——寄給高屏溪〉、〈黑面琵鷺〉、〈台灣最南點〉都批判了人為的污染；〈蝶之鄉〉：「蛹／密集在立法院的門口／為鐵刀木的重生請命」〔註269〕則是為蝴蝶之鄉請命，反對興建美濃水庫；這些詩篇中，都反映出詩人的土地之愛，以及對理想自然環境的想望。〈蛙鳴〉則是藉由田壟蛙鳴，委婉含蓄批判人為的過度開發，造成農村田園自然緊縮破壞，而過度的化肥濫用，更是使青蛙棲地縮減，悲歌的主因。

　　利玉芳〈屏鵝公路的秋天〉寫故鄉屏東農村自然環境的變遷，諷刺故鄉屏鵝公路道路拓寬計畫的粗蠻：

> 患輕微職業病的／怪手／遵照醫師開的藥方／大口大口地吃掉故鄉的千株翠椰／吞服南國的萬帖熱情／／不剩一片椰影／／不幸我的愛人／也在這個早來的秋天裡／著魔似的剝光了衣裳／在瀝青延伸的屏鵝風景／狂奔／強調赤裸裸地生活的趣味／／是誰使他罹患了文明白痴／猥褻了故鄉的泥土／誰來為我的南國／把脈〔註270〕

這首詩收錄在利玉芳第一本詩集《活的滋味》，古繼堂評〈屏鵝公路的秋天〉

〔註267〕利玉芳：〈詩的觀察〉，《向日葵》，台南縣：南縣文化局，1996年，頁7。
〔註268〕利玉芳：〈蛙鳴〉，《淡飲洛神花茶的早晨》，頁86。
〔註269〕利玉芳：〈蝶之鄉〉，《淡飲洛神花茶的早晨》，頁20。
〔註270〕利玉芳：〈屏鵝公路的秋天〉，《活的滋味》，頁44～45。

是一首語言簡潔，凝煉，內涵豐滿充實，主題突出鮮明，結構嚴整的農村詩。「對台灣社會西化中出現的某些以破壞爲『革新』，以狂熱爲『時尙』的現代文明病症，進行了激烈的抨擊和批判。」〔註271〕在這首環保關懷詩中，詩人利用意象疊加修辭技法展開聯想，「把意象經過大膽的跳躍、改造、複合。」〔註272〕諷刺道路拓寬工程的決策者和執行者魯莽行徑，其猥褻故鄉泥土，吞噬故鄉千株翠椰，吞服南國萬帖熱情，剝光屛鵝公路衣裳，逼使他赤裸狂奔，如同罹患了文明白痴症。詩風格「形象大膽、造句清新、能打破一些古陋的格調」〔註273〕，詩人以激憤語調，激動批判農村自然環境的破壞者，除強烈表達了捍衛環境的迫切性，更創造了兼具藝術審美印象的詩情境。

利玉芳〈屛鵝公路的秋天〉側面凸顯了屏東人共同的椰影情懷。沙穗〈陽光之城・最後的椰影〉述及「屛鵝公路」椰樹砍伐致使家鄉田園的變貌：「『陽光之城』除了陽光之外，還有一個特色——椰子樹。這裏有五十萬株可可椰子（平均幾乎每一個人就擁有一株）。有一百一十公里長，兩側路邊種滿椰子樹的『椰林大道』。我上班的單位在枋寮，每天我要在椰林大道上奔馳兩小時，在交通車上我總是凝望路旁高聳入雲的椰林和白雲片片的藍天，我有很多靈感便是在椰林大道上沉思而來的。可是現在我只能看到椰林大道最後的椰影了。政府爲了促進屛東的繁榮和開發恒春半島，拓寬了屛東至鵝鑾鼻的『屛鵝公路』，要拓路就得砍樹，所以椰林大道兩邊的七千株的椰子樹就在電鋸聲中都一棵棵的應聲而倒了。當我看到最後的椰影在陽光中倒下時，不禁有一種不知失落了什麼的感覺，我知道從今以後『陽光之城』美麗的椰林風光將只能留下回憶了。」〔註274〕沙穗以「失落」來形容椰影在陽光下倒下時的心情，眼見昔日的陽光之城，而今卻「不剩一片椰影」，而這也正是利玉芳激憤之所由。

李敏勇〈聲音〉寫出在工商業城市發展中的農村崩潰與農民吶喊：

> 那是什麼聲音 // 那是鄉村吶喊的聲音 / 那是農民哀叫的聲音 / 墾拓的道路已崩壞 / 發展的視域已模糊 // 在我們的土地上 / 在我們的時代裡〔註275〕

〔註271〕古繼堂：《台灣新詩發展史》，頁592。
〔註272〕古遠清、孫光宣合著：《詩歌修辭學》，漢口：湖北教育出版社，1995年，頁92。
〔註273〕林芳年：〈序〉，利玉芳：《活的滋味》，頁7。
〔註274〕沙穗：〈陽光之城〉，《小蝶》，台北：采風出版社，1982年，頁82。
〔註275〕李敏勇：〈聲音〉，《傾斜的島》，新店：圓神出版社，1993年，頁82。

1988 年 520 農運，有著鄉村經驗的都市詩人李敏勇寫下〈聲音〉，對於創作動機，李敏勇說：「這首詩是以『五二○事件』為藍本寫的，發表於 1991年。五二○事件是雲林農民到台北來遊行示威，把立法院的匾拆下來，集結在行政院前面。台灣政府在 1987 年宣布解嚴，但是並不表示台灣社會已經真正民主化了，仍然有很多示威活動。……農民在台灣社會變遷，經濟發展的過程，是屬於弱勢者，五二○農民運動和很多工人運動都是典型的台灣社會運動，是弱勢者發出的聲音。」〔註276〕詩人直指政治，書寫歷史事件，與當下進行對話，「聲音」在此詩中具有多重象徵：「一種是弱勢者哀嚎的聲音，加上雨水的聲音（當天在下雨），也喻示一種外在處境；另一種是壓迫者的聲音。在這兩種聲音之外，另有一種是詩人的聲音。期望弱勢者的聲音能夠轉變為自己有主體的聲音。」〔註277〕以發展為名的工業文明大怪獸，堂皇駛進了農民的土地，拓寬的道路交織如阡陌，「在我們的土地上 ／ 在我們的時代裡」，重新畫出崩壞中的農村新地景。整首詩的畫境在鄉村吶喊、農民哀叫、道路拓寬等多重聲音疊加之下，批判意象在強烈戲劇效果下鮮明產生。

　　李敏勇〈變色風景〉進一步控訴濫砍樹木：

　　我聽見 ／ 樹在哭泣 ／／ 當工人們切除樹的枝葉 ／ 挖土機掘開樹根 ／ 吊
　　車將樹拔起 ／／ 樹聽見 ／ 鳥在哭泣 ／／ 當樹搖動鳥 ／ 鳥巢傾落地 ／ 鳥無
　　樹枝棲息 ／／ 鳥聽見 ／ 人在哭泣 ／／ 當土地暴露空洞 ／ 鳥和樹無影無蹤
　　 ／ 綠的風景變成灰色天空〔註278〕

這首詩選錄自《傾斜的島》輯三「隱藏的風景」，李敏勇的詩常涉及政治，即便是他的自然生態詩亦然，「隱藏的風景」便收錄多首自然書寫與政治社會議題交涉的生態環境詩。例如：〈夢魘〉：「夜晚 ／ 在惡臭的溪流 ／ 我們驚見 ／ 失落的心」〔註279〕寫政治裡的河川污染；〈變色風景〉寫政治裡的樹木濫伐；〈城市現象〉：「混合著高分貝的喇叭聲 ／ 城市在沉重的輪胎壓下 ／ 不停地尖叫」〔註280〕寫政治裡的都市公害污染，「詩人放眼所及，不論是自然環境或人為景觀，

〔註276〕 莊紫蓉：〈在語字的花園散步——談詩的寫作與閱讀〉，《面對作家——台灣文
　　　　 學家訪談錄（一）》，台北：財團法人吳三連台灣史料基金會，2007 年，頁 261。
〔註277〕 莊紫蓉：〈在語字的花園散步——談詩的寫作與閱讀〉，《面對作家——台灣文
　　　　 學家訪談錄 （一）》，頁 261～262。
〔註278〕 李敏勇：〈變色風景〉，《傾斜的島》，頁 100～101。
〔註279〕 李敏勇：〈夢魘〉，《傾斜的島》，頁 96。
〔註280〕 李敏勇：〈城市現象〉，《傾斜的島》，頁 105。

由於受到政治權力的籠罩、沾染、扭曲、破壞，非但不再秀麗、不再順眼，甚至醜陋不堪、十分刺眼，令詩人聯想到人性橫遭戕害、文化受到扭曲，以至於憂心忡忡，憤慨難平，忍不住運筆加以揭發、指控、批判、撻伐、諷刺。」〔註281〕這時詩人心中的那隻鳥便被釋放了出來。

　　「鳥」意象在李敏勇詩作中是重要象徵，〔註282〕「鳥是所有想從現實飛躍出來的心靈」〔註283〕李敏勇在《傾斜的島》詩跋〈詩的光榮〉寫道：「我因讀到一首詩而興奮／釋放了監禁在心房的一隻鳥／……／／詩是監禁在心房的鳥……／／而為了詩的光榮／我心房裏的鳥／會不停地穿梭飛翔」〔註284〕〈變色風景〉整首詩按時間的流線，讓電鋸聲、挖土機聲、吊車聲與樹、鳥、人的哭泣聲交疊成多重聲音，再以樹的枝葉被切除、樹根被掘開、樹被拔起、鳥被拔起的樹搖動、鳥巢傾落地、鳥無樹枝棲息、土地暴露空洞、鳥和樹無影無蹤等連續進行畫面，在聽覺與視覺交疊之下，象徵希望生機與政治的綠色風景也逐漸劇動，並轉化為充滿鎮暴部隊與監獄象徵的灰色天空。於是，一幅藉生態書寫寓政治批判的「變色風景」，遂在人的哭泣聲中素描完成。

二、都市公害與核能危機

（一）都市公害

曾貴海〈明日新城〉曾如此建構未來高雄城市環境生活美學：

　　把海洋還給市民吧／打開碼頭與港口的枷鎖／回到那片被遺忘的家園／聆聽浪濤的傾訴／隨海鳥在藍色海面飛翔／／把天空的藍色還給市民吧／讓陽光照亮城市的臉／讓清淨的空氣滋潤人們的肺／／把山還給市民吧／讓我們走進大地之母的懷抱／使城市中的生態島嶼／充滿自然生界的合唱／／把河流還給市民吧／讓我們日夜思念的水域／貫穿明日的城市／傳送市民的情歌／／把街衢還給市民吧／讓城市不再成為鳥籠／流暢的交通連接亮麗的街道／人們走向充滿美學的

〔註281〕吳潛誠：〈作品論——政治陰影籠罩下的詩之景色〉，李敏勇：《傾斜的島》，頁143。
〔註282〕李敏勇《傾斜的島》有多首鳥意象詩，例如：〈為一隻鳥〉（p22～27）、〈季節的觸感〉（p28～29）、〈素描〉（p30～31）、〈變色風景〉（p100～101）、〈沉思〉（p106～107）、〈鎮魂〉（p120～122）、〈詩的光榮〉（p132～136）。
〔註283〕李敏勇：《亮在紙頁的光》，台北：玉山社，1997年，頁44。
〔註284〕李敏勇：〈詩的光榮〉，《傾斜的島》，頁132～136。

空間 //讓我們一齊來種樹 /種一棵棵希望的樹 /種一棵棵愛心的樹
/讓長高的花樹 /把城市圍成綠色新故鄉〔註285〕

這個未來新城，有藍色的天空、清淨的空氣、有山林、樹木、河流等自然生
界的合唱，沒有公害污染，人與自然、都市空間、日常生活和諧共處的新世
界。在高雄都市環境污然仍持續惡化的二十世紀末，曾貴海寫下〈明日新城〉，
建構那片被遺忘的家園，詩中投射出詩人的環境觀，然則如同李魁賢所言，「在
〈明日新城〉裡，他一反常態，唱出他心目中希望的藍圖，看似合理、單純，
在台灣卻幾乎算是空中樓閣的夢境，顯示詩人在現實不滿意的處境內，仍然
滿懷不死心的理想。」〔註286〕

鍾榮富則認爲「這種宣言似的詩體應該也是太多『我』的投射。」〔註287〕，
投射出詩人對現實環境的不滿。金尚浩則說：「從世俗人的角度看，也許曾貴
海環保意義的詩，似乎放在我們達不到的高度處的感覺。不過，他的詩，是
在現代都市的物質文明之中，可以說剩下沒幾孔的呼吸道，並務必要保護的
神的空間。」〔註288〕標舉出曾貴海環保詩的價值。

對客居都市的不滿，源自往日的鄉村生活的對比，以及土地情懷的召喚。
曾貴海的高雄體驗是不好的，因爲體驗到高雄是一個「反生態學，反美學及
反健康的負面城市」，因而開始寫對高雄自然環境生態的批判詩。曾貴海說：
「我最早寫高雄是批判，那時我的文章裡面有很多數字，寫高雄的污染之嚴
重，完全不適合人類居住。……我以前寫高雄的移民社會、生態、環境、景
觀、資本主義社會的價值觀、都市的犯罪，非常 shock。高雄是我比較成熟的
人生時期最重要的生活場所，在這個場所裡面，產生我對這個都市的觀察、
思想和期待，以及我對都市裡面生命種種變化的感想。」〔註289〕曾貴海之書
寫高雄，從早期《鯨魚的祭典》的〈風箏〉、〈公園〉、〈表弟的房子〉、〈鎖匙〉、
〈捉迷藏〉、〈高雄人〉、〈愛河〉批判都市污染，到《高雄詩抄》中〈一個都
市的流浪漢〉、〈一張鄉下女人的臉〉、〈二個議員的當選〉的高雄人物描寫，

〔註285〕曾貴海：〈明日新城〉，《台灣男人的心事》，頁 49～51。

〔註286〕李魁賢：〈心事誰人知〉，曾貴海：《台灣男人的心事》，頁 21。

〔註287〕鍾榮富：〈敘述觀點〉，《不斷超越的詩章——曾貴海作品研究》，頁 77。

〔註288〕金尚浩：〈論笠詩社戰後中生代的詩——以李敏勇、陳明台、鄭烱明、江自得、
曾貴海爲例〉，鄭烱明編：《笠詩社四十週年「國際學術研討會」論文集》，台
南：台灣文學館，2004 年，頁 149。

〔註289〕莊紫蓉：《面對作家——台灣文學家訪談錄（三）》，台北：財團法人吳三連台
灣史料基金會，2007 年，頁 327～328。

以至〈台灣男人的心事〉、〈和平路綠色隧道〉、〈四維路的吉貝棉〉書寫高雄自然景觀，中間可以看出曾貴海心境的轉折。阮美慧評曰：「其目的並非是要『逼真』的描繪『高雄』的風土、而是透過對此時此地的『生活空間』，進一步體認、思索『自然鄉土』的追尋與讚頌。」〔註290〕脈絡了詩人的創作歷程，當能理解〈明日新城〉這首詩的意義。

　　曾貴海對於高雄城市「生活空間」多所批判，例如，〈高雄人〉以「一顆顆填滿了火藥的／炸彈／擁擠在侷促的空間／稍一觸碰／便莫名其妙地轟動起來」〔註291〕把城市比喻成填滿火藥一觸即發的炸彈，刻畫都會焦躁不安及失序的狀態；〈高雄〉以「整個城市的街道／紊亂的賽車場／互相追逐恫嚇／輪胎與地面激烈的摩擦／發出土地的哀傷」〔註292〕把城市比喻成狂飆的大賽車場，車水馬龍的都市街景，猶如一座使人陷入狂飆失速迷陣的大賽車場；〈噪音〉以「反溫情的／暴發性的／互相警告的／全屬語言／愈吵愈尖聲／整個城市／情緒也愈變愈激昂」〔註293〕，寫人在都市浮躁的空間裏相互喧鬧，擴大都市噪音的分貝；〈愛河〉：「從清白／變成不清白／／從散步的情侶／變成路攤女郎／／從幽香／變成體臭／／把不愛的都流給妳／我們們感激地改稱妳為仁愛河」〔註294〕藉反諷的方式，控訴愛河的嚴重污染。〈捉迷藏〉則寫封閉都市裡，空污、噪音、竊盜、暴力等各種環境污染：

　　　　在公園的草地上捉迷藏的孩子們／你們想躲到那兒去呢／南洋杉／
　　　　矮灌木叢／或是假山後面／你們真的能躲得掉嗎／在這個城市封閉
　　　　的公寓／地下室／或任何角落／污染的空氣這麼問／噪音這麼問／
　　　　陰溼的文化這麼問／竊盜和暴力也這麼問〔註295〕

〈捉迷藏〉也被收錄在曾貴海《留下一片森林》中〈控訴高雄市的環境生態汙染〉〔註296〕文後，文中對高雄市的空氣污染；水質、河川和海洋汙染；綠

〔註290〕阮美慧：〈從「現實」到「原鄉」——曾貴海詩中「鄉土情懷」的探索與追尋〉，陳明柔主編：《台灣的自然書寫》，2005年「自然書寫學術研討會」文集，台中：晨星出版社，2006年，頁304。

〔註291〕曾貴海：〈高雄人〉，《鯨魚的祭典》，頁80。

〔註292〕曾貴海：〈高雄〉，《高雄詩抄》，頁76。

〔註293〕曾貴海：〈噪音〉，《高雄詩抄》，頁70。

〔註294〕曾貴海：〈愛河〉，《鯨魚的祭典》，頁81。

〔註295〕曾貴海：〈捉迷藏〉，《鯨魚的祭典》，頁78～79。

〔註296〕曾貴海：〈控訴高雄市的環境生態汙染〉，《留下一片森林》，台中：晨星出版社，2001年，頁20～29。

地和景觀污染有深入數據探討,詩文互相映證,詩人的環境觀更加凸顯。這首詩「以都市叢林為隱喻,批判人類所安居的都市公園充滿著噪音、污染與暴力」〔註297〕人在自然環境及精神上飽受侵害,無所遁逃。〈捉迷藏〉表達出大都會的危機與幻滅,其內在精神無非是想傳達對自然鄉土的愛戀與認同。曾貴海〈公園〉:

> 不想遺棄城市的母親 ／孤獨地守在一隅 ／讓迷失的孩子 ／需要愛
> 時,靜靜地 ／走進她的懷抱 ／／偶而思念起母親的孩子 ／路過家門 ／
> 猶豫了一下 ／又發動車子追向街尾 ／／找遍這個喧鬧的城市 ／污塵和
> 廢氣飛揚的路旁 ／我看到一些 ／憂傷而木然的棄婦〔註298〕

遠離鄉土、破壞自然的鄉愁,是曾貴海高雄詩主題的基調。〈公園〉是一首探索都市噪音、空污與綠化問題的詩,其〈台灣戰後的環境生態詩〉提出數據:「以作者居住的高雄市為例,每一位居民平均佔有的綠地面積為一比一‧一九平方公尺,而台北市是一比一‧三,和其他國際大都市的一比十或二十相差太遠。高雄市和台北市是世界上百萬以上人口最缺乏綠色愛意的城市。……公園的花草樹木是充滿憐愛的母親,但是奈何都市的統治者和本是自然之子的市民,卻忘卻了那種自然之愛,使狹小侷促的都市小公園像路旁悲傷的棄婦。」〔註299〕「公園」以母親形象獨守在污塵和廢氣飛揚的城市路旁,迷失於現實叢林的都市人,守候著那如同耽遊浪子的都市迷失人種,倦遊浪子雖偶爾興起回歸自然的渴望,但隨即被這喧鬧的城市所吸附。整首詩「對於大都會的危機與幻滅有所敏感……經由日趨嚴重的都市的犯罪、墮落以及公害的觀察與痛心,可以看出詩人對于存在的環境抱有的深深的鄉愁。」〔註300〕而這也正是離鄉打拼在外,所有鄉村子民的共同鄉愁。

　　成長屏東竹田,執業牙醫於高雄的沙白,其〈都市沒有春天〉批判都市各種環境污染,透顯對田園的嚮往:

> 像暗咖啡館裡的鸚鵡, ／都市沒有春天; ／春天的艷陽, ／被洋房
> 和擁嘈的人群吞滅; ／春天的芬芳氣息, ／為商場的錢味和脂粉奪

〔註297〕傅怡禎:〈屏東地區新詩發展初探〉,頁145。

〔註298〕曾貴海:〈公園〉,《鯨魚的祭典》,頁72～73。

〔註299〕曾貴海:〈台灣戰後的環境生態詩〉,《留下一片森林》,頁148～149。

〔註300〕陳明台:〈溫情之歌——試析論曾貴海的詩〉,曾貴海:《鯨魚的祭典》,高雄:春暉出版社,1983年,頁10。

去；／春天的清麗歌聲，／被唱機的喇叭轟走；／春天的柔情少女，／仍奔回原野、青山和海洋的巨大懷裡／／像一曲旋律離亂的音樂，／都市沒有春天，／春天的少男情調，／被汽車聲拉斷，／春天的輕舒衣裳，／爲林立的煙囪污染；／春天的優美歌喉，／被機械的巨輪軋輾。／／像畸形的青春少女，／都市沒有春天；／只有嫁不出去的憂鬱，／和力必多（Libido）受捆的蠢動；／春天的清溪，／爲濁臭的逆流吞食；／春天的玲瓏，／爲黑社會的硫酸毀滅。／然而，都市也有非春天的美／畢卡索的藝術美。〔註301〕

這首詩選自沙白詩集《太陽的流聲》，全詩分三節進行，首節以「像暗咖啡館裡的鸚鵡」喻寫被洋房、擁嘈人群、商場錢味與脂粉、唱機喇叭聲吞滅轟走的都市春天景象；次節以「像一曲旋律離亂的音樂」喻寫被汽車聲、煙囪污染、機械巨輪污染軋斷的都市春天；末節以「像畸形的青春少女」喻寫被濁臭逆流、黑社會硫酸吞食毀滅的都市春天。詩人「將自己對外界的感覺與自身的思想感受融合起來，借助事物意義和形態上的比喻，構成複雜而完整的意象。」〔註302〕沙白眼中的高雄都市，是個集噪音汙染、空氣污染、河川汙染、治安污染與人心污染的被污染都市，它吞滅、奪去、轟走、拉斷、污染、軋斷、吞食、毀滅了春天少女的艷陽、芬芳氣息、清麗歌聲、清舒衣裳與玲瓏，使它終於殘敗成畸形憂鬱的青春少女。面對眼前都市敗象，詩人以「春天的柔情少女，／仍奔回原野、青山和海洋的巨大懷裡」，寫出了心中那對田園自然意象的恆久想望。

《太陽的流聲》詩集中另收錄多首高雄都市公害書寫，例如：〈三更的臨界生命〉以「深夜三更／……沒有霓虹燈的喧嘩，／沒有國際商場的七彩魚群穿梭。／／就在三更，／遠方的趕早集車聲，／哀號沉寂的地獄時間。／／……麵包的機器聲音鑽入我的針氈棉被，生命的不安，／以及時間的瀑布衝擊。」〔註303〕寫都市生活中無時不在的噪音污染；〈水流悠悠〉以「生命的幅度／只振盪於鐵軋聲與濁臭間／……河流淤積腐爛的溝水／我們航行其上，乾渴而

〔註301〕沙白：〈都市沒有春天〉，《太陽的流聲》，台北：笠詩刊社，1986 年，頁 12～14。

〔註302〕潘亞暾：〈沙白詩歌印象——讀沙白詩集《河品》、《太陽的流聲》〉，《大海洋詩雜誌》35 期，1980 年 6 月，頁 62。

〔註303〕沙白：〈三更的臨界生命〉，《太陽的流聲》，頁 15～16。

猛飲」〔註304〕批判都市噪音與河川汙染；〈乏油的船〉以「黑暗恒黑暗，污濁恒污濁／在沒有清水的漂泊船上／鹹水仍於飢渴腹內盪漾」〔註305〕讓船隻發聲，書寫高雄港海面嚴重油漬污染；〈憂鬱的樹〉以「黑太陽無聊地輪動。／沉入濃黑的腐爛屍體群中／孃著滿牆的，欲沖天的濁臭」〔註306〕寫都市嚴重工業廢氣污染；〈屈原的聯想〉以「二十世紀，舉世混濁，萬人臉黑身污／二十世紀，眾人皆醉，萬人爛醉如泥」〔註307〕寫高雄河川、空氣、噪音與人心污染；〈黑門——死亡坐在愛情的座位上〉以「最後一朵彩霞墜於無底的大海／一群麻瘋症的雲，染了瘟疫／黑色的風，狂嘯而來／黑貓的舌，漫舐黑牆」〔註308〕批判高雄工業廢棄污染。這些詩作很能呈現沙白早期誨澀詭異詩風，詩風格如同「裝著最現代的馬達的畫中國龍及西洋阿波羅的畫舫」〔註309〕的沙白，以極具戲劇張力的象徵運用，將內心對高雄都市環境污染的焦慮具象呈現。傅怡禎認為「詩人們對於田園的嚮往，已漸漸成為集體潛意識中最根深蒂固的執著。」〔註310〕而這「對已然消逝的美好田園的嚮往」，便反映在詩人反生態環境破壞的書寫中。

李敏勇〈噪音〉寫台北都市的噪音污染：

> 他們來自四面八方／他們佔領大街／他們盤據小巷／他們衝破寧靜
> 的防線／他們毀壞平安的護網／他們的凶器在陽光中閃爍／他們的
> 殺機在月光下潛伏／他們明目張膽追趕人們／他們偷偷摸摸凌遲人
> 們／他們否定音樂的法則／他們取消任何形式的歌唱／他們罪證十
> 足不留下證據／他們惡名昭彰不留下把柄／他們無所不在〔註311〕

〈噪音〉收錄於《戒嚴風景》，整首詩每行以「他們」做為主語，以明快節奏將十四個分散的意象綰合在「噪音」此一主題裡，一氣呵成的串聯起詩人的都市經驗印象。李敏勇的台北經驗，是個與鄉村疏離隔絕的反美感經驗，惡劣的生活品質與噪音和污染統治著這城市。因為這樣的經驗，林燿德說：「他

〔註304〕沙白：〈水流悠悠〉，《太陽的流聲》，頁35～36。

〔註305〕沙白：〈乏油的船〉，《太陽的流聲》，頁44。

〔註306〕沙白：〈憂鬱的樹〉，《太陽的流聲》，頁44。

〔註307〕沙白：〈屈原的聯想〉，《太陽的流聲》，頁74～75。

〔註308〕沙白：〈黑門——死亡坐在愛情的座位上〉，《太陽的流聲》，頁46。

〔註309〕沙白：〈自序〉，《太陽的流聲》，頁7。

〔註310〕傅怡禎：〈屏東地區新詩發展初探〉，頁145。

〔註311〕李敏勇：〈噪音〉，《青春腐蝕畫‧戒嚴風景》，台北：玉山社，2004年，頁152。

從農業社會到工業社會的變遷，而有反都市文明的思想，像〈迷霧〉、〈噪音〉，這是新傾向。」〔註312〕指出李敏勇詩中的反文明思想。向陽則評論：「〈噪音〉……不只是噪音，包含了政治和其他許多東西。運用了象徵、暗喻手法，達到了現實主義的結果。」〔註313〕剖析李敏勇〈噪音〉於公害污染批判背後的現實主義的內涵，此語與李敏勇所自剖「我寫環境問題，其實是影射權力關係。」〔註314〕若合符節。政治權力是噪音污染的共謀，李敏勇認為城市環境公害，根源於政治人為，李敏勇〈這城市〉寫道：

> 我們隱藏自己／在擁擠的人群裡／在污濁的空氣中／掩護焦慮／掩飾貪婪／／玻璃帷幕暴露我們茫然的眼神／厚重金屬壓制我們不安的心／這城市／冷漠仍繼續繁殖／疏離卻不斷膨脹／／沒有共同的語言／路口的紅綠燈也失去意義／只能依靠手勢／互相交換信號／互相懷疑怨恨／／監禁自己在門與窗都查封的屋子／依賴電視的視野／我們認識剪裁和拼貼的世界／接收黨國指令／摒棄思考在夢魘中安睡
> 〔註315〕

整首詩中，從環境品質的擁擠人群、污濁空氣，到都市人心的焦慮、貪婪、茫然、不安、冷漠、冷漠、疏離、懷疑怨恨、監禁自己、依賴電視，到政治氛圍的黨國指令、摒棄思考。李敏勇認為這個城市之所以醜陋，不僅僅因為各種公害污染，更重要的事是都市人相對於國家的自我放棄。「詩人是離開故鄉，而親近山海成為回憶的內容後，才產生故鄉意識；成人後在都市的生活，體會到公害和環境問題的根源在於政治，在於市民共同體之不存，低度政治參與，而產生市民權的思考。」〔註316〕於是李敏勇另一首詩〈聲音〉寫道：「那是什麼聲音／／那是城市憤懣的聲音／那是市民怒吼的聲音／建築與建築的構成已污染／人與人的秩序已混亂」〔註317〕李敏勇的都市公害污染批判詩中，

〔註312〕鄭烱明等作：〈暗房的世界——李敏勇作品論〉，李敏勇：《青春腐蝕畫》，台北：玉山社，2004年，頁211～212。
〔註313〕鄭烱明等作：〈暗房的世界——李敏勇作品論〉，李敏勇：《青春腐蝕畫》，台北：玉山社，2004年，頁219～220。
〔註314〕蔡佩君：《詩的信使——李敏勇》，台北：典藏藝術家庭股份有限公司，2010年，頁97。
〔註315〕李敏勇：〈這城市〉，《青春腐蝕畫‧戒嚴風景》，頁182～183。
〔註316〕蔡佩君：《詩的信使——李敏勇》，台北：典藏藝術家庭股份有限公司，2010年，頁99～100。
〔註317〕李敏勇：〈聲音〉，《傾斜的島》，新店：圓神出版社，1993年，頁82～83。

既蘊藏著故鄉意識的土地情感，更鮮明的政治思維的市民意識，兩相疊加，便形成了其自然書寫中的政治社會性。

（二）核能危機

　　台灣在經濟發展政策伴隨而來的各種環境公害中，核電污染與核能危機隨著島嶼三座核電廠於 1968 年、1972 年、1975 年陸續核定執行，而成為生態環保的另一重要議題。李敏勇有多首批判故鄉核電污染詩作，例如，〈故鄉〉、〈風景〉、〈那些死魚在說話〉、〈陰影〉。李敏勇〈故鄉〉批判家鄉恆春半島核電污染與核安危險：

> 故鄉海邊 / 儲存核爆的巨球代替燈塔 / 封鎖港口 / 鎮壓人心 // 荒廢
> 的瓊麻山 / 像被曬焦的父親的肩膀 / 支撐著輸電線 / 延伸到島嶼其
> 他地方 // 夜暗中點亮燈 / 燃燒的鎢絲 / 有故鄉的痛楚 / 在封閉的心
> 裡吶喊 // 落山風嗚咽 / 聲音消失在環繞的海 / 一把月琴 / 思想起
> 〔註318〕

〈故鄉〉一詩選自《戒嚴風景》「人間公害」系列。「故鄉」一詞，對李敏勇而言，除了字面義之外，還代表著詩人心目中的理想國淨土。〔註319〕而父親是觸動李敏勇故鄉鄉村和環境問題思考的源頭。「李敏勇的父親 1984年辭世。他在四年之後發表的〈故鄉〉，找到連結社會思索和個人情感的表達方式，將喪父之慟相對於政治力所斲傷的鄉土的疼惜結合一道。」〔註320〕詩中點出了當時台灣為了發展經濟以及核電，選擇在台灣最南端的墾丁做為建廠處開始，為其實就註定了南方島嶼再也不能是美麗的保證，因為墾丁又是一個海洋資源和林處保護的地方，但在有污染性的核三廠進駐之後，即便這裡有唯一個海洋和陸地雙結合的國家公園，也不再是過去風景明媚的地方。〔註321〕全詩分四節進行，首節將視覺鏡頭聚焦在「故鄉海邊／儲存核爆的巨球」，卻以「代替燈塔」四字帶出今昔家鄉景觀的丕變，以及「巨球」所象徵政治力的「封鎖港口／鎮壓人心」。瓊麻原是恆春地方產業地景，卻終究不敵工業發展而荒廢，取而代之的是投射出「封鎖」、「鎮壓」政治景觀的核電廠；次節將象徵家鄉意識的瓊麻山與父親的肩膀，與

〔註318〕李敏勇：〈故鄉〉，《青春腐蝕畫·戒嚴風景》，頁 153。

〔註319〕陳俊榮：〈李敏勇的語言與形式〉，《國文學誌》10 期，2005 年 6 月，頁 92。

〔註320〕蔡佩君：《詩的信使——李敏勇》，頁 99。

〔註321〕陳鴻逸：《記憶與詩語：歷史敘事與文化實踐的探索——以李敏勇、陳鴻森的詩作為例》，國立中興大學台灣文學研究所碩士論文，2007 年，頁 141。

意象尖銳對比的「支撐著輸電線／延伸到島嶼其他地方」做連結，「荒廢」的瓊麻山，如同那被「曬焦」的父親的肩膀，都成了詩人的痛楚。曾貴海評論：「核電三廠矗立在恆春半島的南灣，除了安全問題外，南灣附近海域的珊瑚被熱廢水侵蝕而枯萎，海洋生態也受到破壞；這個被侵犯的地方，就是詩人李敏勇心中任何地方都不能取代的故鄉，台灣最美麗的海岸和國家公園，住滿了淳樸的人民和令人思想起歌謠的香格里拉。因此，李敏勇以〈故鄉〉這首詩，寫下了心中的思念和痛楚。」〔註322〕；第三節寫出詩人從台北點亮的燈火中，遙想起恆春故鄉那儲存核爆的巨球，故鄉情懷的痛楚，遂經過台北家中燃燒的鎢絲，泉湧般輸送到詩人心中；詩之末節，「落山風嗚咽／聲音消失在環繞的海／一把月琴／思想起」不復存在的昔日故鄉山海地景，荒廢的瓊麻山和逐漸減少的落山風，成了詩人心中和陳達月琴彈奏的思想曲一般，只能在繚繞魂縈中尋索。

　　與〈故鄉〉同年發表的〈風景〉，同樣批判故鄉核三污染，李敏勇〈風景〉寫道：

> 從逐漸死去的河口／仍然聽得到海的聲音／核污染的廢水／在那兒
> 和海相會／／從撫慰我們的天空／仍然看得見雀鳥的飛行／核污染的
> 浮塵／在那兒謀殺雀鳥／／從枯黃的原野／仍然摘得到野菊的花容／
> 核污染的陰影／在那兒籠罩野菊／／從核電廠／描繪出硝煙的風景／
> 描繪出繃帶的風景／描繪出腐敗的風景〔註323〕

曾貴海認為李敏勇〈風景〉「訴說著故鄉被污染或毀滅的憂慮。」〔註324〕，在此詩中，詩人描繪出一幅充滿「硝煙」、「繃帶」、「腐敗」氣味，由「逐漸死去的核污廢水河口」、「核污浮塵謀殺雀鳥」、「核污陰影壟罩枯黃野菊」所構築出的故鄉現實風景。李敏勇〈那些死魚在說話〉則以「在島嶼的溪流／在化工廠邊／漂浮的／鱗背／在島嶼的海域／在核電廠旁／翻白的／肚皮／那些死魚在說話」〔註325〕將鏡頭聚焦核電廠邊翻白肚的死魚，用屍體進行控訴。李敏勇〈陰影〉寫著：

> 反核的旗陣／籠罩高輻射量的紫外線／／行進的人群／被全程監視／

〔註322〕曾貴海：〈台灣戰後的環境生態詩〉，《留下一片森林》，台中：晨星出版社，2001年，頁143。
〔註323〕李敏勇：〈風景〉，《青春腐蝕畫・戒嚴風景》，頁154。
〔註324〕曾貴海：〈台灣戰後的環境生態詩〉，《留下一片森林》，頁144。
〔註325〕李敏勇：〈那些死魚在說話〉，《青春腐蝕畫・戒嚴風景》，頁156～157。

影像記錄在玻璃帷幕牆 // 抗議聲 / 沿街道兩旁的建築 / 刺向藍色天空 // 回音 / 封鎖在核電廠 / 密閉在黑盒子 // 綠色島嶼的海岸 / 巨大的蕈狀雲正在形成〔註326〕

〈陰影〉收錄於《心的奏鳴曲》，記錄著反核抗爭的歷史畫面，整首詩分五節進行，每節均形塑出一幅尖銳對立畫面，首節以「反核旗陣」對立「高輻射量紫外線」聚焦核電污染；次節以「行進人群」對立「被全程監視」，將焦點導向政治面向；第三節以「抗議聲」、「刺向藍色天空」，進一步將焦點緊縮到核安與藍色執政的對立；第四節以「回音 / 封鎖在核電廠 / 密閉在黑盒子」更進一步指出官方的全面性封鎖消息；末節「綠色島嶼的海岸 / 巨大的蕈狀雲正在形成」將詩之意象再度導向尖銳對立的兩大意象，這正在形成的「巨大的蕈狀雲」既是核能風暴的逐漸醞釀成形，更也象徵著綠色反核環保勢力的日益龐大茁壯。

反核意識如「巨大的蕈狀雲」日益長大，如同李敏勇〈如果你問起〉寫核四公投全台苦行：

如果你問起 / 島嶼台灣的父親 / 我會告訴你 / 天空是島嶼台灣的父親 // 如果你問起 / 島嶼台灣的母親 / 我會告訴你 / 海是島嶼台灣的母親 // 如果你問起 / 島嶼台灣的過去 / 我會告訴你 / 血淚滴淌在歷史的足跡 // 如果你問起 / 島嶼台灣的現在 / 我會告訴你 / 腐敗的權力正對著心靈破壞 // 如果你問起 / 島嶼台灣的未來 / 我會告訴你 / 踏出腳步才能去開採 // 對著天 / 對著海 / 島嶼台灣的身世 / 深深印在心內 // 對著過去 / 對著未來 / 你我牽手 / 在受傷的土地描繪新世界 // 為美麗島嶼 / 踏出希望的旅程 / 為美麗國度 / 踏出重建的道路〔註327〕

李敏勇說：「這首詩是在林義雄律師推動核四公投全台苦行時所寫的，我是從苦行的路途為出發點來構思的。」〔註328〕作為一位詩人，其屏東故鄉的山海經驗，隨著成長歷練在外，這家鄉土地之愛逐漸酵發成住民意識的思考，使他將參與和介入視為作為詩人的責任，這種特質在許多台灣戰後屏東作家身上均可發現。

〔註326〕李敏勇：〈陰影〉，《島嶼奏鳴曲》，台北：玉山社，2008年，頁163。
〔註327〕李敏勇：〈如果你問起〉，《心的奏鳴曲》，台北：玉山社，1999年，頁19～132。
〔註328〕莊紫蓉：〈在語字的花園散步——談詩的寫作與閱讀〉，《面對作家——台灣文學家訪談錄（一）》，頁269。

第三節　自然書寫的生態維護

　　自然書寫，是自然創造物向自然致意的存在。吳明益〈從物活到活物——以書寫還自然之魅〉思索著：「我能否讓我的詞語像露珠、銀白色的鯝魚、滑翔的紫斑蝶一樣帶著陰影、透明度、謎語與重量？……人類的文學像八色鳥的求偶鳴聲、露脊鯨的尾鰭以及秋天植物浮現花青素一樣，是自然創造物向自然致意的存在。」〔註329〕台灣戰後屏東作家的自然書寫，觸角伸向美學形塑，延伸至污染批判，更進行生態維護。蕭蕭〈台灣生態詩的根苗華實〉說：「生態學者以調查、觀察、分析、歸類等知性研究方法，尋求出物種共生共榮的原理原則。生態詩作的書寫則以同理同情之慈悲心為出發點，藉由現實層面與了解，以藝術手法造就感心動人的能量。」〔註330〕以下將從「自然生態紀錄」與「生物生存權思索」探討台灣戰後屏東現代詩自然書寫中的生態維護。

一、自然生態紀錄

　　自然書寫是「還自然之魅」的書寫過程，「人們對自然的書寫是禱詞、是祭詞、是證詞，也是自然物，既是自然創造出的，也參與了在人類精神世界中『自然』意義的創造……在那裡，靈魂與文字像草原一樣會茂盛、被啃食，在風裡搖擺並且在早晨留下露珠。」〔註331〕曾貴海〈紫斑蝶的越冬慶典〉讓文學創造我們凝視屏東山區越冬紫斑蝶魅影的機會：

> 秋末　誰都不會被遺棄／族群命運的謎歌／召喚著集體南飛的旅次
> ／／千千萬萬隻斑蝶／拍擊強韌的翅翼／連綿成三天三夜的空中蝶道
> ／凝視一寸又一寸島國的山巒和波濤／／落居南方大河的幽谷密林／
> 突然騷動的蝶影／佈滿自由的天空和枝葉／／當春天的密汁洩露了慶
> 典的激情／遺傳情慾的野地派對／狂舞者滿山滿谷追逐晃動的疊影
> ／／春末　命運的謎歌在體內再度低吟／攜帶殘存的蜜汁和身孕北飛
> ／揮別越冬的慶典／重複著祖蝶們命定的繞島儀式〔註332〕

〔註329〕吳明益：〈從物活到活物——以書寫還自然之魅〉，陳明柔主編：《台灣的自然書寫》，頁65～70。

〔註330〕蕭蕭：〈台灣生態詩的根苗華實〉，《台灣生態詩》，台北：爾雅出版社，2012年，頁10。

〔註331〕吳明益：〈從物活到活物——以書寫還自然之魅〉，陳明柔主編：《台灣的自然書寫》，頁73。

〔註332〕曾貴海：〈紫斑蝶的越冬慶典〉，《南方山水的頌歌》，高雄：春暉出版社，2005年，頁50。

紫斑蝶越冬是高屏山區壯闊景觀之一，紫斑蝶生活在海拔 500 公尺以下的山谷，每年至少進行三次大規模遷移。第一次是南部越冬個體在三、四月清明節前後的「初春北返」；第二次是五月中旬至六月初各地新羽化第一代紫斑蝶進行的「二次遷移」；第三次是十月國慶日前後的「南遷渡冬」。遷移蝶道環繞全台山區，屏東縣來義、鵝鑾鼻、高雄縣茂林、寶來山區是越冬遷移蝶道地點之一。

曾貴海〈紫斑蝶的越冬慶典〉將時間軸聚焦在紫斑蝶秋末「南遷渡冬」到翌年春末的「初春北返」。全詩共五節，首節以「族群命運的謎歌／召喚著集體南飛的旅次」點出詩人對這場秋末遷移的自然思索；次節寫紫斑蝶遷移蝶道的壯闊景觀，以「千千萬萬隻斑蝶」、「連綿成三天三夜的空中蝶道」、「凝視一寸又一寸島國的山巒和波濤」，以及第三節以「落居南方大河的幽谷密林／突然騷動的蝶影／佈滿自由的天空和枝葉」摹寫越冬蝶谷魅幻景象。晴朗清晨日出前，還在睡眠中的蝶群，闔著翅膀成串掛在樹藤上，串成寧靜優美的蝶樹。而後晨曦照射山谷，剛開始只有幾隻甦醒的紫斑蝶慢慢的舞動，然後整個蝶樹騷動了起來，蝶群們展開翅膀做日光浴，紫斑蝶的蝶翼鱗粉，在陽光下折射出漂亮的紫光；第四節摹寫紫斑蝶日光浴後的飛舞、探花尋蜜、吸水，以及「狂舞者滿山滿谷追逐晃動的疊影」的求偶過程。雄蝶伸出尾端毛筆器散發出費洛蒙吸引雌蝶，拖勾著愛侶空中飛翔交配，宛如一場「遺傳情慾的野地派對」；末節「春末 命運的謎歌在體內再度低吟／攜帶殘存的蜜汁和身孕北飛／揮別越冬的慶典／重複著祖蝶們命定的繞島儀式」寫春末懷著身孕的蝶群，再次展開「初春返北」遷移旅程，從高雄茂林開始往北直飛，最後到達苗栗竹南海邊，銜接成一條壯美的蝴蝶高速公路。

詩人「將其如此繁複的生態系遷徙，以詩化的語言展現，並視為族群的神聖生命儀式，一代接續一代，成為牠們生命中所追求的終極目標。」〔註333〕郭漢辰讚其觸及生態系生命核心；陳昌明則以「明明是在寫美麗的紫色斑蝶，可是恍惚間似乎又覺得他是在寫『牽手護台灣』的畫面，只是透過斑斕的彩翼，連綿成蝶道，凝視守護著台灣島的山巒與波濤。」〔註334〕從土地之愛的

〔註333〕郭漢辰：〈與生命對話——試論曾貴海的生態詩創作〉，《2013 屏東文學學術研討會曾貴海研究論文集》，頁 116～117。

〔註334〕陳昌明：〈土地之愛——南方山水的頌歌〉，曾貴海：《南方山水的頌歌》，高雄：春暉出版社，2005 年，頁Ⅱ。

隱喻意涵解讀此詩，認爲這首詩暗喻政治上牽手護台灣，透露曾貴海堅定而強烈的本土情懷。

　　文人墨客之所以取擇蝴蝶爲對象、以之寄喻情思哲理，恐怕不脫蝴蝶生命史中帶有戲劇性甚至奇幻色彩的「蛻變」情節，與諸繁殖季節中常見的交尾飛舞，當然還有關乎蝴蝶雙翼那種斑斕繽紛的惹眼形象、從而助益於營造審美價值。〔註335〕涂耀昌〈黃蝶之死〉則書寫秋末春初南台灣黃蝶景觀：

> 黃蝶來了 / 在「白露」後的晨曦中 / 成群底啜取大豆田的紫花 / 蝶子們都累了 / 在北風的勸告，晚霞的被衾中 / 寧靜的睡去 // 今夜硬說要和荊軻乾杯的青衫客 / 猜想著黃蝶的舞步會不會是莊周的寂涼 / 後來…… / 而後來蝶子們都笑了 / 在溪畔的野花間 / 唉！ / 連休憩駐足的樣態 / 竟都是唯一哲者的獨白 // 在春天說要來臨的前一個夜晚 / 蝶子們竟集體殉情于行將流浪的「冬天」 / 淡黃的蝶翼 / 如烈焰般 / 燃盡牠們僅存的依戀 / 青衫客強抑住不能自己的喟嘆 / 此時連憐憫都是一種詆毀 // 在被春神粗暴掠奪後多霧的田野 / 處處仍可見殉情蝶子的鋪陳 / 致命的傷口都是一致的 / 用執著入酒——然後 / 引「美麗」刎頸 / 看不出有一絲後悔 / 看不出有一絲遲疑……
>
> 〔註336〕

詩末註記：「蝶是『美麗』最忠實的奴僕，是春天的化身，但四、五年前，每當秋末春初，東港溪流域，或於鄉間田野或於公路兩旁，常出現爲量可觀的黃蝶，牠們相約多來春死，習性固執而淒美。因爲羽翼淡黃，成了陰冷冬季裡十分灼熱的色彩，因爲在朔風中搖曳，饒具莊周略帶憂鬱的灑脫，因爲勇於承擔命運的宣判，深深激起詩人對其十二萬分的敬意。」〔註337〕全詩分四節進行，首節「黃蝶來了 / 在「白露」後的晨曦中 / 成群底啜取大豆田的紫花」素描出一幅晨曦、大豆田、紫花與黃蝶勾畫出的秋末田園景象；次節「在溪畔的野花間 / 唉！ / 連休憩駐足的樣態 / 竟都是唯一哲者的獨白」捕捉黃蝶溪畔野花間休憩樣態所引發的美感哲思；第三節「淡黃的蝶翼 / 如烈焰般

〔註335〕藍建春：〈舞出幽微天啓——談吳明益的蝴蝶書寫〉，《2013 屏東文學學術研討會曾貴海研究論文集》，頁 75。

〔註336〕涂耀昌：〈黃蝶之死〉，《清明》，屏東：屏東縣立文化中心，2000 年，頁 26～27。

〔註337〕涂耀昌：〈黃蝶之死〉，《清明》，頁 28。

／燃盡牠們僅存的依戀」寫冬末朔風中，黃蝶翩飛出固執灼熱之愛；末節「在
被春神粗暴掠奪後多霧的田野／處處仍可見殉情蝶子的鋪陳」，寫春來蝶屍遍
野的宿命。整首詩在觀察紀錄黃蝶自然生態之同時，並賦予了黃蝶以「莊周
夢蝶」的古典審美意象。

　　郭漢辰認為：「曾貴海的生態詩，與其他同類創作的最大不同，在於作品
裡，不但描繪出物種的外觀及表相，對於生態系內的細膩運作，更能深刻且
精準地勾勒和紀錄，這當然與創作者，深入探索專業生態知識，以及個人對
本土生態長期的熱切關懷，有著很密切的關係。」〔註338〕曾貴海〈台灣藍鵲〉
紀錄台灣特有鳥種──台灣藍鵲：

> 靜靜的等待／已逐漸稀少的鳥族／／遠處密林的陽光間隙／閃爍著艷
> 麗的身影／祖先留給牠們的美麗／／從綠色森林的海洋飛起／藍白紋
> 飾的尾羽／拍動寶藍的體腹／鮮紅的嘴喙／翱翔著這片森林最驕傲
> 的色澤〔註339〕

台灣藍鵲是台灣特有鳥類，棲息於 300～1200 公尺低海拔闊葉林山地，鳥性
喧噪兇悍，經常五、六成隊，藍白紋飾長長尾羽，穿梭滑翔於樹林間，猶如
耀眼風箏。鳥類是僅次於行道樹之外，曾貴海較常勾勒形貌的書寫觀察對象。
〈台灣藍鵲〉這首詩分三節進行，首節藉著「靜靜的等待」寫出詩人主觀情
感的期待守候，卻也以「已逐漸稀少的鳥族」點出台灣藍鵲逐漸稀少的客觀
事實；次節詩人不直接著墨藍鵲身形羽色，卻從「遠處密林的陽光間隙」，隱
約捕捉到的「閃爍著艷麗的身影」，以驚鴻一瞥側面凸顯藍鵲羽色閃爍之靜態
美；末節化靜為動，鏡頭由遠而近，工筆描繪藍鵲「藍白紋飾的尾羽」、「寶
藍的體腹」與「鮮紅的嘴喙」，並於詩末以「翱翔著這片森林最驕傲的色澤」
寫出藍鵲翱翔綠色林間的美姿。鍾屏蘭從文學審美角度以「由境觸發，書寫
特有美感經驗」讚評這首詩最神妙動人之處，就是在詩人吟詠的筆下，讓我
們彷彿也隨詩人的腳步在林間觀察探密，讓人充分體會他自由心靈所發出的
獨到美感經驗。〔註340〕從生態觀察角度審視之，詩人以溫暖動人筆觸，紀錄
這日漸稀少的台灣特有鳥種，這美麗鳥種，是「祖先留給牠們的美麗」，也是

〔註338〕郭漢辰：〈與生命對話──試論曾貴海的生態詩創作〉，《2013 屏東文學學術
　　　　研討會曾貴海研究論文集》，頁 116。
〔註339〕曾貴海：〈台灣藍鵲〉，《南方山水的頌歌》，頁 94。
〔註340〕鍾屏蘭：〈現代「題畫詩」──曾貴海《南方山水的頌歌》析探〉，《2013 屏
　　　　東文學學術研討會曾貴海研究論文集》，頁 54。

大自然祖先留給我們的美麗，如何保存這土地大愛的資產，是詩人隱而未疏的自然思索核心。

郭漢辰〈返鄉〉書寫恆春半島鷹群：

> 我們鷹群返鄉／不用排隊買票／不用上網搶訂／張開雙翅／便是回家最近的／天空之路／／一整個冬天／我們待在東南亞／將皮膚曬黑／與暖陽聊天／加幾滴椰子汁／悠閒喝下午茶／時光從銳利的指縫／躍跳而過／那天望向閃映波光的大海／思念將海面剖開／引領我們走入返鄉的／小徑／／我們沿著思鄉的天空／奮力地飛／距離遙遠得／讓我們有所錯覺／錯認故鄉彷若是不存在的／海市蜃樓，汪洋裡不切實際的／倒影，最末我們卻飛入異鄉／迷茫的天際／故鄉終究在哪裡／讓雙翅自由自在尋覓／爪子順利降落的地方／便浮起一整座朝思暮想的／故鄉〔註341〕

此詩收錄於郭漢辰《請和我一起閱讀土地的詩行——屏東詩旅手札》卷四「候鳥飛行路線」，卷中另收錄包括〈展翅〉、〈汪洋〉、〈寫在天空的詩行〉、〈飛掠日本東北〉、〈空測福爾摩沙的海岸弧線〉、〈日落〉、〈噩夜〉等多首鳥類觀察書寫，以及〈日出‧半島第一道晨曦〉、〈熱氣流〉與〈返鄉〉這三首鷹群觀察書寫。〈日出‧半島第一道晨曦〉以鷹群視角摹寫墾丁社頂公園日出起鷹壯闊景象；〈熱氣流〉以「我們緊貼熱氣流的脈沖／盤旋而上，再上／白雲築成一道道／隱形階梯，我們直飛青天的／第一重，體內血脈／澎湃洶湧如大海／群鷹仰頸叩開／日光拱起的天地／大門」〔註342〕更是全力摹寫鷹群乘著熱氣流「搏扶搖直上」的壯闊起鷹景觀；〈返鄉〉則書寫墾丁鷹群的遷移生態。整首詩分三節以鷹群擬人視角進行，首節寫鷹群「張開雙翅／便是回家最近的／天空之路」；次節「一整個冬天／我們待在東南亞」寫鷹群在東南亞越冬，「思念將海面剖開／引領我們走入返鄉的／小徑」寫春來鷹群遷移返鄉的自然本能；末節摹寫鷹群讓翅膀自由自在飛翔，順著內心本能的召喚，故鄉便在爪子降落的地方順利浮現。郭漢辰藉由觀察紀錄群鷹返鄉生態，形塑家鄉特殊地景美學符號，更深一層的呈現的是他對家鄉最真誠的愛。〔註343〕陳雋

〔註341〕郭漢辰：〈返鄉〉，《請和我一起閱讀土地的詩行——屏東詩旅手札》，頁 116～117。

〔註342〕郭漢辰：〈熱氣流〉，《請和我一起閱讀土地的詩行——屏東詩旅手札》，頁 114。

〔註343〕郭漢辰：〈後記 十六年後……〉，《請和我一起閱讀土地的詩行——屏東詩旅手札》，頁 124。

弘〈候鳥——墾丁賞鷹記遊〉則摹寫出深秋墾丁凌霄亭觀賞千隻鷹群起鷹的
震撼景象：

> 睡意沿著海岸線／彎成美麗的弧度／開車追你直奔南方／小尖山高
> 舉手臂／歡呼遠客的到來／／架好了眼睛／我們在暗中窺視彼此／這
> 個季節擠滿了人／循著時針移動的角度／調整焦距，聽覺不斷被高
> 倍放大／噓，／巨木在深呼吸／／陽光已經從胸膛透出來了／狂風駕
> 著湧動的雲／從太平洋外趕來／凌霄亭在崖顛翹首盼望／葉尖豎起
> 耳朵／我們站在更高之處／與整座山一起摒息以待／／倏地，一片強
> 勁的羽翼／拍醒我們／一千隻夢的鷹群／從九月的深秋谷底斜出／／
> 我們傾倒整個中古世紀的黑暗／就為了黎明這一秒／彼此深情的凝
> 視。〔註344〕

〈候鳥〉選錄自《面對》輯二「問津」，「問津」所錄10首詩中，前三首詩〈候
鳥〉、〈白鷺鷥〉、〈問津〉均寫鳥類。〈候鳥〉整首詩分五節進行，首節拉開一
個空間，摹寫出詩人為賞鷹而開車沿著美麗弧度的海岸線，直抵南方小尖山；
次節摹寫黑暗中大家靜肅以待，連巨木的呼吸聲都彷彿聽得見；第三節寫陽光
初透，風起雲湧，人群、凌霄亭甚至整座山摒息以待；第四節「倏地，一片強
勁的羽翼／拍醒我們／一千隻夢的鷹群／從九月的深秋谷底斜出」，詩人以簡
約節制的文字，摹寫出千隻鷹群從深秋谷底倏地展翼斜出的強勁力道與震撼；
末節以「我們傾倒整個中古世紀的黑暗／就為了黎明這一秒／彼此深情的凝
視。」做結，詩的意旨也倏然清晰，在黑暗後乘著黎明氣旋的群鷹印象與「我
們」黎明這一秒的深情凝視，意象疊加交融為一，凝結成記憶中的一刻。

　　陳雋弘〈候鳥〉透過凌霄亭觀賞起鷹，「有如伸手時間之流，擷取了某
一片刻永不復返的感受。」〔註345〕，〈問津——墾丁龍鑾潭賞鳥記行〉則
以「彼處傳來拍翅的聲音／一隻澤鳧從望遠鏡裡逸失了／我們坐在此岸，
隨蘆葦不停打著手勢／湖水粼粼偷渡著我們的想法／心中的沙洲又飛來了
一隻鳥／以翻遍導覽手冊，也找不到詳細記載的／那種飛翔方式」〔註346〕
書寫詩人透過望遠鏡紀錄龍鑾潭鳳頭鴨的景象；〈白鷺鷥〉則將視野拉回鄉
間水田地帶：

〔註344〕陳雋弘：〈候鳥——墾丁賞鷹記遊〉，《面對》，頁60～62。
〔註345〕林婉瑜：〈輕之上的重〉，陳雋弘：《面對》，頁15。
〔註346〕陳雋弘：〈問津——墾丁龍鑾潭賞鳥記行〉，《面對》，頁64～66。

第一次這麼近看你 ／一片雪白的心境 ／正縮起一隻腳 ／練習單獨站立 ／彷彿一個哲學家 ／頭頂孵著鵝黃色的夢 ／／這裡是濕潤的的水田地帶 ／適合散步和思考，沿著風的線條 ／我們耗費一整個下午 ／只為將修長的頸子 ／彎成一個弧度優美的問號〔註347〕

全詩分兩節進行，首節將賦予一片雪白、頭頂鵝黃色、縮起一隻腳站立的白鷺鷥身形以「哲學家」意象；次節給予詩境以午後有風的濕潤水田地帶，為「適合散步和思考」提供了一個契合的場景，詩末以「只為將修長的頸子 ／彎成一個弧度優美的問號」，將整首詩中的哲學家、散步、思考、弧度優美的問號與白鷺鷥綰合在一起，形塑白鷺鷥知性審美形象。張太士〈雪鳥‧白鷺鷥〉則書寫家鄉白鷺鷥：

著地前 ／習慣溜著風 ／給沉重的土地 ／輕一點負荷 ／值是入夏的家鄉 ／田壠上水圳邊還有 ／取締不完的魚塭 ／陣陣不合時宜而降的天物若雪 ／堅持效以鶴立之姿 ／將雪白之身頂開污泥 ／我不得不量以敬畏的距離 ／在五十步與百步之間 ／微求你們可觀的尺度 ／輕輕仰慕你們 ／遺世獨立的傲〔註348〕

詩人捕捉白鷺鷥「習慣溜著風」的輕巧落地，以及佇立田壠水圳魚塭的雪白單腳鶴立之姿，藉以與「沉重的土地」、「取締不完的魚塭」、「污泥」等衝突畫面做對立意象連結，賦予家鄉屏東「天上地上隨時都有」的〔註349〕白鷺鷥以「遺世獨立的傲」超脫形象。

　　來自佳冬農村，「對大自然、土地的愛源自幼年生長於滿佈綠意與土味的農村，讓他對大自然環境、動植物都懷有一種莫名的親切感。」〔註350〕曾貴海自然生態觀察詩，除上述〈紫斑蝶的越冬慶典〉、〈台灣藍鵲〉紀錄昆蟲鳥禽之外，詩人最擅長描寫的，幾乎集中在植物，尤其是都市景觀中的各類植物。曾貴海說：「如果一個社會的人民不懂得愛花惜草，欣賞人世之美，那將是個

〔註347〕陳雋弘：〈白鷺鷥〉，《面對》，頁63。
〔註348〕張太士：〈雪鳥‧白鷺鷥〉，《夢被反鎖》，屏東：屏東縣立文化中心，1998年，頁112。
〔註349〕詩末註記：「看完《葡萄園詩刊》118 期李滄浪先生的〈白鷺鷥〉，我直覺地反應：家鄉屏東的白鷺鷥，天上地上隨時都有，我從小看到現在，照理說，我不該把牠們放逐在詩門之外。於是，我趕快提筆，寫下此詩。張太士：《夢被反鎖》，頁112。
〔註350〕江自得：〈真愛與敬重——序曾貴海詩集《台灣男人的心事》〉，曾貴海：《台灣男人的心事》，頁5～6。

冷酷無情、毫無希望的社會。」〔註351〕從第一本詩集《鯨魚的祭典》藉〈草〉：「如此這般的長著／不因爲開不出花就會感到羞恥的長著／⋯⋯我們不慣於妝扮／只想把地面默默的覆蓋／輕輕的覆蓋／覆蓋，但不是爲人類／而是爲大地／爲了我們也必須活下去」〔註352〕表達其世界觀與人生觀中的理想性與現實主義的精神；乃至《高雄詩抄》第二輯「高雄」以〈春山行〉：「來了／無心的山／有心的春天／鳳凰木開遍山巒的紅／／心／／互相愉悦」〔註353〕、〈野芭蕉樹〉：「晶亮透明無邊的白日／田溝旁／一叢野芭蕉／紅臉／火燭般燃燒／／小孩子般輕輕地笑」〔註354〕呈現詩人在進行都市環境批判的同時，也常是在其中挖掘田園意象之美；到了《台灣男人的心事》第二輯「高雄素描」，大量輕薄短小如日本俳句〔註355〕的植物詩湧進了曾貴海的高雄視野中，例如〈相思樹〉：「想秋想冬想春想要落髮／初夏醒來／竟開滿相思的黃鬍子」〔註356〕、〈白千層〉：「夏日，剛受孕的白千層／銀白色的花海閃爍著／照亮城市街道的中午」〔註357〕、〈印度紫檀〉：「春天只答應七天的花期／只好把整棵樹開成黃色花丘／讓遠方的蝴蝶看見」〔註358〕、〈雨豆〉：「撐開／最高最大的城市綠傘／小花掩藏半空中」〔註359〕、〈阿勃勒〉：「垂下整串乳房／金黃色的裸情／夏日最亮麗的告白」〔註360〕、〈美人樹〉：「活在飄浮美學屍體的城市／我心中的美／拼命開滿枝頭」〔註361〕，以及〈吉貝棉〉、〈台灣欒樹〉、〈羊蹄甲〉等，曾貴海說：「這本『台灣男人的心事』第二輯中，我的書寫已因環境生態及社會時空的改變，個人心靈探視的聚焦景像也有了轉變，因此我用短詩開始凝視在四季

〔註351〕 曾貴海：〈衛武營區應闢建爲花園公園〉，《留下一片森林》，台中：晨星出版社，2001年，頁35。

〔註352〕 曾貴海：〈草〉，《鯨魚的祭典》，高雄：春暉出版社，1983年，頁22～23。

〔註353〕 曾貴海：〈春山行〉，《高雄詩抄》，台北：笠詩刊社，1986年，頁92。

〔註354〕 曾貴海：〈野芭蕉行〉，《高雄詩抄》，頁92。

〔註355〕 吳易澄〈再造詩故鄉——讀曾貴海《台灣男人的心事》〉：「久居水泥叢生的高雄市，後半輯的詩竟能如此貼近自然主義，令人想起梭羅、赫塞。⋯⋯三行詩雖不含有大量文字、卻需要極其縝密的思考和巧妙地安排，以突顯文句的雅致與幽默。這使我們聯想到日本文學的俳句，卻更不失本土的聲聲關照與深深愛戀。」曾貴海：《留下一片森林》，頁163。

〔註356〕 曾貴海：〈相思樹〉，《台灣男人的心事》，高雄：春暉出版社，1999年，頁56。

〔註357〕 曾貴海：〈白千層〉，《台灣男人的心事》，頁57。

〔註358〕 曾貴海：〈印度紫檀〉，《台灣男人的心事》，頁57。

〔註359〕 曾貴海：〈雨豆〉，《台灣男人的心事》，頁59。

〔註360〕 曾貴海：〈阿勃勒〉，《台灣男人的心事》，頁58。

〔註361〕 曾貴海：〈美人樹〉，《台灣男人的心事》，頁60。

不斷變遷時陪伴著我們成為城市鄰居的行道樹和公園的花樹。……這段期間的詩作已轉身凝視苦難中開花的意義，和生存的美學，我等待春夏秋冬不同的季節，不同的花在應該開花的時候盛開了。我分享樹族們開花的愉悅，偷偷的凝視春日的紫檀、夏日的相思樹及阿勃勒、秋日的台灣欒樹和冬日的羊蹄角。陽光灑落在樹枝，或許，也灑落在詩人心中。」〔註362〕詩人開始轉身凝視都市苦難中開花的意義，和生存的美學。

　　曾貴海一方面以行動愛鄉護土打造家園，一方面也同時透過自然書寫創作探索自我生命根源。在《南方山水的頌歌》中，詩人將植物觀察書寫視野從都市擴展至南方大地，以「兼具著熱情與冷靜之筆」，〔註363〕藉〈高山雲杉〉、〈松樹的晨禱〉、〈霧林〉、〈楓香樹〉、〈台灣百合〉、〈高山薔薇的容顏〉、〈秋日的河谷〉、〈花的風鈴〉等，寫出其濃烈土地之愛中，沉澱出定靜之美。詩人藉植物觀察書寫土地自然之愛的情懷，在《湖濱散記》可說發揮得最極致，詩集「後記」詩人自剖：「從 2003 年開始，沒有世事的上午，經常一個人進入大貝湖園區，隨著季節和心境移動不同的景點，棲息在湖濱的樹林下，往往午時已過才回到城市。湖濱的日子，在放逐與沉思之間，散步或靜坐，看書或寫作，回到自然的日子群中，隨興起作。樹林、湖水、風和花鳥，半隱半現的展露著不是人身的生命奧妙和喜悅。四季的無常花朵，常召喚著我的欽慕與感懷。偶而傾聽優雅的風聲與鳥聲，吹響整座樹林，心中靜靜的打著拍子，也學會了幾種鳥的話語。有時候，在寂靜的幽林，輕聲呼叫著躲藏在樹葉叢中的鳥友，傳回來的是逐漸悅耳喧嘩的鳥聲，時間輕輕的滑動。有時候，乍見景象與移動的心象交會拍擊時，拿起相機，留下詩集中的畫面。這幾年的濱湖生活，雖然試圖放任心性，但也無法逃避園區外島國的喧囂，詩文本就在樹友們的呵護下完成。」〔註364〕詩集中植物書寫幾乎占詩輯 2／3 篇幅，這些曾貴海口中的「樹友」包括紫檀、洋櫻、九重葛、美人樹、番龍眼，以及在四季中自在更迭卻又生命常新的樹林。例如〈葉變〉，詩人透過敏銳強烈的色彩感知，靜觀番龍眼的變化，進行生命起落盛衰與植物四季變化之聯想，曾貴海〈葉變〉寫道：

〔註362〕曾貴海：〈南方大地的鏡像與心靈對話〉，陳明柔主編：《台灣的自然書寫》，頁 276～277。

〔註363〕陳昌明：〈土地之愛──南方山水的頌歌〉，曾貴海：《南方山水的頌歌》，頁 III。

〔註364〕曾貴海：《湖濱沉思》，高雄：春暉出版社，2009 年，頁 125。

> 七天前的番龍眼 ╱ 鮮紅如嬰兒垂掛樹枝 ╱ 三天前的番龍眼 ╱ 殷紅如
> 櫻桃漲滿心事 ╱ 晨光中的番龍眼 ╱ 翠綠滿樹淹沒了潮紅 ╱ 某一天的
> 番龍眼 ╱ 枯葉已離枝靜臥曠空 ╱╱ 放逐林間 ╱ 心見滿園葉變 〔註365〕

番龍眼，又叫「台東龍眼」或「蘭嶼龍眼」，長橢圓形羽狀葉片，葉緣呈疏鈍
鋸齒狀，葉片上表面暗綠色，下面淺綠色，新生葉片往往呈紅色。整首詩以
「七天前」、「三天前」、「晨光中」、「某一天」，這四個時間軸的遞變，呈現番
龍眼葉變過程，從「鮮紅」、「殷紅」、「潮紅」，到滿樹「翠綠」，隨著時間的
流轉，番龍眼的葉片不斷變化，番龍眼生命的遞進意象，也從「如嬰兒垂掛
樹枝」的生命蓬勃萌發，到「如櫻桃漲滿心事」的青春情懷，乃至「翠綠滿
樹淹沒了潮紅」的旺盛生之慾，直到「某一天」詩人驚覺到，原本一片翠綠
潮紅的生之歌，眼前卻已離枝萎凋，殘留滿園枯黃的空寂。阮美慧說：「詩人
面對葉變的景象，『放逐林間 ╱ 心見滿園葉變』，在短暫的葉變中，不僅見到
色彩斑斕，更見番龍眼生命的起落，由生至死、由盛轉衰。在物象的觀照中，
詩人對色彩的感知，是敏銳而強烈的。」〔註366〕這敏銳心境也如同〈春之樹
林〉所寫季節之歌：

> 春日的上午 ╱ 風不斷的穿流身旁 ╱ 整片樹林一起彈奏 ╱ 即興的季節
> 之歌 ╱╱ 每一片枯葉都將離去 ╱ 在落地的瞬間 ╱ 發出生命唯一的聲音
> ╱ 向世界道別 ╱╱ 嫩葉躺在樹枝上 ╱ 親吻黏貼身上的陽光 〔註367〕

葉變象徵大自然物種的生滅，在枯葉落地的瞬間，樹上正初萌著新鮮嫩葉，
於是，「誕生和死亡在同一時間發生，形成生命本質的全貌。」〔註368〕然則當
枯葉落盡卻欣見嫩葉初萌，詩人「以自然物象，隱喻其對生命的觀照，透出
無限的哲理。」〔註369〕整首詩在詩人的靜觀之中，在黏貼嫩葉身上的陽光照
射下，春日和暖的氣息盈滿詩境，更體現人與自然冥合之境。

〔註365〕曾貴海：〈葉變〉，《湖濱沉思》，頁37。
〔註366〕阮美慧：〈始於靜觀，終於哲思：曾貴海《湖濱沉思》中的文本隱喻〉，曾貴
　　　　海：《湖濱沉思》，頁110。
〔註367〕曾貴海：〈春之樹林〉，《湖濱沉思》，頁1。
〔註368〕郭漢辰：〈與生命對話──試論曾貴海的生態詩創作〉，《2013 屏東文學學術
　　　　研討會曾貴海研究論文集，頁25。
〔註369〕阮美慧：〈始於靜觀，終於哲思：曾貴海《湖濱沉思》中的文本隱喻〉，曾貴
　　　　海：《湖濱沉思》，頁95。

二、生物生存權的思索

　　隨著台灣工業開發帶來經濟騰飛榮景的同時，這塊島嶼卻因人類的過度往荒野空間擴張，除直接擠壓該地生物棲地空間，更帶來嚴重環境汙染，原本維持平衡永續運作的生態系統破壞殆盡，面對強勢人類物種，其餘生物生存難逃滅絕一途。然則人類終究也是生態系統的一環，生物滅絕的蝴蝶效應中，就會循環回人類自身，因此，面對生態環境的破壞，也正是人類反思土地倫理的契機。

（一）生物棲地破壞

陳寧貴〈紅樹林〉思索著紅樹林的生態議題：

> 我們站在淡水河邊／用辛酸的河水／洗頭，以及／沐浴身體／／我們的四周／爬滿渾身披著恐懼的／小螃蟹，有人走來／他們趕緊躲開了／可是我們不躲／也無法躲／我們衹能擁抱黑暗如夜的土地／讓蒼老而氣喘的土地／緊緊地擁吻我們／／而且這片土地上／到處流浪著，銳利地／刺傷風景的不明物／聽說是人們拋棄的／／但是人們捨不得拋棄我們／因爲我們可以被人觀賞／衹是我們想問：／人們眞的看得懂我們嗎？／人們既然不拋棄我們／爲什麼要我們和／人們拋棄的廢物在一起呢？〔註370〕

紅樹林是台灣河口生物重要棲息濕地，卻向來欠缺關注保護。七○年代，台北縣政府規劃在淡水河口一帶濕地建蓋國民住宅，此處大片紅樹林面臨砍伐危機，因爲「紅樹林繁衍不易，其唯一棲地溼地又爲多種生物組成豐富的生態系，若遭遇開發或汙染破壞，對於鄰近的海洋或陸地生態系而言，都是嚴重的損害。」〔註371〕1979 年馬以工、韓韓等人遂發起紅樹林保育運動，一度引起台灣社會探討熱潮。陳寧貴〈紅樹林〉一詩分四節進行，首節以「我們站在淡水河邊／用辛酸的河水／洗頭，以及／沐浴身體」喻寫淡水河口水質汙染嚴重問題；次節則繼之以「爬滿渾身披著恐懼的／小螃蟹，有人走來／他們趕緊躲開了」透過招潮蟹的恐懼躲避，側寫人類之大舉入侵濕地棲地；第三節「這片土地上／到處流浪著，銳利地／刺傷風景

〔註370〕陳寧貴：〈紅樹林〉，《自立晚報》副刊，台北市：自立晚報，1984 年 7 月 6 日。
〔註371〕謝三進：《台灣生態詩之初期作品研究——以《自立晚報》副刊一九八四年「生態詩‧攝影展」爲例》，國立台灣師範大學台灣話文學系碩士論文，2012 年，頁 100。

的不明物」則批判人類製造大量垃圾隨海流漂到紅樹林，導致垃圾纏繞在紅樹林的根部上，嚴重汙染破壞河口棲地；末節透過「人們既然不拋棄我們／爲什麼要我們和／人們拋棄的廢物在一起呢？」詰問，詩人帶人們重返關注熱潮過後的紅樹林，強烈質疑人類對紅樹林生態議題的探討關注，遠遠不及人類對之危害的速度。

（二）濫捕野生動物

西沙〈紅伯勞鳥〉凸顯人類濫捕濫殺野生禽鳥的殘酷面：

> 不要告訴我該飛向何方／我知道故鄉的方向／一生在天空翱翔／沒有星光我也不曾迷惘／飛過一畦新秧／棲息在木電線桿／季節未曾和我承諾／我如遊子却知返／／當我越過重洋／俯臨那島嶼的南端／祖先的步履在前方導航／要衝破獵人無情的網／同伴的羽毛都染紅了海灘／無語的昊天裏／找尋不著答案〔註372〕

紅尾伯勞，屬伯勞科候鳥，繁殖於日、韓與中國東北等地，每年秋天八、九月間大批族群過境恒春半島，因尾羽有些許紅褐色，故名紅尾伯勞。恒春居民盛行以鳥仔踏捕捉紅尾伯勞燒烤販售。此詩分兩節，首節從紅尾伯勞鳥的第一人稱視角，以「飛過一畦新秧／棲息在木電線桿」，簡要俐落地描繪出南台灣恆春地區秧田、電線桿隨處可見的季節性自然景觀紅伯勞鳥，更以「季節未曾和我承諾／我如遊子却知返」、「我知道故鄉的方向……沒有星光我也不曾迷惘」賦予此一自然候鳥遷移習性以土地之愛的靈性成分；次節則透過「要衝破獵人無情的網／同伴的羽毛都染紅了海灘」鮮明血腥意象畫面，但也凸顯人類濫捕濫殺的殘酷面。遊子即便未與季節承諾，仍遠遊知返，迎接的不是家鄉熱情，而是獵人無情的網，詩人不禁透過紅伯勞鳥追問，然則人性之殘酷墮落，在「無語的昊天裏」，是「找尋不著答案」，透顯出詩人對人性醜惡面的批判與絕望感。

曾貴海〈吃白鷺鷥的人〉則批判濫捕殺白鷺鷥：

> 自由自在地逍遙了千百年／台灣的白鷺鷥／是唯一不怕人的野鳥／／污染的田水／猛烈的農藥／滅絕不了牠們的族類／仍然繁衍出純色的雛鳥／仍然堅持／白色的獨立姿態／陪伴這兒的田野和人民／／然

〔註372〕西沙：〈紅伯勞鳥〉，《沙鷗的天空》，屏東：太陽城出版社，1982年，頁111～112。

　　而，不幸的日子來了 ∕ 當人們吃光了花鹿和帝雉 ∕ 吃膩了蛇鼠和野兔 ∕ 每年都吃下一條高速公路的 ∕ 人 ∕ 竟開始吃起白鷺鷥 ∕∕ 拔除雪白的羽毛 ∕ 就毫不畏懼了 ∕ 把這塊地面上最潔亮的色澤 ∕ 抹滅掉吧 ∕∕ 不知逃離的白鷺鷥 ∕ 仍悠哉悠哉地漫步田埂 ∕ 跟在水牛後面 ∕ 呆呆地看著農夫 ∕ 牠萬萬想不到 ∕ 夜晚捕捉牠們的，竟是 ∕ 白天看起來良善溫馴的 ∕ 人〔註373〕

詩末註記：「一九八四年一月，報載雲嘉地區有人販賣白鷺鷥肉湯，每碗一百五十元。」一則地方小新聞，觸動詩人對生態觀察的敏銳觸角。整首詩分五節進行，首節勾畫出台灣千百年來土地原始面貌中的人鳥和諧共存景象；次節藉「污染的田水 ∕ 猛烈的農藥」帶入工業文明進入後的農田汙染景象，卻又以「滅絕不了牠們的族類 ∕ 仍然繁衍出純色的雛鳥 ∕ 仍然堅持 ∕ 白色的獨立姿態 ∕ 陪伴這兒的田野和人民」凸顯其生命力之強韌與土地情感的堅定；第三節以「然而」將詩境帶入再次的轉折，人性劣化的口腹慾望在「吃光了花鹿和帝雉 ∕ 吃膩了蛇鼠和野兔 ∕ 每年都吃下一條高速公路的 ∕ 人 ∕ 竟開始吃起白鷺鷥」被強烈鮮明凸顯；即便飽受殘害，白鷺鷥卻「不知逃離」、「仍悠哉悠哉地漫步田埂 ∕ 跟在水牛後面 ∕ 呆呆地看著農夫」再次凸顯白鷺鷥對土地的依戀不忍捨離，詩末「夜晚捕捉牠們的，竟是 ∕ 白天看起來良善溫馴的 ∕ 人」，強調白鷺鷥與人類的對比關係，藉由不逃離的白鷺鷥與農夫趁著夜色獵捕的尖銳對比，詩人所要批判的不僅是工業文明所帶來的環境污染而已，還有人類飲食倫理價值觀的徹底崩壞，以及人性的劣質醜陋化，「白鷺鷥與農夫」這原始農村印象的組合，人與禽鳥都未能倖免於淪陷。

　　沙穗〈炸魚人〉則藉炸魚事件，既批判海底自然生態遭破壞，更思索人性中的愚昧與貪婪，與曾貴海〈吃白鷺鷥的人〉理念遙相呼應：

　　在路上你彬彬有禮 ∕ 逢人遞煙 ∕ 鞠躬作揖 ∕ 在海中你却 ∕ 一手炸藥一手雷管 ∕ 暗中炸魚 ∕∕ 甚麼生態保育 海洋景觀？ ∕ 在陸上說說可以 ∕ 在海上便是多餘 ∕ 魚兒可不懂 ∕ 珊瑚也無淚 ∕ 你沒有罪 ∕── 你認為 ∕∕ 死的只是幾條臭肚魚 ∕ 斷的只是幾根紅珊瑚 ∕ 靠山的吃山 ∕ 靠海的吃海 ∕ 你心想： ∕ 你靠著能在路上行走 ∕ 便能在海上橫行

_____

〔註373〕曾貴海：〈吃白鷺鷥的人〉，《高雄詩抄》，頁43。

> //甚麼生態保育／美麗海底？／全部抵不上一碟小菜／一杯米酒／
> 一瓶保力達 B〔註374〕

詩末註記：「據聞近來墾丁沿海地區頻傳炸魚事件。嚴重破壞海底資源及景觀。墾丁國家公園警察隊於七三年六月八日曾埋伏捕獲一『炸魚人』。」〔註375〕墾丁國家公園海域遭不肖漁民以氰化物毒魚、電魚，或用雷管及炸藥炸魚事件時有所聞，並有愈趨猖獗氾濫現象，對後彎、萬里桐、山海、紅柴、貓鼻頭、青蛙石、鵝鑾鼻間、佳樂水等附近海域造成嚴重破壞。整首詩分四節進行，首節以「彬彬有禮／逢人遞煙／鞠躬作揖」與「一手炸藥 一手雷管／暗中炸魚」這兩個極度衝突對立的畫面，形塑「你」在「路上」與「海中」截然不同的矛盾面貌；次節則透過對話，呈顯「你」對生態保育 與海洋景觀的漫不經心，更以「你沒有罪／——你認為」凸顯「你」的心安理得；第三節更以「死的只是幾條臭肚魚／斷的只是幾根紅珊瑚」更加凸顯「你」心安理得中的傲慢成分；末節透過「甚麼生態保育／美麗海底？」與「全部抵不上一碟小菜／一杯米酒／一瓶保力達 B」兩組情境疊加為一，這輕與重的謬誤認知，更加強烈凸顯了「你」面對大自然的愚昧傲慢與無知，而這個「你」不是單數，而是不特定對象的複數。

曾貴海、沙穗批評濫捕濫殺破壞生態，利玉芳〈放生〉則是批判放生行為破壞河川生態：

> 手掌有悲憫的紋路／瘦弱的食人魚／因而獲得生機／小湖有容納的
> 雅量／自卑的食人魚／羨慕異族的漣漪／畫得比它大比它圓／也想
> 替自己的漣漪／加上一點顏色／當整個內陸河川與湖泊／被染成一
> 種腥紅的色彩／繁衍著一種罪惡的渦流／只生存一種魚的時候／被
> 廉價的慈悲出賣的／手／夜夜守在湖泊／垂釣 游失的尊嚴〔註376〕

放生，將被人類捕捉待宰的動物放歸大自然，是盛行於佛、道教信仰團體修德養福的一種儀式。然則不當的放生行為，常導致被放生動物加速死亡，或外來物者威脅原生物種生存，而導致自然生態失衡。例如福壽螺之盤踞啃食全台農地作物，而日月潭也曾遭食人魚侵入。利玉芳〈放生〉即以放生食人魚題材，批判自然河川生態因廉價慈悲的放生行為，而遭破壞殆盡，放生者

〔註374〕沙穗：〈炸魚人〉，《自立晚報》副刊，1984 年 7 月 30 日。
〔註375〕沙穗：〈炸魚人〉「註記」，《自立晚報》副刊，1984 年 7 月 30 日。
〔註376〕利玉芳：〈放生〉，《活的滋味》，頁 48～49。

悲憫的放生了看似瘦弱的外來食人魚，內陸河川生態卻因而掀起腥風血雨，本土魚類滅絕於食人魚的腥紅、罪惡渦流之中。

本章小結

　　台灣戰後屏東現代詩中的自然書寫，可從「美學形塑」、「汙染批判」、「生態維護」這三個面向窺探其內涵。在「美學形塑」的部分，屏東作家所形塑的屏東自然地景之美中，有田園主題、山水主題、墾丁主題、動植物主題與海洋主題。首先在田園審美印象的呈現，「審美的根源在於主觀情感的外射，達到一種物我統一的審美境界。」〔註377〕在台灣戰後屏東作家筆下，屏東地區生活空間場景中熟悉的鄉間綠意、田園農村、客庄田舍，呈現在晨昏時序變換與季節之歌的流轉裡，耕作的農村人物被鑲嵌在地景中，呈現出聖潔土地與勞動是甜的審美視野，給人永恆的田園印象；環境心理學家 Francis T. McAndrew 說：「自然界中最戲劇化的層面，尤其是高山和海洋，總是能喚起人們敬畏、恐懼和崇敬的混雜感受。」〔註378〕屏東作家在山水審美印象的形塑部分，例如排灣拉瓦爾起源聖山霧頭山的雲霧繚繞聖潔情境、射鹿部落清朗幽靜的月幕世界、三地門隘寮溪白芒河谷的排灣傳說情境、挺直寬闊背脊的大武山、溢滿乳與蜜汁的高屏溪，以及倒映在高屏溪上的舊鐵橋歲月彩虹與夜空展翅巨鳥斜張橋；台灣戰後屏東作家在墾丁審美印象的形塑部分，透過墾丁公園地景裡帆船石、大尖山、香蕉灣、石門古戰場、鵝鑾鼻燈塔的歷史身世，季節裡候鳥過境越冬與恆春半島落山風，以及沿著日光巡禮半島出日起鷹、南灣波光、墾丁海邊、大鵬灣斜陽、關山落日與恆春搶孤夜光，藉由時間軸與空間軸的挪移，形塑墾丁山海自然地景與多元族群文化地景之美；台灣戰後屏東作家在動植物主題審美印象的形塑部分，例如充滿排灣神話傳說意象的三地門群飛鳳蝶、如詩人般反芻的鄉間牛隻、迎風長髮少女椰子樹、森巴舞孃風鈴木、智慧哲人印度黃檀、待嫁女兒霧台櫻花、釘牢土地的大板根等，除均被賦予靈動的人格與性情，成為作家內心思想與情感投射的象徵，更也凸顯了地景中多元族群的審美印象。在詩意熱帶海洋的審美印象形塑上，屏東作家從海浪與濤聲、海面夕

〔註377〕曾繁仁：《西方美學論綱》，濟南：山東人民出版社，1992年，頁391。
〔註378〕Francis T. McAndrew 著，危正芬譯：《環境心理學》，台北：五南圖書公司，1995年，頁308。

照、海底珊瑚世界、海岸風光、海上衝浪活動、童年海洋記憶與海的浪漫遐想哲思等面向，捕捉並形塑南台灣海洋審美意象。

在台灣戰後屏東作家們的書寫記錄下，屏東自然地景的審美意象得到形塑體現，然則自然地景是時間在空間上的沉積，這一頁頁地方滄桑，繪製記載下來的總不及被塗抹破壞的多。〔註379〕於是，台灣戰後屏東作家在「汙染批判」的部分，即是透過「工業與生態的矛盾」、「公害污染」這兩個議題，記錄工業污染導致高屏溪河川生態破壞、土地生態破壞、山地土石流、空氣汙染、農村變異，以及都市污染、核能危機等工商業文明化的代價面貌，並進而嚴肅思索自然生態議題，從靜觀大自然節奏中的紫斑蝶越冬、南台灣鄉間的黃蝶、恆春半島鷹群候鳥、植物的葉變等自然生態的生命遞轉，到關注生物棲地破壞與濫捕野生動物等反思土地倫理的議題，凸顯出台灣戰後屏東作家群因生活地緣環境使然，孕育出對自然田園山水的天生審美詩心，而這也使得他們對於土地自然受外力介入所產生的強烈反差變貌特別敏感，於是促使他們從小我區域的土地自然之愛，跨出去關注整個自然生態的跨物種環保議題，提升爲大我之愛，這種從屏東地域視野看出去的自然書寫，可說是台灣戰後屏東現代詩的特色之一。

〔註379〕范銘如：《文學地理：台灣小說的空間閱讀》，台北：麥田出版社，2008 年，頁 90。